旅游人类学

张晓萍 李伟 著

南开大学出版社
天津

图书在版编目(CIP)数据

旅游人类学 / 张晓萍，李伟著. —天津：南开大学出版社，2008.7(2020.8 重印)
ISBN 978-7-310-02950-1

Ⅰ.旅… Ⅱ.①张…②李… Ⅲ.旅游业—社会人类学 Ⅳ.F590

中国版本图书馆 CIP 数据核字(2008)第 096056 号

版权所有　侵权必究

旅游人类学
LÜYOU RENLEIXUE

南开大学出版社出版发行
出版人：陈　敬

地址：天津市南开区卫津路 94 号　邮政编码：300071
营销部电话：(022)23508339　营销部传真：(022)23508542
http://www.nkup.com.cn

北京建宏印刷有限公司印刷　全国各地新华书店经销
2008 年 7 月第 1 版　　2020 年 8 月第 2 次印刷
787×1092 毫米　16 开本　21.25 印张　3 插页　389 千字
定价：40.00 元

如遇图书印装质量问题，请与本社营销部联系调换，电话：(022)23507125

序一

现代旅游作为一种普遍性的社会现象,越来越受到人们的关注和研究。然而,单一学科研究往往会出现"水中月、镜中花"的简单化研究,表面上清晰明了,但实际并不能揭示旅游现象背后多重因素相互纠缠的复杂本质,更不能在旅游实践中起到指导性的作用。由于每一个学科都是伴随人类社会的进步逐渐有了自己的研究领域,有着比较清晰的边界,因此面对"泛化"的旅游现象,很多学科的单一研究都显现出"力不从心"。旅游研究中学术泛化的关键不在于参与学科的多寡,而在于各学科之间缺乏一面"镜子",发现各自研究的偏差,根本原因是没有一致性的可参照理论体系与研究坐标,使传统的单元研究显得残缺和苍白。

20世纪90年代中期,西方的旅游人类学思想开始被引入我国的旅游研究。人类学本身对"人类生活"的研究特点,使人们发现运用"文化"工具诠释旅游现象更加接近事实的本质。故而,从对旅游现象的认知层面上,我国旅游学界开始接受并认可了"旅游人类学"。但西方国家的文化背景、经济水平和旅游发展道路与中国大相径庭。西方旅游人类学思想对中国旅游实践及旅游事实的解释总给人一种不明就里、隔靴搔痒的感觉。而大量西方文献在中国旅游研究成果中的引用,也使旅游研究的混乱局面更加复杂化了。于是,一批学者开始反思西方的旅游人类学思想,对旅游人类学的体系、内容及表述方式进行"本土化"建设,力图避免"道听途说"式的研究状态。从这个意义上看,由张晓萍教授等新著的《旅游人类学》的出版,是有其深意的。

在这部《旅游人类学》中,一改早期旅游人类学的传统表述方式,既借鉴了国外人类学研究的最新成果,又没有完全照抄照搬,而是充分探讨了符合中国实际的旅游人类学理论体系和内容,显示出作者独立思考的风格与品质。特别是作者在其旅游教学和实践研究中的大量积累,成为旅游人类学"本土化"研究的依托,也将成为中国旅游人类学发展的基石。因此,希望这部《旅游人类学》专著能够发挥其抛砖引玉功能,推动中国旅游人类学的研究更加成熟和完善,故乐此为序。

罗明义
2007年10月25日

序二

我非常乐意介绍张晓萍教授的这本新专著。这本书结合当代中国以及西方学者的研究成果，对一些重要的旅游现象进行了透彻的人类学的思考。该著作涵盖了大多数重要的理论和应用研究的论题。因此，本书将会为人类学、旅游学以及当代世界的其他重要学科的学生提供较为先进的知识储备。张教授在语言学、管理学、人类学方面都接受过完好的训练。她作为访问学者，曾到过加利福尼亚大学伯克利分校，其中1997年、1999年至2000年在人类学系学习，2005年至2006年在海斯（Haas）商学院学习。她出版了大量中文著作并多次获奖。这不足为怪，因为她来自很有名望的白族学者家庭，父亲张文勋先生是云南大学古典文学研究方面的著名教授，现已退休；妹妹张鹂是加州大学戴维斯分校研究中国城市的杰出学者。

张教授因其杰作《民族旅游的人类学透视——中西旅游人类学研究论丛》（云南大学出版社，2005年）一书而知名。她利用在国内和出国的各种机会，借助相邻学科充实自己的知识。通过这本书，她使自己的成果站在了中国当今旅游研究的前沿，为学校争得了荣誉，并带给学生知识和智慧。与张教授合作已有十几年，我感到非常愉快，并希望今后我们的合作会有更多成果。

纳尔逊·H.H.格雷本
加利福尼亚大学伯克利分校人类学系研究生院教授
北美民族学 P. A. Hearst 博物馆馆长
加拿大研究项目 Thomas G. Barnes 杰出教授

Preface

I am delighted to introduce this major new book by Professor Zhang Xiaoping. It is a very thorough anthropological consideration of the important phenomenon of tourism, both in contemporary China and as approached by Western scholars. This book covers most of the important topics at both a theoretical and applied research level. Thus it will provide an advanced level preparation for students of anthropology, of tourism and of key processes in the contemporary world. Professor Zhang has had very thorough training in languages, management and anthropology. She has been a visiting scholar at the University of California, in the Department of Anthropology in 1996—1997 and 1999—2000 and in the Haas Business School in 2005—2006. She has numerous publications in Chinese and she has won many prizes. This is not surprising since she is part of an illustrious academic family of Bai nationality descent, being the daughter of the famous classical scholar Emeritus Professor Zhang Wenxun of Yunnan University and she is the sister of the eminent scholar of urban China, Professor Zhang Li of the University of California Davis.

Professor Zhang Xiaoping is already well known for her excellent book on Anthropological Perspectives on Ethnic Tourism (Yunnan University Press, 2005). She has taken advantage of national and international opportunities to expand her knowledge in a number of adjacent disciplines and with this book, she puts her work in the forefront of scholars studying tourism in China today, brings honour to her university and wisdom and knowledge to her students. I am happy to have been associated with her and her work for more that a decade, and I'm looking forward to further fruitful cooperation in the future.

Nelson H. H. Graburn

Professor of Anthropology of the Graduate School,

Curator of North American Ethnology, P. A. Hearst Museum,

Thomas G. Barnes Distinguished Professor, Canadian Studies Programme,

University of California, Berkeley

前　言

　　2007年对我来说是一个特殊之年。在这一年中,我经历了很多,付出了很多,也收获了很多:生活的、学习的、工作的……当然,最大的收获就是完成了《旅游人类学》一书的写作,并在2007年的11月份向南开大学出版社交上了该书的初稿,完成了人生的又一个"仪式"。回首往事,我感触甚多,因为也就是在十年前,1997年的11月,我第一次远涉重洋,踏上了美国国土,第一次走进伯克利这所美丽的校园,第一次见到了美国著名人类学家纳尔逊·格雷本教授,第一次接触了"旅游人类学"——这在当时的中国还鲜为人知的新兴学科。当时,我那种"如获珍宝"的喜悦和兴奋之情,使我对这一新兴学科产生了浓厚的兴趣,并从此在"旅游人类学"的研究道路上走过了整整十个春秋!在这十年间,我先后于1999年和2005年两次再赴美国,在伯克利这所世界著名的学校,师从著名旅游人类学家格雷本教授学习。我曾有幸在华盛顿、旧金山、伯克利等国际会议上,与一些著名的人类学者、社会学者进行交流,其中除了我的导师、著名学者纳尔逊·格雷本(Nelson Graburn)外,还有戴维斯大学著名社会学家迪恩·麦坎内尔(Dean MacCannell),伊利诺易斯大学著名人类学家埃德华·布鲁诺(Edward M. Bruner),加州州立大学瓦伦·史密斯(Valene L. Smith)教授、丹尼森·纳什(Dennison Nash)教授和玛格丽特·斯旺(Margaret Swain)等旅游人类学家。我不仅聆听了这批被称为"恐龙级"的旅游人类学家所作的精彩学术讲座,还抓住这一难得的机遇与他们进行了近距离的接触、交谈,十分敬佩他们的深厚学术功底和严谨的治学态度,充分感受到了他们谦虚、随和的人格魅力。此外,我还于2003年见到了在国际上享有盛誉的另一位著名的旅游人类学家——东京大学人类学系的著名教授山下晋司(Shinji Yamashita),并荣幸地应邀在东京大学给他的研究生作了"民族旅游在云南"的讲座。2007年12月在中国云南西双版纳的一次会议上,我又见到了以色列希伯莱大学著名社会学家艾瑞克·科恩(Erick Cohen),1999年10月在中国云南大学所召开的"中国、旅游与人类学"大会上我就见过他,他有关旅游的著述给我留下了深刻的印象。此外,我在美期间,也遇到了一批年轻的学者,如《旅游与现代性》的作者 Timothy Oakse 就是其中之一。总之,能在一生中遇到那么多的著名旅游人类学者,我觉得自己很幸运,也受到很大影响,所以产生了一种强烈的愿望,就是要写一本给中国读者读的旅游人类学书籍,把西方的旅游人类学引进来,结合中国实际,以期促进我国旅游人类学的发展。这种愿望,更确切地说是一种责任感,在我心中整整沉积了十年!在这十年间虽然已做了一些工作,例如在国内发表了第一篇介绍纳尔逊·格雷本教授与旅游人类学的文章,首次翻译、出版了由瓦伦·史密斯教授主编的有关旅游人类学的经典著作《东道主与游客——旅游人类学研究》(中译版,2001年),还主编了一本由中国学者撰写的论文集《民族旅游的人类学透视》(2003年),但要出版一本有关旅游人类学的较系统的论著的想法一直未能实现,直到2006年年底,南开大学出版社的孙淑兰老师亲自从天津来到云南大学找到我,向我约稿,撰写《旅游人类学》一书。记得我曾对孙老师表达过我这一多年的写作心愿,但由于教学工作忙,一直无暇下笔。这次孙老师给我很多鼓励,我终于开始思考大纲,并组织了一批"精兵强将",在不到一年的时间内完成了该书的初稿,积在我心中多年的心愿终于得以实践!我深知自己学识粗浅,靠我一个人完成这部专著是不容易的,好在我们有几位志同道合的朋友合作,他们都是多年从事人类学、旅游学研究并卓有成就的中青年学者,大家通力合作,终于在不长的时间内完成了书稿。犹如十月怀胎的"胎儿"很快就要出生了,可能还是一个娇嫩、孱弱的孩子,但她毕竟出生了。不管她是丑是美,她毕竟是第一个"孩子"。如果还有"先天不足"的话,那么还可能"后天补",今后不断修改加工。但愿该书的出版,能给有志于旅游人类学研究的朋友们提供一些参考,引起一些思索。

该书总共由十章组成,它们分别是:第一章"旅游人类学及其理论概述"、第二章"追寻人类的旅游足迹"、第三章"人类学视野中的旅游与文化"、第四章"旅游体验"、第五章"仪式:神圣的旅程"、第六章"涵化:旅游与文化变迁"、第七章"'真实性':旅游资源开发与保护"、第八章"博物馆:人类历史文化的多角度展示"、第九章"旅游人类学方法"、第十章"关于旅游人类学认知的思考"。该书的最大特点在于以下几点:(1)在评介西方旅游人类学的基础上,较为系统地梳理了西方人类学的理论,并把一些重要的理论引入到我国旅游的理论研究当中;(2)结合中国旅游的开发现状,用东、西方旅游人类学的视角去审视和反思我国旅游业目前的发展状况,并对许多案例进行实证分析和理论探讨,尽量做到旅游人类学研究的本土化;(3)本书在旅游管理研究的基础上,融入旅游人类学的理论,使旅游管理专业的学生和从事旅游管理的同志们能逐步接受和理解这一新学科,并学以致用,从理论上使旅游学的研究上一个新台阶。本书对于从事旅游人类学研究以及旅游业工作的人员也有参考的价值。

该书是集体合作的结果。具体分工如下:

第一章：张晓萍、赵红梅

第二章：张建雄

第三章：伍乐平

第四章：赵红梅

第五章：蒋俊、郑晴云

第六章：毛伟

第七章：张晓萍

第八章：李燕妮

第九章：赵红梅

第十章：李伟

本书的大纲设计、写作体例及全书的统稿由张晓萍、李伟完成。

在本书完稿并交付南开大学出版社之际，我要代表全体作者，再次感谢孙淑兰老师和南开大学出版社。还要特别感谢本书的责编刘晓女士。他们给我们提供了这次写作和出版的机会，并为此付出大量心血，在此表示衷心感谢！同时，我们也希望读者给我们提出宝贵意见，我们在以后将不断修改提高。

张晓萍

2008年1月于春城昆明

目 录

序一 ……………………………………………………………………… (1)
序二 ……………………………………………………………………… (1)
Preface ………………………………………………………………… (1)
前 言 …………………………………………………………………… (1)
第一章　旅游人类学及其理论概述 ………………………………… (1)
　　第一节　旅游人类学的产生及其发展 ………………………… (1)
　　第二节　旅游人类学研究理论 ………………………………… (17)
　　第三节　旅游人类学研究目的及其现实意义 ………………… (27)
第二章　追寻人类的旅游足迹 ……………………………………… (34)
　　第一节　为生存而进行的族群迁徙 …………………………… (35)
　　第二节　随生产方式变化出现的人类空间位移 ……………… (41)
　　第三节　人们对世界图景的探索 ……………………………… (47)
　　第四节　现代生活样式之一：旅游 …………………………… (53)
第三章　人类学视野中的旅游与文化 ……………………………… (58)
　　第一节　旅游文化与文化旅游 ………………………………… (59)
　　第二节　旅游与文化的理论研究 ……………………………… (69)
　　第三节　旅游与文化的实证研究 ……………………………… (82)
第四章　旅游体验 …………………………………………………… (93)
　　第一节　体验 …………………………………………………… (95)
　　第二节　旅游体验 ……………………………………………… (102)
　　第三节　"共睦态"——一种阈限体验的解读 ………………… (115)
第五章　仪式：神圣的旅程 ………………………………………… (128)
　　第一节　作为仪式的旅游 ……………………………………… (128)
　　第二节　朝圣：宗教文化之旅 ………………………………… (153)
第六章　涵化：旅游与文化变迁 …………………………………… (176)
　　第一节　文化变迁 ……………………………………………… (176)
　　第二节　涵化 …………………………………………………… (183)

第七章　"真实性":旅游资源开发与保护 …………………………… (204)
　　第一节　"真实性"与"舞台真实" ………………………………… (204)
　　第二节　"舞台真实"与商品化 …………………………………… (210)
　　第三节　旅游背景下的"舞台真实"及其案例研究 …………… (213)
　　第四节　"舞台真实"论的理论意义与实践价值 ……………… (219)
第八章　博物馆:人类历史文化的多角度展示 ……………………… (224)
　　第一节　博物馆与旅游业 ………………………………………… (224)
　　第二节　博物馆旅游的人类学视角 ……………………………… (229)
　　第三节　我国博物馆旅游的现状及展望 ………………………… (236)
第九章　旅游人类学方法 ……………………………………………… (243)
　　第一节　旅游人类学研究方法 …………………………………… (245)
　　第二节　案例:丽江玉龙县白沙乡民族旅游田野调查 ………… (258)
第十章　关于旅游人类学认知的思考 ………………………………… (264)
　　第一节　关于人类学的理解 ……………………………………… (266)
　　第二节　关于旅游学科研究的认识 ……………………………… (273)
　　第三节　关于旅游人类学的思考 ………………………………… (291)
参考文献 ………………………………………………………………… (318)

第一章 旅游人类学及其理论概述

随着旅游业在世界各地的蓬勃发展,学术界对旅游的研究已从单一的经济视角,转向了多角度的理论研究,其中旅游人类学20世纪60年代在西方已成为一门引人注目的新兴学科。到了20世纪末,我国学术界也对这一学科给予了广泛关注并开始研究。旅游与人类学之间到底有什么关系?其中涉及哪些主要理论?对世界旅游业发展,乃至我国旅游业的发展有何影响?这些都是值得我们深入研究的问题。本章就拟对这些问题作简要的介绍。

第一节 旅游人类学的产生及其发展

一、旅游与人类学

旅游与人类学从学术上来说是两个完全不同,或者说听起来是两个没有联系的领域,但它们之间的确产生了联系,这与人类的社会发展有着紧密的关系。经过许多学者数十年的研究,人们发现,人类学不但与旅游有着紧密的联系,而且从人类学角度对旅游进行研究已变得势在必行。离开了人类学的研究,旅游业的发展将碰到许多问题,产生许多不良影响,最终有可能导致人类社会的变异,其中包括文化传统的丧失、自然环境的破坏、资源的耗竭等人类社会问题。这样的说法可能有些耸人听闻,或者说有些过分,但已被许多事实证明。反之我们也发现,如果用人类学的理论和观点来研究和指导旅游的发展,许多由于旅游带来的负面影响就可以得到有效的控制和解决,并使旅游活动真正成为人类社会有意义的行动,同时还会给社会文化带来积极的影响,做到人与人之间的相互理解,达到我们进行旅游活动的理想目的,即通过旅游创造一个和谐的世界。这些也被许多事实证明。旅游是人类行为的一部分,伯林(Berlyne)称之为"人类探索行为",特别是现代旅游,它的产生和发展包含了许多文化的内容,例如仪式、艺术、迁徙、民俗、娱乐、审美等。这些东西都是人类活动不可或缺的。而人类学正如我们大家所知道的那样,是一门专门研究人的学科,是一门与人类活动有关的、内容广泛的学科。从这个角度来说,用人类学的理论和观点来研究旅游,其意义也就不言而喻了。

众所周知,"人类学"最早是一门西学,16世纪初这个词产生于希腊文anthropos(人)和logia(科学),即人的科学。它成为一门独立的学科是在19世纪40年代。人类学从广义上来说包括体质人类学和文化人类学,而后者包括了考古人类学、语言人类学及社会文化人类学。我们现在说的人类学,一般指的就是文化人类学。文化人类学通过跨文化的方法,研究和比较不同民族、部族、国家地区和社区的文化的异同,以寻找文化的共性和异性。该学科的另一个特点就是人类学的研究与其他学科会产生交融和渗透。这些学科包括历史学、民族学、民俗学、文学、艺术、宗教学、语言学、哲学、经济学、政治学、法律,等等。从研究内容上看,文化人类学主要研究文化的构成、起源、生成和发展,核心的问题是研究文化的特征,以及引起文化变迁的主要因素。对于文化的特征,一般认为有下列几种:共享性、习得性、整合性、象征性、适应性及变迁性;而文化变迁又包括文化的传播、文化的同化、文化的涵化、文化的融合,等等。由此我们可以看到,文化是一个特定社会代代相传的一种共享的生活方式,其中包括技术、价值观念、信仰及规范。按照博厄斯(Boas)的定义,文化包括了社区中所有社会习惯、个人对其生活的社会习惯的反应,以及由此而决定的人类活动。按照英国人类学家泰勒(Tylor)的定义,他认为文化或文明是一个复合的整体,包括知识、信仰、艺术、道德、法律、风俗以及作为社会成员所获得的其他任何能力和习惯。所以我们可以这样说:文化就是人,人就是文化;只有正确地认识人,我们才能了解什么是文化。

关于什么是旅游,或者说怎样对旅游下定义,什么是旅游者,不同的人、不同的学者也有不同的观点。但我们可以这样说,远古时期的旅游与我们当今的旅游应该是完全不同的。或者说在旅游真正成为一个产业之前,人们的旅游方式和旅游目的与现代旅游相比是有很大不同的。但是我们在追溯旅游历史沿革的时候也不难发现,早期的旅游与现代的旅游在精神方面有着许多惊人相似的地方。不管是旅行或旅游,人们都有着自己的目的和动机,而这些又取决于人们的思想和文化背景。不同的人会对旅游作出不同的旅游方式的选择,这就需要我们从人的文化角度去加以分析和研究。而在这方面,它恰好和人类学的研究有许多相似的地方,如什么样的人会选择什么样的旅游方式,为什么有的人要外出旅游而有的人又不愿去,人们外出旅游的目的和动机为什么又是这样不同。总之,我们研究的是旅游者,研究的是人。在这一点上,不是和人类学研究的一样吗?在研究旅游的过程当中我们一般会研究旅游的景观、景点和旅游者行为以及它们之间的关系,而人类学对旅游的研究则更多是从社会文化方面来进行的。

我们知道,从古至今,人们在旅行和旅游当中,除了欣赏自然风景,领略异地文化以外,还会把自己的文化带到异地,或者在旅游当中受到异地文化的影响。这种现象从旅游活动一开始就产生了。这种双向的活动被人类学家称为"涵化"。这种现象引起的东道地的变化被人类学家们看成"文化变迁"。虽然旅游不是造成文化变迁的唯一或主要的因素,甚至如有的学者所说的那样,不要把旅游看作文化变迁的替罪羊,但旅游活动的确会加速文化变迁,因为在文化传播方面,旅游扮演了重要的角色,这一点已为许多人类学者所承认。因此 20 世纪 60 年代在西方出现了对旅游的人类学研究,出现了以美国为主的研究旅游的人类学家。人类学和旅游从此构成一个新的学术研究领域,那就是"旅游人类学"(the Anthropology of Tourism)。在美国,当时出现了许多学术期刊,里面刊登了很多关于旅游与人类学的文章,它们都在 20 世纪 70 年代得以出版。最早的期刊被称为"旅游研究年鉴"(*Annals of Tourism Research*),于 1983 年出版,有关旅游的词条也分别在 1984 年的《社会学年度评论》(*Annals Review of Sociology*)和《人类学年度评论》(*Annals Review of Anthropology*)上发表。第一本开创性的旅游人类学研究专著《东道主与游客——旅游人类学研究》(*Hosts and Guests—The Anthropology of Tourism*)于 1977 年作为首版,由美国宾夕法尼亚大学出版社出版,该书作为先驱,使旅游人类学的研究在学术界得到了正式承认(该书后来又于 1989 年第二次和 2000 年第三次再版,第三版增加了许多新的内容)。之后,与此有关的其他著作也相继问世,如著名学者德卡特(Dekadt,1977)和麦坎内尔(Dean MacCannell)的著作在当时也产生了重要的影响。这些文章、著述和期刊的出现,标志着旅游人类学作为一门新兴学科的正式诞生。当时的研究主要集中在这样一个问题上:如何分辨现代化和旅游业在文化变迁中所扮演的角色?许多运用性的、带有阐述性的问题使人们对这一主题进行了研究,这些研究同时又涉及了其他学科,如政治经济学、社会文化学、符号学等。从20 世纪 70 年代之后,人类学对旅游的研究开始涉及更深入的问题,如现代、后现代以及全球化、伪现实等问题。这些问题随着时代的发展,与旅游产生了越来越密切的联系。

旅游人类学首先关注对旅游者旅游动机的研究,以寻求现代和后现代的建构和内涵。人们一般都认为,一名旅游者就是这样的人:他自愿花休闲时间离开自己的家,到某个地方去旅游,去经历某种变化。当许多人都同意这种观点的时候,也有许多学者认为旅游者外出旅游都是出于不同的目的和动机的,因而出现了一些特殊类型的旅游者。所以,我们就应该根据他们的社会和文化动机对他们进行分类。由此而出现了大量的有关旅游动机的研究,如朝圣旅游、休闲旅游、观光度假旅游、商务旅游、探亲访友旅游、文化旅游、民族旅游、生态旅游、探险旅游、乡村旅游等形式多样的旅游，都为旅游人类学的研究提供了许多重要的素材。随着时间的变化，以上这些旅游已变成大众旅游，世界各地都纷纷开发旅游业，因为旅游业的发展为他们本国的经济带来了可观的利益，国内旅游和国际旅游已成为当代人们的一种生活方式。与此同时，人们逐步意识到，旅游不仅是一种经济消费，也是一种文化消费。在旅游活动当中由旅游引起的文化现象，如文化商品化，也引起了旅游人类学家极大的关注。旅游活动不再被看作单纯的经济活动，更是一种文化活动。旅游开发与文化保护和发展的问题长期以来一直是旅游人类学研究的重要内容。

就东道国或地区来说，它们是旅游商品的生产者，它们所提供的商品或旅游产品及旅游服务是旅游人类学的重要研究对象。在旅游研究的早期，西方研究者们把旅游看作一种帝国主义形式，认为旅游业的开发会产生负面的影响，是都市富人对穷人的"侵略"和"殖民"。这些负面的影响包括旅游业造成的贫富差距、对生态环境的破坏、对社会制度和传统文化遗产的破坏等。但是随着旅游业的发展，也有许多学者发现，如果对旅游业加以管理、控制，就会给乡村或城市带来积极正面的影响和变化。一种较为温和的观点认为，采取可替代旅游对旅游的可持续发展有很大的好处。另外，当地人在旅游活动当中可以积极地与旅游者互动，可以与国内及国外的有关部门保持联系，还可以与社会学家、经济学家、人类学家等保持积极的联系，这对他们开发旅游业有着重要的作用。例如，那些进行政治经济学研究的学者，可以帮助旅游开发者寻求旅游支出和回报的平衡。旅游业的开发将生活在"保护区"的当地人及其文化进行推销，这一做法成为人类学家关注的焦点。相对于旅游者来说，性别差异、种族差异、民族差异、年龄差异以及地方差异等产生了一种等级关系，对旅游产品的生产和消费来说，也成为了人类学家、社会学家和经济学家研究的基础。从研究方法上来说，用民族志的田野作业法及用交叉性的多学科的研究方法，都为旅游主体与客体的研究提供了许多翔实的资料。这些翔实的资料又被用来构建一个广泛的、跨文化比较的旅游民族志研究。总之，旅游人类学的理论研究十分广泛，除了以上的研究内容以外，还包括了女权主义、生态学等，这些研究都与旅游的活动有关。

其实其他领域的学者，如社会学家、地理学家、经济学家，他们在人类学家对旅游进行研究之前就开始研究旅游的效应问题，并出现了一些重要的研究成果。尤其是在欧洲和亚太地区的学者对旅游人类学的研究曾引起了世界各地学术界的关注。

长期以来，人类学家致力于研究被称为第三世界和第四世界的人民，但他们没有把他们看到的旅游活动与他们的研究结合起来。其实很多问题是值得反思的,如:怎样看待旅游者?目的地人民为什么对旅游者的到来感到不愉快?目的地的文化是怎样被炒作的?这些东道地被冠以"奇异"、"神秘"、"天堂"、"梦幻"、"独特"等名称,以吸引大众旅游者。对此,有些西方学者表现出了极力的反对。他们把旅游看作一种肤浅的活动。尽管全球旅游的迅猛发展带来了许多正面的环境影响、社会文化影响和经济影响,但并不是所有的人类学家都认为旅游是一个值得开发的大产业。他们认为,把地方知识系统和全球政治经济联系在一起,就会导致一些问题,如:旅游者的经历是否具有"真实性"?"他人"的一切是否是真的?如何诠释"真实性"?对于这些问题,旅游人类学家认为有必要进行深入的研究。还有其他与旅游业有关的一些复杂的问题,如旅游带来的人口迁徙问题,人口置换问题,地方、民族和国家认同的重建问题,文化的重构问题,传统文化与现代文化的关系问题等。因为在当今这样一个有着不同地方、不同民族文化背景的跨国市场上,旅游业体现了全球性和地方性的力量。

在旅游研究当中,人类学还包含了对人类相似性及差异性的比较研究,这些研究以对旅游者消费符号的研究为主。如民族风情、地方遗产、与现代相对应的传统生产、人类安居的历史、艺术品、舞蹈、戏剧、音乐、仪式、语言、环境的适应、社会规范及人口移动,不同的游客对这些东西有着不同的理解,也因此构成了不同的旅游吸引物。当地人以往为自己生产的艺术品、工艺品,现在变成了制作简单的、大众性的旅游复制品和旅游纪念品;遗产地的旧建筑物和景观被重新修复后向游客展示,以重现昔日的"传统"风采;同时许多新的文化主题公园被建造,如迪斯尼乐园、民族村、文化中心、生态博物馆等。这些文化的"生产"和"再生产"都是为游客而进行的。此外,考古研究的信息和考古文物的发现也成为了旅游吸引物,因此重建的场景旅游深受文化旅游者,特别是文化人类学家和考古学家的欢迎。通过对博物馆的建设和对旧的场景的复制,许多"真实"的文化被认为得到了保护。体质人类学家也提供了一些研究的素材。一些早期的场景在博物馆的展出和一些带有阐述性的灵长动物的展出把人类和他们的祖先联系在了一起。旅游人类学的另一方面就是通过度假来进行研究。在此过程中,有一些志愿者与社会文化人类学者,体质人类学者和考古学者一起工作,帮助他们收集资料。语言人类学家可以为旅游市场营销提供社会语言的分析,重点研究消费者的思想文化要旨是如何形成的,同时也反映了市场的影响力。

人类学家在对旅游的研究过程当中,同样重视实证研究,即到他们进行研究的区域中去,与旅游者一起旅游,同时注意参与、观察旅游活动。这样的方法被称为"民族志旅游"。旅游人类学的这一研究方法也是本书的一个重要内容,将进行专门的探讨。另外,许多西方人类学家还认为,应该公平地对待那些贫穷地区的旅游开发者,他们应是主要的受益者。当然,旅游目的地地区的居民也应该考虑到与政府部门及投资者、旅游者之间的关系,处理好这些关系对于整个旅游业的发展将是至关重要的。

总之,旅游与人类学被联系在了一起,这不仅从理论上来说是必要的,在实际操作中也是必要的。

二、旅游人类学研究的对象及主要内容

在讨论这一问题之前,我们有必要对旅游的本质作界定。不同的学者对旅游本质,或旅游的动机有着不同的看法。而从人类学的角度来研究这一问题更有着深刻的意义。美国的著名旅游人类学家、该领域的先驱者之一瓦伦·L. 史密斯(Valene L. Smith)在她开创性的论文集《东道主与游客》中开宗明义地说道:"要对旅游一词下定义是困难的……但一般来说,一名旅游者指的是一个暂时休闲的人,他(她)自愿离开自己的家,到某一处地方参观、访问,目的是为了经历一种变化。"[①]虽然不同的人有不同的旅游动机,但有三个最基本的要素构成了一个等式,那就是:旅游=休闲时间+可供自由支配的收入+积极的对旅游目的地的认可。[②] 我国学者彭兆荣也从人类学研究的角度指出,人类的旅行文化早就开始了,严格地说,有了"人"的认定、概念、价值和行为规范,旅行也就随之产生了。而从古代的旅行到旅游,反映了人类社会巨大的历史变迁。现代的旅游成为索解现代社会现代性"迷思"和"神证"的一个最好注疏,而人类学正是一个专门解释人类社会"迷思"的学科。[③] 美国另一位著名人类学者丹尼森·纳什(Dennison Nash)在其理论性著作《旅游人类学》(*The Anthropology of Tourism*)一书中,也从三个角度分析了旅游的产生,它们分别是:(1)从目的地社会的角度;(2)从旅游者的角度;(3)从客源地的角度。这三个角度与一些学者提出的旅游业当中的"主体"(即游客)、"客体"(即东道地)和"媒体"(即旅游机构、部门、政府组织)等十分接近。国内有的学者根据在国外的学习和研究,认为应将旅游人类学研究划分为两个维度,即关于游客的研究和关于旅游业对目的地影响的研究,认为分析游客的旅游动机、体验及旅游对游客的影响,是旅游人类学研究的两大主流。但不管是在中国,还是在外国,对旅游本质的研究都要涉及以上问题。而旅游人类学对这个问题的研究,就是要从人类学的视角,用人类学的理论和方法来进行分析和阐述,以便从旅游业开发这一表面的现象中,窥探

---

① (美)瓦伦·史密斯. 东道主与游客——旅游人类学研究. 张晓萍、何昌邑等译. 云南大学出版社. 2002. 第1页.

② (美)瓦伦·史密斯. 东道主与游客——旅游人类学研究. 张晓萍、何昌邑等译. 云南大学出版社. 2002. 第1页.

③ 彭兆荣. 民族旅游的人类学透视. 云南大学出版社. 2005. 第2页.

到人类社会深层次的东西,这样的"深度描写"(Deep Description)将有助于我们理解很多人类的行为和活动,以及由此所带来的社会文化变迁,这些都是人类学家关注和研究得最多的问题。综上所述,对旅游者的旅游本质自身的研究以及对旅游业的出现给东道地区和居民带来的社会、经济、文化、生态等的影响的研究,是旅游人类学研究的两个主要命题。

正如前文所提到的那样,人类学研究的是人以及与人有关的一切活动。其中文化人类学主要研究人类文化的起源、成长、变迁及进化的过程,并研究和比较各民族、各部族、各国家、各地区、各社区的文化异同,借以发现文化的普同性及差异性。文化人类学由于以上的研究,与其他学科产生了交叉、渗透与融合,如历史学、民族学、民俗学、文学艺术、宗教神话学、语言学、社会学、经济学、符号学,等等。旅游人类学又何尝不是如此呢?众所周知,不论旅行还是旅游,都是人类活动的一部分。特别是当今大众旅游的形成给现代社会带来了社会、文化、经济、生态等方面的巨大影响,特别是文化方面的影响,这些影响涉及与文化有关的方方面面。其中文化变迁、文化涵化、文化同化、文化融合、文化认同、文化仪式、文化符号、文化象征、文化真实性等人类学中探讨最多的话题无不与旅游有密切联系。对这些问题的研究,构建了旅游人类学理论研究的框架、体系和内容。因为所有这些问题都渗透到了旅游业的开发中,也同时引起了西方学者的深深关注。从20世纪60年代到今天,许多有关的经典著作和文章都从文化人类学的角度讨论了许多旅游学术问题,如"旅游是一种帝国主义的形式"、"旅游是一个新殖民主义"、"旅游是一种神圣的旅程"、"旅游是一种世俗的礼仪"、"旅游是一种现代朝圣"、"旅游与文化涵化"、"旅游与族群认同"、"旅游与商品文化"、"旅游与文化传统"、"旅游与性别问题"、"旅游与人口流动"、"旅游与民族文化重建"、"旅游与宗教"、"旅游与舞台真实"等极具代表性的问题。通过这些问题的理论探讨,我们越来越意识到,在旅游业发展的早期,主要是以研究其经济现象为主。任何早期开发旅游业的国家和地区开始都是出于经济的目的。可是随着开发的不断深入,人们意识到旅游活动不仅仅是一种经济活动,更是一种文化活动;旅游所带来的影响不仅是经济的,更重要的是文化的、社会的、生态的影响。前者是在有限和有形的范围内发生作用,而后者则是在一个无形而且更为广阔的空间内与许多方面发生错综复杂的联系。前者所带来的经济利益是可见的,随着时间的推移和开发的加强,后者所带来的是社会传统文化无形的变化、变异,甚至丧失。为单纯经济利益所付出的文化代价和生态危机已使人类学家和有识之士再也不能坐视不管,等闲视之。一些学者提出,经济现象只是旅游业开发的一个外壳,而社会文化和生态环境的保护才是旅游业得以持续发展的灵魂。旅游经济开发和文化保护之间的关系成了学者们长期以来争论的问题,并形成了旅游人类学研究的基础理论。

三、旅游人类学在西方和中国

（一）旅游人类学在西方

旅游人类学是一门西学。正如前面所谈到的那样，旅游人类学在西方的产生和作为一门人类学的分支而得到学术界的公认，是从20世纪60年代初开始的。1963年，美国人类学家努涅斯（Theron Nunez）发表了一篇论文，论述了一个墨西哥山村开展周末旅游带来的影响。西方旅游人类学者将其当作人类学者加入旅游研究的标志。而第一本收集了数十篇有关旅游人类学研究精典论文的著作则是由美国的瓦伦·史密斯教授编著的《东道主与游客——旅游人类学研究》。他们这批自称为"恐龙级"的学者在经历了数十年的研究后，发表了许多至今仍使人感到余味无穷的观点和论述，为旅游人类学的发展和壮大立下了丰功伟绩。这批老一代的西方学者大都生活在美国，当然还有生活在以色列、澳洲和日本的学者。以美国为例，旅游人类学在美国的产生最早可以追溯到20世纪60年代。那时的美国旅游业与西方其他地区的旅游业发展一样，已经历了一段较长的历史，并已成为其文化的一部分，成为当代人类生活中的一个重要部分。

虽然西方社会学家对旅游业的研究已经历了近半个世纪，但人类学家对旅游业的关注却是到了20世纪70年代。这种对旅游业的突然关注被西方人称为"如获珍宝"。那么旅游业怎么会引起人类学家的关注呢？在前文中我们已经谈到，人类学家对人类的一切活动都感兴趣，不管这些活动发生在什么地方，什么时候。不同民族的不同生活方式以及用来指称这些方式的社会文化话语都引起了他们的兴趣。人类学家们如英国功能派大师马林诺夫斯基，就根据他在田野作业时所注意到的一切写下了许多专题论文。此外，他们还注意把不同民族的人进行比较。由此可以看出，旅游人类学的产生，主要是因为旅游业的产生和发展带来的各种社会的、文化的突然碰撞，及其引起的社会文化变迁，深深引起了人类学家们的注意。他们在研究西方现代化社会给第三世界带来的冲击的同时，把旅游业的发展也纳入其中。

一开始的时候，人类学家把旅游者看作征服者、新殖民主义者，甚至传教者，因为他们把自己的文化带到异地，充当了文化传播的媒介。这样的传播有时是直接的，有时是间接的，由此人们把游客看成是引起世界上不发达地区文化变迁的主要原因。那时候人类学家们对旅游业的研究还没有注意到旅游与其他学科交叉的关系。但后来随着旅游业的不断发展，他们开始注意到旅游与其他学科的交融现象，于是他们用跨学科的观点来对旅游业进行研究，同时还用跨文化的观点来对旅游进行研究，对不同旅游活动的定义就是个例子。有的学者把旅游者看作一名观光客,有的学者把游客看成一名休闲者,后者是为了摆脱沉重的生活负担,包括家庭和工作的负担,到外面进行休闲旅游,加入到一种社交活动当中。这种活动被人类学家用人类学中有关仪式、阈限、朝圣的理论来进行分析,把旅游者的旅游目的、动机从一般的社会学分析层面上升到了一定的人类学理论分析层面。还有的学者把旅游者看作一名体验者,他们外出旅游的目的主要是想要体验异质文化,体验某种在他们看来只有在异地才有的所谓真实的文化。还有一种旅游者被称为民族的旅游者,他们像民族志工作者,像人类学家一样,深入田野进行实地调查,在旅游中,用人类学的眼光观察旅游活动,并亲自参加到旅游活动当中。另外,由于人类学家把旅游看作人类社会文化中的一个部分,所以他们倾注了更多的时间和精力来分析与调查旅游业的发展和开发给东道地居民和游客自身所带来的各种冲击和影响,这些冲击和影响同时也给一个东道地的社会、文化、经济带来了前所未有的变化,这样的变化涉及一个社会的诸多方面,所以旅游人类学这门新兴的学科在当时引起了人类学家的高度关注,越来越多的有关著述不断发表,引起了学术界的热烈讨论。

那么什么是旅游者呢?美国人类学家史密斯在《东道主与游客》一书的绪论里把旅游者分为七类:探索旅游者、精英旅游者、不落俗套的旅游者、特殊的旅游者、初期大众旅游者、大众旅游者、租赁旅游者。这七类旅游者到目的地的数量和行为方式都不一样,如表1-1所示:

表1-1 旅游者分类及其数量对当地的适应程度

旅游方式	游客数量	适应程度
探险旅游者	非常有限	完全能适应
精索旅游者	少见	完全能适应
不落俗套的旅游者	不多但能见到	很好适应
特殊旅游者	偶尔能见到	多少能适应
初期大众旅游者	游客数量稳定	寻求西方式的舒适
大众旅游者	游客不断	希望西方式的舒适
租赁旅游者	成批到达	要求西方式的舒适

资料来源:*Hosts and Guests—The Anthropology of Tourism*. edited by Valene L. Smith. University of Pennsylvania Press. 1989.

史密斯认为,探索旅游者追求探索新知识,但在这样一个日益变小的地球上去探索,其数量非常有限,因为他们不是真正的旅游者,按传统的说法,他们的行为更像人类学家。如他们经常到一些偏僻的地区去参与和观察"他人"的生活,他们很容易适应当地人的生活文化和习俗,即我们常说的"入乡随俗"。对于精英旅游者来说,其人数也不会很多。但与探索旅游者不同的是,他们是去真正地旅游,他们不多考虑是否对这次旅游进行了事先周密的安排,他们可以"游遍全世界",他们与当地人也能够较好地融合。不落俗套的旅游者指的是那些另类的旅游者,他们所希望看的和经历的与一般的旅游者有很大的不同,如他们会想要观看葬礼,会到尼泊尔徒步旅行,或独自到阿拉斯加的"希望角"。特殊旅游者往往不靠团队,自己组织起来外出旅游,如到印第安人家体验一天的吃住生活,到巴拿马免税商店进行一天的购物,到村落里购买村民的艺术品。他们对"原始"文化十分感兴趣。初期大众旅游者以团队的旅游形式去旅游,目的地大多是一些受欢迎的地方,如危地马拉、北极。但这样的旅客却要求有舒适的设施,如乘坐带有暖气的汽车,住时髦的饭店。大众旅游者的特点就是游客量不断增加,其客源多半是中产阶级,因其数量很多,因此对东道国地区造成的影响也是极大的。他们对各种旅游产品充满兴趣,他们抱着这样的态度——"花多少钱就享受多少乐趣",于是他们入住不同档次的饭店、公寓、招待所,但都希望能住上雇有受过良好培训的服务员的饭店,并希望旅游从业人员反应灵敏,提供上乘的服务,以满足西方游客对舒适生活的"旅游幻想"。就乘坐飞机的游客来说,客流量就更大了,这些游客全是随团旅游,对旅游设施的需求甚高,同时给东道地带来的影响也就越大。

在充分分析了游客的旅游目的和动机后,史密斯又根据不同的旅游需求所产生的不同旅游方式进行了分析。她把旅游者分为 5 类:(1)民族旅游者(Ethnic Tourists)。这样的游客喜欢到一个他们认为具有奇异风光和文化的地方去旅游,去参加一些带有地方特色的民族活动,参观并加入当地的民族歌舞及仪式表演,购买当地的民族土特商品等。(2)文化旅游者(Cultural Tourists)。这样的游客也是寻求有"地方色彩"文化的地方,如体验当地人工生活方式,参观当地人工住房,购买手工艺品、食品、服饰,领略民俗风情,参加节庆活动等。(3)历史旅游者(Historical Tourists)。其主要目标是参观历史事物或名胜古迹,这些游客主要是历史学家、人类学家、考古学家等。(4)生态文化旅游者(Eco-cultural Tourists)。他们到遥远的地方去旅游,在欣赏自然风光的同时,还领略当地的地方文化,品尝地方风味及观赏地方歌舞表演。(5)娱乐型的旅游者(Recreational Tourists)。他们到海岸的沙滩边游玩,到大海中游泳,到雪山滑雪,到山脉登山,充分享受阳光和大自然的赐予。他们所追求的纯粹是娱乐、享受。以色列著名人类学家科恩(Erick Cohen)也对游客进行了分类,这将在后文中详细评介。

综合起来看,根据游客的身心要求,大致有以下几种因素促成了游客的旅游动机:(1)使自己在繁忙的工作之余得到暂时的放松;(2)逃避工作压力;(3)实践自我价值;(4)增加家庭的亲情关系;(5)寻找性接触的机会;(6)提升人的威信与威望;(7)希望加强社会关系的了解与互动;(8)愿望的实践;(9)购物的需求;

(10)经历的体验和经验的获得;(11)社会知识增长的需要;(12)渴望了解"异文化"的生活习俗;(13)个人化的社会炫耀;(14)趋从时尚。①

旅游人类学研究的第二个重要维度,就是研究东道地及其人民由于旅游业的影响而产生的文化、社会及经济各方面的变化,着重研究社会文化的变迁。其中,文化变迁的重要形式之一"涵化"(Acculturation)得到了广泛而深入的讨论。如前所述,随着旅游业的不断发展,人们越来越注意到,旅游业给东道国或地区带来了经济上的发展,但同时也使之出现了许多社会和文化的变化,这些变化既有积极的,也有消极的。如果对这些变化不采取积极正确的态度来对待,旅游业最终给人类的文化和社会带来的将是灾难性的破坏甚至毁灭。庆幸的是,西方人类学家在20世纪60年代就开始注意到了旅游与文化变迁的关系这一问题,其中包括旅游与涵化的关系及其所引发的一系列问题。涵化在人类学中也称为文化移入,即两种文化在一起碰撞一段时间后,相互产生影响,一种文化变得像另外一种文化。而涵化在旅游过程中是再明显不过的现象了,并由此引发了有关的问题,如:旅游开发与传统文化的保护问题,旅游与商品化问题,旅游与民族文化的重建问题,旅游与宗教的问题,旅游与性别角色的问题,旅游与人口流动带来的文化传播问题,旅游与色情服务的问题,等等。归根到底,旅游带来的文化变迁成了备受人类学家关注的问题,因为文化变迁包括的内容十分广泛。除了文化涵化外,还有文化震荡、文化适应、文化认同、文化融合、文化创新等。许多人类学家用辩证的观点来看待旅游给东道国和地区带来的文化变迁问题。例如随着旅游业的发展,文化的内涵也发生了改变与转型,人们(不论是旅游者或是目的地居民)对"文化"一词有了新的体会和界定。人类学家也追根溯源,对"文化是什么"、"什么是传统"阐述了各自的观点。文化像一条主线,穿起了许多与其有关的问题,使旅游人类学的研究有着重要的理论价值和实践价值。

从旅游的社会影响方面来说,人类学家对于东道地社区旅游影响的研究在数量上大大超过了对旅游者本身的研究。传统人类学的焦点放在"他族"的社区和文化上。尽管在许多人类学的论著中,旅游并不被看作主要的社会变革力量,但它日益成为研究的焦点。正像美国人类学家、社会学家格林伍德(Greenwood)所指出的那样,在复杂和快速变革的世界中,旅游只是现代化和西化或导致传统破坏的一小部分因素。

对于经济学家来说,他们倾向于把焦点放在旅游发展所带来的经济影响上。人类学家认真研究了经济现象带来的社会反响,比如职业的变化、收入的增长、贫富差距的变化、传统和阶层的剧变等。伴随着旅游产业的发展,目的地人民对

---

① 彭兆荣.旅游人类学.民族出版社.2004.第138页.

旅游者的态度逐渐改变，从欢迎到冷漠，到公开反对，这当中经历了许多周而复始的变化。另外，旅游在物质上加大了贫富之间的鸿沟，改变了性别之间所扮演的角色。西方旅游人类学家对许多与此有关的案例，甚至关于中国的案例，都进行了研究。

20世纪70年代的西方旅游人类学研究还包括旅游对少数民族的影响。根据美国人类学家纳尔逊·格雷本（Nelson Graburn）的观点，在旅游的场景下，少数民族不仅在数量上处于劣势，在文化上也是弱势的一方。以产业化、商业化为重要特征的现代旅游业在其发展过程中对少数民族，或被他们称之为"第四世界"的所谓"弱势文化"产生了重大而深远的影响，出现了"强势文化"向"弱势文化"渗透的强烈趋势。而"弱势文化"为了迎合"强势文化"的要求，出现了虚假化、变异化，进而导致了少数民族社区文化变迁的加速、变异，甚至扭曲，从而影响了少数民族及当地社会文化的可持续性发展。旅游对少数民族艺术品的影响就是一个典型的例子。在一些人类学的个案研究中，手工艺品的制作被当作一种将当地文化变成资本的最佳方式而得到支持，出现了格雷本教授所说的"机场艺术品"（Airport Arts），即小巧而且容易携带的旅游纪念品。这些复制品的出现往往伴随着旅游的发展，在一定程度上导致了民间工艺品的粗制滥造和传统技艺的下降，这是不可否认的事实。作为民族旅游文化符号的一系列系统在构建的同时也有一些在解构，其中一个主题的因素就是文化商品化问题，所以民族文化的商品化问题又引起了学者的争辩。

总之，由于客源输入国和输出国之间巨大的文化差异，加上东道主和游客之间经济的不平等，东道主与游客之间的交往互动面临一系列的障碍。游客代表的是一种所谓"强势"或者说是"主体"文化，他们带着强烈的自我优越感踏上东道国的土地。而处于"弱势"地位，或者说是"客体"文化的东道主此时的心情是矛盾和复杂的。在经济上处于弱势的他们面对外来文化的冲击，要么找到自己的文化自信、增强民族自豪感，要么在旅游的大潮中迷失方向、不知所措。这与东道地人民的开放程度和对旅游的心理容量有关。

（二）旅游人类学在中国

如果说在世界范围内"大众旅游"时代到来，并伴随着旅游活动和旅游产业的快速发展，进而引起西方人类学家的关注和研究是在20世纪60年代，那么中国的旅游业发展和西方国家以及其他一些亚洲国家相比晚了近二十年。旅游作为一种产业，在中国的兴起开始于20世纪80年代，到了90年代旅游产业在中国蓬勃发展。那时中国已开始由计划经济向市场经济转轨，并迅速发展，而旅游业的发展也在这场社会变革中扮演了重要角色，具有鲜明的中国特色和时代特征。

旅游管理作为一门新兴的产业和学科,在我国学术界引起了相关学者的关注,但大多也是从经济学和管理学的角度去看待旅游业的发展,更多关注的是旅游设施的建设,旅游市场的预测与开发,饭店、旅行社的管理等操作层面上的管理。可以说,当时开发旅游产业更多的是从经济的角度去考虑。这一点与世界上大多数进行旅游开发的国家和地区是一样的。人们都认为旅游业的发展是一种经济发展的手段。可是,随着旅游业的不断发展,许多由于旅游业开发而引起的社会、文化、生态等问题也日益凸现。这些问题也引起了中国人类学家和民族学者的注意。在 20 世纪 90 年代由我国学者潘盛之撰写的《旅游民族学》一书(贵州出版社,1997 年)可算得上是中国第一本类似于西方旅游人类学的专著。人类学在中国一直被称为民族学,其发展已有 100 年的历史,但它获得蓬勃发展,研究队伍日益壮大,成果累累,还是近二十年间的事。20 世纪 80 年代从人类学的角度对旅游业进行研究的学者及论著可以说是凤毛麟角。直到 1999 年 9 月在中国云南大学召开的"旅游、人类学与中国社会"国际学术研讨会上才首次从人类学的角度,对旅游业发展对东道地的影响进行了多方面的研究。这次会议云集了国内外著名的人类学家,如以色列希伯莱大学人类学家科恩(Erick Cohen)、美国人类学家布鲁诺(Edward Brunner)、格雷本(Nelson Graburn)、玛格丽特·斯旺(Magarat Swain)等著名学者。国内学者有香港中文大学的陈志明教授,厦门大学的彭兆荣教授,云南省社科院的杨福泉研究员,云南大学的尹少亭教授、杨慧教授、田里教授等。在这次会议上,西方学者们再次强调,今天人类学家们不仅意识到旅游对于当地人发展的重要性,而且还将旅游作为文化人类学研究的一个重要分支领域。旅游甚至可能成为研究人类文化生活的一个重要部分。[①] 此外,许多西方学者也把研究对象转向了许多亚洲国家和地区,如中国、日本、泰国、印度尼西亚等。在中国的云南省召开这样的会有着特别重要的意义。如果按西方学者的看法,中国属于第三世界,那么"那些在政治上、社会上不完全属于该国主体民族的人群,由于他们的生态环境或文化特征或独特性"而冠以他们"第四世界"的名称,在这一点上,中国云南的少数民族与他们有着许多的相似性,那就是他们不仅被认为有明显的自我认同,有自己的文化和生活方式,而且这些文化和生活方式被外来人认为是"奇异"和"原始"的。所以云南的民族旅游成为了具有极大诱惑力的旅游产品,其独特的自然风光、奇异而多元的文化资源为云南开发旅游业奠定了基础。云南还被称为"秘境",是中国西南边陲的一颗"明珠"。独特的民族旅游资源吸引了众多国内外游客纷至沓来。

在这次会上,中国学者和国外学者对旅游业的开发发表了各自独特的见解,

[①] 杨慧等.旅游、人类学与中国社会.云南大学出版社.2001.

如在开发的问题上,有的学者认为,民族资源,包括自然资源和文化资源,是不能随意开发的。也有的学者认为,通过开发,文化资源才得以保护和传承,而旅游开发就是一种最好的方式,如通过旅游可以保护原住民的文化和土地。

以旅游发展为案例,还有许多与人类学有关的话题也得到了讨论,如旅游开发带来的文化变迁、族群认同、全球化与地方性的关系、文化表述及文化真实性、现代与传统、地方文化的再建构以及文化的保护与发展等问题,对旅游的开发进行了综合的研究,将生态旅游、民族旅游,文化旅游等合而为一。总之,由云南大学和香港中文大学合办的这次国际学术研讨会,体现出人类学家和民族学家已开始关注旅游人类学在中国的发展。这次会议为中国旅游的研究搭建了一个很好的理论平台,使旅游人类学的研究上升到了一个新的理论高度。

然而,如果从时间顺序上来说,较早把旅游人类学作为一门完整学科引入中国或进行评介的,是中国学者张晓萍和宗晓莲。前者曾于1997年、1999年和2005年三次赴美国加州大学伯克利分校人类学系进修学习。她于一次偶然的机会发现该校开设了"旅游人类学"这门课,并找到了主讲这门课的纳尔逊·格雷本教授,有幸在他的指导下开始接触和学习这门课。虽然那次访问的时间只有三个月,但她发现这是一门极有研究意义的课程。1999年她再次到伯克利分校作访问学者,进行了为期一年的访问、学习,正式师从格雷本教授,并于2000年在云南大学《思想战线》第2期上发表了第一篇有关旅游人类学的评价文章——《纳尔逊·格雷本的"旅游人类学"》。这篇文章作为第一篇评价性的文章同年被《旅游学刊》第4期转摘。该篇文章虽然如今读来显得有些不成熟,或者说有些观点还不太清晰,但可以说它是在我国较早发表的一篇正式引介"旅游人类学"的评介文章。之后,她又在《思想战线》2001年第2期上发表了另一篇文章——《旅游人类学在美国》,该文也是在同年被《中国社会科学文摘》第4期摘录。该文较清晰地介绍了旅游人类学在西方,特别是在美国的发展历史,把几位重量级的旅游人类学者的学术观点进行了梳理和评介。也是在同年,张晓萍又在《云南民族大学》学报第5期上发表了《从旅游人类学的视角透视云南旅游工艺品的开发》。本文以云南旅游工艺品的开发为案例,探讨了文化人类学的一些理论性问题,"它们以中国语境为起点,以现实问题为指南,探索将当代西方各种理论运用于本土问题的分析的可能性,在学述积累和社会发展两个方面显现了独立的价值"[①]。另一位重要的引介人就是中央民族大学的宗晓莲博士。她于2001年在《民族研究》第3期上发表的《西方旅游人类学研究评述》以及后来发表的《西方旅游人类学两大研究流派浅析》同样引起了学术界的关注。宗晓莲

---

① 巫宁.西方视野与本土研究.思想战线.2005(6).第122页.

博士的毕业论文《旅游业开发与文化变迁》，以中国丽江为案例，深入探讨了旅游业开发给文化带来变迁这一文化人类学研究的重要内容。自从旅游人类学这门西学被引介到中国后，在短短几年内就在不同的学刊和杂志上出现了许多研究中国问题的旅游人类学著述，如《民族旅游的人类学透视》（张晓萍主编，云南大学出版社，2005年）以论文集的形式，把近几年在中国发表的有关旅游人类学的论文聚集在一起，这是我国第一部有关旅游人类学的论文集。中国社会科学院张广瑞教授对该书评价说："引进境外研究之经典，为学术同行铺路；传输国内探讨之佳作，为中西交流搭桥。"[1]

紧接着为中国旅游人类学研究提出理论纲领的学者是厦门大学人类学系的彭兆荣教授。他也曾到伯克利分校作访问学者。凭借自己文化人类学的深厚功底，加上自己的许多实证研究，他于2004年出版了《旅游人类学》（民族出版社，2004年）。这部著作涵盖了旅游人类学所关注和研究的诸多方面的问题，同时结合国内外旅游开发中的实证案例，使旅游人类学的理论在实践中得到了充分运用。近两年来，研究旅游人类学的学者已越来越多，不时见到有关的文章，有不少新的研究成果问世，研究的题目更广泛、更深入，这些都是令人高兴的现象。但与西方相比，还远远不够。

总之，如果要从理论上总结我国的旅游人类学理论研究，大致可以分为以下两大内容：

1. 旅游业对旅游目的地的民族、社会、文化的影响

中国当代的旅游业起步于20世纪70年代末80年代初。虽然到了90年代，旅游业得到了长足的发展，但对旅游的学术研究显得非常薄弱，尤其是对旅游业开发给旅游目的地所带来的社会文化影响的研究更是如此。旅游影响研究一直滞后于旅游学研究的其他领域。在这段时间里，只有个别学者开始注意到旅游开发对旅游目的地社会文化产生的影响。如刘振礼以野三坡为案例，研究了旅游对目的地的社会影响并提出了相应的对策。申葆嘉对旅游接待地所承载的社会压力问题给予了极大的关注。

到了20世纪90年代以后，研究的内容呈现出多元化的趋势，建立在案例基础上的旅游社会文化影响研究成果逐渐增多。其中有关于旅游地居民对旅游开发的认知度和态度的研究，有关于旅游业对价值体系、居民行为、家庭关系、生活方式、道德标准、社会治安、文化生态等产生深刻社会文化影响的研究。还有的学者探讨了旅游对目的地产生社会文化影响的理论机制的构建，总结了影响较大的三种理论：发展阶段理论、涵化理论和社会交换理论。在此最值得一提的是

---

[1] 巫宁.西方视野与本土研究.思想战线.2005(6).第123页.

旅游开发对旅游地民俗风情和少数民族地区文化的影响。

中国是一个拥有56个民族的国家,在许多民族地区自然条件复杂,生物多样性及民族文化的多样性吸引了大量来自国内外的游客。民族地区的自然风光、人文景观、民族风情、民族艺术及历史传统等以其独特而神秘的魅力吸引了大量的游客。民族旅游对目的地的经济、文化和社会都具有重要的意义和开发价值。美国旅游人类学家爱德华·布鲁诺是这样为民族旅游下定义的:"国外或国内的旅游者通过旅游可以观察其他群体,而这些群体不仅被认为有明显的自我认同、文化和生活方式,而且他们能常被贴上诸如种族、国家、少数民族、原始部落、民俗或农民的标签。"[1]虽然西方人对民族旅游的界定看起来带有点"强势文化"对"弱势文化"的轻蔑的口吻,但我们不能不承认的是少数民族文化的"古朴性"、"真实性"和"神秘性"的确构成了重要的旅游资源。这些文化特征和独特性为民族旅游产品的生产提供了大量的素材。然而在旅游业的开发中,无论是在东方还是在西方,无论是少数民族旅游还是汉民族旅游,一个重要的问题是如何处理开发与保护的关系,如何把握住开发的尺度,这些都是旅游业可持续性发展的关键。有些文化资源,无论是有形的或是无形的,一旦被破坏就无法再生。所以关于旅游业开发给目的地带来的影响问题,将是一个长期和艰巨的研究任务,相关的学术研究也必将不断深化。

2.旅游主体及旅游者的研究

旅游人类学在对旅游主体——旅游者进行研究时,往往把旅游者的目和行为与精神内涵、文化符号、探索旅游的本质、分析旅游体验等联系在一起,并由此引发了以下的理论探讨:旅游与宗教的关系,旅游与仪式的关系,旅游与符号的关系。这些问题同样也在中国出现了。但对旅游主体的研究与对目的地的研究相比,前者的研究成果要比后者多得多。

虽然自2000年以来,旅游人类学在中国的研究已取得了丰硕的成果,并引起了国内外学术界的高度关注,但研究的内容还不够广泛和深入,对国外的研究评价也还不够。另外,旅游人类学的本土化研究也需要进一步加强,要结合我国的实际进行旅游业的开发,取得开发与保护的双赢。

---

[1] 爱德华·布鲁诺.民族旅游:一个族群、三种场景.旅游、人类学与中国社会.云南大学出版社.2001.第45页.

第二节 旅游人类学研究理论

尽管人类学涉足旅游的时间并不太长,但几乎是从一开始,西方人类学者就在运用传统的田野调查方法观察旅游现象;不过,无论调查方法如何高效而有体系,单纯的实证调查对于旅游的科学研究而言,仍然显得不足。理论是拓深调查成果的必要手段;如果缺乏理论的知会与提炼,实证资料的简单堆积将是一件危险的事情。[①] 对人类学学者而言,理论的建构主要来自田野工作与文化比较,通过田野工作这一具体实践,人类学学者了解某一文化,建构对人、社会、文化的理论。

从事旅游研究的人类学学者似乎并不关注学科界限,他们毫不犹豫地借用其他领域的研究成果、理论与方法,而不问其学科渊源,只要这些东西适用其研究。[②] 事实上,旅游人类学对人类学理论的借鉴并不很多,主要还是表现在对人类学方法与视角的把握上;其他社会学科又以各自的方法来研究旅游现象,因此,要求旅游人类学有一个统一的理论与特别的方法论,目前看来似乎不太可能,而唯一现实的办法是,对旅游现象能形成某些一致的观点,从而使学科内部或学科之间的学者的研究能够融合起来。[③] 总体来看,旅游人类学亦有基础研究与应用研究之分:前者主要与科学性问题有关,比如某一特定旅游形式的形成原因;后者回答与现实相关的问题,比如旅游对生活方式的影响。本节将介绍三个人类学视角下的旅游研究,以及其他学科的理论在旅游基础与应用研究中的运用。

一、旅游研究的三个人类学视角

(一)从涵化与发展的视角看旅游

1. 涵化

文化变迁,是文化人类学研究的主要课题之一。涵化(Acculturation)是文化变迁的一个主要内容,亦是文化变迁理论中的重要概念。关于文化变迁理论,

---

① Dennison Nash."Tourism as an Anthropological Subject."*Current Anthroplology*. Vol. 22. No. 5. 1981. p. 468.
② Dennison Nash,Valene L. Smith. "Anthropology and Tourism."*Annals of Tourism Research*. Vol. 18. Num. 1. 1991. p. 13.
③ 丹尼森·纳什.旅游人类学.宗晓莲译.云南大学出版社.2004.第9页.

必须明确几个关键词：传播、媒介传播、文化接触、采借、选择、整合、涵化。① 不难看出，文化传播、文化接触可以说是涵化的先决条件，而涵化则是文化传播导致的一种结果。② 厘清文化变迁与涵化的关系，可使研究者不仅仅桎梏于涵化理论，对于文化传播与接触的模式，亦可关注与研究。

"涵化"一词最早出现于1880年。美国人类学家博厄斯关于涵化的研究主张，对后人影响很大。在20世纪20年代末，就有人类学学者专门从事涵化研究。最早的三种研究成果都于1932年出版：一是比尔斯（L. Beals）的《马约文化中的土著遗存》，着重讨论文化接触问题；二是特恩沃尔德（R. Thurnwald）的《涵化的心理学》，首次提出涵化的心理学问题并对其概念与过程作了系统分析；三是米德的《一个印第安部落的变迁中的文化》，描述一个北美印第安部落安特勒人与白人的文化接触从开始到最终的结果。③ 赫斯科维茨（M. J. Herskovits）于1938年出版的《涵化/文化接触的研究》是最早的涵化研究教材，对当时已有的研究成果进行评论，讨论了涵化研究的方法论等。许多人类学学者都对涵化发表过自己的见解与主张，最终形成了完备的涵化理论。人类学关于涵化的界定、原因、模式、过程与结果的阐述，都可运用到旅游研究之中。关于涵化理论的详细内容，请参见第六章。

将旅游者生成社会、旅游者、东道主社会之间的互动视为涵化，实际是一种判断，即此三者间的遭遇过程（Touristic Encounter）就是多种文化接触、影响、发生变迁的双向互动过程，这说明，旅游不仅对东道主社会产生影响，也对旅游者、旅游者生成社会产生影响。关于旅游者及其生成社会的文化对东道主社区的影响，人类学的内化、适应、示范效应、对抗、复兴等概念都得到应用。旅游现象作为一种文化现象，当属文化人类学的研究范畴，因此许多关于旅游目的地文化变迁的研究，莫不是以人类学完善的涵化理论为研究基础的。

2. 发展

经济学意义上的发展通常是指GDP的增加或贫富差距的缩小，而"增长本身是不够的，事实上也许会对社会有损害"④。"发展"这一概念在人类学与其他社会科学中使用的范围则很广，指一切指向理想中目标的社会文化变化。

"发展研究"（Development Studies）源起于第二次世界大战之后，它以发展为研究对象，分为广义的发展研究与狭义的发展研究两方面：前者指研究社会变

---

① 黄淑娉、龚佩华. 文化人类学理论方法研究. 广东高等教育出版社. 2004. 第216～222页.
② 石奕龙. 应用人类学. 厦门大学出版社. 1996. 第145页.
③ 黄淑娉、龚佩华. 文化人类学理论方法研究. 广东高等教育出版社. 2004. 第224页.
④ 塞缪尔·亨廷顿等. 现代化：理论与历史经验的再探讨. 罗荣渠主编. 上海译文出版社. 1993. 第68页.

迁的一般规律,阐述全球背景下各国、各地区社会与经济发展的历史与现状;后者以第三世界国家政治、经济、社会和文化发展问题为对象,主要探索这些国家现代化的理论、发展模式、发展战略和方针及具体的政策、做法与经验等。[①] 有关发展的理论包括三个主要组成部分,即:现代化理论、依附理论、世界体系理论。

"现代化理论"(Modernizational Theory)于20世纪50年代诞生,吸收了涂尔干、韦伯等社会学家关于传统与现代之分的观点,强调在两种类型的社会中,起作用的规范与价值观是不同的。简言之,这种理论认为世界各国都有可能接受资本主义工业化的渗透与全盘传入,也就是说,发达资本主义国家的今天就是不发达国家的明天。由于无视国际经济格局以及不能解释某些具体事实,这种片面的发展理论招致一片骂声,也导致"依附理论"的产生。

"依附理论"(Dependency Theory)由弗兰克等人创立。他们认为,在现行世界体系中,强国对弱国的贸易与投资只能使弱国陷入贫困与依附他国的困境,因为经济剩余都回流到强国去了。弗兰克提出"依附链条"理论,链条的一端是高度发达地区,依次是渐贫渐弱的地区,直至另一端的最贫困城镇与乡村,而弱国的经济剩余就沿着这链条,流回到强国。这一流派认为对外来资本的信赖将导致不独立、经济漏损、结构不平衡、民众怨恨、经济偏斜等后果。依附理论同样遭到实证研究的反驳,研究者亦开始不妄谈"依附",而改谈"低度发展理论"(Undeveloped Theory),因为在外来资本的帮助下,许多国家的确出现了或多或少的发展。

"世界体系理论"(World-system Theory)的提出以美国学者沃勒斯坦(Immanuel Wallerstein)的《现代世界体系》一书为标志。"世界体系理论"的核心命题是:必须把世界体系作为一个整体来研究,无论研究体系中的哪个方面,如民族、国家、地区、族群等,都必须置于整个体系中来考察;而现代世界体系在16世纪就在欧洲出现,并以资本主义贸易体系为基础,超越国家界限,形成"资本主义世界经济"。"世界体系理论"亦并非完美无缺,它忽略单个社会的独特历史发展过程,并且过分夸大世界体系的力量,抹煞了边陲社会独立发展的历史与可能。

应该说,"发展研究"的三个理论虽然并未有足够的解释力,但人类学学者却将旅游视为一种发展现象或发展手段,在此视角下研究旅游这一复杂现象。这三个理论的内容,人类学学者在旅游研究中都有涉及,比如现代性、全球化导致

---

① 石奕龙.应用人类学.厦门大学出版社.1996.第192页。

的标准"国际（旅游）空间"①在偏远山区的出现,旅游的收入渗漏(Leakage)到外来利益集团②,因色情旅游而引发的弱国对强国的经济与心理依附③,由当地人与开发商、旅游者之间的权力、地位悬殊而造成的文化间统治－从属关系,即纳什所谓的"旅游帝国主义"(Touristic Imperialism),等等。当然,亦不乏发展旅游而使经济发展、文化复兴的案例,旅游人类学学者对旅游影响的看法,也从全面否定走向客观看待。正是在旅游过程中的文化接受、文化适应与文化复兴等方面,涵化与发展的概念得以衔接。

另一方面,在旅游对东道主社区的影响上,人类学学者也许并非完全无能为力。在社区的发展研究与实践上,早期人类学学者曾尝试过,并提供了值得借鉴的实证经验。

维柯斯计划是由美国康奈尔大学的人类学家在秘鲁维柯斯庄园所进行的一项较成功的社区发展研究,这项计划自 1951 年到 1964 年,为期 14 年。他们积极介入与参与到当地的政治、经济与教育中去,并通过研究与发展之间相辅相成的关系,去改变维柯斯人的价值观,使得一个社区最终确实有所发展。在研究中,人类学学者们既是观察者,又是设计者、指导者、辩护人、保护人与变迁促进者,并因此形成一块后来称之为"发展人类学"的研究领域。在另一个被称为"福克斯计划"的案例中,芝加哥大学的人类学家们将当地人的"自我决定"(Self-determination)作为行动原则,尽可能提供多种方案,供福克斯人自由选择,而不是像维柯斯计划的人类学学者那样直接介入与参与。这项计划从 20 世纪 30 年代开始,持续了几十年。福克斯计划的实施,意味着"行动人类学"的诞生。行动人类学学者在研究中只是尽量发现问题,尽量提出解决问题的方案,却不施加主观价值判断,这种判断由社区自身来完成。④ 关于这两个案例的更多信息,可参阅石奕龙教授的《应用人类学》一书。

由上述两个案例不难总结出,人类学学者对社区发展的贡献至少可以有两条途径:一是积极参与控制;二是提供发展方案,促进社区自决。对于将旅游作为一种发展手段的社区而言,人类学学者的参与控制是理想模式,一段时间内没有实现的可能,因为旅游社区是一个复杂的综合体,外来力量的干涉控制会引发

---

① Shinji Yamashita, Kadir H. Din, J. S. Eades (ed.). *Tourism and Cultural Development in Asia and Oceania*. Bangi: Penerbit University Kebangsaan Malaysia. 1997. p. 212.

② Dennison Nash. "Tourism as an Anthropological Subject." *Current Anthroplology*. Vol. 22. No. 5. 1981. p. 468.

③ Nelson Graburn. "Tourism and Prostitution." *Annals of Tourism Research*. Vol. 10. 1983. pp. 437-456.

④ 石奕龙. 应用人类学. 厦门大学出版社. 1996. 第 204～233 页.

意想不到的后续效应,况且目前人类学学者在旅游研究与实践中,并未获得任何特权;而提供发展方案对于间接控制消极旅游影响来说,则是现实而可行的,比如替代性旅游(Alternative Tourism)概念的提出,以及前文提到的人类学学者充当顾问、咨询员。当然,这还远远不够,欲使人类学学者对旅游社区的文化变迁研究得以应用到实践中,以促进社区发展,尚需要更多的实证研究与理论探讨。

(二)从个人经历转换的视角看旅游

"个人经历转换"这一视角,关键词是"转换",转换意味着与原来、过去相比,存在着不同程度的不一样。当人们刻意想与原来或过去不一样时,他们往往借助某类仪式来完成这种转换。范吉内普就从世界各民族的仪式中归纳出一类特殊仪式,这类仪式帮助人们完成人生旅途上各个重要关口的"转换",无论是出生、成年、成婚、生儿育女、死亡[①],还是晋升、离职、离婚、孀居等,范吉内普将此类型仪式命名为"通过礼仪"(Rites of Passage)。"通过礼仪"的思想,对往后的人类学、宗教学有深远的影响,以至仪式研究成为文化人类学研究的另一个热点。象征人类学大师 V. 特纳指出,通过礼仪的第二阶段最为重要,是整个仪式过程的核心,因为它充满"两义性"(Betwixt and Between)。正如罗杰・D.亚伯拉华所言,范吉内普对提升仪式(Elevation)、成长仪式(Initiation)、治疗仪式(Healing)、融合仪式(Incorporation)与超越仪式(Transience)的结构相似性提出了深邃的认识,而特纳的任务,则是根据这些认识来分析仪式是怎样成为生命进程之标志,又是如何在人们之间生效的。[②] 特纳在《仪式过程:结构与反结构》一书中就详细分析了各种类型的仪式过程,重点放在阈限与仪式参与者的"共睦态"(Communitas)体验上。

受范吉内普与维克多・特纳的仪式理论所启发,以纳尔逊・格雷本为代表的人类学学者将旅游视为一种特殊的世俗仪式,进而寻找旅游与仪式的相似处,以使仪式理论能够适用于旅游研究。贾法瑞的"跳板"理论与格雷本的"世俗－神圣－世俗"的提法,都是对旅游现象的象征性研究,从某种意义上说,这类分析在接近旅游本质与旅游动机方面不无裨益,但它却更适用于旅游体验的研究。仪式中的阈限体验与"共睦态"体验,都可在旅游过程中找到踪迹。"阈限"体验中的个人,体会到"自由"与"再创造"的快乐,因为来自社会规范的结构束缚被暂时解除,或者是被暂时失忆;而"共睦态"体验,则让旅游者领略到结构社会绝无

---

① 夏建中.文化人类学理论学派——文化研究的历史.中国人民大学出版社.1997.第 115 页.
② 维克多・特纳.仪式过程:结构与反结构.黄剑波、柳博赟译.中国人民大学出版社.2006.第 9 页.

仅有的群体共同的"高峰体验"。

但正如前所述,将旅游视为仪式的视角,并不能解释旅游体验的多样性。是否人人都有转换身份的需要,或者说,是否所有去旅游的人都是为转换身份,这一点,很难得到确认。旅游是否具有仪式的功能,是否会成为现代人的宗教替代品,亦是见仁见智的问题。从另一方面看,将旅游视为一种过渡仪式的视角,在一定程度上制约了对旅游体验的全面研究。挖掘旅游体验的"深层语法结构"固然是掌握体验本质的一种方法,而对林林总总的体验类型的忽略,是避重就轻的做法。格尔茨(Clifford Geertz)说:"……我以为所谓文化就是这样一些由人自己编织的意义之网,因此,对文化的分析不是一种寻找规律的实验科学,而是一种探求意义的解释科学",因此,人类学的民族志应该追求一种"具有厚度的记述",即"深度描写"(Thick Description)。所谓"深度描写",就在于要揭示行动与文化之间的关系,由此来解释行动的意义。这一理念在旅游体验的研究中,亦不乏学者运用。旅游体验,既需心理学的剖析,也需要通过对体验者行为之流(Flow of Behaviors)的观察与解释,来揭开这体验背后的文化与历史渊源,而且"一种好的解释总会把我们带入它所解释的事物的本质深处"[①]。对于这一解释视角在旅游体验研究上的运用,尚需更多学者的深入研究。当然,研究方法与找寻规律亦非常重要,毕竟,观察一切旅游者是不可能的,或许正如梭罗所言,为数清桑给巴尔的猫而走遍世界是不值得的。

(三)从上层建筑的视角看旅游

"旅游是一种上层建筑",来自马克思主义唯物论"存在决定意识"的思想。文化唯物主义论者马尔文·哈里斯(Marvin Harris)与戈德利尔(Godelier)则用一种更宽泛的唯物观点来看待社会,他们的共同观点就是,像人口、技术、经济、环境等物质基础,最终决定了人类的其他活动。由此可推断,旅游亦是由这些基础结构决定而出现的。把旅游看作一种上层建筑的观点是由新进化论者马歇尔·萨林斯(Marshall Sahlins)率先提出的,他认为休闲是"与经济动态适应的上层建筑对应物"。由此,休闲研究者提出两种观点,即"满溢效应"与"弥补效应"。前者认为现代生活的表面现象满溢到了旅游活动中,后者认为旅游者在寻找生活中缺失的东西。两种观点都可以解释旅游的产生,并且都将旅游产生的原因归诸于旅游者生成社会,因此,"上层建筑"的视角针对的是旅游客源地社会,要解决的问题是旅游现象之本质。麦坎内尔对旅游客源地的分析可谓这方面研究的先驱。

不过,文化唯物论者过于强调基础结构的决定作用,忽视上层建筑对基础结

---

① 克利福德·格尔茨.文化的解释.韩莉译.译林出版社.2002.第3～39页.

构的反作用。因此,虽然旅游可能对社会的其他活动施加一定影响,但在研究中,它往往只是被当作一个因变量。况且,研究者认为,旅游者不仅受自身社会"推力"因素的影响,也受旅游目的地"拉力"因素的影响。即使可将旅游视为一种上层建筑,它也是不同于艺术、科学与宗教的特殊"上层建筑",因为旅游是一种现代人行为的社会外溢出,其反作用更多地施加于自身社会之外。譬如人们司空见惯的旅游模式,如欧美的单枪匹马、日本人著名的团队旅游、后现代青年的另类旅游等,都是自身文化背景下的产物在另一种文化中的展演。不过,旅游者生成社会的基础结构所决定的决不仅仅是旅游模式,其他方面,如旅游需要、旅游行为、旅游体验等,都或多或少地被它决定着。然而正如前所述,人类学学者对旅游客源地的研究还远未开始,"上层建筑"的视角能做些什么,尚待到实践中去探索与求证。

二、旅游研究的多学科视角

人类学学者的旅游研究,并不十分关注学科界限,这一点可从卷帙浩繁的旅游民族志或专论中看出。人类学学者与社会学学者都倾向于在对方的资源里挖掘自己的所需,因此,在旅游人类学的研究中,社会学理论随处可见,以下将对其中几个常见理论作简要介绍。

(一)旅游的界定

"旅游"概念的界定是旅游人类学所面临的严峻问题,因为只有澄清旅游现象的性质,研究才有深入的可能。麦坎内尔与科恩都曾对旅游作过界定,但前者以偏概全,认为旅游者就是观光者;后者的归纳较为全面,但失之简练,与人类学缺乏直接的关联。与"休闲、工作"理论联系在一起的旅游概念又试图将一切休闲活动视为旅游,显然,不是所有休闲活动都可定义为旅游。

在法国社会学家乔弗里·杜马泽迪尔(Joffre Dumazedier)"休闲"理论的启发下,人类学视野下的"旅游"概念与休闲的某种特性联系起来。杜马泽迪尔值得借鉴的论点就是:休闲是自由,即能够从公认的社会主要责任中解脱出来。但他的"休闲"有"纯粹休闲"(Pure Leisure)与"半休闲"(Semi-leisure)之分,人类学学者的任务就是要寻找"纯粹休闲"的特性,这个特性就是"旅行"(Travel),因为人们公认,旅游者应该是寻找生活变化的人,因此合格的旅游者必须离开家居社区,离开就意味着旅行。当然,对于旅游者生成社会而言,旅游就意味着休闲与旅行,而就整个旅游过程而言,它还意味着主、客间的跨文化互动、对旅游社区的文化影响、旅游的历史等。为此,纳什建议:人类学者可将旅游视为两种、或多种文化在历史上的交叉产物,这样,旅游就变成一个过程,在此过程中,一拨拨旅游者旅行而至,随之与东道主社区发生一系列互动,它影响着所有介入此过程的人群与文化。①

（二）交换理论（Exchange Theory）

"社会交换"概念有许多学域来源，比如人类学、经济学与社会学。人类学家马林诺夫斯基、列维·斯特劳斯（Levi－Strauss）与莫斯（Marcel Mauss）的交换概念都不大适用于旅游中主、客间的互动研究，倒是经济学与社会学的相关交换理论可以借用。

埃克（Ekeh）的"一般交换"（Generalized Exchange）理论。比如在旅游者与当地人的互动（Touristic Transactions）中，文化的示范与交流并非一对一的关系，这种影响效应会扩散到下一拨旅游者或旅游社区的其他成员身上。其他譬如 Skinner 的"行为心理学"、盖奥里格·齐美尔（Georg Simmel）的"冲突社会学"、霍曼斯（George Casper Homans）的建立在公平原则上的"六命题"，都可为旅游者、旅游中介者与当地人之间的各种互动（Give and Take）提供理论资源。以上理论涉及颇广，因篇幅所限，恕不赘述。

（三）"陌生人"（Strangerhood）理论

"陌生人"与人类学者研究的"他者"正好对应起来，前者是旅游者，后者是东道主。德国社会学家与哲学家盖奥里格·齐美尔的"陌生人"概念早为社会学者所熟悉，齐美尔认为，"陌生意味着远方的人是在附近的"②。旅游者，似乎非常贴近于齐美尔的理想型"陌生人"，"现实中近在眼前，文化上远在天边"。结果，主、客间的互动成为熟悉与疏远的奇怪混合物，于是对待彼此既像同类，又如远客。当然，由于旅游频率与旅游人数的不同，这种互动的性质亦会相应不同。"陌生人"的出现勾勒出一条明显的族群界线，强化着当地人的族群认同，这亦是值得研究的问题。

（四）"前台"与"后台"理论

美国社会学家欧文·戈夫曼的兴趣在于研究日常生活中人们面对面的具体互动细节，展示那些隐含着的、不公开的互动规律。他在《日常生活中的自我呈现》一书中，主要探讨一个问题：人们在互动过程中是如何在他人心目中创造出一个印象的？或者说，运用哪些技巧使自己做出某种行为，来让别人产生一种希望别人产生的印象？③ 戈夫曼对这个问题的精彩论证对哲学、人类学、心理学、传播学、语言学、管理学、文学等学科都有一定影响。首先，戈夫曼将戏剧表演的

---

① Dennison Nash. "Tourism as an Anthropological Subject."*Current Anthropology*. Vol. 22. No. 5. 1981. pp. 462-463.
② 齐美尔. 社会是如何可能的. 林荣远译. 广西师范大学出版社. 2002. 第342页.
③ 欧文·戈夫曼. 日常生活中的自我呈现. 黄爱华、冯钢译. 浙江人民出版社. 1989. 第7页.

"舞台设置"(Setting)定义为"前台"(Front),进而将之隐喻为"个人前台",后者的组成部分有官职、地位标记、服饰、性别、年龄、身材与外貌、仪表、言谈、表情、姿态等,这是个人呈现给其周围环境的"前台",是潜意识下的刻意"表演",亦是他期望让别人看到的一面。如戏剧一样,"前台"具有理想化、神秘化甚至误传的特性。"后台"是表演者能够确认没有观众能闯入的地方,在此他们不需要表演,相对于"前台"的表演,"后台"就是真实的呈现。对于个人而言,其在行为上无意中流露的真实,就是"后台"。当然,整个戏剧的呈现需要场景、剧班人员、表演、沟通等环节,这些在个人生活中亦可找到对应的隐喻。

麦坎内尔在《旅游者:休闲阶层新论》中专辟一章,论述"舞台真实"(Stage Authenticity),他认为寻找"真实性"的旅游者,往往看到的是"前台真实(即舞台真实)",这是东道主刻意提供给旅游者的,或者说是他们期望旅游者看到这精心布置的"前台"后,能产生他们期待的印象,这样做的目的大概是保护传统文化或是由于真实的文化已不堪搬上舞台。总之,"舞台真实"因为有别于"后台"而被研究者们认为不真实。而所谓的"后台真实"又是东道主处心积虑的安排与设计,它让旅游者以为进入了"后台",实质上却是装扮成"后台"的"前台",但此举满足了旅游者对"后台"天生的好奇。当然,"前台"与"后台"的设置,需要有表演者、场景、不可或缺的细节,以让旅游者觉得真实。在"前台"与"后台"之间,旅游者、东道主、中介者是必不可少的观看者、表演者与旁观者,他们共同搭建了这两个舞台,研究者可以通过这两个舞台考察三者间的互动,进而揭示旅游对传统文化、民族文化的影响。

以上介绍只属挂一漏万,旅游人类学研究对其他学科理论的借用,远不止这些。其他譬如"示范效应"、"系数效应"、"畅爽理论"、"真实性理论"、"商品化"等,都在旅游研究中频频出现,这些都亟待研究者作进一步的追根溯源,以免误用。

三、未来的研究

(一)困境

正如《旅游者研究》(*Tourist Study*)编者所言,当前的旅游研究已陷入困境。

首先,旅游以令人不可思议的速度在发展,而旅游研究团体却仍属新手,他们对旅游者的研究,还只限于追踪与记录大量相关案例与旅游者类型。究其原因,一是因为旅游者研究仍被政府、企业所支配,这成为旅游市场调查的重要部分;二是由于研究者自身的学科背景所限,他们缺乏分析复杂的社会、文化过程并将之理论化的能力。许多旅游研究者往往只依赖一小部分核心"理论家",而这些理论家的理论则以其标准化的解释、公认的理论以及原创性观点而令人茫然失措。正如 Meaghan Morris 所说,学术的"繁荣"不仅意味着研究数量上的扩展,而且还表明对一种特定方法的重复、巩固与模式化运用的倾向。

其次,对旅游的理解已囿于将之视为一件事、一件产品、一种行为,而且尤其是一件经济事项。对此,Rorek 与 Urry 曾指出:旅游性质的确定,问题重重。那些刻意集萃社会、文化重大事件以吸引游客的行为,被认为是经济活动的一部分,而旅游者爱好、旅游模式与族群认同等问题则被认为是旅游经济体系所衍生的非核心内容。

再次,旅游研究通常只限于将旅游视为一系列孤立的地方性事件,而旅游目的地则是有边界的空间区域,受到外来力量的影响。在此,旅游就成了与旅行、到达、活动、购物、离开等相关的一系列无数孤立的事件,而旅游者则成为冷酷的"理性经济人"(Rational Economic Man)。旅游者研究亦成为对旅游者类型的执迷追逐,这容易让人联想到社会学与心理学的实证研究与市场调查之间的"不幸联姻"(Unhappy Marriage)。

最后,旅游研究的理论匮乏,不仅如此,大量旅游研究的概念与理论方法尚未得到严格检验,而不断积累的田野研究亦缺乏明确的理论导向,亦因此对理论构建毫无贡献。[①]

以上评论虽然并非完全正确与全面,但在一定程度上的确揭示出旅游研究的现状与缺陷,某些状况尚未出现在国内,但上述警示或许可使部分研究者少走弯路。

(二)展望

首先,要对旅游有新的认识。旅游不再单纯是某种消费产品或消费模式,而旅游现象也突破了早期那种被视为"现代国家生活的镜像反观或短暂仪式"之时代,进入到"跨国界现代生活"的形象当中,因此,旅游的移动性与感受性就成为必须予以关注的内容。旅游不再局限于一项孤立的活动,或清晰完整地囊括在特定区域与特定时段内,它成为一种多维的、全球性的社会生活,不会再仅仅被看作离家旅游者在旅游景区所发生的系列事件了。它是包括移动性、变动性、寻找真实性、逃避、经济调整、全球化、场所消费与日常生活审美化在内的复杂现象。旅游研究需要反映出这种现象的新意义。那么,旅游究竟会演变成什么呢?Löfgren 在 1999 年的论断对这种预测可能会有帮助。

将度假活动视为一个文化实验室,人们在此能体验到不同层面的认同感、社会关系、与自然的互动,其间,他们利用白日梦(Daydreaming)与心灵旅行

[①] Adrian Franklin,Mike Crang. *Tourist Studies*. London:Sage Publications. 2001. pp. 5-6.

(Mind-travelling)等文化技巧。总之,旅游将成为一个舞台,而幻想(Fantasy)则是这个舞台上的重要社会实践。

其次,要反映出旅游现象的新意义,必须采用跨学科的研究方法,譬如社会学、人类学、生态学、经济学、社会心理学、表演研究、休闲学、人文地理、文化研究、消费学与都市研究等领域,这些学科的理论亦可在旅游研究中得到重新论证与检验。当然,跨学科方法与跨国界研究人员的结合,将会使旅游研究更加广阔与深邃,因此激励非英语世界的研究者加入到旅游研究中来,势在必行。

再次,发展新的研究视角。比如分析社会结构、中介与文化在现代性背景下的关系,及其对旅游社会实践、旅游政策的影响;旅游形象的功能、象征、文化展演过程与指导过程的视角等。[①]

最后,不难看出,旅游者生成社会的变化与旅游者行为模式的演变,将带给被旅游地区或人(Touree)与早期旅游不一样的影响,这也是不容忽视的一个研究焦点。同时,旅游业亦将接受这一新变化而相应地改变其生产、营销策略,这一系列变化过程,对在田野点"疲于奔命"的研究者而言,不啻为另一种挑战。

纵观之,多学科研究方法已成为旅游人类学最大的特征,这与之源起时间不长有关;然而,旅游作为一种社会现象,任何社会研究理论都有可能对此作出相应解释。因此,理论借鉴无可厚非,关键在于对理论的运用,而理论的运用则与调查方法有关,人类学传统的参与观察方法或许可能为理论的运用指引正确的方向。

第三节 旅游人类学研究目的及其现实意义

本节在总结了前面内容的基础上,较深入地探讨了进行这门学科研究的目的和意义,为后章节的研究,特别是本土化的案例研究,提供了理论基础和实证依据。

一、研究目的

旅游人类学,顾名思义,就是旅游的人类学研究,或者说是从人类学的角度来看待和研究旅游业的发展。那么为什么要用人类学的眼光来看待旅游呢?这个问题我们已在前文作了阐述,但在这里我们还要深入研究这个问题,因为对这

---

① Adrian Franklin, Mike Crang. *Tourist Studies*. . p. 17.

个问题的研究,不仅能使旅游业的发展在理论上有提升,更重要的是它可以预见旅游业发展的前景,拓宽研究的视野,使旅游业能健康持续发展,具有现实性和前瞻性的意义。正如彭兆荣教授所言:"不言而喻,人类学是一个专门解析人类社会'迷思'的学科。对这一酝酿了近半个世纪的现代问题的思索,人类学自然不能缺席发言,更做不到'失语'。这也就是为什么在发达国家,包括国际组织,大学教育和科研机构,人类学对旅游的研究总是引人关注的原因。"[①]众所周知,任何一个国家或地区一开始进行旅游开发的时候往往是出于经济的考虑,旅游业开发被看作脱贫致富的一条捷径,因为这样的产业"投资小、见效快",还被称为"朝阳产业"、"无烟工业"等。由旅游业开发而带来的经济效益体现为创汇、拓宽货币回笼渠道,增加就业、带动和促进其他经济部门的发展、缩小地区差别等方面。旅游业被称为"无烟工业",是因为其是一种服务产业,它给游客所提供的产品被称为"无形产品"。旅游还被称为"无形出口",因为其"出口"的是"服务",而不是某种具体的、可触摸的实物。经济学家们把旅游看作"无形出口"当中的一种,因为它与其他"无形出口"如金融业、保险业、咨询业、运输业等一样,这些行业所提供给顾客的都是服务。但是旅游业较之金融业、保险业等又有许多的不同。例如我们把旅游者当作购买者,他前往某个输出国去"购买"某种"产品",即到某个国家或地区去旅游,就必然要去付钱购买这种特殊的产品——服务;而服务产品在当时当地就被消耗掉了,是不能带回去继续享受的。经济学家们还认为,旅游业当中的游客需求往往受制于非经济因素的影响,这些非经济因素包括旅游者对不同目的地的喜好,目的地的政治是否安定,关于目的地积极的或负面的媒介报道,等等。以上任何因素的变化都会影响到旅游者的旅游需求。正是由于旅游业的特殊属性,旅游被看作一种综合性的产品,它要涉及许多其他的行业,或者说与其他行业或产业进行交叉,如住宿业、餐饮业、购物业、运输业、娱乐业等,甚至还和一些次要的产业发生联系,如家具业、设备业等。所以旅游业必然要对社会、文化、环境产生影响,而其他产业不一定如此。这说明旅游业是一个特殊的产业,它与其他产业或行业所产生的复杂关系是其他任何产业所不及的。这已成为不争的事实。

如果说旅游业对经济所产生的影响是如此具大,在获取大量经济效益的同时,旅游所产生的一些负面影响和社会问题,更加引起了社会学家和人类学家的关注。根据世界旅游组织(WTO)所发表的宣言,旅游业开发的终极目标,是要让生活在世界各地的人民通过旅游达成更多、更好的了解。而旅游这一活动为这一目的提供了一个很好的机遇。人们通过旅游彼此学习、互相交流,学到了其

---

① 张晓萍.民族旅游的人类学透视.云南大学出版社.2005.第2页.

他国家的文化,但也就是在这一过程中产生了许多文化上的冲突。例如东道地对外来文化的不适应或不认可,当地人对外来者产生敌对情绪。他们认为外来者把外来的文化强加在了当地人民的头上,他们为此感到愤怒和反感。可是很有意思的是,当这些人有一天也成为旅游者的时候,他们却认为他们有权力把自己的文化强加在其他目的地人民的头上,因为他们花钱买了这个旅游的"产品",这就意味着他们想做什么就可以做什么,由此引起的文化冲突更成了旅游开发中的一个困境。那么,什么是文化?什么是旅游文化?对于这个问题不同的学者有不同的看法。从人类学的角度来看,文化是一种复合体,包含有不同的意义,体现在不同的国家生活的不同方面。如音乐、舞蹈、艺术、语言、文学、教育、手工艺品、历史、宗教、饮食、传统习俗,等等。这些文化既包括有形文化,也包括无形文化。而这些文化反映了一个国家、社会和地区的方方面面,如经济、政治、宗教、社会、历史、习俗、传统。这些有形和无形的"资源"深深吸引了世界各地的游客,他们从一个地方涌向另一个地方,形成了人类前所未有的"大迁徙"。他们的目的是要寻求"原汁原味"的文化经历,特别是来自不发达国家的"真实文化"。而作为目的地的人民来说,同样为了迎合大众旅游的需求市场,他们也精心策划和设计了一些看起来比"真实"还"真实"的文化产品,这些产品经过人为包装被搬上了"舞台",向广大的游客展示,这些做法在某种程度上影响了目的地的社会和文化。当然这种影响包括正面的影响和负面的影响。经济学家认为,任何可以被出售的产品在生产时都包括了三个要素:土地、资金及劳力。即生产的三要素。如果这种观点是正确的话,那我们不禁要问:无形文化是不是一种产品?因为游客自愿花钱来购买这种产品,以获得一种特殊的经历和感受。经济学家们可能会回答说:"文化也是自然资源的一部分,因为它也是生产要素当中土地要素的一部分,它也是一种商品,所以可以出售。"但我们此时又反问:"如果把文化当作一种资源、一种商品,并对它们进行广告宣传以吸引游客,那么我们用什么去购买当地人的文化?有没有人曾经问过当地人是否愿意出售自己的文化?如果我们什么都不付给他们的话,那不是对当地人的剥削吗?文化不是被商品化了吗?"对于这种商品化的现象,许多学者,特别是人类学家表现出了极大的忧虑。他们认为在未获得当地人同意的情况下把文化当作商品进行包装,标上价格,像快餐一样拿去出售,是对传统文化的亵渎。这一问题也正是人类学家和经济学家在对待旅游业开发问题上的争论核心。

当然,文化人类学家也承认这样一个事实:文化不是一成不变的。在旅游中产生文化涵化是难以避免的。例如当游客到异地旅游时,他们常常希望当地人使用他们的语言,希望工作人员、导游等能说旅游者的语言。这样造成的结果是当地人常常从游客那里学到一些外语,甚至在本土语言中也夹入一些外来语。

当地人在言谈举止和穿着打扮上都受到外来者的影响。而作为游客来说，他们也在"借鉴"当地人的文化，如到夏威夷旅游的人会模仿当地人，男士会穿夏威夷衬衣，女士则会穿当地妇女的长裙。他们还改变了以往在家里的一些行为举止（这些行为被格雷本称为"倒置"[Reversal]），认为现在自己已成了"皇帝"，他们的一切举止都要像一个"皇帝"。"做一天游客做一天皇帝"在这里得到了充分体现。总之，这些由旅游而带来的文化变迁是十分明显的。所以人类学家们承认，文化是在变迁的。旅游只不过是引起社会和文化变迁的因素之一，但不是唯一的因素。文化变迁是好是坏，取决于不同的人的看法和引导。旅游业不是文化变迁的唯一动因，只是起到一个加速器的作用。所以关键的问题是如何构建一个具有能动性的机制，与旅游业一起协调发展，这就需要进行精心的旅游策划、促销及旅游管理。从这方面来讲，最重要的就是要发动来自旅游地区内部的动力，让当地人意识到自己文化的价值，主动地出来保护自己文化的独特性，保护自己文化的价值。所以，我们可以这样说，文化和文化变迁是旅游人类学研究的重中之重。其研究目的和意义也就不言而喻了。

二、研究意义

旅游人类学的研究对象大多是第三世界。研究第三世界旅游业的发展比研究发达国家的旅游业更具有重要的现实意义，这是因为发达国家由于其雄厚的经济实力，加上历史上长期与外来文化频繁接触，使其在各方面都有较强的对外来文化的适应能力。它们很容易吸纳外来文化，并把外来文化与自己的文化整合，创造出适合于自己的文化。发达国家由于其经济发达，可以采用现代化的手段，投入大量资金完善高级设施和基础设施，并采取对等的措施来应付由于旅游开发和大量游客的到来而造成的文化、生态、环境的"超负荷"现象。而在第三世界国家要做到这一切就很困难。第三世界国家和地区由于受经济、政治、社会、文化的影响，特别是经济的影响，其原始自然生态和文化生态较发达国家来说保存相对完好，但旅游业的开发所带给它们的影响也是最明显的，特别是文化的影响。其原因是它们常常依靠旅游业来发展经济，同时也引发了本土文化的剧烈变化，传统文化资源被盲目开发以致破坏。但同时由于旅游的发展也带来了其他的社会问题，如贫富差距的加大，富人变得越来越富，穷人变得越来越穷，旅游业发展形成了一个怪圈：在旅游业开发的早期，游客量相对较少，当地人也欢迎游客的到来，还把旅游者看作经济的"救星"；可是到了旅游全面发展时期，许多当地人由于旅游开发的需要变换了自己的工种，去从事旅游行业的工作，如餐馆里的服务员、出租司机、导游等，这种劳力的转移打破了传统的家庭结构。如果从土地所有权方面来说，旅游业开发使得他们的土地被置换，农田被夺走，历史或考古艺术及其他财产也由于旅游业的开发而被"盗走"。另外,由于游客的特殊要求,许多传统的餐饮也为了迎合游客而变得"异化"了。到了旅游发展的后期,还出现了行凶抢劫等社会问题。这些更加导致了游客和当地人之间隔阂的加剧。游客与当地人之间的分化,当地有钱人与穷人之间的分化变得更加严重。游客的特殊要求使得那些没有受过培训的从业人员被一些受过高等培训的从业人员所代替,使人与人之间的关系变得越来越紧张。到了旅游发展的最后阶段,由于主客双方的冲突日益激烈,出现了诸多破坏、犯罪等问题。另外,由于旅游业的强度开发打破了当地人的平静生活,引起了交通混乱。这些问题在第三世界国家和地区出现得较多。

当然,由于人类学家比较关注社会文化变迁,所以也更多地关注旅游业所带来的负面影响。旅游业作为现代化的意识形态渗入到了目的地人民的生活当中,加速了当地社会的发展、变迁。然而如何看待社会的发展、变迁,历来是人类学家、社会学家、经济学家争论的问题。有的学者从文化保护的角度探讨旅游带来的文化变迁问题,旅游资源开发中出现的"舞台真实"与商品化问题从20世纪80年代至今仍在学术界被探讨。"真实"的来源是什么?怎么理解"真实"?如何开发不同产品以满足游客对"真实"的需求?"真实"和"商品化"之间有什么联系?真实问题是否会导致传统文化的变异?商品化是否会破坏文化的本真性?对于这些问题国内外许多学者发表了各自的观点,因为这些问题还涉及旅游者的文化体验、旅游产品的开发、地方文化的再构建、旅游业的可持续性发展等重要问题。

从发展的角度来看,有些学者认为通过旅游开发可有效地保护文化。例如通过旅游开发,当地人寻找到了致富的方法,商品意识得以提高。最重要的是每一个民族都在旅游大潮中开始重新塑造自我形象,强化族群认同。[①] 这种来自内部的动力和民族自觉性促使当地人主动来开发和保护本民族的传统文化,同时在原有文化的根基上创造和构建出新的文化,以适应当代游客的需求。他们积极投入到社区的旅游活动当中,并与政府、旅游工作者、学者等积极配合,进行旅游社区规划。人们这样做能真正地保护和传承自己本民族的文化。这些已被许多事实证明。例如在云南,由于旅游业的发展,云南的许多地方,如丽江和大理已成为国内外知名的旅游目的地。"到云南如不到大理、丽江就等于没有来过云南"似乎已成大家公认的事实。特别是近几年来,云南在大力发展民族文化和旅游文化的过程中,把文化产业化和旅游业结合起来,为旅游业的发展搭建了很好的平台。旅游和文化之间的高度和谐打造出了一个又一个旅游文化精品,使

---

① 杨慧等.旅游、人类学与中国社会.云南大学出版社.2001.

云南的知名度在国内外得到了很大的提高。

"文化是旅游的灵魂"这一说法已得到越来越多人的认可。旅游开发使传统文化得以传承和保护的成功案例,使我们看到了旅游发展美好的前景。这些成功的案例我们也可以在中国的其他地区和世界上许多地区看到。如印度尼西亚的巴厘岛早在20世纪60年代就开发旅游业。当时的政府认为,发展旅游业是对传统文化的投资,其回报又可以获得经济和文化上的不断收益。"传统的角色并没有被现代西方资本主义所取代,反之,旅游业的发展有助于巴厘人的民间地方文化得以幸存,并没有导致他们走向工业社会的一体化,对个人和整个社区来说,他们作为舞蹈家、音乐家、艺术家和雕刻家的传统角色成为了他们谋生的选择。"[1]人类学家如美国学者菲力普·F.麦基恩(Philip Frick Mckean)及美国伯克利分校的埃里克·克里斯特尔(Erick Crystal),还有日本东京大学著名人类学家山下晋司(Shinji Yamahita)等都在20世纪对印度尼西亚旅游业的发展作了深入的研究,发表了相关的著述。在旅游人类学的研究领域引起了人们高度的关注。他们都从正反两方面对旅游业的开发阐述了自己的观点。

总之,对于开发和保护的问题如果来争论其对错是毫无意义的。关键的问题在于如何协调二者之间的关系,做到旅游和保护的可持续性发展。所以把旅游业纳入到人类学研究的领域,具有十分重要的意义。人类学家非常关注旅游中的涵化问题,是因为他们认为涵化是引起旅游业中诸多问题的关键所在,特别是文化变迁。他们认为自己常常处在研究的前沿,非常痛恨一切对传统文化的破坏和伪造。但他们也承认,一种文化改变另一种文化历来都是如此。文化是动态的,而非静态的。没有任何区域能阻挡与外来文化的接触,而旅游者带来的文化比其他文化更为常见。在当今这样一个市场经济竞争的世界里,发展旅游业被认为与其他产业一样是一种开发资源的手段,并使国家和地区朝着现代化的方向发展,然而这一切都不可避免地会给东道地的传统文化带来新的变数。这些问题都可以用人类学的理论来研究和解决。正如努涅斯在《用人类学的观点研究旅游业》[2]一文中指出的那样:"不要把旅游业咒骂为一种不应该的侵略,一种剥削,一种对地方文化的损毁。"他在阐述了旅游业给目的地人民带来的经济利益之后又指出:"我们必须完全抵制这样的看法,即认为当地人不能适应这个变化着的世界,或被同化到另一个变化着的世界里。我们不能再把他们视为

---

[1] 瓦伦·史密斯.东道主与游客——旅游人类学研究.张晓萍、何昌邑等译.云南大学出版社.2002.第133页.

[2] 瓦伦·史密斯.东道主与游客——旅游人类学研究.张晓萍、何昌邑等译.云南大学出版社.2002.第297页.

人类学保护区内的原始宠物。"

社会要发展,人类要发展,这是不可阻挡的潮流,也是社会发展的必然趋势。在当今这样一个经济一体化的时代,经济全球化是否会带来文化的全球化也成为人们关注的焦点。但是从文化变迁的观点来看,任何文化都是要变化的,关键是如何在变化的过程中注意保护优秀的、有价值的文化,摒弃不科学的、不利于社会发展的东西,使优秀的传统文化和现代化完好地结合在一起。如何在全球化、经济一体化的今天保持文化多元化的格局,保存好各民族的优秀文化,繁荣和发扬中华民族的传统文化,同时又与时俱进,与现代化完好地结合在一起,这些都是非常重要的问题,也是社会和文化发展的趋势。这样的发展趋势是符合人类发展规律的。只有正确认识到这一切,我们才能对很多问题有新的见解,使旅游业开发和传统文化保护之间的关系,使全球经济一体化和地方文化多元化关系的协调等问题较好地解决。

旅游学研究在人类学领域里的发展,从早期的"如获珍宝"到当今广泛和认真的研究,说明现代旅游在人类历史上是一种跨文化的、最大的、和平的人口迁徙,由此引起的社会和文化变化不可避免地成为了人类学研究的对象。对看似相似,但却是完全不同的文化的探索和阐释,也存在于旅游业学科的研究中。把现有的人类学理论运用到旅游的研究中,可以在不同的传统人类学的规程上对旅游业进行研究。但正如努涅斯所说的那样,人类学对旅游的研究才刚刚开始。随着旅游的发展,还有许多新的问题需要我们去探究。"人类学家作为文化中介人的地位是独一无二的。当今世界跨文化交际日趋普遍,多亏了旅游业,人类学家们才能不断地找到机遇,使这种角色得以完成。"[1]

中国是一个旅游大国。据世界旅游组织(WTO)预测,到 2010 年,中国将成为世界上最大的旅游客源输出国,也将是重要的客源之一。旅游业在我国的开发无论从经济角度还是文化角度都有着广阔的发展前景。但如何做到开发与保护的良性循环,尽量避免负面影响,无疑是中国在旅游开发中亟待解决的问题。所以应加强对旅游业的理论研究,并把这些理论研究应用到实际案例当中,真正做到理论与实践相结合,这样就可以使我们少走弯路,使中国的旅游业朝着健康和可持续性的方向发展。

---

[1] 瓦伦·史密斯.东道主与游客——旅游人类学研究.张晓萍、何昌邑等译.云南大学出版社.2002.第 303 页.

第二章　追寻人类的旅游足迹

人类是这个蓝色星球上的奇迹创造者：他们以弱者的姿态出现在世界上，然后经过漫长的进化与努力，有朝一日终于成为这个世界的主宰；他们在理想和欲望的支配下，用自己的双手创造出一个不可思议的杂色世界，再按照自己的需要改变它……人类活动类型多样、花样百出，但旅游无疑是其中最值得赞赏的部分之一。它的出现，改变了人类生活的面貌，使放松与享受开始成为人类专属物之一，人们的生活方式由此而变得更为丰富与高级；同时，旅游活动本身的迁延性、旅游者需要的多样化，带动与促进了旅游业上下游产业的发展，从而使旅游日益成为人类社会中不可或缺的一环。

旅游活动的产生具有深刻的人性基础：喜欢愉悦是人类的天性——作为"玩"的代表，身心皆宜的旅游带给人们的愉悦体验是其他体验所不能代替的；寻求放松与成功是人类永恒的追求——人在旅途中惬意地接受着种种服务，无疑既证明着这种感觉，同时也会进一步强化它；与自然恩怨难了是人类的宿命——人类与自然的关系既可能交恶，也可能修好，旅游过程中的观照与契合，应该说是人类主动与自然和解与修好最恰当的方式之一；懂得审美是人类的幸福——人类的眼睛、心灵和审美感觉，在自然之中、在旅游过程中，会变得特别敏锐和可爱……当放松、愉悦、审美、逃避、解脱等人性需求与自然相遇，旅游活动也就顺理成章地产生了。

旅游活动从本质上来说是一种人类通过与自然景观或人文景观等对象物相契合而获得身心放松与愉悦的体验活动，它一方面能够满足人类消遣、玩乐、放松等享受层面的需要，另一方面也使人们体验、认知、审美、证明或炫耀的内在需求在旅游过程中得到满足。对这种活动，可谓"横看成岭侧成峰"，站在不同的角度、文化背景不同的学者会有着截然不同的解释。在有的学者那里，它是一种人生仪式（纳尔逊语）；而在另一些学者的眼中，它是对一种变化的预期与经历（史密斯语）；也有的学者认为，旅游活动就其本质可以被看作一种朝圣（特纳语）……

作为一种经济活动或文化活动的现代旅游，其背景、内涵、特征、要素、走向等都已经得到相对深入的研究，旅游学、旅游经济学、旅游社会学、旅游文化学诸多学科的共同努力,使我们对旅游活动的认识越来越系统而深入;而当我们让旅游回归其最初面目,将其作为一种人类活动,从人类学角度给予其观照和阐释的时候,我们将会看到,旅游与人类早期迁徙活动、旅游与旅行、旅游与贸易、旅游与宗教朝圣、旅游与科考、旅游与现代生活方式之间看似清楚明白的关系,很多地方依然是模糊的,因此是应该予以进一步梳理的。

第一节 为生存而进行的族群迁徙

尽管人类普遍倾向于寻求安定,厌倦动荡,但大规模或局部的、主动或被动的、原因或类型多样的、长时间或短暂的迁徙活动,一直伴随着人类成长与发展的不同时期。迁徙意味着风险,但也可能意味着机遇;迁徙意味着现状的改变,但迁徙也可能带来境况的改善;迁徙大多不是个体行为,但少数人的意志可能会决定大多数人是否动迁的命运……

无论古代还是现代,影响人类迁徙的最重要因素都是人类自身的生存与发展这一永恒主题。在人类早期,生存的压力是首当其冲的,因此为生存而进行的迁徙更为常见。认为人类来自非洲大草原的人类起源理论就认为,干旱带来的生存压力,迫使人类的祖先走出非洲各自谋生,于是乃有种族、肤色之别……如果说此种假设除了基因密码这一线索外尚需更多的实证支撑,那么"出埃及记"的悲壮,古代众多族群没有目的地、只求能获得一块可以安身立命的觅食地和葬生地的凄凉"长征",吉普赛人、客家人、大小凉山彝族的迁徙与生存压力下无奈的随遇而安,一些族群与人口因为生态恶化而不得不动迁的遭遇……显然可以从历史学、民族学、社会学、生态学角度得到更多的证明。而现代的迁徙,大多不再仅仅着眼于对生计的考虑,而是与谋求发展和变化有了更为直接的干系;因大规模建设所导致的移民潮或为了改变生活境遇与命运而出现的汹涌民工潮,农村人口向城市的迁徙,背后都隐藏着动机各异的发展诉求。

迁徙带来运动也带来变化;迁徙是人类智力与文明的"孵化器";迁徙这种看似简单的人类行为,直接促使了包括旅游活动在内的其他一系列人类活动的产生。

一、人类早期迁徙活动

(一)人类早期的迁徙活动

人类的生存与气候息息相关。生物圈进化过程中的一个亘古不变的规律是：在生存条件较好的时期，大量物种会产生，然后当气候与生存环境改变时，很多物种将因不适应而大量灭绝；被淘汰的物种始终是绝大多数，能够幸存下来的，是那些善于适应与改变的极少数。研究者普遍认为，100万年来亚欧大陆上几个气候与生存环境极为恶劣的时期，足以淘汰生存能力与其他动物相比并无优势的古人种，从而使现代人类来自10万年前第二次走出非洲的晚期智人的"夏娃假说"得到了某种逻辑上的证明。目前能够被古生物学、古人类学、古地质学所证明的是，大约五万年前的地球上最后一次冰河期的到来，使全球气候逐步变冷，寒温带地区冰川大量形成，海平面降低，各种史前动植物的生存环境空前恶化。持续的季节性干旱，使得曾经草丰水美、树木茂盛的非洲大草原的面积和食草动物的种群数量急剧下降；生物圈的急剧变化和食物的短缺，对原本生活在这片草原上的晚期智人的生存提出了前所未有的挑战。为了生存，人类开始了自己历史上一次具有决定意义的大迁徙：走出非洲！这次持续时间较长并具有相当规模的迁徙，对人类文明的发展有着重大意义。它形成了现代人类以北欧人为主的纯白种人、以蒙古人为主的黄种人和仍生活在非洲的黑人这样的基本人类种群结构，决定了今日人类的基本面貌。

　　人类起源的"非洲假说"和"多地区假说"或许有一天会得到完全证明或否定，或许它们都不是终极的结论，有一天会有新的观点提出，但有一点可以肯定：人类在自己的早期，为了生存必然经历过频繁的迁徙，这种迁徙既可能是跨越大洲的，也可能只是从一个谋生地到另一个谋生地之间的迁徙；不管这种迁徙的规模多大、时间多长，它都是人类成长必需的一个过程——就像矿石只有经过冶炼才能成为钢铁一样。

　　(二) 自然与人类成长

　　人类与自然之间的恩怨永难了结。一方面，自然是人类的乳母，人类自诞生之日起，就通过采集、狩猎、耕种等各种方式，从自然之中索取食物，依赖于土地、阳光、水分和各种动植物资源而生存；而大自然也尽自己所能，无怨无悔地奉献和养育着人类这个特殊的养子。另一方面，人类对自然的征服与改造活动既有与自然本身的走向相和谐的一面，但人类自身的不断繁衍所带来的生产与生活需求的日益扩大，随着人类生产力和科学技术进步带来的对资源和环境的过度摄取乃至破坏，使得人类越发展，人与自然之间和谐依存的关系就越是面临挑战。

　　自然是人类的养育者和收容者。人类的大多数迁徙活动，都在自然之中进行，并因了自然所提供的背景和条件而成为可能。在生存与发展的永恒主题支配下，人类在自己成长的早期所做的主要工作，是努力使自己从自然之中分离出来，以区别于其他的动物。在漫长的蜕变与成长的过程中，他们学会直立，从而解放了自己的双手,使自己最终彻底超越其他生物;他们寻找并不断改进自己的劳动与防卫工具,由木石而铜铁,实现了由新石器时代到青铜时代的革命性跨越;他们学会利用火和泥土制作以陶器为主的各种生活用具,食物由生而熟,使自己的生活质量乃至生命质量发生了本质的变化;他们开始驯化各种生物为自己所用,由此而使人类天地里的物种日益丰富,同时无形中也就使自己成为了世界的主宰;他们的族群不断扩大,以至必然会发生裂变或必须进行分化组合……在那个漫长的年代里,人类为了寻找食物或找到更适宜的生活场所,或是为了躲避自然灾害与天敌,自然会有规模、距离、难易程度不等的跋山涉水的迁徙。这种迁徙,是服从于生存目的或是为了躲避天敌的,是除了行走外无暇他顾的,既无旅游的物质基础,也缺少旅游的主观需要,被迫大于主动,求生多于超然,因此不能认为这就是人类最早的旅游活动。如史学界一般认为,现在云南地区的彝、白、纳西、哈尼、傈僳等民族的祖先是公元前四千多年前从今甘肃地区迁徙南下的氐、羌等部落先民演变而来的,但从来没有谁把这些迁徙者看作最早进入云南地区的旅游者;一些古代民族或族群不断迁徙,为了生存不惜长途跋涉,甚至出现吉普赛人这样的职业流浪者,但同样没有人把他们看作自由自在的旅游者,原因也就在于此。

(三)迁徙的意义

如同风暴把尘土连同种子一起带到世界的各个角落,在人类文明起源的过程中,早期人类部落或族群的大迁徙,同样促进了具有超稳定特征的农耕文明的发展。在人类的早期,经常发生的一种情形是,游牧民族对以河流与冲积平原为中心的农耕文明地区的持续入侵——如我们在两河流域、尼罗河流域、黄河流域或其他一些地方所看到的。如果仅着眼于表面,那么我们很容易得出是相对落后的游牧民族的侵扰和掠夺,破坏了农耕文明的正常进程与发展的结论。但事实上,恰恰是这种具有扩张性和流动性的半农耕、半游牧民族的迁徙活动,对单纯、内向、被土地死死拴住的农耕文明,起到了某种激活与交换作用,使人类早期各个部落、族群或国家所创造的语言、历法、技艺、驯化与栽培物、工具或用具等物质或精神文明成果,通过某些正常或特殊的途径与渠道得以传播;而世界上著名的古代城市文明和大多数欧洲文明,也正是在这种早期半农耕半游牧民族大规模的迁移和殖民过程当中逐步建立起来的。于是我们看到了一种"种豆得瓜"的文化景观:迁徙带来的不同文明之间的冲突,既可能会造成局部时间和空间范围内相对弱势族群成员的生命悲剧,但也可能以此种空间换时间的激进方式,促使农耕文明与游牧文明的融合,从而或直接或间接地推动人类早期文明的发展。匈奴的入侵与西汉王朝的反击,使得在公元前后数百年间,游牧文明与农耕文明以既冲突又妥协的方式实现了一种深刻的融合,并因匈奴最终的溃败与向西迁徙,而使亚细亚内陆文明与欧洲海洋文明实现了第一次接触。

二、迁徙与旅游

(一)迁徙与旅游关系辨析

旅游作为一种人类活动,以有目的的异地旅行和愉悦性体验为基本特征。从这个意义上说旅游自古就有之,并没有什么问题,因为畅游天下的情怀和探访名山大川的追求乃至探秘未知领域与世界的壮举,并非现代人才有:中国古代神话中《夸父逐日》的悲壮篇章所揭示出的人类梦想,《山海经》怪诞不羁中包蕴着的丰富地理学知识,《水经注》令后人惊叹的翔实与严谨,《徐霞客游记》以匹夫之力对神州壮美河山的精准观察和描绘……历代丰富的山水游记散文和山水诗歌的繁荣,乃至《马可·波罗游记》从一个完全不同角度对元代中国滑稽而不失参考价值的描述都说明了这一点。但旅游活动究竟起源于何时,却一直是旅游学研究中众说纷纭、难以准确定论的问题,研究者往往只能作大而化之的推测,却始终难以有相对明晰的界定。从旅游人类学角度进行梳理与辨析,有可能加深对这一问题的认识。

迁徙是旅游之母。作为大多数活动都具有这样那样的功利性的人类在成长过程中渐次获得的一种具有超功利特点的思想观念,人类日后所具有的旅游意识,离不开人类早期迁徙活动中所形成的"游走"这一概念潜移默化的影响,以及在跋涉过程中对山水自然的下意识的欣赏与美感体验;它们沉淀为一种精神追求,一种集体无意识,如影随形地伴随人类成长,并成为人类寻求解脱与放松这种思想愿望最主要的精神动力来源之一。

在分析人类早期迁徙活动与旅游的关系时,有几点是应该澄清的:第一,并非所有以两地之间运动方式进行的人类活动(如迁徙、流浪、战争)都可以称为旅游,不同的动因所产生的结果会完全不同,这是显而易见的。第二,"古代"这一概念本身就具有某种不确定性,其时间和空间定位应是指现代旅游兴起之前的人类社会和东西方各国,相对宽泛的理解有可能更少片面性与排斥性。第三,考察中国古代抑或西方古代典籍,直接使用"旅游"一词的情况很少,指代相应活动的概念主要是"出游"与"旅行",吹毛求疵、按图索骥式的辨析无助于问题的解决,更不能因此而得出古代没有旅游活动的结论。第四,现代旅游是由古代旅游演变而来的,而古代旅游又是由旅行发展演变而来的。但与此同时也要看到,古代旅游和现代旅游之间确实存在着某种深刻差异——古代旅游的精英性和现代旅游的大众化就是最明显的区别之一;而"旅游"与"旅行"虽然只有一字之差,其目的性却往往有着天壤之别,"走"在路上的人们的感受,可能会不尽相同。譬如"枯藤老树昏鸦,小桥流水人家。古道西风瘦马,夕阳西下,断肠人在天涯"与"欲穷千里目,更上一层楼"的诗句中所包含的情感体验,就完全不一样;作为囚徒行走到野猪林的林冲与作为自由人而徜徉在桃花潭畔的李白,其感觉肯定也是大相径庭的。

在明确上述前提的基础上,我们可以得出如下基本结论:旅游活动伴随人类的成长而产生;现代意义上的人类旅游活动是从古代"迁徙——旅行"活动中演变和发展而来的;与审美意识相伴生的旅游意识是人类精神世界中与生俱来的思想观念之一;古代旅游的主体、规模、形式与现代旅游有着明显差异;旅游的各种要素和整个产业链条是在人类自身不断发展的过程中逐渐产生和完善起来的。

(二)人类早期生活与旅游

旅游在众多的人类行为中,是一种相对晚近出现的行为方式。由于旅游活动需要相关要素支撑,因此,在人类早期生活中,受制于相关因素制约而使旅游成为"稀客",是非常正常的事情。

由于生产力水平低下,原始社会时期的人们所拥有的自由时间是极为有限的。众所周知,基本的闲暇时间(或者说自由时间)、一定的经济条件、相应的旅游意识与动机,这是促使旅游活动产生的三大要件。自由时间在现代人的生活中须臾不可缺少,每日余暇、每周余暇、公共假日、带薪休假……现代人尽情地享受着他们所能得到的一切时间便利,亦即自由时间。正如《马尼拉世界旅游宣言》(1980)中所说:"旅游从精英分子娱乐的有限范围进入社会经济生活的普遍范围,劳动者被赋予带薪休假的权利后,旅游才具有了广泛性。"而原始人类在这一点上是永远也无法和现代人相比的。美国学者约翰·麦克哈勒在《世界的事实和趋势》中认为,原始人一生中的自由时间仅为整个生命时间的16.6%,旧式农民一生中的自由时间占22.9%,发达工业部门的工人一生中的自由时间占38.6%。[①] 忙于生计而无暇他顾,是所有原始人类都无法摆脱的时间困局;旅游,尚难以列入原始人类的议事日程。

而受到原始社会低下的生产力水平和具有明显束缚性的生产关系的制约,早期人类和古代社会中的大多数成员尚不具备旅游的条件和可能;只有部落首领或统治者、贵族或知识精英,才有资格享受这种奢侈的、具有特权性的活动。甚至一次远距离的外出旅行,都有可能成为一件值得史官大书特书的大事,如我们在甲骨文、《尚书》、《左传》等典籍中所看到的那样。

(三)人类审美意识的产生与旅游的关系

有人认为,美是主观的;有人认为,美是客观的;也有人认为,美既是主观的,

---

① 吴铎.社会学.高等教育出版社.1992.第233页.

也是客观的,是主客观二者的统一。① 谁对谁错并不重要(事实上这些立论和观点之间,更多地是并存的而非相互排斥的),关键的一点是,这些美学观念是人类在漫长的成长过程中,在体认自然、社会和自身的过程中逐渐形成的,它已经成为支撑人类精神世界的支柱之一,增添了他们在面对世界时的一种独特而丰富的眼光与知性和理性相融合的审美判断力。对美的发现与追求,与对真和善以及对财富的追求一起,成为了人类创造生活和改造世界的动力之一,推动着人类不断向前。而可以确定无疑指出的一点是,自然美始终是人类美感的重要来源之一,它使人类的心灵变得丰富、情感变得细腻、感觉变得敏锐、眼光变得温柔,并且成为人们调节紧张情绪、放松压抑心态的重要均衡器;而作为自然美代表的风花雪月、名山大川一直以来都是激发人类美感和灵感的重要源泉,与之相伴或者面对,不仅会激发出人们的愉悦感受,还会激发出诗人们不尽的诗情。这一点,从屈原、陶渊明、谢灵运、李白、王维等人的身上都是不难看到的。

　　美感体验是逐渐获得、逐渐升华、逐渐丰富起来的。单纯就审美直觉力来说,并不能简单地断言原始人或古人不如喜欢把一切概念与事情都弄得很复杂的现代人。世界各地所留下的原始人岩画的色彩与线条、抽象与具象、单纯与丰富等往往令今人叹为观止;原始舞蹈与原始音乐独特的艺术内涵与表现力,日益成为现代艺术借鉴的重要对象;金字塔、狮身人面像的对称、和谐与精美,堪称巧夺天工;《老子》中"大音稀声,大象无形"的观念里所包含的审美直觉与穿透力,让人不得不对先贤的大智慧心生敬仰之情;而《诗经》中"昔我往矣,杨柳依依;今我来思,雨雪霏霏。行道迟迟,载渴载饥;我心伤悲,莫知我哀"的诗句,也绝不逊色于后世的任何绚丽诗篇;同样,宏大壮丽的《荷马史诗》,开启了西方文学史的先河;而中世纪民间文学中朴素动人的行吟者的音乐与诗歌,一直以来都是浪漫主义文学的源泉之一……

　　美感体验并不是促使旅游活动进行的唯一动因,甚至不是最主要的动因,但它无疑是促使人类旅游意识形成的原动力之一。单一个体旅游动机的形成与行为选择可能仅仅是出于放松、逃避、探险、求知等原因,但就人类的普遍情形而言,能够推动大众自愿离开居住地迢迢奔赴某个遥远的地方去看看那里的山水或当地人的生活情形,首先要具备的就是旅游的意识;而旅游意识的激活,又需要某种因素的介入与作用,譬如对自然的热爱;而对自然的热爱与亲近的愿望,除了受人类与生俱来的回归人类乳母怀抱的潜意识影响之外,在山水自然的审美对象化过程中获得身心愉悦与精神解放的内在审美意识与追求的作用同样是必不可少的。

---

① 孔智光.理想美学.山东大学出版社.2002.第109～114页.

如上所述,虽然人类早期的迁徙与旅行等活动,尚难称为自在自为的旅游,但它们孕育了人类旅游的意识与动机,培养了人类的审美意识,开启了人类热爱自然的情怀。涓涓细流终有汇为洪流的时候,20世纪以后席卷东西方的旅游潮流与人类早期经验之间,隐然呈现出某种内在联系。

第二节 随生产方式变化出现的人类空间位移

人类最伟大而最祸福莫辨的能力之一,就是在自己成长与发展的每个时期,都能找到一种与之相适应的生产方式并加以持续改进,直到催生出另一种更为先进的生产方式;以此为平台,人类构建起了原始文明、农业文明、工业文明等不同的文明形态,并组合成人类类型复杂、层次多样的文明体系;人类生产方式的不断进化和完善,使人类社会的发展速率也随生产方式的更迭而呈现单边加速趋势。在这个过程中,人类与原本诞生其中的自然的关系日渐疏远,人类之间的关系也出现了深刻的变化……而从旅游角度说,每种生产方式都有与之相适应的生活方式和空间位移方式,它们对旅游的产生和发展起着重要的制约或促进作用。

一、人类生产方式变化所带来的空间位移

人类在其发展的过程中,在获取生产与生活资料的方式上,经历了原始生产方式(以采集和猎取为主)、手工业生产方式(以农业和作坊式传统手工业为主)、工业化生产方式(以标准化与定制化为主)等几个阶段的变迁。原始社会以第一种生产方式为主,晚期逐渐产生第二种生产方式的萌芽;奴隶社会和封建社会以第二种生产方式为主,发展到封建社会后期,局部地区开始孕育出第三种生产方式的种子;到了资本主义社会,第三种生产方式开始体现出其横扫一切的气势和力量,使人类社会短短三百年间的变化远胜于此前数千年的文明积累。

不同的生产方式对人类空间位移意识与空间位移能力的影响当然不尽相同:在原始社会中,生存成为人类生活的第一要义,人们既无暇他顾也无太多"他顾"的意识,人这个"可怜虫"的生活与其他动物相比,并无本质的区别,各种活动,充其量是一种生存突围;在以手工劳动为主的历史年代里,情感与生活开始丰富起来的人类有了闲情逸致,但相对低下的生产力水平和非独立的人生依附关系,将人变成了不能轻易移动的棋子,思维、视野与人身自由受到严重束缚,心有余而力不足、空想多于行动,不得不放弃幻想、安于现状、"原地踏步";而在工

业化、社会化大生产占据主导地位的现代社会中,急剧增加的社会财富和生产力与科技发展所带来的社会进步与便利,彻底解放了人类,人的世界第一次变得前所未有的广阔,自由的空间位移成为可能。

(一)以采集和狩猎为特征的原始生产方式与人类空间位移

史前人类以采集和狩猎为主的原始生产方式,很难为人类提供剩余与多余的生活资料;朝不保夕、勉强糊口、生存需要压倒一切的生存状况,也很难催生出自觉的空间位移意识。人们会移动,但那是为了谋生而不得已为之的迁徙,除了食物和水,他们不大会关心其他东西。人们需要频繁位移,但那往往是因为自然资源枯竭到逼迫人类寻找新的食物与水源。没有积累、没有交换、没有闲暇,空间位移也就成为"迁徙"的代名词;而迁徙,无疑是最为无奈的空间位移形式。少数至今仍残存的原始人类岩画与各民族的史诗与传说,真实记录下了早期人类艰难迁徙的足迹。

(二)以手工劳动为特征的古代生产方式与人类空间位移

在以手工劳动为主的社会形态里,完善的劳动分工开始出现,交换成为常态,社会生活变得丰富起来。但低下的生产力水平、生活资料的私有制占有,决定了社会生产的基本特征是一部分人占有另一部分人的劳动成果,一部分人无偿或近乎于不计报酬地为另一部分人服务。老子《道德经》中"天之道损有余以奉不足,人之道损不足以奉有余"的名言,是对此最精当的概括。交换相比前一个时期要频繁,但那往往是为了维系生命与家庭成员的生活而进行的最低限度的生活必需品交换;生存不再是主要问题,但它需要以对土地的认真侍弄和坚守为前提,空间位移在大多数人身上因此被沉淀和凝固下来,变成了对土地的依存;少数特权者可以享受生产方式相比前一时期明显进步带来的出行便利,或骑马或乘船或坐车——不过也只能是缓慢而颠簸的马车或牛车——游山玩水、怡然自乐。另外的少部分人,则不辞辛苦和奔波,以贸易为手段、以逐利为目的,走南闯北、翻山越岭、过海涉江,把"旅行"一词带进人类生活中。

在这种社会形态和生产方式里,农业生产与手工业生产虽然分工不同,但就其本质来说都是大同小异的——在自然经济状态下,维系他们的,是同样一种个体性的单体、小批量生产模式——田地以户为单位耕种,靠天吃饭的色彩非常浓厚,节制欲望、量入为出的生活方式成为人们的不二选择;手工艺制品由具有熟练技艺的工匠在作坊里或家中单件制作,个性化色彩极为突出但产量却很低,仅仅能够维持生计。这种以手工劳动为主的生产方式对人类的最大贡献是它用不高的生产技术养活了人类,而且生产出的很多手工制品日后大都成了收藏价值不菲的工艺品;而其生产者,却只能每天面朝黄土背朝天地耕作在天地之间,或枯坐在作坊里精雕细琢,靠不间断的勤勉劳动来养家糊口。外面的世界很精彩,但身边的生活很无奈,于是终其一生,一个农民或工匠的足迹可能都不曾走出百里之外;能够超越现状者,少之又少……

(三)以标准化为特征的现代产业化生产方式与人类空间位移

托马斯·库克1841年7月所组织的那次旅行是如此著名,以至大多数研究者都将其作为现代旅游的开端。但有一点需要澄清:没有蒸汽机的发明,没有近代工业革命的强力推动,托马斯·库克又哪来那么大的风头!工业化、标准化、规模化的生产方式对人类社会的推进作用是显而易见的:可传动机械动力的发明,为人类的各种新型交通工具提供了有力的心脏;社会化大生产所创造的国民财富以几何级数递增,享乐主义思潮甚嚣尘上,使人类生活方式开始出现转折性变化;新能源的发现、交通条件的改善、道路向穷乡僻壤的延伸、各种服务设施的完善,使人类大规模、远距离、多层次的空间位移成为可能;规模化带来的生产成本的降低,使汽车进入千家万户……旅游,随之而日渐盛行起来。

二、早期人类交通与旅游

人类的管理、生活、通连活动和社会的正常运转离不开交通系统的建立和改善;早期人类部落、国家和社会的管理者同样需要借助交通来加强统治,促进"官—民"沟通与人民之间的交流。迄今所知的早期人类交通系统,并非因为旅游目的而兴建,但交通条件的改善,显然会给旅行乃至旅游带来便利,这是不言而喻的。

利用天然河流、湖泊、大海或开凿运河以利于水路交通与漕运,是古代人类不约而同的选择。古代水路交通的便捷、速度、成本和舒适程度在各种交通方式中都算得上首屈一指,它因此而受到统治者、商贾和旅行者的共同青睐也就是顺理成章的事了。灵渠、山阳渎、通济渠、京杭大运河……这些名字,代表了不同时期人类对水运事业的开拓;西方一些国家的兴起,更是与蓝色的大海结下了不解之缘。

陆路交通从古至今都是人类交通的主体形式。有效的统治,离不开完善的陆上交通系统作保证。随着人类文明的发展,交通事业也自然而然地向前发展。四大文明古国在交通方面可谓各有擅长,并通过交通延续了文明和历史的血脉。秦代是中国古代在交通方面着力较多的王朝。"驰道"以咸阳为中心,"东穷齐燕,南极吴楚,江湖之上,濒海之观毕至。道广五十步,三丈而树,厚筑其外,隐以金锥,树以青松"(《汉书·贾山传》)。"直道"北起九原(内蒙包头),南至云阳(陕西淳化),横贯陕西、甘肃等省14个县,全长900多千米,宽164米。"五尺道"打通了富庶的天府之国与西南地区其他"蛮夷"交通的途径,而"新道"则使湖南、江西、广东、广西之间不再隔绝。秦以后各代在交通上都有不同程度的改善。特别是秦代以后不断得到完善的驿站制度,既方便了公务往来的官员,也给旅行者带来了便利。三十里设一驿的驿站,确保了古代官方文书的通达,也给往来者提供了宿舍、车马、船轿、米粮等能确保旅行活动继续进行的物质条件。虽然驿站的主要服务对象是公务旅行者,但一般旅行者和商贾在需要的时候显而易见还是能从遍布各地的驿站中获得一些帮助的。

同样,作为西方文明发祥地的爱琴海地区,自古以来就以发达的海上交通而著称于世。爱琴海地区东接小亚细亚,西连希腊半岛,南与埃及、利比亚隔海相望。以爱琴海为中心而建立起来的古代克里特文明、麦锡尼文明、古希腊文明,无不借助"爱琴海—地中海"海上通道,与亚细亚国家和北非国家之间建立起了商业与文化联系,并由此而促进了自身文化和文明的发展。这一地区城邦之间的道路四通八达,海上航运极为发达,以马为主的陆路交通和以船为主的水路交通构建起了西方古代文明的基石,既给所有出行者带来了极大便利,也促使欧洲文明从一开始就具有一种扩张性特点。

总体而言,古代交通的便利程度、通达情况、速度与舒适程度显然都不可与现代交通同日而语;但古代人类充分发挥自己的聪明才智和创造力,以最大的努力克服阻隔与障碍,创造出了许多人间奇迹,并留下了"愚公移山"、"精卫填海"这样的精神财富。而相对完善的道路网和那个时代所能提供的交通条件,为旅行者提供了便利,也使个体性或小规模的精英性旅游活动的开展有了现实基础。

三、贸易与旅游

(一)古代商品贸易

商品是人类不经意之中所发现的最具有普遍性与流通性的一种以交换为目的的对象物,而资本则是人类所创造的最丑陋却又最具魔力的一个怪物。随着人类活动领域的日益扩大,加之社会分工的发展和生产力水平的提高,一方面由于生活本身的需要,一方面也由于作为劳动成果的剩余物的增加,人类的商品意识和交换意识开始萌芽,从而使得交换成为可能。最初的交换在游牧部落和农耕部落之间就近进行,交换物主要是双方必需和剩余的生活资料,交换的方式主要是易货贸易。随着货币的使用和奴隶制社会后商人阶层的出现,交换的方式、领域、范围和交换物本身都有了明显的扩大,商业从农业和手工业之中分离出来,促使社会分工再一次出现裂变。"天下熙熙,皆为利来;天下攘攘,皆为利往。"重义轻利的儒家学说创始人孔子对利的不屑、对利益对人心与人性腐蚀的谴责,恰恰从一个侧面揭示了即使是在早期封建制社会中,交换也已经成为一种社会常态,并在无形中造成人们价值观念的裂变。

交换与贸易是撬动人类生产力发展的重要杠杆。随着商人阶层的出现和商品交换的日益活跃,商品经济开始萌芽并逐渐发展,资本开始发挥作用,人类社会的面貌也由此而发生改变,并直接促使历史上第三次社会大分工的出现与完成。在满足各个部落、种群、国家、社会生产与生活必需的现实需要推动下,在资本利得杠杆的撬动下,商品交换越来越频繁、普遍地发生;当它积累到一定程度后,就出现了贸易这种生产与生活之外的人类第三种活动形式。贸易不仅使人类之间互通有无,它所具有的增值效应,更使得人们趋之若鹜,为交换而生产,为利润而交换,从而使人类在不知不觉之间抬高了自己生存与发展的平台。

贸易活动具有明显的趋利性与交换性,趋利性与交换性又会带来商品、资本与人口的流动性。贸易活动所带动起的人流、物流、资金流与信息流,维持贸易活动所需要的支持条件,从古至今就是促使旅游活动开展的重要因素之一。

古埃及的造船业十分发达,他们的商船经常航行到红海和地中海东部的港口。在埃及哈兹谢普鲁特(Hatshepsut)皇后执政期间(约公元前1490年),曾有一支埃及海上贸易船队出红海到靠近亚丁湾的东非索马里沿岸旁特开展贸易活动,并满载黑檀木、泻药、象牙、金子和其他珠宝等大宗商品而归,当时埃及航海贸易的盛况由此可见一斑。古希腊时期不同城邦居民之间的旅行,相当一部分就是为了开展贸易活动。腓尼基人是上古时期最著名的航海民族,不少商人拥有自己的商船并频频来往于地中海地区乃至更远的地方。船商用象牙雕刻、漂亮的玻璃瓶和玻璃珠从塞浦路斯换回铜、从非洲换回盐等诸多生活必需品,促使了古代贸易的发展。强大骄奢的罗马帝国的需求更是极度旺盛,于是便有商船或驼队将象牙、酒、油、五金、纺织品、宝石、丝绸等从诸如突尼斯、西班牙、不列颠、北高卢、黑海、埃及以及小亚细亚、中国等地源源不断地运来。尽管那一时期中国和罗马帝国之间的贸易还只能依靠阿拉伯商人作中间人,然而二者之间贸易规模之庞大依旧达到了令人吃惊的地步。有这样一个历史事实可以佐证:罗马人对于丝绸的喜爱几乎到了难以遏止的程度,当时罗马帝国岁入黄金量的1/4以上都用于购买从中国进口的丝绸,黄金流失量之巨大使得当时的罗马元老院不得不下令减少丝织品的进口和限制人们购买丝织品的数量。

虽然中国封建社会小农自然经济、宗法制社会结构以及重义轻利的轻商思想较为严重地制约了商品经济的发展,但物质需求的客观存在仍使商品贸易在许多领域出现。中国东周时期的商品贸易已具有相当的规模,不仅诸侯国之间人民有贸易往来,与其他国家也颇多互通有无的交换;到了春秋战国时期,重商思想开始产生,如《管子·轻重乙》篇就主张用优惠的条件招徕客商,要"为诸侯之商贾立客舍,一乘者有食,三乘者有刍菽,五乘者有伍养",如此可使"天下之商贾归齐若流水";唐代韩愈"外国之货日至,珠、香、象、犀、玳瑁奇物溢于中国,不可胜用"(《昌黎先生全集·送郑尚书序》)的描述,揭示出唐朝对外贸易的繁荣;

而透过《清明上河图》这扇别致的艺术与民俗的窗口,我们可以捕捉到宋代杭州以及其他南方都邑经济繁荣的景象;至于横贯欧亚大陆的古代"丝绸之路"和中国南方的"茶马古道",则更是远距离贸易的产物……

西方殖民扩张时期以前的海上航行活动,绝大部分都是为了进行贸易。古希腊、古罗马帝国的战舰所向披靡,商业船队也毫不逊色。葡萄牙、突尼斯、西班牙等国,更是随海上贸易而强盛起来,成为海洋大国。

资本主义的出现,彻底去除掉了束缚商品经济的镣铐。工业革命以后,西方资本主义国家的社会生产力迅速发展,社会财富急剧增加,促使大规模贸易活动兴起。随着欧洲国家资本主义体系的建立,商品贸易与资本输出甚至采用了强权叩关、武力护航的方式进行,不平等而且具有明显掠夺性的殖民主义贸易方式,留下了历史的诟病。而进入到当代,在新的政治、经济秩序的干预和作用下,国际贸易关系正在发生着深刻的变化,并对人类社会生活产生着前所未有的深刻影响。

(二)贸易与旅游

在人类流动性受制于各种条件而相对封闭、静止的最初年代里,是商人开创了旅行的道路。许多商人常年在外旅行,从事各种贸易或经商活动,他们为了获取利润,像候鸟一样来往于各地。他们自身以及随从,是古代重要的旅行者;为了接待他们,以驿站和客栈为代表的古代旅馆业和以马车、骡马驮运与航船为主要工具的交通业兴起。贩运的货物既包括粮食、酒、油、盐、丝绸、陶瓷器皿等生活资料,也包括琥珀、香料、象牙、宝石等奢侈品,还有牲畜、种子等生产资料和少量以铜铁为原料制作的生产工具。当然,在宗法制社会与中世纪时期,这种流动性的规模、范围和性质都是有限度的。

随着资本主义的兴起,贸易活动的规模和领域空前扩大,从事贸易活动的人员以几何级数增长;贸易成为国民财富增长的转换器,受到人们的普遍重视,商人的社会地位显著上升,与商业贸易相联系的价值观念和生活方式开始对人们的日常生活产生影响。这一点,既可以从英国、法国、美国等国家近代社会变迁过程中看出,也可以从近代上海商业文明强劲崛起、市民阶层在价值观念上迅速向商业化倾斜等方面找到这种变迁的蛛丝马迹。

而进入到现代,随着经济实力在国家实力中所占的权重越来越突出,经济话语权的争夺越来越趋于白热化;与之相联系,贸易活动的主体性地位也日益得到重视。特别是随着经济全球化进程的加快,贸易活动已经成为人类的主流活动,"贸易兴则经济兴"已经成为普遍的共识。旅游业也争相搭上贸易这艘顺风船,商务旅游、会展旅游、购物旅游、奖励旅游等的兴起就充分说明了这一点。

无论古今,作为旅行者的商人和商务人员所到之处,必然要有吃、喝、玩、乐、游的需求,于是自然而然地会带动起城市之中的相关服务与消费产业链兴起:南来北往的客商多了,自然需要各种交通工具,于是古代以航船、马车、驮马运输为代表的交通工具和现代以铁路、汽车、航空为代表的交通工具迅速发展起来;来往的商人多了,停留的时间长了,客栈与旅馆自然就会多起来,"二战"以后,高星级商务酒店更是雨后春笋般涌现;娱乐业和旅游业随贸易活动的兴起而繁荣,甚至娼妓、色情服务业这样的附属物也一起到来……贸易带动旅游,旅游促进贸易,旅游与贸易实现了共振与双赢。

总之,考察贸易活动和旅游活动之间的关系,我们可以得出如下基本结论:贸易活动牵引旅游活动的产生和发展,旅游活动又进一步促进了贸易的开展;二者之间的共生性现象较为突出。

第三节　人们对世界图景的探索

人类个体的生命周期与生存空间是有限的,而人类的欲望与心灵世界是无限的;人类的眼睛能及的视野是有限的,而人类双脚及其延伸性工具能够到达的地方是无限的;人类的知识是有限的,而人类的想象是无限的。于是,对有形或无形、真实或虚拟的世界图景的探究,自然而然地会催生出诸如宗教朝圣、科考探险等明显具有精神超越性与物质延伸性的人类活动。

一、宗教朝圣与旅游

尽管在本书的第五章中我们对宗教朝圣与旅游的关系有专门而深入的阐述,但它更多地是从人类象征的意义上来探讨二者之间的关系,以寻求当今人类旅游的真正目的与动机。在本章追寻人类旅游足迹的过程中,宗教朝圣仍是不得不提及的话题。我们曾听到过这样的说法:最早的旅游是由宗教朝觐带动的。且不论此话是否正确,早期旅游与朝圣之间的关系,无疑是探寻旅游活动产生与发展的一个不可缺少的重要方面。

(一)宗教朝圣

自古以来,人们为了求得精神的宁静或心灵的解脱,为了寻找到灵魂的归宿,通常都会借助一定的方法与手段来获得某种终极关怀,使自己超越生与死的困境、实现由痛苦到最终解脱的轮回,而宗教正是实现这一目的的最权威、最有影响力的方式与途径之一。为了证明自己信仰的虔诚和对神的崇敬,许多人选择进行朝圣。

在古代社会中,不论是在东方还是在西方,宗教朝圣无疑都是主流性旅行活动之一。

朝圣是指宗教信徒为表达对神的崇敬、满足自己与神契合的强烈愿望或完成内心诺言而按照一定程式对心目中的宗教圣地所进行的专门拜访。在这个过程中,朝圣者以普遍被认为能与神进行交流的方式履行相应的程式与仪式,并通过自我暗示和自我知觉方式实现心灵的净化与灵魂的升华。正如罗贝尔·朗卡尔所说:"朝圣一词是典型的西方词汇,但它所指的现象却是普遍的:它是一种宗教人类学的实质,与制度化的宗教毫无关系,它的出现是由于其他方面的要求:即在朝圣途中内心充满神秘感的人类群体与神圣相遇并参与神圣的要求……拉丁文中的'朝圣者'(Peregrinus)意为异乡人,同时意为旅行、过路、跑遍四方和希冀与神圣相遇的人。"①

朝圣在信徒的生活中具有特殊的意义。对一部分宗教信徒来说,朝圣甚至成为他们毕生的追求,他们愿意倾尽自身的财力和精力,进行艰苦的朝圣活动而无怨无悔,因为在他们看来,这是能够与神相遇和沟通的过程,是表示自己对神的虔诚的最好体现方式。同时,主流宗教为了体现自己的权威和扩大自己的影响,也会暗示或公开鼓励信徒开展朝圣活动;以群体或个体的形式离开居住地前往宗教圣地进行朝圣或静修的活动,在很多宗教之中是被鼓励和提倡的。譬如在伊斯兰教中,朝圣被视为"五功"之一,凡有经济能力的自由的成年人,一生中必须去麦加朝觐一次;天主教的圣地朝拜在整个中世纪络绎不绝,天主教徒去往耶路撒冷、罗马、科隆、夏尔特、坎特伯雷等宗教圣地进行朝拜的旅行活动,成为欧洲大陆上一道独特的景观,教廷与政教合一的天主教国家为了拥有对圣地的统领权与朝圣权,甚至不惜进行所谓的"十字军东征";佛教的"曼陀罗"观念认为,人是经由一条漫长的充满考验的道路最终获得解脱的,因此它赞赏去西天"取经"的做法,主张信徒到佛寺中静修以获得顿悟或神启;而日本神道教信徒数百年来一直保持着的对伊势神宫的参拜激情和大神生日前后摩肩接踵的人流,更堪与后世旅游者对富士山络绎不绝的游览相媲美……

与朝圣活动相联系,僧人或行者自由的云游,也起着某种示范作用:他们的自由与见识,显然是超越大多数俗众的。由旅行所获得的这种权利,甚至使他们成为那一社会中的特殊群体——一个人们认为有权利自由旅行并理所当然地应该得到义务帮助的群体。

(二)朝圣与旅游

对朝圣与旅游的关系,最明确的观点来自美国社会学家麦坎内尔。他提出:

---

① 罗贝尔·朗卡尔.旅游和旅行社会学.商务印书馆.1997.第51页.

"旅游是一种现代朝圣。"①国内也有研究者指出:"在人们去朝圣的过程中是不是就没有其他的活动了呢?在有关西方旅游历史沿革的书中我们曾看到这样的说法:(中世纪的)朝圣者虽然是以宗教基础,但他们也在朝圣途中进行各种社交和娱乐活动。"②可见,宗教朝圣与旅游之间存在着某种密切的联系;这一链条甚至能够跨越时空而存在。

1. 古代宗教朝圣与旅游

从旅游角度说,在古代旅游具有明显精英性的情况下,宗教朝圣活动的专题性、持续性和较大的流动性,无疑是促成古代旅游活动开展的重要因素。当朝圣的人流行进在东西方的不同道路上的时候,为满足他们衣食住行的需要,使得自古以来就因旅行者而存在的旅馆业和交通业在整个中世纪继续得以生存甚至是繁荣;同时,尽管朝圣者的目的是神圣的,整个朝圣过程也许是艰辛的,但其行为的选择性和自主旅行者的身份,仍会给其他人留下充分的羡慕与想象的余地,客观上成为刺激旅游动机兴起的因素。

这是另一种意义上的启蒙与示范:人并非只能固守一块土地,而是可以在追求精神完善的前提下远赴他乡获得某种经历;在朝拜的名义下,动机各异的外出也就有了冠冕堂皇的理由。而事实上,随着朝拜活动的持续开展,很难保证每个朝圣者都那么虔诚和心无旁骛,其中的一部分,或许只是借朝圣的名义游山玩水,甚或逃避一下现实的平庸;于是最终,一种神圣的事业可能会不知不觉变成一种世俗的活动。这一点,从薄伽丘的《十日谈》、乔叟的《坎特伯雷故事集》以及中国的"三言二拍"、《水浒传》等文学作品中亦不难看出。唯其有世俗性的加入,朝圣者的参与面得到了进一步的扩大,旅行的热情得到了进一步的激发,宗教的影响面也因此而得以进一步延伸——当然,为此而付出的代价就是良莠不齐的朝圣者有可能会稀释朝圣活动的神圣性,直到有一天使得它彻底地失去其原有意味。

事实上,当我们今天对古代旅游活动进行考察的时候,我们不难发现,古代旅游与宗教朝圣之间,确实有着某种密不可分的伴生关系:如果说古代确实存在着某种较大规模的专题性旅游活动的话,宗教朝拜旅行无疑正是其中之一;这种活动发展到其后期,神圣性日益被消解,游戏与娱乐的成分越来越突出,宗教朝拜与旅游之间的界限已逐渐漫漶不识。

2. 现代旅游与宗教朝圣

随着时光流逝和人类文明的发展,宗教渐渐失去其神圣性光环,演变成人们

---

① 张晓萍."旅游是一种现代朝圣"刍议.载自民族旅游的人类学透视.
② 张晓萍."旅游是一种现代朝圣"刍议.载自民族旅游的人类学透视,第94页.

日常性、程式化的精神活动范式之一。在现代社会中,宗教朝拜的规模和影响都已不可与过去的辉煌相提并论——虽然今天的人类可以更快、更方便、更舒适地到达任何他想去的地方,但执着信念所能给予他的支撑力却明显退化了,就像鸡的翅膀不能再被用于飞行一样。当然,随着生产力发展和劳动观念的进步,人们的闲暇时间有了明显的增加;随着经济的飞速发展和国民财富的迅速增加,大多数社会阶层及其成员经济状况有了明显改善,可自由支配收入与日俱增;而在各种大众传媒无休止的旅游目的地信息轰炸和身边人们的影响与示范下,大众的旅游意识也在显著增强过程之中,由此而最终促使大众化旅游活动在东西方迅速兴起。

与此同时,在大文化概念下以"文化旅游"为主题的观光性旅游产品也激活了宗教朝拜旅游的复兴。一部分旅游者由于精神空虚或出于寻找精神慰籍的需要,抑或为满足祈福保佑的愿望,喜欢对一些著名宗教景点进行拜访与游览,并借助烧香、叩头、捐香火钱等明显简单化和实用化的仪式,来寄托内心的情感愿望,他们因此而成为新一代朝圣者;而更多的旅游者,显然并没有那样专业,但祈福的动机仍然会促使他们加入到现代宗教朝拜旅游的行列之中。

当现代旅游兴起以后,它并没有忘记回报在自己的成长初期曾经给予过自己帮助的宗教朝圣:一些著名的宗教寺院被整修以用于接待旅游者,许多旅游产品以宗教朝拜专题游等形式被推介给旅游者;一些历史上曾经存在过并产生过影响但已毁于战火兵燹的寺庙建筑被重修并作为旅游景点而开放;甚至到麦加朝觐这样的活动,现在也可以交由旅行社组团前往……旅游与宗教朝拜之间的关系,确实可以说剪不断、理还乱;相互依存、此起彼伏,可以说是对它们之间关系的一种恰当描述。

二、科学考察与旅游

(一)从旅游动机的形成与市场细分看科学考察与旅游

众所周知,旅游动机有其多样性与复杂性。正如有的研究者所指出的:"光靠阅读书报或听别人介绍等间接手段来了解和想象外部世界,是不能满足人们的好奇心的。他们需要亲自去看一看和亲身体验一下他乡的新异之处。大众化旅游的发展实践证明,相当大数量的旅游者的旅游动机中都包含有这种探新求异的需要或者说好奇心和探索的需要。"[①]

对未知领域与事物的兴趣,是推动人类开展各种探索活动的原动力之一;而希望获得某种经历与对知识的追求,促使旅游者奔赴一个个陌生的地方。科学

---

① 李天元.旅游学概论.南开大学出版社.2003.第 101 页.

考察与旅游,本来是两个不同领域的人类活动,但它们在满足人类的求知欲与探求兴趣这一点上,显然有共同之处。只不过科学考察比旅游活动更专业、更深入、更小众化,更强调科学性而非趣味性,所需要的专业知识和物质条件也远非一般旅游活动可比。

最初的科学考察与旅游在各自的方向上行进,可谓井水不犯河水。科学考察以自然之中的奇特景观与独特地貌或事物为观察与研究的对象,更多局限于进行地学范畴的实证观察、研究与描述。但从20世纪80年代开始,地学资源所独具的旅游资源属性开始进入到旅游者的视野之中。"二战"后大众受教育程度的普遍提高和科学知识的普及,使人们探求科学并尽可能亲历的愿望变得强烈,"人—地关系"的思考,促使人们更为关注身边的世界,特别是自然界与环境问题;一部分追求特异性与新奇体验,同时不乏冒险精神的旅游者,开始不满足于对名山大川的观光性游览,他们希望深入到自然的深处,了解有助于扩充自己知识面、满足自己兴趣、提升自我价值的东西;而可自由支配收入与时间的显著增加,旅游业创新与旅游产品更新换代速度的加快,使旅游者求新求异的动机有可能得到满足;这种小众化、半专业化需求又会催生旅游市场的进一步细分,开发出满足一部分旅游者需要的新型旅游产品;在这样的背景下,旅游与科学之间的互动关系明显得到加强,二者的联姻使得"科考旅游"的产生成为水到渠成的事情。

追求"亲历",希望"在场",喜欢"体验",是现代旅游者与传统旅游者明显的差异。他们已不满足于无差异的观光旅游,而希冀在旅游过程中有所发现并获得新奇体验;同时,传统的"3S"模式,即 Sun、Sea、Sex(太阳、大海、性)在当代社会中日益受到挑战,个性化旅游开始兴起,科学考察的探求特性与某种程度的冒险精神,恰恰能够满足这部分追求新鲜与刺激的旅游者的特殊需求。

(二)从旅游资源属性与产品创新看科学考察与旅游

旅游资源系统从大的方面可以分为人文资源与自然资源两大部分。在自然资源系统中,范围最为广泛、类型最为多样、可持续发展能力最强、对旅游业支撑作用最大的,无疑是地学资源。

自然本身的神奇与尚未为人类所把握的诸多奥秘,自然与人类社会的间隔,使得人类探求自然的兴趣永无止境。以往由于自身职业、知识视野、观念、经济实力和可进入性等方面因素的制约,人们只能满足于专业科学工作者实地考察后的第二手资料介绍。但随着经济、社会的发展以及交通条件的改善与进步,随着科普活动的进展,人们所了解和掌握的科学知识越来越全面而丰富,人类探求自然的兴趣也越来越浓厚;与此同时,旅游业本身也在迅速成长,并在满足人们的个性化需求方面有了明显改观。随着旅游业中买方市场的形成,旅游者需要什么，市场就会千方百计地满足旅游者的这种需求；很多时候，旅游企业还会未雨绸缪地开发一些新产品并积极向市场进行推介。不止是一般的野外科考与探险旅游，旅游者的步伐还踏上了极地，甚至踏上了月球和外太空。

现代旅游者的主体是来自城市的居民，其中又以知识分子和中产阶级群体为主流，他们的兴趣会催生新的旅游产品产生。一方面，文化专业知识和科学素养的增强，有助于培养旅游者对原本属于科学领域的自然界进行探究的兴趣；另一方面，像科学家一样去考察自然，也是许多旅游者的愿望。正如亚伯拉罕·马斯洛所指出的，人的需要是多层次的，追求自我实现的动机会促使人们努力去实现他们一直以来想达到的理想和愿望。而克里斯·阿吉里斯亦指出，人的兴趣由单一而多样、由浅薄而深刻，正是成熟的显著标志。[①] 不满足于进行一般的观光游览而希望在旅游过程中提供增值服务——譬如对一些具有科学考察价值的地质现象或地质遗迹进行探访或在旅游线路中增加惊险刺激的内容——成为相当一部分高层次旅游者的诉求。

对喀斯特地貌、岩溶地貌、冰川地貌、火山遗迹、洞穴奇观、湿地等兼具科学性与审美性的地学资源的接触和考察，对各种具有稀缺性与特异性的生物资源的见识和相关知识的获得，以及充满紧张刺激色彩的水下探险等，都是旅游者极为感兴趣的科考旅游项目。"尼斯湖怪兽"每年吸引的旅游者数以百万计，许多人在饱览相关信息后，不满足于媒体和他人的介绍而亲赴偏僻的尼斯地区，希望一睹"尼斯湖怪兽"的庐山真面目，体验那种刺激的味道；"长白山天池水怪"也引得无数旅游者纷至沓来……同样，20世纪90年代以来各种类型的地质公园、森林公园、自然保护区的大量出现，说明科考旅游受到了相当一部分旅游者的青睐。

以云南省为例，由云南所处的特殊地质构造带和地理位置所决定，云南省境内喀斯特地貌极具特色，既有路南石林这样的世界地质奇观，也有元谋土林、陆良彩色沙林等大自然的杰作，同时还有燕子洞等各具异秉的溶洞景观；火山、温泉、雪山、冰川等地质遗迹资源类型齐全、特色鲜明、开发利用价值较高，丹霞地貌和砾岩岩溶地貌在国内外同类景观中有明显的比较优势；热带雨林和高原湖泊的面积在国内首屈一指。生物多样性更使云南成为研究者和学习者可遇不可求的乐园，如禄丰恐龙活动遗迹和星云湖第三纪古生物遗迹堪称古生物演进的两座自然博物馆……以此为基础，科考旅游与探险旅游渐成热门。显然，资源禀赋与开发思路对旅游业发展起到了积极的推动作用。

再如四川省，并不满足于"天府之国"的历史文化旅游资源优势，而是借助川西北丰富而独特的地质资源开展观光和科考相结合的旅游活动，迅速崛起成为

[①] 喻晓航、齐善鸿.管理学原理(旅游专业用).南开大学出版社.1999.第79页.

旅游强省。九寨沟和黄龙的奇山秀水和泉华地貌，举世称奇；四姑娘山冰川与温泉共存的奇观，同样享誉中外；射洪硅化木地质公园硅化木出露广、分布集中、数量多、保存完好，科研和旅游开发价值都较为突出；宣汉百里峡地质遗迹景观构造剖面典型、轮廓清楚、岩溶地貌发育完好、地质水体众多，是一座不折不扣的地质博物馆；丹巴白云母矿是我国开发最早的白云母矿之一，在悠久的开采历史中遗存下了十分丰富的矿业遗迹，既有历史文化价值，也有科考价值……上述地方，均已开发成为国内外知名的旅游景点。

科学考察与旅游之间存在着一种跟进关系：当严谨的科学考察活动告一段落之后，经过保护与清理，本身既具有科学性又具有可欣赏性，同时具有可进入性的科考现场，常常成为极佳的旅游吸引物；以此为基础，各种自然博物馆或地质公园相继建立，道路交通设施随之而改善，各种服务设施也应运而生，旅游业由此而获得了可持续发展的动力。

地质遗迹和地质景观是人类所拥有的自然遗产的重要组成部分，地质遗迹资源作为一种不可再生的自然资源，记载着丰富的地球历史的实物信息，具有很高的科学意义和社会价值。随着人类保护自然物质遗产的意识日益增强，科学考察与旅游开发之间的关系会更趋紧密。

第四节　现代生活样式之一：旅游

一、闲暇的意义

闲暇是人类特有的一种生命状态与时间知觉状态。为了维系自身与人类整体的生存与发展，人们不得不将大量时间和精力用于生产资料和生活资料的生产，用于生产各种物质与精神产品。但无休止的劳动会耗散人们的体力与精力，还会带来对工作和劳动的严重厌倦情绪。为了避免和释放这种压力，形成张弛有序的生活节律，人类将自由与闲暇时间的概念引进自己的社会之中，使人类社会的面貌和人类的生活出现了重要的转折。

一般说来，人的聚居构成社会，社会的存在需要采取某种维持稳定的行为形式，人自身便要求聚居在一起的人遵守某种约定俗成的规则和制度，此时的人或人群必须付出相应的代价，如某些行为、言语的约束，以换取共同的生存。这样，人本身具有的许多原生意向中的一部分便受到社会强制性的压抑，人必须通过某些途径或方法，以消除减少这种压抑带来的痛苦或不安情绪，从中得到补偿性的需要。人永远处在意向的实现与其遭受压抑或被忽视这一对矛盾之中,假期、空闲以及旅游的使命,从某种意义上说就是为了缓冲、消除这种矛盾。

当然,自然时序本身的张弛变化,奴隶社会以后客观形成的等级,农闲的存在,必然使得休闲与享乐的意识产生。古希腊诗人赫西俄德在他的《工作语时日·神谱》这部长诗中形象地写道:"在菊芋开花时节,在令人困倦的夏季里,蝉坐在树上不停地振动翅膀尖声嘶叫。这时候,山羊最肥,葡萄酒最甜;妇女最放荡,男人最虚弱。那时天狼星烤晒着人的脑袋和膝盖,皮肤热得干燥。在这时节,我但愿有一块岩石遮成的阴凉处,一杯毕布利诺斯的美酒,一块奶酪以及老山羊的奶,未生产过小牛的放在林间吃草的小母牛的肉和初生山羊的肉。我愿坐在阴凉下喝着美酒,面对这些美馔佳肴心满意足;同样,我愿面对清新的西风,用常流不息的洁净泉水三次奠水,第四次奠酒。"古人尚且如此,更遑论现代人?

罗贝尔·朗卡尔指出:"在古代的社会,或农业社会,或中世纪历史时期的社会里,劳动和闲暇是通过习俗被紧密地交织在一起的,这些习俗使人们得以参加到他们所生活的世界中去。这两种活动,尽管目的不同,但是在个人和群体的生活中,却有着同样的意义:节日包含了劳动和娱乐,并且遵循着一种自然的节奏,即季节和时光的节奏。于是,节日往往成了大量消耗食物和精力的机会。"[1]考察各种村社节日与民俗活动的产生,应该说他的观点是正确的。

闲暇导致的无事生非与放松冲动,是旅游与各种娱乐得以进行的内在动因。

二、休闲观光与旅游

紧张的都市生活对人性和人的情感的压抑以及由此而产生的释放欲望,是旅游活动得以开展的人性基础。人是一种既社会化又情感化、既情绪化又理性化的动物,快节奏的生活所带来的匆忙、职业所带来的压力、激烈竞争所产生的紧张感、浮华生活所造成的心理失衡,这些都需要能加以释放、缓解的渠道。由于人们自身的知识、视野和经济条件等因素的限制,大多数人对世界的认知常常局限于自己生活的圈子之内——套用日常生活中人们常爱说的一句俗话来说,就是只盯着自己的那"一亩三分地";而世界本身是广阔的、有趣的和精彩的,这当然会对人们产生极大的吸引力,使他们努力地想要走出原有生活圈子,去了解外面的世界,并增长阅历,丰富知识;一旦条件具备,愿望变成现实,也就有了旅游活动的产生。

其实,旅游不仅是一种放松,它同时也是一种特殊体验和娱乐。很多时候旅游者所追求的不过就是一种"来了——玩了——走了"的体验、放松和经历;是置

---

[1] 罗贝尔·朗卡尔.旅游和旅行社会学.商务印书馆.1997.第9页.

身山水自然之中的无所用心、不必用心；是暂时逃离城市，到自然之中、乡村之中看看风景、轻松轻松，然后拔腿走人，重回城市森林的诉求。因此，在旅游过程中看到什么、玩了什么，在很多时候也许并不是最重要的，重要的是有地方可去、有新鲜可看、有条件可以放松放松，这成为他们度过闲暇时光的诸多选择中的一种。

现代旅游的产生既与现代化大生产的发展、社会进步和人们生活水平的普遍提高有密切联系，同时，它也是一种新的生活方式作用的结果。这种新的生活方式的突出特点，是现世消费观念、及时行乐思想、美内在于生活之中而非外在于生活等这样一些现代意识的体现。

（一）旅游是旅游主体所选择的一种以体验为特征的消费活动。如果说旅游活动有什么功利性的话，那么这种功利性显然就体现为强烈的体验与休闲、放松的诉求。也就是说，旅游的目的常常在于过程体验本身而不是某个抽象的结果。人们去旅游，既是为了认识原来不熟悉的地方，认知某个独具魅力的景观对象；也是为了体验一种新的生活方式，一种既在局限之内又在局限之外的风景。也就是说，旅游的目的常常在于过程体验本身。因此，明知旅途劳累、明知此行"劳民伤财"，但仍然一意孤行前往的旅游者同样大有人在。这未必是他们脑袋有问题，而只是因为"道"的同异而已——对旅游者来说，此道即为体验之道、放松之道，亦即生活之道。他们未必非如此不可，但他们喜欢如此，这就是许多人热衷于旅游的原因与解释。也就是说，仅仅获得一种经历对许多现代旅游者来说已不能满足他们对旅游的全部需求，他们更看重的是旅游活动的过程性和体验性，即在旅游过程之中和旅游活动结束以后所获得的实景快感、情感体验、思想升华——对他们来说，或许这些东西的意义要远比单纯的阅历增长大得多。

旅游活动的可体验性和可重复性构成了对可体验而不可重复的人生的一种有益补充。人无法逃避人生、逃避生活，但人有办法在短暂的时间内使自己"逃避"因为熟悉、因为日复一日地重复而变得单调的那种生活，寻求平淡生活中的某种变化或诗意；同理，人不能摆脱生活和生命的沉重，但人可以通过合理的替代与交换而获得调剂与放松。以旅游的形式所表现出来的这种逃避与替代，作为对平庸生活的补充和对想象力的印证，它所起到的是一种"润滑剂"的作用，这也正是许多人对旅游、对故地重游乐此不疲的一个重要原因。从社会学角度思考，一个旅游活动比较普及、公民出游人数比较多、旅游消费在社会消费之中所占比重较大的社会，除了说明其生产力发展水平和生活水平比较高以外，相对来说也会是一个人们能够把握自身的生活轨道和命运的比较健全的社会。从这个意义上来说，旅游活动在无形之中起到了一种社会情绪调节阀的作用，可以为和谐社会的构建发挥自身的积极作用。

（二）旅游是一种消费性审美，是一种出钱买快乐的行为。旅游的意义就在于它是一种以实景体验为基础、以对美妙情景的瞬间美感体验为享受、以当时和事后的审美回味为乐趣的审美活动。就现代旅游来说,不发生经济行为的"穷玩"已越来越远离人们的生活,在力所能及的前提下,人们更乐意购买现成的旅游产品,享受完善的服务所带来的舒适与愉快体验。对人们来说,旅游就是一种现世享受与及时娱乐,只要付出的金钱与所购买的旅游产品的价值相当(而这在多数情况下只有通过体验来判断),人们就会感到值得、感到愉快,并从中体验到快感与美感。同时,正因为旅游活动具有体验性和娱乐性的特点,也才会有旅游者在旅游过程之中所表现出来的种种有违日常生活之中的本来样子的行为——如思想与内在约束力的放松、语言与行为的放纵等。因为对许多旅游者来说,旅游过程在他们的心目中更多地只是一种对自己的行为无须过多操心和负责的娱乐体验罢了。也因此,我们常常会看到这种情形,即一个平时循规蹈矩的人,当他有一天成为了一个旅游者的时候,他往往会有许多让人吃惊的举动。旅游学对这种现象当然会力求作出自己合理的解释,不过,我们如果从体验经济的角度来看,或许能够找到更简单也更合理的解释:旅游者往往将旅游看成一种虚拟式的生活——就像网游者对待网络的态度一样,也就是说,他是将旅游看成了一种体验而非一种生活——体验只不过是试试而已,而生活可是要认认真真地过的;既然是体验,是虚拟生活,当然也就可以用一种游戏的态度、玩笑的态度来面对,因此而表现出某些出格之举,也就是可以理解的了;而当一个旅游者将旅游看成自己所购买的一件商品、一种服务的时候,他当然会产生消费的意识,并引发出潜在占有意识和占有欲望支配下的消费行为,这同样是可以理解的事情。

(三)旅游所购买的产品不是单纯的物,也不是单纯的服务,而是一种混合了这二者的综合性体验。作为人文旅游资源富集的那些旅游目的地吸引物的重要代表,古迹以及由此引起的怀旧情绪是旅游者欣然前往的重要因素——一如我们在意大利、在中国、在埃及、在印度、在东南亚、在西欧等地所看到的那样;而我们也知道,绝大多数旅游产品都具有不可移动性和及时体验性(即当地性和当时性)的特点,也就是说,这种怀旧情绪若非在此情此景之中,就不会产生或激发出来;要想获得那种体验,就必须亲自到那里去。作为旅游者来说,"来了——看了——感动了——走了"的过程,看似一无所获,其实真正的收获就在那看起来虚无缥缈的体验之中。对满意的旅游活动,旅游者常常用"有意思"、"很美"、"值得"、"不错"之类的词汇来表达自己的感受;而对不满意的旅游活动,人们则常用"出钱买罪受"、"不值得"、"白花钱"等评价来表达自己的体验与感受,所强调的无非也是这种体验不如预期的好,因此才会有失望甚至不满之感……这诸多的例子都说明了一点:看似复杂的旅游活动过程,对旅游者来说,他们其实常常会将它浓缩在一点上,即将旅游看成一种体验;换句话说,他们会自觉不自觉地将旅游与体验看成一回事,而懒得再去探讨背后的区别与形而上意义上的旅游的本质之类的问题。同理,旅游学界如果不是有意要将问题引向复杂化的话,其实原本也可以在一个比较合理的理论平台上求得问题的解决——只是我们不要简单地将通俗化与"小儿科"等同起来!

旅游从本质上来说就是一种寻求、印证体验的过程,实现这一过程当然需要时间、金钱和对象物——山水自然、文物古迹、探险历程,或是某种特定性情景等等,但贯穿其中最本质的东西,无疑还是"体验"这个让人爱恨两依依的词。正因为如此,意大利那不勒斯的里兹·卡尔顿饭店要花费200万美元购买艺术品和古董,以强化它和过去的联系,目的无非是为了让顾客能够产生诸如有关其祖父母在这个地方举行婚礼的情景之类的联想与体验;而新加坡拉夫尔饭店花费了近一亿美元装修,也是为了尽可能恢复1915年时的布置和气氛,以营造出一种自身所独具的怀旧情结;至于迪斯尼乐园最拿手的好戏,不也就是营造一种让人难忘的体验经历吗?如其在一则广告词中所说的那样:"现在你可以体验旧日岁月的魅力,同时尽享当代度假地的豪华。"去过迪斯尼乐园的游客一方面会觉得那些游览项目和内容很小儿科,另一方面这并不妨碍他们兴致勃勃地去体验那些在他们看来"只有孩子才会感兴趣"的项目。我国内地众多诸如"唐城"、"宋城"、"民族村"、"××影视城"等人工景点的修建,其投资初衷和论证依据恐怕也是建立在旅游者愿意出钱购买复古体验这一点上的。至于实际的效果如何,那当然就是另一回事情了。

(四)当代旅游业的发展趋势同样说明,休闲与体验或许是最能揭示旅游本质的途径。迄至20世纪80年代,世界旅游业赖以吸引旅游者的旅游产品仍然主要是观光旅游;但90年代以来,生态旅游、文化旅游、探险旅游、乡村旅游、可替代旅游、特种旅游等新型旅游产品开始体现出它们巨大的吸引力,旅游开发商、经营商、零售商都不得不正视其存在——而这些新旅游产品的一个与众不同之处,无非就在于它们更强调主客体之间的互动关系和旅游主体(即旅游者)的参与性和体验性。曾经一度有人担心,随着网络的兴起,传统的旅游业将受到极大的冲击,因为人们可以在网上去他们想去的任何地方;但事实却证明,90年代后期以来,互联网的风起云涌之势,不仅没有影响到旅游业的发展,反而使旅游业如虎添翼,即可以更快捷地向旅游者提供各种旅游信息和资讯,并且以互联网为工具,加快旅游交易的速度和效率,从而在事实上推动了旅游业的发展。究其根本原因,也就在于网上旅游无法代替实景体验,无法让人产生身临其境的感受,无法减灭人们内心亲自去看看的冲动。一句话,虚拟旅游无法带来旅游过程之中各种各样的互动关系和体验,以及那种真实的放松与休闲的感觉。既然如此,人们又怎会将脚步停留于图片点击而不去亲自体验一番呢?

第三章 人类学视野中的旅游与文化

　　长期以来,旅游一直被看作一种经济活动,一种在商品生产和商品交换基础上产生的经济现象和经济关系,被赋予了太多的经济意义。然而,实际情况却并不是这么简单,旅游给东道地区的自然环境和社会生活的各个方面都带来了深远的影响。在经历了快速发展期之后,我们很遗憾地看到,大量旅游者的涌入使旅游地物价飞涨、生态环境受到破坏、传统文化受到冲击、游客满意度降低、旅游吸引力下降。旅游带来的经济效益并没有使大多数人富裕起来,"由于大部分利润被第一世界国家和本地商业和政治精英所获得,东道地区贫富的两极分化进一步加剧……很多当地人放弃了农业来从事新兴的旅游业,却发现自己做着仆人的工作"①。一些城市中的大酒店已经成为"后现代主义,或后资本主义的一种文化逻辑"②。为了获得规模效益,当地的传统文化被削减、加工、改造之后进行展示和兜售,其中一些甚至被肆意歪曲,减少了旅游活动的文化内涵。另外,无所不在的全球化带来了旅游设施、服务和管理的"西方标准化",使旅游成为坐在流水线上的走马观花,削弱了旅游目的地的吸引力。

　　今天,我们有必要从人文科学的角度重新审视旅游与文化之间的关系,因为我们正处于由经济重心向文化重心过渡的时代。物质文明的发展必然对精神文明提出更高的要求,世界各国在大力发展经济的同时,都开始关注本土文化的命运和走向。旅游与文化息息相关,脱离了文化,旅游不可能获得持续的发展。与国内研究者们长期偏重旅游经济的情况不同,西方学者更加注重对旅游现象的人文关怀,在西方旅游研究的主流观点中,从社会学、人类学角度把旅游作为文化现象进行研究的"文化派"的声音已经越来越宏大,在我国,旅游与文化的关系也应该成为旅游研究的重要领域。从人类学的视野对旅游与文化进行探讨,可以引导我们深入思考旅游活动的目的、意义、价值与影响,从而为旅游业的健康发展确立正确的人文价值观的导向。

---

　　① 奈杰尔·拉波特、乔安娜·奥弗林.社会文化人类学的关键概念.鲍雯妍、张亚辉译.华夏出版社.2005.第 309 页.
　　② 彭兆荣.旅游人类学.民族出版社.2004.第 43 页.

第一节 旅游文化与文化旅游

一、关于"文化"

(一)文化的概念

"文化"一词在我们的生活中使用频率极高。它所包含的内容极广,涉及所有人文科学和社会科学,包罗万象,涵盖整个社会生活的方方面面。"文化"一词由来已久,在《周易·贲》中已有"观乎天文,以察时变;观乎人文,以化成天下"的文字,被认为是我国关于"文化"最早的记述。在我国古代典籍中,"文化"一词多指与武功相对应的"文治教化"以及社会伦理规范。英文中的"Culture"一词源于拉丁文的"Cultura"(这在第一章都提到),原意为耕作,后来融入了栽培、饲养、培养等含义,并引申为教养、教育、修养等精神内容,最终用来指人类改造自然而形成的物质和精神文明成果。据考证,现代意义上的"文化"一词,是先由日本学者在翻译西方文献时借用了我国的汉字,再由日本传入我国的。

人类学家在 19 世纪末首次提出现代的文化概念。有关"文化"的定义很多,不同时代、不同学科的学者对文化有不同的描述,往往让人很难把握。据法国学者摩尔统计,世界各国文献中对文化的定义多达 250 多种。1952 年,美国文化学家克罗伯(A. Kroeber)和克拉克洪(C. Kluckhohn)在《文化·概念和定义的批判性回顾》一书中,对西方自 1871 年至 1951 年间关于文化的 160 多种定义作了清理与评析。被称为人类学鼻祖的英国人类学家泰勒(Tylor)对文化的定义是:所谓文化或文明乃是包括知识、信仰、艺术、道德、法律、习俗以及包括作为社会成员的个人而获得的其他任何能力、习惯在内的一种综合体。[1]

现代人类学奠基人马林诺夫斯基(Malinnowski)将文化定义为:文化是指那一群传统的器物、货品、技术、思想、习惯及价值而言的,这概念实包含着及调节着一切社会科学。[2]

美国著名文化人类学家威廉·A.哈维兰指出,文化是社会成员共享的价值、信仰和对世界的认识,人们用它们来解释经验、发起行为,而且文化也反映在

---

[1] Tylor, Edward. *Primitive Culture*. London:J. Murray. 1871. p.1.
[2] 马林诺夫斯基.文化论.费孝通等译.中国民间文艺出版社.1987.第 2 页.

他们的行为之中。①

美国著名文化人类学家鲁思·本尼迪克特对"文化"的定义是：文化是通过某个民族的活动而表现出来的一种思维和行动方式，一种使这个民族不同于其他任何民族的方式。

《简明大不列颠百科全书》对文化的定义是：人类知识、信仰和行为的整体。在一定意义上，文化包括语言、思想、信仰、风俗习惯、禁忌、法规、工具、技术、艺术品、礼仪、仪式及其他有关成分。②

梁启超在《什么是文化》中写道："文化者，人类心能所开释出来之有价值的共业也。"学者冯天瑜认为，文化是人的价值观念在社会实践中对象化的过程与结果。③ 目前我国学术界普遍认为，文化有广义和狭义之分：广义的文化"是人类在社会历史实践过程中创造的物质财富和精神财富的总和"；而狭义的文化则专指精神文化，即社会意识形态以及与之相适应的典章制度、政治和社会组织、风俗习惯、学术思想、宗教信仰、文学艺术等。

据此，本书认为，文化是指由人类在社会实践过程中创造出来的，可以通过后天学习获得，可以以各种形式传承下来的一切物质和非物质财富。

(二)文化的特征

所有的文化或文化的一切方面都是由社会的经济类型、生产力发展水平和生产关系决定的。文化具有以下特征：

1. 文化是人类创造出来的，凡是人类社会活动的成果都是文化

例如，美丽的自然风景并不是文化，但人们由于被其打动并产生灵感，从而创造出的文学、诗歌、书法、音乐、绘画、摄影作品却是文化。

2. 文化是后天获致、习得与建构而来的，而不是生物学遗传的

著名人类学家拉尔夫·林顿把这称为人的"社会遗传"。人都是和文化一起成长，从而学会自己的文化，文化借以从一代人传递到下一代人的过程被称为"濡化"(Enculturation)。例如，人生来就有的对食物和水的需求并不属于文化，但人们通过对饮食原料的选择、对烹饪技法的提炼、对就餐氛围的营造却将餐饮发展成了一种文化。人类后天习得的知识、技能、语言、意识等都是文化。

3. 文化是共享的

文化是一套共享的理想、价值和行为准则。④ 文化是在人类社会共同生活

---

① 威廉·A.哈维兰.文化人类学.第10版.上海社会科学院出版社.2006.第36页.
② 简明大不列颠百科全书.中文版第5卷.中国大百科全书出版社.1999.第55页.
③ 冯天瑜.中国文化史纲.北京语言出版社.1994.第2页.
④ 马林诺夫斯基.文化论.费孝通等译.中国民间文艺出版社.1987.第2页.

过程中创造出来的,是一个群体或社会全体成员共同享有并共同遵守和使用的,如伦理、道德、法规、风俗习惯、制度、价值观念等都属于文化。而个别人的特殊习惯和行为模式,如果不被社会承认,则不能成为这个社会的文化。

4. 文化以符号为基础

人类学家莱斯利·怀特认为,所有人类行为都源自符号的使用。人类的艺术、宗教、科学等都充满了各种符号。其中,语言文字是最重要的文化符号,通过它人们可以互相交流,把文化一代又一代地传下去。

5. 文化是多样性的

文化是不同的群体所创造的,不同时间、不同空间的人们由于所处的自然环境和社会环境不同,所创造的文化就具有不同的类型和特点。不承认文化的多样性,就会走向民族中心主义(Ethno-centrism),即把本民族的文化价值当成全人类的文化价值、把本民族的精神当成全人类的精神、将自己的文化视为世界文明的最高成就的那种心态。[①] 人类学在其发展早期经历了一段欧洲中心主义的历程,西方霸权主义的社会进化论认为文化是单数的文化,将非西方民族的文化一律看作低等文化、劣等文化,认为只有向西方文化靠拢才是这些文化的唯一出路。与此相反,现代人类学提出了"文化相对论",认为文化是复数的,只可在其特定的背景中才能进行判断,不同的文化都是相异的同等的文化形态,具有同等的地位。[②] 这一观点主张对人的行为的判断不是根据某种外部的标准,而是根据人们所在社会或群体的内部标准来进行,现已成为现代人类学和社会学的主导思想。

6. 文化具有静态性和动态性

文化都是具体的、特殊的,特定时期、特定地域的文化是相对较固定的,一般在短时间内不会轻易发生大的改变。文化一旦形成,就会成为稳定性因素沉淀在一个民族共同的社会生活中,成为该民族的凝聚力的重要组成部分。但从整个人类历史来说,文化又是历史遗存的积累,是一个连续不断的动态过程。任何社会的文化,都是长期积累而成的,这种积累的过程是有所取舍的,并会不断增加新的内容,这种过程还在不断地进行下去。另一方面,不同文化通过接触、传播、交流、互相渗透和作用,又在发生变迁。因此,文化是一个不断继承、更新和变迁的过程,我们不能用孤立和静止的观点去看待文化。

(三)文化的构成

许多现代人类学家倾向于用系统的方法来看待文化,从功能上把文化分为

[①] 王铭铭. 人类学是什么. 北京大学出版社. 2002. 第 53 页.
[②] 奈杰尔·拉波特、乔安娜·奥弗林. 社会文化人类学的关键概念. 鲍雯妍、张亚辉译. 华夏出版社. 2005. 第 77 页.

三大系统,即"物质文化系统"、"观念文化系统"和"社会文化系统"。也有一些文化学研究者把文化分为"物质文化"、"制度文化"和"精神文化"。所谓物质文化,是指体现一定生活方式的那些具体存在,如住宅、服饰等,它们是人的创造,也为人服务,看得见、摸得着,是一种表层次的文化。所谓制度文化,是指在哲学理论和意识形态的影响下,在历史发展过程中形成的各种制度。它们或历代相沿,或不断变化,或以各种典章制度文本形式出现,是一种中层次的文化。所谓观念文化,主要是指一个民族的心理结构、思维方式和价值体系,它既不同于哲学,也不同于意识形态,是介于两者之间而未上升为哲学理论的东西,是一种深层次的文化。

(四)文化的交流与传播

人类社会的发展是一个不断扩大文化交流的过程。自古以来,不同文化之间的交流就从未间断过。从古丝绸之路的开辟到玄奘西行、鉴真东渡、郑和下西洋,从日本派出遣唐使到哥伦布发现新大陆,历史上世界各个国家和地区的文化交流极大地促进了各民族的发展。在全球化的今天,每一个国家都被纳入世界范围内的多向多元的文化交流之中,每一个民族文化的发展都或多或少地受到其他民族文化的影响。

文化在内部不是静止的,在外部也不是封闭的,它和自然物质一样,具有向四周扩散的特性。文化交流指不同文化之间的相互接触,文化传播指一定的人群共享的文化元素,向附近的群体或社会扩散,被他们吸收、采纳或者接受的过程。文化交流与传播包括文化接触、文化冲突、文化借入、文化移植、文化整合或融合等过程。

在文化交流与传播中,涵化(Acculturation)是导致文化变迁的最重要的形式,它是指两种或两种以上的文化互相接触,其中的一种文化吸收或采纳了另一种文化元素,并且使之成为主体文化中的一部分。这一过程主要是通过"借入"(Borrowing)这种双向交流的形式进行,涵化的双方都会通过"借入"另一方的文化因素而使自己的文化发生某种变化。另外,涵化作用的发生还取决于群体的内部凝聚力、认同力,以及面对外界因素影响和作用时的承受力,在实际中,相对"弱势"的社会文化更容易受到来自相对"强势"的社会文化的作用和影响。关于涵化与旅游之间的关系,是旅游人类学研究的重要内容之一,也是本书探讨的重要内容之一。

文化传播的规律是以文化发源地为中心,以同心圆的方式向四周扩散,形成一种"文化圈",但因受到的阻力不同,在各个方向上扩散的远近和强弱程度并不相同。文化传播的阻力来自文化差异,所以文化传播更容易向文化差异比较小的地区进行。文化传播必须借助一定的载体,即传播媒介。早期的传播媒介是流动的人,如旅游者、商人、移民、殖民者、入侵者等,他们把本民族、本地区的文化带到世界各地。随着现代化交通工具(如汽车、火车、飞机、轮船)和通信工具(如电话、电报、传真)的飞速发展,以及书籍、报刊、杂志、广播、电视、电影、通讯卫星、互联网等文化载体的广泛运用,文化传播开始以前所未有的加速度进行,在西方强势文化的冲击下,所谓的"文化趋同现象"也进一步加剧。

早期人类学中,西方的传播学派坚持"文化优势论"的观点,把文化的传播看作一种单线式的影响、冲突、迁移和联系的过程,认为文化并非是自生自长的,是传播的结果。这一理论虽然在对文化发展的研究方面产生了积极影响,但其缺陷却是十分明显的,它完全把文化看作受外来因素影响的结果,不承认文化创造的独立性和民族性。[①] 事实上,世界上文化传播的中心非常多,但并不能完全对其他民族的文化起着决定或支配的作用。

以上关于文化的论述为我们后面探讨文化与旅游之间的关系提供了重要的依据。

二、"旅游文化"与"文化旅游"

"旅游文化"与"文化旅游"是两个经常被使用但又极易产生混淆的概念。西方旅游人类学家对此进行过讨论,认为它们是两个具有内在联系但又不同的概念。无论在理论界还是在旅游业界,长期以来,其内涵、外延及相关的研究领域都缺乏明确的界定,更没有引起研究界的充分重视。在一些场合,这两个概念似乎各有所指,而在很多情况下,它们又经常被混为一谈。例如,我们经常听到诸如"弘扬旅游文化"、"发展文化旅游"之类的说法,读到有关《中国旅游文化》、《中国文化旅游》之类的书籍和文章,其中有许多标题是关于"旅游文化",内容却是论述"文化旅游"资源(产品)的开发或是对旅游业的介绍。有些论文题为"文化旅游",内容却是对旅游资源的文化内涵的阐述。

(一)"旅游文化"的概念及其研究

1."旅游文化"(Tourist Culture)的概念

关于旅游文化,目前定义很多。美国学者罗伯特·麦金托什和夏希肯·格波特在《旅游学:要素、实践、基本原理》一书中指出,旅游文化是"在吸引和接待游客与来访者的过程中,游客、旅游设施、东道国政府和接待团体的相互影响所产生的现象与关系的总和"。克雷克对"旅游文化"(the Culture of Tourism)作了界定,认为"旅游文化"是指"最大限度地获取旅游文化的产品价值,重新确定

[①] 张文勋等.民族文化学.中国社会科学出版社.1998.第160页.

游客的经历和经验,确定旅游的文化影响,适应旅游产业的文化变化"[1]。

国内学者提出的定义有:

(1)旅游文化是旅游者和旅游经营者在旅游消费或旅游经营服务过程中所反映、创造出来的观念形态及其外在表现的总和,是旅游客源地社会文化和旅游接待地社会文化通过旅游者这个特殊媒介相互碰撞作用的过程和结果。[2]

(2)旅游文化主要是指一种过程,在这一过程中,旅游操作者及东道地区的人生产或发明和有目的地制造某种文化产品,以此来吸引游客。[3]

(3)"旅游文化"是指与旅游这种人类行为有关的文化现象的总和,是以一般文化的内在价值为依据,以吃、住、行、游、购、娱六大要素为依托,以旅游主体、旅游客体、旅游介体和旅游研究之间的相互关系为基础的,在旅游活动过程中形成的观念形态及其外在表现的总和。[4]

(4)旅游文化是以旅游为主体的本质完善为主线的综合性的文化样式,是旅游主体为了追求人性的自由和解放、塑造完善的文化人格及民族旅游性格,实现对自然的超越和回归,以及对社会的推动和发展,在旅游客体和旅游中介体的参与下,进行历史时段的永恒超越和文化空间的暂时跨越时,所形成的各种文化现象及其本质。[5]

(5)旅游文化奠基于人类追求人性自由、完善人格而要求拓展和转换生活空间的内在冲动,其实质是文化交流与对话的一种形式。[6]

(6)旅游文化是文化交流与对话的一种形式,是以旅游主体为中心、以区域文化生态为对象、以跨文化交流为媒介、在丰富多样的旅游活动中迸发出来的、形式复杂多样的各种文化行为表现的总和。[7]

(7)旅游文化是参与者在全部旅游活动中的行为、过程、原因、影响及其与介入其中各种要素的社会文化聚合。[8]

(8)旅游文化是指在旅游活动的过程当中,旅游者、旅游吸引物及旅游企业对彼此的时空取向所产生的作用和影响,以及由此而形成的种种关系及其矛盾运动。[9]

---

[1] 彭兆荣.旅游人类学.民族出版社.2004.第46页
[2] 马波.现代旅游文化学.青岛出版社.2001.第37页.
[3] 张晓萍.民族旅游的人类学透视.云南大学出版社.2005.第62页.
[4] 徐菊凤.旅游文化与文化旅游:理论与实践的若干问题.旅游学刊.2005(4).
[5] 谢贵安、华国梁.旅游文化学.高等教育出版社.1999.第17页.
[6] 章海荣.旅游文化学.复旦大学出版社.2005.第13页.
[7] 方志远等.旅游文化概论.华南理工大学出版社.2005.第5页.
[8] 赵荣光、夏太生.中国旅游文化.东北财经大学出版社.2003.第1页.
[9] 章海荣.旅游文化学.复旦大学出版社.2005.第13页.

目前学术界比较认可的一种看法是：旅游文化是人类固有文化在旅游活动中的具体体现，是与旅游活动有关的文化现象的总和。从广义上看，它包括历史上人类的旅游活动所创造的一切物质财富和精神财富。从狭义上看，它是一种伴随着旅游者求新、求知、求乐、求美的活动，以及旅游从业人员的经营活动而产生的现代文化现象。目前学术界探讨的多属于狭义上的旅游文化。旅游文化表现了旅游业的文化特征，是由旅游的交流性质所产生的新的社会现象，它贯穿旅游业吃、住、行、游、购、娱六大要素的各个环节，渗透到了旅游活动的方方面面。

2. 国内外对"旅游文化"的研究

西方对"旅游文化"的研究较早。人类学家詹姆斯·克里福德(James Clifford)把出现在20世纪晚期的旅游和迁移的社会现象定义为"旅行文化"(Traveling Cultures)，试图从人类学的角度，在人类社会、族群、时空、历史和文化等的大背景下来讨论"旅行文化"的发生与发展。虽然这一概念与"旅游文化"有着重大区别，但为我们建立了有关的庞大的知识谱系。[①] 肖洪根指出，在西方，"旅游文化"更多时候被写作"Tourist Culture"，而极少使用"Tourism Culture"，也就是说，西方对"旅游文化"的探讨，是把旅游者放置在旅游文化结构框架研究的中心位置，以交际(或跨文化交际)为媒介，研究旅游过程中主客"碰撞"而产生的各种文化现象，突出这个概念的动态特征。重点研究旅游者的量化标准，文化特征与旅游的社会文化影响问题。在西方，"旅游文化"一般不被当作一个独立的研究学科和领域，而更多的是将它作为一种研究系统、一种研究视角来对待。因为在社会学和人类学者看来，应该把旅游作为一种社会文化活动来研究其本质和特点，由此产生了关于旅游的几个基础理论观点。例如，到目前为止关于旅游的几个基本理论——主客关系理论、神圣游程理论、旅游地生命周期理论等，都是由这方面研究入手获得的。国际旅游研究界的权威刊物 *Annals of Tourism Research* 主编贾法·贾法瑞(Jafar Jafari)本人也是旅游文化方面的知名专家，他认为，目的地国民族文化、客源国文化以及主体和客体、媒体在旅游活动过程中交际碰撞产生的文化都是旅游文化的研究范畴(肖洪根，1994)。[②]

早在20世纪80年代初期，中国旅游业尚处于起步阶段时，"旅游文化"就引起过广泛关注。这一时期有关旅游文化的学术活动较为频繁，并成立了中国旅游文化学会，1991年汇集出版了《旅游文化论文集》，这标志着该领域研究出现了第一个高潮。90年代中后期，学术界探讨旅游学科的地位时，有人提出旅游文化应该有自己的学科地位，也有一些论者重新审视旅游文化的理论问题，再次

---

① 彭兆荣.旅游人类学.民族出版社.2004.第42～44页.
② 徐菊凤.旅游文化与文化旅游：理论与实践的若干问题.旅游学刊.2005(4).

把"旅游文化"研究推向高潮。马波的《现代旅游文化学》(1998)是第一本系统审视旅游文化现象的著作。进入 90 年代中期以后,相对于旅游经济、旅游规划与开发等热门方向,"旅游文化"的研究一度趋冷。近年来随着人类学、社会学对旅游现象的关注,对"旅游文化"的研究又重新成为热点。

(二)"文化旅游"的概念及其研究

1."文化旅游"(Culture Tourism)的概念

徐菊凤指出,在西方国家,对"文化旅游"概念的理解存在着三类观点:一类是广义的,一类为狭义的,一类为中义的。广义的观点认为:"文化旅游包括旅游的各个方面,旅游者从中可以学到他人的历史和遗产,以及他们的当代生活和思想。"麦金托什(McIntosh,1986)以及世界旅游组织(1985)均提出过这种观点。狭义的观点认为:文化旅游是一种对"异质"事物的瞬间消费,经常是比较异常的"那一个"。瓦伦·史密斯(2002)的观点也属于这一类。世界旅游组织给出的狭义定义为:"人们出于文化动机而进行的移动,诸如研究性旅行、表演艺术、文化旅行、参观历史遗迹、研究自然、民俗和艺术、宗教朝圣的旅行、节日和其他文化事件旅行。"由于广义的定义明显具有泛化倾向,难以让人了解"文化旅游"的本质性特征,而狭义的定义又过于偏重对"高雅文化"(High Culture)的寻求,而把"大众文化"(Low Culture)排斥在外,因而显得局限性较大。欧洲旅游与休闲教育协会(ATLAS)在 1991 年提出了介于这二者之间的中义定义,即概念性定义(Conceptual Definition):人们离开他们的日常居住地,为获得新的信息与体验来满足他们文化需求而趋向文化景观的移动;技术性定义(Operational Definition):人们离开他们的常住地,到文化吸引物所在地,如遗产遗迹、艺术与文化表演、艺术与歌剧等的一切移动。(Richards,1996)[①]

克雷克(Craik,1997)将"文化旅游"定义为:"通过习惯性的旅行,使游客进入到其他文化和其他地方去了解当地的民众,他们的生活方式,遗产和艺术;以直接的方式真正了解这些文化以及它们在历史语境中的表现。"[②]

国内学者对文化旅游的界定有:

(1)文化旅游多指的是一种旅游方式,实际上就是去亲自接触异质文化,了解异地的人民的生活方式、艺术工艺品、文化遗迹等。[③]

(2)"文化旅游"是以文化为依托,满足旅游者文化需求的旅游。文化旅游是指旅游介体(旅游部门)为旅游主体(旅游者)提供富含文化特色的客体(文化产

[①] 徐菊凤.旅游文化与文化旅游:理论与实践的若干问题.旅游学刊.2005(4).
[②] 彭兆荣.旅游人类学.民族出版社.2004.第 46 页
[③] 张晓萍.民族旅游的人类学透视.云南大学出版社.2005.第 60~61 页.

品和服务),使旅游者获得文化享受。①

(3)文化旅游是指通过旅游实现感知、了解、体察人类文化具体内容之目的的行为过程。②

(4)文化旅游是指旅游产品的提供者为旅游产品的消费者提供的以学习、研究、考察所游览国(地区)文化的一方面、或诸方面为主要目的的旅游产品。如历史文化旅游、文学旅游、民俗文化旅游等。③

(5)所谓文化旅游,是指以一般文化的内在价值为依据,以行、吃、住、游、购、娱六大要素为依托,以旅游主体、旅游客体和旅游介体、旅游研究之间的相互关系为基础,在旅游活动过程中形成的观念形态及其外在表现的总和。④

(6)文化旅游是指通过某些具体的载体或表达方式,提供机会让游客鉴赏、体验和感受旅游目的地文化的深厚内涵,从而丰富其旅游体验的活动。⑤

(7)文化旅游是指那些以文化作为旅游的灵魂和核心,以文化吸引物为主要外部因素,而去寻求不同文化形式的生活体验,拓展文化视野,完善自我的发展性旅游。⑥

2. 国内外对文化旅游的研究

西方国家文化事业和旅游业较为发达,因而对文化旅游的关注也较早。麦坎内尔最早提出了文化旅游中旅游者所追求的真实性问题(Dean MacCannell,1976)。科恩指出,在一定的条件下,真实性是灵活的、可商讨的,并且可能有多种含义(Cohen,1988)。纳尔逊·格雷本以日本的文化旅游为例指出,在资本主义国家里,新的吸引物总被创造,特别是那些具有"古老"意味的吸引物发展和开发得最快。那些遗产地和具有美丽自然特色的地方都成了朝圣者和旅游者们进行"文化旅游"的目标(Nelson H. H. Graburn,1983)。⑦ 近年来,对文化旅游的研究又有了新成果。克雷克(Craik,1997)认为,旅游作为一种文化,对发生在文化领域里的一系列矛盾现象能够起到舒缓作用,"文化旅游"本身并非就是一种历史的存在和事实,它并没有发生根本性的变化,只是在当代的旅游活动中包含着新的品质而已。⑧ 沃勒(Walle,1996)讨论了有关思想形态与文化旅游的问

---

① 郭丽华. 略论"文化旅游". 北京第二外国语学院学报. 1999(4). 第 42 页.
② 徐菊凤. 旅游文化与文化旅游:理论与实践的若干问题. 旅游学刊. 2005(4).
③ 蒙吉军、崔凤军. 北京市文化旅游开发研究. 北京联合大学学报. 2001(1).
④ 林岚. 闽东畲族旅游"文化圈"的重建构想. 福建地理. 2002(3).
⑤ 徐娥、黄震方. 河南文化旅游产品开发的 swot 分析与产品体系. 商场现代化. 2005(13).
⑥ 郑晴云. 论旅游的精神文化本质. 民族旅游的人类学透视. 云南大学出版社. 2005. 第 109 页.
⑦ 张晓萍. 民族旅游的人类学透视. 云南大学出版社. 2005. 第 118 页.
⑧ 彭兆荣. 旅游人类学. 民族出版社. 2004. 第 46 页.

题,认为文化旅游者对他们游览方式的理解影响其自身的旅游体验,文化旅游研究者可通过考察游客的理解方式进行有关旅游者的研究。丹尼尔(Daniel,1996)认为舞蹈表演不同于其他艺术表现形式,尽管在空间和内容上不断发生变化,舞蹈表演在旅游背景下仍然保持原真性和创造性。卡利(Kaley,2004)以加拿大渥太华音乐遗产旅游为例,研究了本土化旅游的合理性和意义。①

国内最早提到"文化旅游"这个概念的是魏小安的《旅游文化与文化旅游》,他在文中提到:"对于旅游者来说,旅游活动是经济性很强的文化活动,但对于旅游经营者来说,旅游业则是文化性很强的经济事业。……强调旅游业的文化特点,正是为了使以经济目标为主的综合性目标得以更顺利地实现。"并指出中国的文化旅游活动具体体现在制度文化、传统文化、民族文化、民间文化四方面(1987)。② 郭丽华认为,"文化旅游"不是一种具体的旅游产品,不可与观光、度假、休闲等其他形式的旅游产品相提并论,而是一种设计产品的思路,是一种突出吸引物文化气息的创意,消费者消费这种带有文化色彩的旅游产品的过程就是文化旅游(郭丽华,1999)。近年来在文化旅游研究方面也有不少新成果。例如,李一平(Yiping Li,2004)以香港遗产旅游地为例,说明了遗产地被游客选择的原因包括:遗产旅游资源有不同的功能、历史背景和建筑风格,代表着香港传统文化特性;遗产地有助于游客了解香港早期社会生活、文化和社会变迁;遗产地旅游资源较集聚,有助于集中展示遗产魅力。张跃西(1996)等提出了竹文化旅游、汉字修学旅游等的构想,并对其进行了市场定位,提出了有关宣传促销和产品开发策略。吴忠军(1998)等对民俗旅游的概念和民俗旅游的意识形态问题进行了探讨。刘滨谊等(2004)以国内外影视旅游发展兴衰为依据,总结概括了影视旅游的发展阶段及特点,分析了中国影视旅游发展的现状及存在的问题,并提出了相应的规划对策。王云龙(2003)通过对会展活动与旅游活动的比较,界定了会展旅游的概念,认为会展旅游业是旅游业利用会展业的旅游属性、依托会展业的发展优势形成的新型产业。杨丽霞(2004)等通过对有关中国文化遗产保护利用研究文献的统计分析,从国外经验借鉴研究、价值功能等基础性研究、城市发展和文化遗产保护研究、旅游发展和文化遗产保护研究等 7 个方面对中国文化遗产保护利用研究进行了综述,并对研究中存在的问题等进行了分析。蒋志杰等(2004)以江南水乡古镇作为研究对象,采用游客问卷调查及意象地图描绘等方法,初步探究了江南水乡古镇旅游地意象空间的结构以"环状"为特征,并

---

① 朱桃杏、陆林.近 10 年文化旅游研究进展.旅游学刊.2005(6).
② 徐菊凤.旅游文化与文化旅游:理论与实践的若干问题.旅游学刊.2005(4).

总结了组成意象空间的要素,最后提出了对江南水乡古镇旅游规划与开发的建议。①

(三)"旅游文化"与"文化旅游"的区别

1. 所属的范畴不同。马波在《现代旅游文化学》中明确指出:"旅游文化与文化旅游是两个截然不同的概念,不能混淆,旅游文化属于文化的范畴,是文化的一个门类。文化旅游属于运动的范畴,是旅游的一种类型。"学者张晓萍也持同样的观点。

2. 侧重点不同。旅游文化侧重文化,文化旅游侧重旅游。

3. 研究的范围不同。旅游文化主要是研究旅游主体、客体和媒体对彼此的时空倾向所产生的作用和影响,及由此而形成的种种关系,它所涉及的范围比文化旅游要广得多。②

4. 学科归属不同。徐菊凤认为,按照我国目前的学科划分体系,"旅游文化"主体属于旅游社会学、心理学、伦理学的研究范畴(我国并没有一个笼统的"文化学"学科),部分属于管理学范畴;而"文化旅游"主体属于旅游管理学和旅游开发规划学共同的研究范畴,从西方学术界对于学科的划分体系看,"旅游文化"主要属于基础学科,而"文化旅游"属于应用学科。③

第二节 旅游与文化的理论研究

旅游是文化的载体,文化是旅游的灵魂。旅游活动自产生以来就与文化息息相关,现代旅游本质上是一种高层次的精神需求和审美享受,是旅游者对文化的诉求。可以说,旅游人类学不仅关心旅游对当地文化的影响,还关心在通过旅游业来重新定义自己的文化的动态过程中,当地人怎样发展自己的文化。目前,旅游人类学研究有三大视角,分别是:从涵化与发展的视角、从人生过渡仪式的视角、从把旅游视为一种上层建筑的视角。④ 这实际上是纳什(Nash)在其《旅游人类学》专著中最早提出的。在这三大视角中,文化都是不可或缺的研究要素。

---

① 朱桃杏、陆林.近10年文化旅游研究进展.旅游学刊.2005(6).
② 徐菊凤.旅游文化与文化旅游:理论与实践的若干问题.旅游学刊.2005(4).
③ 徐菊凤.旅游文化与文化旅游:理论与实践的若干问题.旅游学刊.2005(4).
④ 赵红梅.论仪式理论在旅游研究中的应用.旅游学刊.2007(9).

一、旅游的本质属性是一种文化活动

旅游的本质属性是一种文化活动。旅游作为一种人的社会实践活动的特殊形式,其本质是人的一种自我完善和发展的自觉活动或经历,其目的是追求身心愉悦。旅游活动的表象特征呈现出了人的自然属性和社会属性,如追求享受、审美、愉悦、占有、刺激等。人通过旅游这种活动形式不断地和外部世界进行物质、能量和信息的交换。[①] 从人的需求层次上来说,旅游属于较高层次的需要,即自我发展和自我实现的需要。人类的旅游活动主要是通过游玩、游憩来获得精神上的满足,这一过程本身就是人类在进化过程中形成的生活方式,属于精神文化范畴。从旅游信息的获得到旅游动机的产生,从旅游目的地的选择到旅游行为的实现,以及对旅游经历的感受都是不同文化在旅游活动中的映射。

首先,从旅游活动的客体来看,文化是具有强烈吸引力的旅游资源。这里所说的文化,既包括物质层面的文化,如旅游地的民居、建筑、园林、器物、饮食、服饰等有形的、能被人的感知器官所感受到的物质形态,也包括制度文化,如当地的亲属制度、婚丧制度等;还包括行为文化,如礼仪、民俗、行为举止等;同时也包括精神文化,如社会心理和社会意识形态、价值观念、审美追求、伦理道德、思维方式等。从我国古代的仕人云游到帝王巡游,从欧洲的修学旅游到中东的宗教朝圣旅游,以至今天的民俗旅游、乡村旅游、休闲旅游等,都倾向于那些文化氛围浓郁、文化特色鲜明的地区,都被打上了深深的文化烙印。长期以来,宗教圣迹、历史遗迹、异域风景、都市风光、乡村风情等文化元素都对旅游者有着强烈的吸引力。据世界旅游组织预测,在今后相当长一段时期内,文化旅游将继续保持较快的增长趋势。

其次,从旅游活动的主体来看,文化是旅游者本身具有的社会属性,决定着旅游者的行为。旅游主体的旅游动机是文化驱使的结果。不管是休闲娱乐旅游还是历史文化旅游,或是科学考察旅游,其最直接的动机都是在一定的文化中产生的:由于现代人与现代社会产生了某种疏离感(Alienation),人们渴望逃离日常生活和工作的繁琐,希望去经历一种变化,去体验一种不同的文化,去享受一种不同的生活。由于旅游者更加注重精神文化方面的追求,有些西方人类学家甚至把旅游称为一种"现代朝圣"。由于旅游者是属于某一个社会群体的成员,通过濡化接受了一定社会群体的文化,他们在旅游过程中的思想和行为也必定打上自己文化的烙印。因而,拥有不同文化的旅游者由于社会阶层、文化层次、生活阅历、兴趣爱好等方面不尽相同,在旅游动机、旅游行为方式、旅游审美意

---

① 马耀峰、白凯.基于人类学和系统论的旅游本质的探讨.旅游科学.2007(6).

识、旅游感受等方面就有明显的差异。

第三,从旅游活动的介体来看,文化是旅游业可持续发展的必要条件。与旅游的六个环节——食、宿、行、游、购、娱相关的旅游景区、旅游餐饮住宿企业、旅游交通系统、旅游购物商店等,是旅游者了解一个国家或地区文化的窗口,旅游服务本身就是一种文化消费的过程——游客在享受旅游服务的同时也在经历着一种异文化的体验,他们希望在整个旅游过程中获得尽可能多的新奇独特的感受。然而,在现实当中,西方旅游业"标准化"模式的影响是无所不在的,在"文化霸权"、"文化殖民主义"的影响下,非西方旅游业处于"失语"的边缘。世界饭店业大王康华德·希尔顿(Conrad Hilton)声称自己在从事"和平与理解"的生意的同时,也在炫耀自己的每一个饭店如何成为"一个小美国"。① 今天,旅游业的"迪斯尼化"、"麦当劳化"已经给旅游业带来了许多负面影响:后工业时代大众旅游的最大弊端就是趋同性,一批又一批游客被安排乘坐同样的交通工具、住同样的酒店、走同样的旅游路线、听同样的导游讲解、购买同样的旅游纪念品,与流水线生产出的商品并无二致。许多发展中国家和地区的旅游饭店、度假村、主题公园等从最初规划开始就缺少对地方文化的挖掘,从设施设备到服务与管理,都处处对西方国家进行可以说是拙劣的模仿。而这些正是处处追求差异化的旅游者们最不屑一顾的。旅游发展到今天,人们对旅游业也提出了更高的要求,他们希望入住当地传统民居、品尝地方特色美食、穿着当地的民族服装、游览独特的旅游路线、购买与众不同的纪念品、听导游讲解旅游指南书上没有的趣闻逸事。正因为如此我们才看到,独具地方文化特色和民族文化特色的民间旅馆、餐馆、工艺品、旅游路线、交通方式等正在受到越来越多人的偏爱。旅游业只有突出地方文化特色,才能做到可持续发展。

第四,旅游活动必然会带来文化的变迁。

在注重和平与发展的当今世界,旅游已经成为文化传播与交流最重要的方式之一,旅游所带来的文化变迁已经引起了普遍关注。随着旅游的开发,一批又一批作为微观的"文化载体"的旅游者和东道地居民在旅游这个"空聚场"(Empty Meeting Grounds)中相遇,"文化涵化"现象就不可避免地发生,从而形成一种特殊的文化互动关系。旅游者与东道主互为"他者",并从自己文化的角度对对方进行审视:旅游者会由于突然而来的"文化震荡"(Culture Shock)而沉浸在东道主的"异文化"中,产生穿着当地服装、学说当地语言、与当地人交流等行为,但这种过程一般是短时间的,产生的影响也较小。更重要的是,东道主的传统文化被有选择地加以保留和"再创造",被世俗化、商品化,从而导致文化的变迁。

---

① 奈杰尔·拉波特、乔安娜·奥弗林.社会文化人类学的关键概念.华夏出版社.2005.第 310 页.

这在一些人类学家看来是对文化遗产的一种破坏(Greenwood,1989),而另一些人类学家却提出,旅游只是影响当地文化的众多因素(例如工业化、城市化、环境污染、贫穷、瘟疫、战争、移民等)之一,对于当地文化来说,发展旅游未尝不是对传统文化的一种保护(Smith,1989)。①

二、旅游与怀旧

"怀旧"是指时空变化所引起的对过去某些东西或相似东西的联想,也指某些成为符号、标示物的东西唤起了对过去的回忆而产生的种种情感。这些情感显示出人们试图通过"怀旧"放慢生命过程的"脚步",回到过去了的生命阶段,或者在岁月的流逝中担忧他们的生活方式,或者使用过的东西"过时"(Graburn,1995:166)。② 随着年龄的增长,特别是到了中老年时期,怀旧的倾向会更加明显。

现代工业社会并没有如期带给人们安全感和幸福感,恰恰相反,许多人所看到的却是一幅悲观的景象。首先是环境污染问题,例如工业污染、生活垃圾、温室效应、能源危机等;其次是一系列的社会问题,例如贫富差距问题、老龄化所带来的福利问题、家庭功能丧失、犯罪的低龄化、新兴宗教的异常化等揭示了表面经济繁荣背后的真相。正如美国社会学家贝拉(Robert Bella)所说,"财富和权力无止境的积累不仅不会导致一个完善社会的诞生,而且会从根本上逐渐破坏每一个现实社会所必需的条件"③。居住在喧嚣城市的现代人普遍感到,巨大的精神压力、学习压力、工作压力、人际关系压力、生活压力等常常使他们喘不过气来。"怀旧"作为一种逃避现实的手段,已经从个人心理层面上升为一种普遍的社会意识、一种集体的记忆,不仅对中老年人,而且对所有年龄段的人都有强烈的吸引力。许多人把怀旧当作对现代工业文明的一种文化叛逆。怀旧的方式有多种,如收集古董、旧相片、看书、欣赏影视作品等,但最生动、最具体验性、最能让人身临其境的方式还是旅游。

由于旅游活动本身具有"离间"和"转换"的功能,在进行旅游活动的同时,通过空间的转换,人们仿佛置身于遥远的过去,自然会勾起对自身曾经的经历或者通过各种媒体获得的对过去历史文化的记忆,包括对历史人物、过去的生活方式、价值观念、伦理道德等的缅怀。特殊时代的特定群体对于这种"怀旧"更容易

---

① Shinji Yamashita, Kadir H. Din, J. S. Eades(ed.). *Tourism and Cultural Development in Asia and Oceania*. p.15.
② 彭兆荣.旅游人类学.民族出版社.2004.第123页.
③ 贝拉.德川宗教:现代日本的文化渊源.三联书店、牛津大学出版社.1998.第14页.

引起强烈的共鸣。这种缅怀往往具有"美化"的作用,即将过去的人物或事件从"现实的真实性"中剥离出来,通过沉淀与过滤而赋予一种"历史的记忆"。逝去的东西总是美好的,特别是当人们凭借历史遗留下来的象征符号去凭吊过去的时候,就表现得更为明显。例如,参加过二战的老兵重返曾经硝烟弥漫的战场,往往会回忆起当年奋力杀敌的英雄事迹而热泪盈眶,却忘却了战争的恐怖和绝望对人性的摧残;上山下乡的知青回到当年插队的农村,常常会回想起当年意气风发的豪迈青春而感慨万千,却忽略了那场政治运动对社会生产和生活的破坏。

(一)红色旅游

湖南湘潭的韶山,山青水秀,作为毛泽东的故乡而举世闻名。近年来,随着"红色旅游"的兴起,到韶山的游客也出现了大量增加的趋势。目前韶山已经从革命纪念胜地发展成为多功能的旅游景点,主要包括毛主席故居、毛主席纪念堂、毛主席铜像、毛主席纪念公园、毛主席父母之墓、毛氏宗祠以及附近韶峰山上的诗词碑林公园和寺庙等。与之相关的井冈山、延安、西柏坡、红军长征所经之处等革命胜地也成为新的旅游热点,尤其受到中老年游客的青睐。

这种旅游形式虽然也离不开商业化的操作,但却不同于一般的休闲旅游,很明显带有"怀旧"的性质。毛泽东作为一代伟人,长期以来在中国一直受到普遍尊崇。伟人的功过是非自有评说,但无论如何,毛泽东所代表的那一代人、那一段岁月、那一种生活方式和理想信念,在个人主义和拜金主义泛滥的当代社会更显得弥足珍贵。商品经济在带给人们更好的物质生活的同时,也带来了不断拉大的贫富差距和普遍的道德信仰危机,人们通过参观毛主席故居、品尝毛家菜、观看红军遗物、重走长征路,就好像经历了一次"红色革命"的洗礼,仿佛暂时脱离了物质日益丰富但精神却日益贫乏的现实生活,又回到了那充满激情的艰苦岁月。人们对红色旅游的追求实际上表达了人们由于对现实的种种不满所引发的一种精神寄托。"怀旧"不仅仅来自个体心理层面,在社会激烈变迁和转型时期,它经常成为一种社会主张,从这个角度来看,"怀旧"旅游具有更加深刻的社会意义。

随着大众旅游的发展,韶山人已经意识到了地方文化的价值,并对其进行恢复和展示。然而他们并不是仅仅展示毛泽东当年生活时的风貌,而是通过建立诸如纪念性建筑和主题公园等新的旅游景点对历史和地方传统进行了重构。韶山旅游在使当地人脱贫致富的同时,也扮演着构建新的文化和认同的角色[1]。对东道主而言,这又是另一个层面和另一种形式的"怀旧"。

---

[1] Shinji Yamashita, Kadir H. Din. J. S. Eades(ed.). *Tourism and Cultural Development in Asia and Oceania*. p.162.

(二)古村镇旅游

近年来在我国兴起的还有古镇旅游和乡村旅游。随着经济的迅速发展,城市化的进程也不断加快,许多城市的古民居、旧街道都没能逃脱被拆迁和改建的命运。推土机的轰鸣声过后,原来破旧拥挤的老房子不见了,古树名木不见了,取而代之的是一幢幢光鲜的现代化大楼,但一座座城市也从此失去了记忆,失去了传统文化的积淀。王铭铭曾经谈到,过去二十年来中国都市外观都在"厕所化",建筑颜色和质料设计都是根据发达国家的厕所内装修风格进行的,在我们看来,城市中好的建筑,外观上一定要像外国人的厕所——白色的马赛克,到处贴着瓷砖。① 在这样一种盲目跟进、拙劣模仿的趋势下,全国各地的大小城市变得何其相似!不仅国外游客,连国内游客也会觉得这些没有文化特色的城市无可留恋,这也是我国许多城市游客人均停留天数不断降低的原因。因备受"城市病"之苦而感到身心疲惫的人们,渴望哪怕只是暂时过上一种回归自然的简单生活,只好把怀旧的目光投向那些较少被现代文明污染的古镇和乡村。

古镇旅游和乡村旅游在欧美和日本已经成为经营成熟的旅游项目,近年来在我国也有很大发展。云南丽江、山西平遥、苏州同里、江西婺源,这些地方令海内外游客趋之若鹜,只是因为在媒体的宣传中它们处处洋溢着古典气息,充满闲情雅致,能够满足人们"怀旧"的诉求。

然而,旅游的迅速发展,也使得现代工业文明的触角加速向这些地区延伸。不管是在丽江还是同里,随着旅游的发展,外来文化正在侵蚀地方文化,商业气息正在取代纯朴的民风,许多游客已经开始抱怨一些古村镇到处都是人满为患、商铺林立,而且物价奇高。实际上,丽江古城中的居民有许多已经向新城区搬迁。在我国许多少数民族村寨,贴满白色瓷砖的水泥房正在涌现,当地人在饮食、着装、语言、文字、生活方式上的汉化和西化也日趋明显。于是,人们又开始把目光投向那些更为偏远、人迹罕至的村镇,例如青海和西藏。

(三)帝国主义的怀旧

现代旅游中有一个颇值得关注的现象,即国际旅游中西方发达国家的居民到前殖民地国家和地区旅游非常普遍。这些曾经的殖民地由于保留了大量殖民统治时期的遗迹,能够唤起前殖民者的某种对"曾经拥有辉煌过去"遗失的怅惋和怀念,令他们对殖民主义生活方式的"解构"感到失落,罗萨尔多(Rosaldo, 1989)称之为"帝国主义的怀旧"(Imperialist Nostalgia)。② 例如越南的西贡、河内、泰国的清迈等城市就由于保留了法国殖民时期的教堂、剧院、办公楼、邮局等

---

① 王铭铭.没有后门的教室——人类学随谈录.中国人民大学出版社.2006.第79页.
② 彭兆荣.旅游人类学.民族出版社.2004.第125页.

历史遗迹,每年吸引着大量法国游客。日本在我国台湾、东北三省,以及韩国、东南亚地区也留下了为数不少的殖民统治的遗迹,至今仍然有大量的日本游客前来探访。同样,英国游客到印度、中国香港、马来西亚,荷兰游客到印度尼西亚,西班牙游客到拉丁美洲,不能说与这种帝国主义的怀旧没有内在的联系。在以"文化殖民"为首的美国"新殖民主义"泛滥全球的大背景下,老牌资本主义国家的辉煌已经成为过去,今天这些游客的旅游活动不啻为一种对曾经的帝国迷梦的重温。

不能不提到的是,对于许多第三世界国家来说,它们的旅游经济在某种程度上正是以这种怀旧为基础的。虽然殖民历史带来的负面的影响还有少量残留(例如日本游客到中国、韩国、东南亚旅游有时会遭遇鄙视与尴尬),但更多的当地人已经认识到了这些殖民遗迹的重要文化价值和商业价值,开始对它们进行修葺、整理,甚至进行再创造,例如建立主题公园、博物馆等,试图"真实"地保留和再现那一段历史,希望能够招徕更多来自西方发达国家的游客前来消费。这与历史上它们曾经奋力抵抗殖民主义的事实恰好形成一种反讽。

(四)文化寻根旅游

由于文化上的渊源,日本、韩国游客的中国之行,美国、澳大利亚移民及其后代的欧洲之行、中国港澳台地区游客的大陆之行,从深层上看有相当一部分都属于文化寻根旅游,具有"怀旧"旅游的某些特征。

历史悠久的中华文化是亚洲文化的中心之一,中华文化圈覆盖了今天亚洲的大部分地区,包括今天的日本、韩国和东南亚许多国家。其中,日本、韩国等由于受到中华文化的影响,很早以前就形成了以水稻农耕为基础的稻作文化。20世纪50年代,日本学者渡部忠世提出了水稻起源于印度阿萨姆和中国云南的假说,认为水稻在大约2000年前传到了日本,因为在云南及其相邻地区流传的年初预祝丰收的仪礼、来访神信仰、对歌习俗、夏天的火把节、秋天的收获仪礼等,与日本列岛非常相似。另外,中尾佐助和佐佐木高明等学者也提出了以阿萨姆和云南为中心的照叶树林文化论,在日本产生了重要影响。[1] 受到云南文化热的影响,至今还有许多文化学者和普通游客到云南来考察、寻根。随后的历朝历代,特别是在隋唐时期,日本文化大量汲取了中华文化的营养,至今还反映在日本的语言、文字、艺术、宗教、礼仪和日常生活当中。由于这种割不断的文化联系,到中国的日本游客一直较多。例如,每年除夕之夜都有许多日本游客慕名到苏州聆听寒山寺的钟声,因为他们还在学生时代就被"姑苏城外寒山寺,夜半钟声到客船"的意境深深打动过。

---

[1] 任兆胜、李云峰.稻作与祭仪.云南人民出版社.2003.第5页.

近年来，随着我国居民收入的增加和日本入境旅游政策的放宽，我国赴日旅游的人次也迅速增加，其中有许多人也是出于对日本传统文化的浓厚兴趣。在日本建筑、服饰、温泉、料理、茶道当中都可以看到中国文化的影子，保留了中华文化之根。有人说，要看唐代的长安城，就要去京都、奈良，想知道杨贵妃什么样，就看日本艺妓。虽属戏言，却也有一定道理。在京都樱花飘零的古巷，打着油纸伞的艺妓款款而行，见到这样的景象，习惯了现代生活的人们不能不为这浓郁的东方古典情怀所倾倒，产生一种时光倒回的"怀旧"之情。

与前文提到的"帝国主义的怀旧"相对应，长期以来，前殖民地的大多数社会精英（多数是文化精英）及其亲属子女也往往选择到原先的宗主国去游学、游历，特别是到那些有名的历史文化古迹去凭吊、瞻仰，并将其作为提高自己文化修养与社会地位的一种标志。直到今天，这种文化上的渊源仍然影响着当地人们的出游方式。考虑到前殖民文化对当地社会产生的重要影响，这种"怀旧"也可以称为因为受到长期的文化"濡化"而产生的一种"文化寻根"行为。

三、旅游与象征符号

符号是主体和客体最初的统一，也就是说，符号代表着某种事物。在纷繁复杂的现代商品社会中，人们需要在最短的时间里尽可能多地发布或者获得关于某种产品的文化信息，因而处处充满着文化象征符号。现代旅游也不例外，因为大众旅游早已成为一种经过设计、生产、包装、展示、宣传和促销的文化产品符号。

（一）旅游标示与象征符号

在旅游学领域里，标示（Marker）的传统含义倾向于仅指有关景物的附着物或海报。而麦坎内尔（Dean MacCannell）对标示物的定义有所扩充，用来指有关景物的任何信息，包括旅游书籍、博物馆指南、以往游客的描述、艺术历史文本和讲座、论文等等。在我们所处的信息时代，通常旅游者第一次接触到的并不是景物本身，而是对景物的某个描述，例如电视节目、杂志上的照片、朋友的介绍、旅游指南等，这些信息构成一个庞大的旅游标志符号体系。这些象征符号决定着我们的旅游选择，同时也影响着我们对旅游的预期和实际感受。一个地方的旅游吸引力实际上取决于景物、标志和游客之间的关系。

一般的旅游标志物都具有两种基本的指示功能：能指（Signifier）与所指（Signified）。前者指标示物的物质构成，后者则指符号所表示的概念。麦坎内尔认为，游客可以在真实的标示物中挑选他们愿意看到的东西，这是因为不同标示物的符号意义对于不同的游客来说是完全不一样的。[1] 能指和所指之间的区别是由一套社会价值观所强加的结果。自然不会一方面是能指的汇集,而另一方面又是所指的汇集,而是我们根据我们自己社会的结构和组织给自然赋予了审美和实用的价值。

在旅游过程中,有的情况下游客对旅游标示的关注比对景物本身更多。例如博物馆陈列的古人类化石碎片,从审美角度来看与随地可见的石头毫无二致,但如果被告知它是来自100万年前,游客大多会在它面前驻留许久。杭州西湖的断桥从纯粹的观赏角度来看与其他许多地方的桥并无太大区别,然而因为家喻户晓的许仙与白娘子的传说,让它平添了许多魅力,已经成为游客不可不游的景点。一些日本游客到世界各地去旅游,只是为了证实他们从教科书、影视节目和各种旅游小册子上获得的关于世界特征的知识,他们从中获得的满足甚至超过了欣赏景物所带来的愉悦。

(二)旅游景观与象征符号

旅游景观其实是一系列象征符号的组合,具有独特的符号价值和符号效应。麦坎内尔(Dean MacCannell)谈到,观光者在游览旧金山时,真正实地体验的并不是旧金山,他们看见的是渔人码头、缆车、金门大桥、联合广场、柯伊特塔、普西迪(Presidio)公园、城市之光书店(City Lights Bookstore)、唐人街,也许还会看到那条号称嬉皮街的 Haight Ashbury,或者去北巴巴里海岸酒吧(同性恋酒吧)欣赏脱衣舞表演。[2] 这些都是旧金山的元素,每个元素都是一个象征性的标志。到巴黎的游客都要去参观埃菲尔铁塔,因为这座铁塔已经成为一个名副其实的景观符号,在埃菲尔铁塔前拍照、登上铁塔鸟瞰整个巴黎,都是为了证明游客曾经来过,这比欣赏风景本身更为重要。

在旅游标示符号和景观符号之间有时会出现不对应。麦坎内尔指出,在旅游领域内,常常将景物和景物标示分割,这是由现代文明的干涉造成的。社会在推动着将一个客体指定为景物的过程。景物标示有时就是由景物本身所制成的——甚至很可能就是景物的一小部分——但是一旦到了游客的手中,这些标志就只能是纪念品、对景物本身的一点回忆。彭兆荣则指出,在旅游经验和经历过程中,从先前获得的各种信息中所形成的对旅游目的地或东道主的"预期感受"与在实际旅游过程中的"实际感受"之间会出现一个无以落实的"空悬感受状态",并将这种状态称之为"悬置感"。它包括两种情况:一种是未能达到"知识经

---

[1] 彭兆荣.旅游人类学.民族出版社.2004.第182页.
[2] Dean MacCannell. *The Tourist—A Theory of Leisure Class*. Schocken Books Inc. New York. 1987.

验的预想",一种是超过"知识经验的预想"。造成"悬置感"多由游客知识经验体系的片面性和旅游宣传广告的失实所致。例如媒体在介绍云南泸沽湖畔摩梭人的时候,会刻意渲染"母系社会"和"走婚制度",给游客造成一种错觉,使他们产生"猎奇"和"猎艳"的心理,好像到了那里就可以去当"阿注",就可以去"走婚"了。结果去了以后,发现完全不是那么回事,与先前的"胡思乱想"相去甚远。①

旅游象征是传统化了的景观→标示→景观的转换过程。这样,帝国大厦既是一个景物,对游客来说,又是一个象征性的景观标示,代表了游客眼中的曼哈顿。或者,自由女神像既是一个景观,也是美国的象征。旅游景观具有很大的可塑性:它们所最终具有的形状和稳定性,就像符号一样,是由社会决定的。正是这种社会决定性使得景观显示出了社会的结构区别,使之成为相对于意识而存在的事物。而社会将现实分成了景观和有关的景观信息,而非个人做到了这一点。

(三)酒店业与象征符号

在现代旅游业中,处处充满了隐喻和象征符号。酒店是旅游业的重要组成部分,从人类学角度看,它具有非常明确的社会阶级与阶层标志性识别的功能和符号价值。

世界各地的酒店都存在明确的分级制度,这种分级一般都是根据酒店投资金额与所提供服务的数量和质量来进行的。各类酒店单从名称上就有明显区别,例如酒店(Hotel)、旅馆(Traveller-lodge)、汽车旅馆(Motel)、客栈(Travel-Inn),一些国家还有具有本国特色的"酒店",如中国的招待所、接待中心,日本的民宿(Minjuku)、日式旅馆(Ryokan)等。许多国家实行严格的酒店星级分类制度,对酒店大堂的面积、客房平均投资金额、康乐设施、服务标准等有着详细的规定,在价格这个看似公平的杠杆作用下,对游客进行了分流。即使同一家酒店还存在总统套房、豪华套房、标准间、普通间、经济间之类的划分,对游客再一次进行了细分。耗费了大量人力和财力的五星级或超五星级豪华酒店本身就是一个象征符号,它其实是一个"资本符号",带有专属性质,这从它主要接待政府首脑、商业大亨、娱乐明星等特殊社会阶层就可以看出来。社会名流们入住豪华酒店,不一定是因为它有着更好的设施和服务,而是因为它是身份和地位(权力和财富)的象征。实际上,在许多第三世界国家和地区,豪华酒店从格调品质上和消费水平上与当地社区格格不入,已经引发了一系列问题。

一些实力雄厚的西方酒店连锁集团拥有统一的象征符号——酒店标识(如Holiday Inn),其下属的酒店遍布全球,因而就把自己的伦理道德、价值观、消费

---

① 彭兆荣.旅游人类学.民族出版社.2004.第252~253页.

观、生活方式、管理理念推向了全球。许多第三世界国家和地区的连锁酒店的绝大多数利润仍然回到了第一世界国家的经营者手中。这被一些人类学者批评为"文化殖民主义"或"新殖民主义"。

在酒店内部也存在严格的分级制度,形成了社会等级和阶层的符号系统。在不少酒店中,展示给客人的"前台"和员工工作、休息的"后台"之间有一道不可逾越的鸿沟,不管是设施上还是管理上都截然不同。有的酒店"前台"区域金碧辉煌、有条不紊,而"后台"区域却是破败不堪、管理混乱。酒店前厅、餐厅服务员一般都由年轻漂亮、懂外语的女性(在西方国家一般都是白人)担任,她们的薪水也较高;门童、行李员一般都由身材高大、相貌英俊的年轻男性(在亚洲国家也可能是留着大胡子的印度人或巴基斯坦人)担任,他们的收入也比较可观。而客房、厨房、公共卫生等部门的员工则相貌一般,年纪较大者居多,他们的收入也较低,例如,美国许多酒店客房部的员工主要就是黑人和来自亚洲及拉丁美洲的移民。在许多第三世界国家,许多转而从事酒店业的农民只能在后台做着"仆人"的工作,收入菲薄,没有升职的希望,更得不到应有的尊重。"顾客就是上帝"、"永远不要对客人说不"、"我们是为淑女和绅士服务的淑女和绅士"这些酒店业的座右铭,在后现代旅游的社会等级和阶层的符号体系中,明显含有更多的隐喻。

四、旅游与艺术品

艺术是指具有展览性质的、含有美学价值的、融会了特定民族和地域特征以及历史传统价值的人类技术和技艺的产品。[①] 艺术从未离开过人类学家的视线,从早期的人类学家对"原始艺术"的研究开始,它就是人类学研究的经典内容之一。在现代旅游中,人们更加注重对美的追求,除传统的音乐、舞蹈、书法、绘画、雕塑、服饰、建筑等形式以外,越来越多的民间艺术变成了可以用来交换、可供展示、观赏与收藏的艺术品。

对游客而言,东道主的艺术品(包括一些生产生活用品)是具有符号价值的文化产品,具有旅游纪念意义,因而也最容易被开发成旅游商品。随着现代化的进程,许多地方的"原始艺术"、"传统艺术"和"民间艺术"正在消亡,而旅游开发一方面使这些艺术"死而复生",另一方面又使它们的"真实性"和"价值"受到了挑战;一些涉及民族情感、宗教神圣性和族群尊严的旅游艺术品对原物是一种亵渎;为了迎合旅游者的口味而批量生产的艺术品已经失去了原有的神韵。

例如,云南丽江纳西族的东巴文,被称为"活化石"、"唯一尚在使用的象形文

[①] 彭兆荣.旅游人类学.民族出版社.2004.第206页.

字",原本是只有少数祭司(东巴)才掌握的兼具表意文字和表音文字特征的象形文字,具有神圣的意义;用东巴文字记述的东巴教的经典,内容涉及哲学、历史、天文、宗教、巫术、医学、民俗、文学、艺术等,被称为纳西族古代社会的百科全书。随着丽江的旅游开发,虽然一度出现了"东巴文化热",但东巴文并没有引起研究者们足够的重视,而是被印制在太阳帽、T恤衫、桌布甚至壁画和地毯上,被雕刻在工艺盘、花瓶和手杖上,而这些商品的生产者(许多是对东巴文化不甚了解的外地人)和大多数游客并不关心这些文字的价值和意义,这种肤浅的滥用已经影响到了东巴文字的生存和发展。

韩国人类学者文(Okpyo Moon)也曾经谈到日本游客导致韩国陶艺"日本化"的问题,引起了广泛的注意。

韩国陶艺具有悠久的历史。历史上有两个时期日本对朝鲜的陶瓷生产和销售起过推动作用。第一次是1592年,丰臣秀吉入侵朝鲜半岛,掠走了数百名朝鲜陶工,因此这场战争也被称为"陶瓷战争"。这些陶工带去的技艺对后来有名的日本陶艺(如鹿儿岛的萨摩烧、佐贺县的有田烧、山口县的荻烧、福冈县的高取烧等)的发展起了巨大作用。第二次是1910年至1945年日本对朝鲜实行殖民统治期间,许多官窑被迫关闭,只有那些被认为符合日本标准的陶窑才能得到赞助。二战以后,随着日本人的撤资,韩国的制陶业几乎停产。20世纪60年代以来,由于韩国国内的购买力有限,日本人成为韩国陶瓷工艺品的主要消费者,陶窑的数量剧增。由于日本游客对陶艺有着极大的兴趣,韩国所有的旅游手册都会向他们推荐首尔附近的陶艺之乡的包价旅游。首尔附近的一些村镇,如利川(Ichon)等,已经发展成以"陶艺村"为主题的旅游胜地,同时面向全国各地销售陶瓷工艺品,都以日本游客为目标市场。一些杰出的陶艺作品被展示、收藏,赢得了"国际声誉"。这直接导致了韩国陶瓷艺术包括其他艺术的"日本化"审美倾向。陶艺专家们认为,韩国的传统陶艺与现代的"日本化"的陶艺有着明显的区别,只是一般的韩国人和日本旅游者缺乏辨别它们的知识。

然而,问题在于:韩国陶艺的"日本化"现象是否能被看作一种"发展"? 文(Okpyo Moon)指出,虽然有人认为日本游客对韩国陶艺的复兴和市场化起了积极作用,也有许多人认为它是对独特的"韩国性"的一种破坏。[1] 而美国人类学家格雷本在《日本的文化多元化与旅游业》一文中则认为,对于到韩国旅游的日本人而言,他们有"宾至如归"之感,因为这里尽是其在国内耳熟能详的陶器展览品和收藏品,且都以日元(和美元)标价,价格只相当于东京的1/4。日本的国

---

[1] Shinji Yamashita, Kadir H. Din, J. S. Eades(ed). *Tourism and Cultural Development in Asia and Oceania*. pp.186-193.

内游客与来韩国的游客都认为最好的制陶传统工艺是日本文化的产物(或者再创造),只不过是碰巧在韩国生产罢了。

五、旅游与文化生态

文化生态,是指与自然生态相对的范畴。自然生态是指生物有机体与其周围环境之间的相互关系,相应地,文化生态则是指一定历史时期、一定社会文化大系统内部诸文化形态之间的相互联系、相互影响、相互制约的方式和状态。①

"文化生态"这一概念最早由美国文化人类学家朱利安·海内斯·斯图尔德(Juliar Haynes Steward,1902—1972)于 1953 年在其理论著作《文化进化和过程》一书中提出,其研究方向集中于对早期人类的生产、生活方式与生态环境的相互关系的考察。因此,文化生态学在西方更确切的名称应是生态人类学。我国著名学者冯天瑜从唯物史观出发,界定"文化生态学是以人类在创造文化的过程中与天然环境及人造环境的相互关系为对象的一门学科,其使命是把握文化生成与文化环境的调适及内在联系"。他将文化生态划分为三个层次,即自然环境、社会经济环境和社会制度环境,指出,"文化生态三层次彼此之间不断通过人类的社会实践(首先是生产劳动)进行物质的及能量的交换,构成一个浑然的整体,同时,它们又分别通过复杂的渠道,经由种种介质对观念世界施加影响"。文化生态三层次与人类及其文明间的关系是互动的、变化着的。一方面,随着文明程度的提高,人类可以从自然环境获得"日益广泛的自由度",从而"社会场""强有力地影响文化生成";另一方面,借助人类的实践活动,"自然场"的影响力"更加深刻、更加广泛地渗透进入类生活"。②

人类在环境以及由环境提供的资源共同组成的生态系统中从事消费活动与生产实践——文化创造,在长期的历史发展中形成了复杂的、有机的文化生态体系。世界上每一个国家和地区、每一个特定的民族,有着各不相同的自然环境、社会经济环境、社会制度环境,这些不同的体系在一起共存、共容、共生、互补,就形成了文化生态景林。例如,我国 56 个民族大杂居、小聚居、交错居住、立体分布的局面,汉族地区多元文化共存与交流的局面,就是这种文化生态景林的体现。

从某种程度上说,文化旅游就是通过对文化生态之美的关照和审视、欣赏和体验,获得内心的满足和愉悦。黄秉生指出,"生态美的本质是主客体潜能的对应性自由实现。作为一种文化生态之美,首先是自己本身具有某种文化的根性、

---

① 孙卫卫.文化生态与先进文化的发展.理论探索.2004.
② 冯天瑜等.中华文化史.上海人民出版社.2006.

文化的潜质,是自身的文化潜质。根性得到自由展开、实现,形成自己特有的文化形态、文化表征,而这种文化形态又随着历史的推移不断得到生长、壮大,体现出生命所具有的鲜活状态,形成独特的文化生态景林。同时这种文化也不是单生、独生,而是能容纳其他作为客体的、不同种类的文化,让其他文化的潜质也得到自由展开、实现,让其他不同种类的文化也能迎风开放,使不同种类的文化能够相互吸纳,共同营构、建造一种共生共荣、繁华葱茏的文化生态群落。这就是一种文化生态之美"[①]。旅游者对东道地区的审美是全方位的,既包括当地的自然环境方面,也包括社会经济环境、社会制度环境方面,还包括当地文化与周围文化的沟通与交流;他们既希望看到自然生态保护良好的异域风景,也希望看到文化生态保护良好的社会风貌,还希望看到不同文化的和谐相处与共同发展。

然而,在全球化背景下,西方文化(有时候是其他强势文化)使许多发展中国家和地区的"文化生态"受到了前所未有的挑战,原有的生态平衡被打破,由于强势文化掌握着绝对的控制权与话语权,再加上当地文化认同意识的缺乏、文化自我传承能力的降低,一些弱势文化(元素)已经"灭绝"或濒临"灭绝"。由于不合理的经营开发,旅游本身也在加速这种过程。这种现象已经引起了世界范围的关注,许多人已经在积极寻找保护文化生态、促进旅游可持续发展的有效途径。例如,近年来兴起的"生态博物馆"、"文化传习馆"就可以算得上一种新的模式,虽然其实际效果还有待进一步观察。费孝通先生在《论人类学与文化自觉》一文中提到要"创造一个和而不同的全球社会",并提出了"各美其美、美人之美、美美与共、天下大同"、"知我、知他、对话、共荣"的观点,这一观点也可以运用到旅游与文化生态的关系中,即:要正确认识不同文化的生态之美,意识到它们对于人类社会发展的重要性;要保护这种文化生态之美,促进不同文化共同发展。这对于旅游者、东道地区居民、旅游经营者和管理者以及旅游研究者都有着重要的指导意义。

第三节　旅游与文化的实证研究

本节旨在从人类学的角度分析和探讨日本乡村旅游与传统文化回归之间的内在联系和相互影响。日本的乡村旅游形式多样、内容丰富,对日本国内外游客有着特殊的吸引力,这是因为日本乡村不仅有优越的自然环境,还有着独特的传

---

① 黄秉生.壮族文化根系与壮族文化生态美.广西民族学院学报.2003(2).第82页.

统文化。在日本传统文化中,乡村占据着重要的地位。"故乡"是人们的精神家园,是传统文化的承载体。通过乡村旅游,"回家"这一主题得到了延伸。中日两国在经济发展、文化传统和社会生活的方方面面有许多相似之处,"它山之石,可以攻玉",关注日本的乡村旅游与传统文化,对我国旅游业的发展无疑有一定的借鉴意义和参考价值。

一、日本乡村旅游的发展现状

关于乡村旅游,目前国内外定义很多,有狭义和广义之分。笔者倾向于认为,乡村旅游是一个涵盖面较广的概念,包括农、林、渔、牧业观光,还包括发生在乡村地区的所有旅游形式。

(一)日本发展乡村旅游的背景

由于经济的腾飞,战后日本旅游业发展十分迅速。在以美国为代表的西方文化的影响下,日本旅游的现代化很快就表现出明显的西方化趋势,出境旅游呈快速发展态势,而入境旅游却增长缓慢,国内国际旅游发展极不平衡,出现了巨大的反差。近年来,日本逐渐调整了旅游政策,将发展国内旅游和入境旅游作为一项基本政策;宣布2003年为观光立国元年,确立了观光立国的政策,提出了"访日外国游客倍增计划",其中的发展重点之一就是大力发展有传统文化特色的乡村旅游。

(二)日本发展乡村旅游的条件

首先,日本在发展乡村旅游方面具有很好的自然条件。日本是太平洋上的一个岛国,大部属于典型的温带海洋性气候,降雨量充沛,四季分明。日本火山、温泉众多,山多地少,国土面积的 2/3 是生态保护极好的森林和原野,还有 1/8 是农业用地,加之四面临海,渔业资源丰富,适宜开展各种户外旅游活动。其次,城市化的加剧、人均收入的提高、闲暇时间的增多、道路交通系统的改善,以及人们旅游方式的变化、政府和民间扶持等,也为日本发展乡村旅游提供了相应的社会条件。

(三)日本乡村旅游的类型

日本的乡村旅游可以分为以下几种:

1. 回乡探亲旅游

目前日本城市人口当中有许多人的父母或祖父母是来自农村。每年家庭成员都要回去为先人上坟扫墓,很多离老家较远的人也会选择到较近的乡村去旅游。日本人形象地将其称为"U-turn"现象,类似于我国春节的返乡潮。

2. 农业观光旅游

农业观光是日本较早开展的国内旅游方式,如采摘蔬菜水果、收获粮食、放牧牛羊等。租赁农园是另一种形式的农业观光旅游——城市市民租用农民的土地种植粮食、花草、蔬菜瓜果、养殖禽畜等,既能享受劳动的乐趣,又能获得无污染的农产品——很受欢迎。

3. 渔业观光

日本许多海边渔村每年到捕捞的季节都会吸引大量游人到来参与出海、拉网捕鱼、捞海菜、亲自制作海产品、品尝海鲜料理,等等。

4. 乡村自然风光旅游

日本的乡村有许多极富审美价值的自然景观,如山峦、河流、瀑布、峭壁、洞穴和海岸等。赏樱花、赏红叶、看日出、观云海、看潮汐、观鱼、观鸟、观萤火虫等都是人们喜闻乐见的旅游形式。

5. 乡村文化景观旅游

日本的乡村有众多的寺庙和神社,还有许多被政府认定为文物保护单位的古老民居,多数乡村都设有自己的乡村博物馆。例如,日本岐阜县白川乡、富山县五筒山的合掌式古民居村落(Historic Villages of Shirakawa-Go and Gokayama),于1995年被认定为世界文化遗产。由于其生态环境良好,民风淳朴,特别是冬天白雪覆盖下的合掌民居宛如纯净的童话世界,因此每年吸引着大批游客。

6. 乡村特色美食旅游

日本物产丰富,许多乡村地区都盛产极有地方特色的传统美食,成为吸引游客的旅游资源。例如,在以荞麦面著称的信州,每年都有大量游客慕名前来品尝这一道乡村美食,同时寄托自己的思乡之情。

7. 乡村运动保健旅游

在日本乡村,高尔夫球、滑雪运动是非常普及的娱乐休闲方式。此外,远足、骑马、骑自行车、游泳、网球、驾车、探险、攀岩、狩猎、露营、滑翔、乘热气球、钓鱼、划船、潜水、冲浪、漂流、快艇、湿地旅游等活动也很受人们青睐。在日本,各个年龄段的人都喜欢泡温泉。目前每年有8000万日本人享受温泉浴。特别是一些位于山地、海滨的乡村温泉旅馆,由于集中了自然美景、特色料理、传统日式客房,因此对海内外游客都有很大的吸引力。

8. 乡村修学体验旅游

日本许多地区开辟了乡村教育中心,其实就是乡村公园,里面有博物馆、水田、菜地,展示各种农作物、牲畜、农舍、农具,有的还展示一些珍稀动植物。在这里可以开展爬山、探险、野营、藏宝等野外训练活动,并提供食宿,被称为"乡村留学"。有的乡村还开展各种形式的体验旅游,让游客参与一些传统手工艺的制作,例如制陶、竹编、木工等。

9. 乡村节庆文化旅游

日本乡村的节庆活动繁多,大致可以分为两类:一类是法定的民间传统节日,称为"祝日"(Shukujitsu),另一类是具有地方特色的"祭祀"(Matsuri)。由于集中展示了传统的音乐、舞蹈、服饰、仪式等文化元素,节庆文化已经成为吸引游客的重要形式。

二、日本传统文化回归的实质

(一)日本传统文化的形成

日本传统文化形成的过程,是长期对中国文化进行消化、吸收和再创造的过程。早在绳文、弥生和古坟时代,日本就向中国学习了水稻种植技术、青铜器和铁器制作技术以及纺织技术。6世纪到7世纪,日本从中国引进了汉字、汉籍、汉学,其中儒教、佛教对日本传统的精神结构产生了深远影响。奈良时代的日本文化深受中国唐朝的影响。平安时代后期,日本文化从汉风走向和风,逐渐摆脱了中国文化的束缚,确立了"和魂汉才"的思想,经过千余年对汉文化的吸收和消化,进入了日本化的时代。经过镰仓时代、室町时代、安土桃山时代对中国宋元明文化的吸收和消化,到江户时代,俳句、净琉璃木偶剧(后来被称为"文乐")、歌舞伎(日本国剧)、浮世绘(日本版画)、彩瓷、漆器、和服、茶道、插花、庭园等艺术,已经完全摆脱了中国文化的束缚,体现了日本独特的审美情趣,成为日本传统文化的代表,流传至今。

(二)日本的近现代化对传统文化的影响

16世纪中叶开始,西方先进的科学技术逐渐取代了汉文化,成为日本学习的对象,给传统文化带来了巨大的影响。

日本近现代史上经历了三次"开国":第一次是美国人佩里率领的"黑船来航"及其以后的"明治维新"。这一时期西方的文化生活方式大量引进,一些传统艺术形式走向衰微。第二次是1945年战败后在美国占领下实行的"民主化改革",彻底改变了城乡的生产方式,使美国式的生活方式、价值观念、娱乐消费观念深入人心。第三次则是20世纪80年代以后席卷全国的"国际化"趋向。由于冷战体制的解体,这种国际化实际上意味着美国化。[1]

日本从二战的废墟中崛起,其经济高速增长一度成为卓越的典范,然而,日本也为此付出了高昂的代价。首先是环境污染问题,随着工业的迅速发展,废水、废气、废渣排量剧增,再加上农药、化肥的广泛使用,大气、农田、河流、附近海域普遍受到污染。20世纪50年代至60年代,日本的"四大公害案件"曾引起世

---

[1] 富永健一. 日本的现代化与社会变迁. 商务印书馆. 2004. 第314页.

界的关注。70年代起又出现了汽车尾气、白色污染、家庭垃圾、核电污染问题。其次是一系列的社会问题,例如老龄化所带来的福利问题、家庭功能丧失、犯罪的低龄化、新兴宗教的异常化,等等。

(三)日本传统文化回归的实质

日本近现代化的过程并非一帆风顺,而是经历了一个从抵触到批判、从全盘接受到加以改造的过程。在西方文化的冲击下,日本人普遍感到缺乏文化认同与文化自信,社会上对传统文化回归的呼声越来越高。日本的传统文化回归其实正是对西方现代文明的一种反思,在一定程度上是对以西方为中心的"文化霸权主义"的一种反击。它反映了非西方文化被上升为世界支配力量的西方文化排挤到边缘地位的现状,从这个意义上说,日本的传统文化回归是非西方文化为了加强自身的传统、重建自身的秩序而展开的一种"文化自觉"运动。

三、乡村在日本传统文化中的重要地位

(一)乡村与"真正的日本"

在传统文化回归的风潮中,许多人把目光投向了日本乡村,因为人们都认为"真正的日本"在乡村。

1. 乡村意象与其象征意义

(1)稻米的象征意义

日本文化属于稻作文化。在日本乡村,最经常看到的风景就是稻田,乡村的祭祀、节庆活动也主要是围绕稻米的耕作、收获而进行的,许多民间艺术也与稻米有关。随着城市化的进程和人们生活方式的改变,日本的稻田正在迅速减少,这引起了人们普遍的担忧。人类学者大贯惠美子(Emiko Ohnuki－Tierney)对此有精辟的阐述:日本文化中稻米象征稻田,稻田代表农业、乡村和过去,这一切又象征着有山有水的大自然,它最终意味着这个国家与它的子民。[①] 可以说,在日本传统文化中,"稻米"是一个意义深远的典型象征物,已经成为一种符号,一种固定下来的乡村意象,有着强烈的旅游吸引力。

(2)传统家庭住宅的象征意义

日本的传统家庭住宅都是木结构建筑,一般都采用可以拆卸的纸制拉门、隔扇分隔空间,通风良好。更重要的是,传统住宅无论多么狭小,都拥有一个精巧的庭院,种植松柏、樱花、红枫、柿子、石榴等,这实际上是一种生活方式与审美追

---

① Emiko Ohnuki－Tierney. *Rice as Self：Japanese Identities through Time*, Princeton University Press. 1993.

求,它将深深植入日本精神里的四季变化纳入住宅建筑中①,象征着一种东方人的古典情怀。如今,普通人要保留这种传统的生活方式,几乎已经不可能。在东京、大阪和其他大城市,由于地价已经接近天文数字,连中产阶级家庭也只能在公寓、住宅小区等地方居住,钢筋水泥阻隔了人与自然的联系,人们再也不能坐在家里感受四季更替之美。

所幸的是,在今天的日本乡村仍然保留着大量的传统住宅,虽然内部装修已经趋于现代化,但依然延续了木结构的传统,绝大多数家庭还拥有自己的庭院,符合人们对于"家"的传统印象。

2. 乡村与怀旧

日本由于国土面积小、人口密度大,人均资源占有率低,现代人普遍感到生存压力大。近年来,日本在国际事务中也感受到空前的压力,例如贸易摩擦、外交纠纷、能源问题等。在这种内外高压的情况下,"怀旧"作为一种逃避现实的手段,已经从个人心理层面上升为一种普遍的社会意识、一种集体的记忆,不仅对中老年人,而且对所有年龄段的人都有强烈的吸引力。

日本人自古以来就有着热爱自然、亲近自然、崇尚古朴、闲寂的传统。生活在城市森林中的人们,越是时时刻刻感受到无处不在的快节奏的现代化,就越是对悠远的牧歌似的乡村生活感到怀念。于是,人们都希望能够暂时停下自己的工作,改变自己的生活,去重温往日的旧梦。以怀旧为主题的乡村旅游已经成为医治"城市病"的一剂良药。

3. 乡村与日本传统社会结构

历史上日本是一个封建小农经济的国家,其传统社会的结构要素是家庭共同社会与村落共同社会(也称家庭共同体与村落共同体)。村落其实就是家的延伸,"家"与"家乡"合二为一,在日本文化中具有重要意义。

由于受到儒教的影响,日本传统的家庭共同社会是直系家庭,一般实行家族经营的形式。日本的村落共同社会是以水稻生产所需灌溉用水和村落单位拥有的山林为物质基础的自给自足的小小宇宙,在很长一段时间里成为日本人社会结合的基轴,也是日本人精神结构的基础。② 过去日本农村有"村八分"(Murahachibu)的说法,村民互相帮助,共同商议处理本村大事。只要哪家有生孩子、成人式、结婚、探望病人、葬礼、法事、火灾、水灾、远行、普请(建房)这十种大事中的一种,全村人都会来帮忙。如果某一村民有违反村规的行为,就要受到"八分

---

① 贝拉.德川宗教:现代日本的传统文化渊源.牛津大学出版社.王晓山、戴茸译.三联书店.1998.第11页.

② 富永健一.日本的现代化与社会变迁.商务印书馆.2004.第158~159页.

制裁"的严厉处罚,即全村与他断绝除了火灾和葬礼的八种联系。①

家庭共同社会与村落共同社会一直影响到今天日本人的精神结构,对日本人的社会生活产生了深远的影响,从各种"日本人论"中所提到的依赖心理、合作精神、团队精神、"耻感文化"、企业管理制度等都能看到它们的影子,可以说乡村(故乡)是日本传统社会结构的基础,是日本人的"精神家园",是"真实"的日本的真正所在。

四、日本乡村旅游与传统文化回归的相互作用

（一）乡村旅游对传统文化回归的作用

1. 乡村旅游对促进传统文化回归的积极作用

（1）通过宣传,使人们了解到传统文化的重要性

日本作为现代化工业国家,具有强大的现代化传媒优势。媒体对乡村旅游的宣传,使得很多盲目崇拜西方的人也增加了对于乡村的认识,越来越多的人成为现实或潜在的乡村旅游者。乡村旅游使人们不再言必称欧美,而是重新发现了日本的传统之美。

（2）对传统文化起到了保护和重构的作用

为了开展乡村旅游,开发出有吸引力的产品,日本各地保护、发掘和"再造"了当地的传统文化资源。政府颁布了《文化财产保护法》,对乡村生活用具、生活设施、风俗习惯和民间艺术特别是表演艺术等有形和无形乡村文化进行了认定,建立了覆盖全国乡村的乡村文化保护专业协会。几十年来,对乡村文化激励机制的推行,已经使日本乡村传统戏剧、乐舞、曲艺等表演艺术,比如"歌舞伎"、"能"、"文乐"、"狂言"、"讲谈"、"漫才（相声）"等从濒危到重生,再走向新的繁荣。乡村旅游促进了对当地日趋消亡的传统民间艺术的保存,对传统文化进行了"再创造"基础上的回归。

（3）对日本乡村传统社会结构起到了重建作用

早在二战之前,日本传统的家庭共同社会与村落共同社会就由于城市化和产业化的冲击而逐步走向解体。1955 年开始的经济高速增长,给农村带来极大影响,农村人口急剧减少,人口老龄化问题进一步加剧②,农村经济衰退,乡村传统社会结构基本解体。

在日本,围绕着乡村旅游开发,一种新的基层生产共同体已经形成,它取代

---

① 王志强.如此日本人.中央编译出版社.2006.第 122 页。

② 焦必方.日本的农业、农民和农村——战后日本农业的发展与问题.上海财经大学出版社.1997.第 114 页。

了家庭共同体和村落共同体,在新的层面上对乡村传统社会结构进行了重构。这是一种新的社会结构单元,在一个村子或者相邻的几个村子里,大部分村民都从事与乡村旅游有关的经济活动,提供与乡村旅游有关的产品和服务,如开垦观光农园、种植粮食和蔬菜水果,或者从事服务业,如经营餐馆、民宿(民间旅馆)、开出租车,或者从事商业,如经营工艺品店、手工艺作坊等。从外部看,这个共同体有一定的边界,人口基本上比较稳定,有着统一的营销理念和宣传口号,参与到大的社会分工体系当中,在市场范围之内形成一定的知名度,人们能够意识到它的存在。在内部,由于人们都从事着与旅游相关的活动,因此相互之间具有密切的联系与协作(当然也存在某种程度的竞争),传统的亲缘、地缘和友缘关系都被重新发掘出来,成为经济协作的纽带,并在相互的协作过程中不断被重新建构和强化,并在此基础上形成共同的知识、信息、生活方式、价值观念,等等。

(4)对日本的民族、地方自我认同意识起到了强化作用

在全球化背景下,"去中心"和"地方性"已经成为"后现代主义"的两大诉求。对抗"权力",破除"中心",尊重"多元",追求"平等",确认"地方知识",提倡"保护传统"等这样一些主张都可以在乡村旅游这种方式下一定程度地得到实现。[1]

现代日本是主要由大和民族组成的国家,随着现代化的发展,在社会经济文化等方面表现出高度一致的特点,民族、地方自我认同意识受到很大削弱。通过发展乡村旅游,不管是对东道主还是对游客而言,这种与"他者"相对应的"我者"的传统文化符号在人们眼前重现(当然是以新的形式),重新构建并提高了日本的民族、地方自我认同意识,强化了民族自尊心。在这一过程中,乡村的意义被作为一种"符号"而扩大了。

2.乡村旅游开发对传统文化的消极作用

(1)过度开发破坏了传统文化的生境

日本乡村独有的自然环境和社会环境构成了传统文化的生境。然而,在日本开发乡村旅游的过程中,一度仅仅把旅游作为振兴地方经济的手段,出现了一些只片面追求经济效益、不注重生态效益和社会效益的现象。旅游开发同时也破坏了传统文化赖以存在的自然环境和社会环境。

例如,随着 20 世纪 60 年代以后"温泉热"的兴起,日本乡村建起了大批似曾相识的温泉疗养中心。随着泡沫经济的破灭,加上近年个性化旅游增多、团队旅游的减少,导致许多温泉接待设施供应过剩,破产的企业不计其数。过度的开发甚至造成地下水资源的枯竭,村民为了生计远走他乡,作为温泉文化的承载体的村落也随之衰败。

---

[1] 彭兆荣.旅游人类学.民族出版社.2004.第 74 页.

在日本乡村,高尔夫球场所占用的土地超过日本面积的 1.25%,比整个大东京还大。人们为了修建高尔夫球场,甚至不惜削平山顶、填平地面,破坏优美的乡村景观。由于滥用杀虫剂和除草剂造成的污染已经威胁到附近的养鱼塘和居民的生活用水。滑雪场的建设也对环境造成了严重的负面影响。许多乡村地区为了修建符合标准的雪道、铺设水电气管道,不惜推掉大半座山,将大树连根拔起,不仅使原始地貌受到破坏,还容易引发泥石流,对生态环境造成更大的破坏,周围的山村也因此受到影响。

(2)加速了传统文化的嬗变

首先,乡村旅游导致了传统文化的涵化。虽然旅游不是导致日本传统文化嬗变的主要原因,但它所带来的涵化作用仍然不容忽视。相对于城市现代文明而言,乡村传统文化无疑更"原始"、更"落后",是所谓的"低文化"或者"弱势文化",旅游开发商和大量游客来到日本乡村,他们的着装、行为举止、偏好、生活方式、价值观等无疑会对当地人产生影响,并加速乡村的城市化进程,从而加速了传统文化的嬗变。

其次,乡村旅游将传统文化变成了"旅游产品",由于过分商业化而影响了其真实性。在麦坎内尔(Dean MacCannell)等人类学家看来,这只是一种"舞台的真实",因为"复原"的过程本身已然是一种"创造"。[①] 例如,一些当地的农具、祭祀用品有着实际意义,甚至具有某种"神圣"的含义,被开发成为廉价的旅游商品;一些本应该在特定时间和地点、按照传统规定的内容和方式举行的节庆、祭祀活动,根据旅游者的需求随时随地开展;一些迷信、落后的文化传统或习俗被刻意渲染,所有这一切,都使传统文化成为高度产业化下流水作业的产品、一种满足游客浅层次需要的"快餐文化"。

第三,日本一些新兴的乡村旅游有只注重自然轻视传统的趋势。纳尔逊·格雷本(Nelson H. H. Graburn)指出,由于乡村地区也开始城市化和现代化,新的服务于旅游和娱乐休闲业的产业越来越多地取代了传统的农村活动。对都市人而言,其先祖的乡村生活已经离他们越来越遥远了。人们对特定地点与农村人群的真切归属感,已被国家和地方政府为了执行政策而制造出的激励因素所取代。乡村这个概念已经延伸到许多从前无人居住的地区。

(二)传统文化回归对乡村旅游发展的作用

日本传统文化当中的积极因素,对乡村旅游的发展起到了促进作用;但是,其中也有一些保守、落后甚至反动的东西带来了负面影响,制约了乡村旅游的发

---

① Dean MacCannell. *The Tourist—A Theory of Leisure Class*. Schocken Books Inc. New York. 1987.

展,这一点也不容忽视。

1. 传统文化回归对乡村旅游发展的促进作用

传统文化包含一个民族经过漫长的历史时期形成、达到了和谐与统一的、成为经典的文化元素,其中的精华部分体现了民族特色与地方特色,其本身就是极有吸引力的旅游资源。同时,它对旅游发展有着重要的指导意义,影响着旅游开发的经营模式、经营特色、经营理念和管理水平等。日本乡村旅游中的传统文化回归,增加了乡村旅游的活动项目,丰富了乡村旅游的文化内涵,增强了乡村旅游对游客的吸引力,促进了乡村旅游向体验旅游的纵深发展,使其走上了可持续发展之路。

2. 传统文化中的某些因素对乡村旅游发展的阻碍

传统文化虽然在过去发挥了巨大的作用,满足了人们的某种需要(如征服自然、战胜异己、种族繁衍、逐恶驱邪等),但它未必就是合理的。传统作为一种强大的社会习惯性势力,往往在社会发展中暴露出它的保守性、落后性和顽固性的痼疾,容易构成对社会发展进步的阻碍力量。[1]

(1) 传统文化回归与封建意识

日本资产阶级革命是通过"明治维新"进行的,这种自上而下的、改良式的革命并不彻底,在日本传统文化中仍然残留着相当程度的封建意识。例如天皇制度、忠君思想、军国主义思想、武士道精神、男尊女卑思想、封建家长制、封建等级观念等等。在乡村旅游开发中,乡村的旧规、迷信、巫术、地方保护主义、封闭观念、小农思想等不合理的文化因素对旅游发展的制约作用仍然存在。

例如,由于乡村的封闭性,日本一些乡村地区男尊女卑的思想还比较普遍,妇女的社会地位还较低。人口过少、性别比例失调、妇女社会地位低,这对于发展乡村旅游显然不利,因为大量的服务工作需要青年人(更多时候是妇女)来完成。

(2) 传统文化回归与民族中心主义

在传统主义思潮下,过分强调传统文化回归则容易导致盲目的文化自信,容易导致民族中心主义。历史上日本的民族中心主义带来的危害是巨大的。20世纪中后期,随着日本经济实力的进一步增强,国内要求从"经济大国"成为"政治大国"和"文化大国"甚至"军事大国"的呼声也越来越高。我们要警惕日本国内一些人打着传统文化回归的幌子宣扬所谓的忠君思想、军国主义,美化二战的侵略历史,以传统回归的名义对其他国家施行经济或文化上的殖民主义。

例如,在日本有些地方的乡村,至今还能看到不少石碑,上面刻着二战时村

---

[1] 张文勋、施惟达等. 民族文化学. 中国社会科学出版社. 1998. 第155~156页.

里战死的士兵的名字,被称为"忠魂碑"或"慰灵碑"。有些地方还有为战死士兵建立的纪念馆、"招魂社"。虽然在实际上它们的意义已经淡化,但也不能排除极少数人别有用心地利用"怀旧"来达到他们的目的。对于普遍不关心历史与政治的日本年轻一代来说,更需要用正确的历史观加以引导。对于二战时期饱受日本侵略之苦的东亚各国人民来说,这些遗迹的存在无疑会使他们感到民族自尊心受到伤害。这样的因素显然不能纳入到日本乡村旅游的范围之中。

在日本乡村旅游发展中,对传统文化要做到"去伪存真"、"取其精华、去其糟粕",只有对传统文化进行扬弃、继承和发扬,乡村旅游才能做到可持续发展。

旅游是最强调"异地性"、"地方性"的产业,而乡村正是最具有这样的特点的地方。世界并不是只以西方为中心,也不是只有中国才有传统,大大小小的国家和地区、形形色色的民族和族群,都有自己独特的传统文化。它们随着历史的推移不断得到生长、壮大,体现出生命所具有的鲜活状态,又相互吸纳,共同营构、建造一种共生共荣、繁华葱茏的文化生态美。[①]

在全球化浪潮的冲击下,世界各地的传统文化不但没有"趋同",而且还成为最具特色和吸引力的资源,也成为可供全人类共享的宝贵的精神财富。要尊重、继承和发扬传统文化,不管是东道主、游客,还是旅游经营者、管理者和研究者,认识到这一点尤为重要。

---

① 黄秉生.壮族文化根系与壮族文化生态美.广西民族学院学报.2003(2).第82页.

第四章　旅游体验

"欢迎来到体验式经济时代。"①没有什么更能迎合现代人的心灵了,除了体验。

早在20世纪70年代,未来学家阿尔文·托夫勒就预测了体验经济时代的来临。他在《未来的冲击》一书中写到:几千年来人类经济发展的总趋势将表现为三个阶段,即产品经济时代(分为前产品经济时代与后产品经济时代)、服务经济时代与体验经济时代。

体验经济时代已悄然拉开帷幕,而这个独特时代的到来并非偶然。从经济学视野看,正是产业结构的升级导致需求结构的相应升级,而获得某件商品或某项服务总是存在多种选择,因此,"如何获得",亦即获得的过程,就成为现代人更关注的焦点;相应地,企业间的竞争也日益激烈,它们不断追逐挖掘独特的卖点,千方百计地迎合现代人的消费心理。另一方面,现代性的存在条件,是以社会的异化、失范,产业工作的程式化与单调化,生态环境的劣质化以及人际关系的疏远化等为代价的②,而诸如此类体验的缺失,势必引发某种心理与情感的饥渴,从而激励人们踏上探索寻觅其所缺失之体验的漫漫征程。正如《大趋势》的作者奈斯比特所言:每当一种新技术被引进社会,人类必然会产生一种对之加以平衡的反应,也就是产生一种高情感,否则,新技术就会遭到排斥;技术越高,情感需求也越大。言下之意,高新技术层出不穷,带来的不仅仅是物质生活之改善,更会导致现代人的精神危机与情感饥渴,而体验,正是市场对此病症开出的良药。无独有偶,前苏联心理学家Φ.Е.瓦西留克从心理学的角度,研究当人处于威胁性情境中时做些什么,答案也是体验。瓦西留克认为体验是将人从威胁性情境中解救出来的最好方法。但他的"体验"已不是寻常意义上的体验,而是一种旨在恢复精神的平衡,恢复已丧失的对存在的理解力,是"产生理智"的一种特殊活

---

① 引自战略地平线ILP顾问公司创始人约瑟夫·派恩(B. Joseph Pine Ⅱ)与詹姆斯·吉尔摩(James H. Gilmore)在哈佛商业评论中的文章。
② 王宁.旅游,现代性与"好恶交织"——旅游社会学的理论探索.社会学研究.1999(6).第98页.

动形式。① 由此观之,体验对于人的意义,远远超越了简单的"供应-需求"之关系,它满足的是现代人更深层次的心理需要;体验时代,也不仅仅是一个时代的经济特性,它更像是人类生命历程的一次苦心追寻与刻意制造。

无论如何,从产品、商品时代到服务时代,人类已跋涉很久,体验时代虽尚未被广泛认识,但已然来临,"即使是最简单的事情也可以成为让人难以忘怀的体验"②。"麦当劳"卖的只是饮料和快餐吗?"耐克"卖的只是体育用品吗?不仅仅是这样,它们卖的是一种难以拒绝的生活方式,一种让人难以忘怀的体验。将体验作为营销手段,与商品捆绑,还不是体验时代的极致,为体验而体验,才是体验时代的标志,譬如迪斯尼乐园、美国荒野体验公园,就全然以制造、提供体验为核心。简言之,商品体验化已远不能满足现代人的心灵,体验商品化则为纯粹、淋漓尽致之体验的获得,提供了无限可能与选择。当人们交出一笔钱与一段时间,购买消磨此段时间的一种方式时,就赋予此时段一些意义,进而获得一份与寻常不同的体验、一份完全的满足,达到极致、高潮的满足。尼采认为,体验中的人,具有三个重要特征:(1)有健全的生命本能,强烈的创造欲望与能力;(2)充分展示自己的个性与才能;(3)是生之快乐的享受者,是酒神的再生。这一界定未免片面,但当代社会的确存在一种体验,身处其中的人,或多或少具备这三条特性,那就是旅游体验。旅游体验是现代人更空灵超脱的生活追求,也最能代表体验时代的极致。

罗素曾言:须知参差多态,乃是幸福的本源。虽然人们多有追求"参差多态"之体验的偏好,而且托夫勒亦强调体验的多元化,但与时下日益精致的个性化体验相比,某些共同体验,或者说是集体体验需求,就没有得到与之相匹配的重视。为此,本章所要讨论的体验,正是体验经济时代下的一种特殊供给物——旅游体验。我们恭逢人类历史上空前的一次大众旅游时代,评价其虚妄浅薄也好,附庸风雅也罢,这种大规模的"集体出走"现象,却不容忽视。旅游体验,是接近旅游本质的必经之路,研究旅游体验,不同学科各有侧重。在人类学视野下,群体是永远的关注点,因此对共同旅游体验的探讨,将是本章的主要任务。

以下分三节来阐释旅游体验:第一节,从应用的角度出发,梳理体验研究的概况,并在此基础上对体验的概念与特性加以界定;第二节,全面整理相关旅游体验研究成果,深入探讨旅游体验的分类及本质特征;第三节,以文化人类学的

---

① (前苏联)Φ.E.瓦西留克.体验心理学.黄明等译.中国人民大学出版社.1989.第3页.
② (美)B.约瑟夫·派恩、詹姆斯·H.吉尔摩.体验经济.夏业良、鲁伟等译.机械工业出版社.2002.第11页.

视野,对旅游者的某种共同体验——"共睦态"①(Communitas)体验进行条分缕析式的探讨。

第一节 体 验

有一点毋庸置疑,体验时代姗姗来迟,并不意味着体验也是新事物,早在商品体验化与体验商品化之前,体验就存在,或者说,自从有人类,就有体验。因此,对体验的探寻与叩问,早在古希腊时代就开始了。时至今日,各种类型的体验,亦被纳入不同学科的视野,哲学、美学、心理学、现象学、旅游学乃至人类学,都对体验作出或概括、或具体的阐述。但是,在"体验"概念形成之初,除哲学、美学、心理学外,其他学科对此并无太大贡献,而人类学对体验研究,刚开始也只限于弗雷泽、哈丽逊、列维-布留尔、弗莱等人对体验"原型"的追寻。因此,以下对"体验"概念的追溯,将主要侧重于哲学与美学,而这一点,对认识旅游体验的内涵具有重要意义。

一、"体验"的阐发

人类对体验的认识始于审美。伽达默尔认为,审美体验不仅是一种与其他体验相并列的体验,而且代表着一般体验的本质类型②,因此,从审美开始的体验研究,应该不会招致"以点代面"的苛责。

事实上,19世纪70年代以前,在哲学与美学范畴中,尚不存在"体验"一词,更遑论明确的"体验"之概念。然而,苏格拉底的学生柏拉图却在两千多年前就指出,审美的途径就是迷狂,只有处于迷狂状态,主体才能接近那个普遍客观的美。柏拉图的美学思想并非我们的关注点,但他的"迷狂"与其说是获取美的途径,不如说是一种体验,一种当时未被意识到的、对美的一种体验状态。虽然柏拉图并不是古希腊美学的开山鼻祖,但他是提出一种审美体验——"迷狂"的第一人。此后,陆续有新的体验被公诸于世,这些体验或与审美相关,或与生命思

---

① 共睦态,亦可称为"社会的反结构"(Social Antistructure)。特纳认为:"共睦态"是一种与毫无芥蒂的直接交流相联系的状态,它甚至是各自有着明确身份地位的人之间共享的一种息息相通之情。这种状态会在各种人群中、各种条件下和各种情况中自然产生。这是一种"阈限现象",其中混合着谦恭、神圣、均质和同伙等特性。

② (德)汉斯-格奥尔格·伽达默尔.真理与方法——哲学诠释学的基本特征(上卷).洪汉鼎译.上海译文出版社.1992.第89页.

考相关，譬如朗吉弩斯的"如醉如狂，心醉神迷"，普罗提诺的"出神"，康德的"愉快感"，叔本华的"静观"，席勒的"游戏"，尼采的"梦境"与"沉醉"，帕格森的"直觉"，海德格尔的"回忆"，乃至弗洛伊德的"升华"、马斯洛的"高峰体验"等等。总体而言，这些关于体验的智慧火花，都是西方学者哲人们对主体与客体之关系的深层次思索。

反观国内，体验亦是中国美学的重要内容，比较而言，关于体验的理论论著并不很多。不过，中国古典美学通常将体验与"兴"、"感兴"、"妙悟"相联系，比如陆机《文赋》中所说的"来不可遏，去不可止"的"应感之会"，即中国古典美学中的"兴会"，就相当于西方美学中的"灵感"体验。最值得一提的是王阳明的"心学"，他对于个体生命存在价值的肯定，具有鲜明的体验性质，这种体验以心醉神迷、物我消融的"至乐"境界为目标，强调超然的与天地同体、美善合一、美丑自融的"孔颜之乐"①。从此意义上说，王阳明美学是不折不扣的体验美学，他的"至乐"境界，不啻为一种最佳体验。

不过，以上诸多"体验之思"只能算作体验研究的无意识萌芽。在德国，直至19世纪70年代，"体验"一词才与"经历"这个词相区别，18世纪这个词根本就不存在，连席勒与歌德都对此词一无所知。② 既然"体验"来源于"经历"，人们就从对"经历"一词的分析中去获得对"体验"这一新词的理解。首先，"经历"强调人们直接参与某件事情以及由此获得的印象，直接性是"经历"的首要特征，而获得则是逝去经历的延续。因此，"体验"亦具有这两方面的意义：一方面是直接性，这种直接性先于所有解释、处理或传达而存在；另一方面是收获，即直接性留存下来的结果。其次，"经历"之双重意义的对应物是传记文学。19世纪艺术家传记与诗人传记的本质，就是从他们的生活出发去理解其作品。这一点对理解"体验"具有统摄作用，即，如果某个东西不仅被经历过，而且它的经历存在还获得一种使自身具有继续存在意义的特征，那么这种东西就属于体验。③ 简言之，体验就是从过去的经历中获得延续和意义的。

不过，"体验"一词的提出与确切运用，始于威廉·狄尔泰。这位19世纪下半叶最重要的思想家、哲学家，终结了"体验"漫长的"有实无名"的历史。在《体验和文学创作》中，他"首先赋予这个词以一种概念性的功能，这个词随即就发展为一个受欢迎的时新词，并且成为一个显而易见的价值概念，以至许多欧洲语言

---

① 邹其昌. 论王守仁美学的体验性质. 武陵学刊. 1997(1). 第51页.
② (德)汉斯—格奥尔格·伽达默尔. 真理与方法——哲学诠释学的基本特征(上卷). 洪汉鼎译. 上海译文出版社. 1992. 第77页.
③ (美)B.约瑟夫·派恩、詹姆斯·H.吉尔摩. 体验经济. 夏业良、鲁炜等译. 机械工业出版社. 2002. 第78页.

都将之作为外来语而采用。① 以心理学为理论基础,狄尔泰首先滤析出至关重要的内在感受之源头——"体验"。他认为,精神科学的基本方向就是从生命去认识生命,从生命去解决生命问题。生命过程,正是体验过程。体验,又与表达、理解紧密相联。因此,狄尔泰在《精神科学中历史世界的建构》中明确表述:精神科学就是建立在体验、表达与理解三者的基础之上。简言之,狄尔泰将"生命"作为其哲学研究的主题,其目的是为考察人认识自己、认识他人以及认识人自身所创造的社会、文化、历史的能力,假如生命始终是生命自身的证明,那么体验即为认识生命的最终基础,然后才能谈到对生命的表达与理解。同时,狄尔泰亦重视体验的"直觉性",亦即上述的直接性。柏格森曾指出:所谓直觉就是指那种心智的体验,它使我们置身于对象的内部,以便与对象中那个独一无二、不可言传的东西相契合。心灵直接进入对象内部、与对象的真实生命相契合的直觉认识方式,其实就是一种心理体验的方式。总之,发端之初的体验概念,正是我们理解纷繁复杂之体验需求的基础。审视认识生命,或主动或被动;进入一段生命历程,时间或长或短,生命就此被最直接的方式赋予了意义,这一过程就是体验。

在西方哲学与美学史上,"体验"概念经历了认识论、本体论与解释说三个发展阶段。如果说狄尔泰的体验概念更与心理学相关,那么,伽达默尔的解释说则对狄尔泰的体验作出了延续和扩展。体验,不仅具有心理学的意义,还有艺术与审美的意义。伽达默尔将"体验"纳入其解释学的"理解"框架中,他认为,"理解"不是对客体的外在观察,而是主体投入其中进行体验和感悟,因此,"理解式"体验是一种再创造。伽达默尔还指出,体验中所表现出的东西就是生命的绵延,即我们曾身在其中,而现在已消逝的东西。如果某些东西可被称为一种体验或被推崇为一种体验,那么,这些东西就通过其意义而聚集成一个统一的感知整体,因为能被称为体验的东西是在回忆中建立起来的,未被忘却,不可替代,亦是永不枯竭的东西。

总之,无论"体验"概念如何发展,关于体验的思考,都离不开生命这个核心:在生命历程中体验人的世界,体验一种意义性的存在,而此意义,在人不断的叩问中形成,进而逐渐形成某种情感态度,甚至,体验就是生命本身。这一对体验的基本认识,正是对体验经济时代来临的最好注解,亦与托夫勒的"我们做每一件事都是一种体验"之论断相契合。

二、体验的认知

---

① (美)B.约瑟夫·派恩、詹姆斯·H.吉尔摩.体验经济.夏业良、鲁伟等译.机械工业出版社.2002.第79页。

(一)体验概念

生命在于体验,"体验"概念亦非三言两语可尽述。从"体验"概念的发展史中,不难归纳出其所具有的内涵,如直觉、再创造、现在已消逝的东西、不可替代、永不枯竭、从过去中获得延续与意义等。然而,关于"体验",至今尚未有普遍意义的定义,对"体验"的界定,诠释性、说明性文字占绝对比例。因此,为全面理解体验经济时代下的"体验"含义,最好也是对之进行条分缕析式的分解阐述。

首先,体验不仅仅是个体性的,而且更具有社会性。狄尔泰认为,人的认识,首先是体验,然后是认识意识、价值评判、道德选择等。这些东西不是单纯地从个体心灵中产生的,而更多的是社会的产物,它们是在社会群体的历史演变过程中产生的群体意识,其延续与转变,也将在社会历史中进行,因此,从这个意义上讲,体验具有社会性与历史性。明显地,体验中的主体,只要尚存一丝理智,其体验都接受社会文化与历史变迁的制约,这亦是最常规、最普通的体验。

第二,体验包含时间性。对此,狄尔泰解释说,"即便是时间进程的最小部分,也还是有一段时间过程。'现在'渺小得几乎为无,我们所体验到的'现在',总是包含着对刚刚过去的'现在'的记忆。在其他的时间段里,'过去'就像力量一样,仍然对现在有影响,有意义"。由于体验是时间进程中一个非常短暂的瞬间,在它尚未形成思想的清晰对象之前,就已经随时间之流成为过去,这样的体验是思想无法直接把握的。不难理解,当体验如潮水般在一段一段时间中转瞬即逝时,思想在没有准备的情况下,无法对之进行即时的解读,体验因此更需要事后的绵延、回味与解读。

第三,体验具有直接给定性[①],体验的时间性赋予体验直接给定性,正如尼采的"沉醉"体验所揭示的,生命的本质是"直接之酣醉欢悦",不恃言语与概念,是瞬间性生命直觉。此特性与第二点并不矛盾,生命就是在某段时间内体验,亦是在某段时间后认知与理解此体验。

第四,体验是人的自我实现。也就是说,体验,是人实现自我的途径之一。具体而言,这是一种忘我的、天人合一的审美体验,此状态中的人,是真正的、完善的、圆满的自我,也是被充分实现的自我。

第五,体验在于创造。尼采认为人的本质是未定型的,人类可以自由地创造自己的本质,人类也应该好好利用自己的未定型,塑造出更健康有力的人性。每一次体验,都激发出个体前所未有的潜力,为其增加新的内涵。

在确立了"体验"概念的如上内涵后,体验的本质与功能将更加易于把握。"体验"概念从提出至今,已在各个领域形成不同的认识,这个以往主要在哲学、

---

① 谢地坤.走向精神科学之路——狄尔泰哲学思想研究.江苏人民出版社.2003.第62~63页。

美学、心理学中高频出现的抽象词语,已具化为教育体验、客户体验、旅游体验、娱乐体验,甚至道德体验、濒死体验、高峰体验等现实体验,充斥在不同主体的生命历程中,为人所熟知,而体验的概念与特性,亦在这些范畴中得到更广泛的延伸与演化。从以下各种"体验"定义中,我们可以对"体验"有更广泛而具象的认识与理解。

从美学的角度来看,体验就是主体(人)带有强烈情感色彩的、活生生的、对于生命之价值与意义的感性把握。

按心理学的理解,体验事实上是当一个人达到情绪、体力、智力,甚至是精神的某一特定水平时,其意识中产生的美好感觉[①],这是主体对于客体的刺激而产生的内在反应。

刘惊铎把体验定义为一种图景思维活动,其中不仅含有混沌的直觉领悟,也含有理性的反思,它是符号、文字、语言"串行信息"和行为、图像、情境"并行信息"综合作用的融通式思维,它源于生存实践而又超越于生存实践,穿越和贯穿具体生活经历的场景,透视生存实践的意义。[②]

经济学意义上的体验更加细化,它将体验聚焦在顾客体验上。约瑟夫·派恩(B. Joseph Pine Ⅱ)与詹姆斯·吉尔摩(James H. Gilmore)就将客户体验定义为:人们用一种从本质上说很个性化的方式来度过一段时间,并从中获得一系列可记忆的事件。[③] 而被引用最多的则是伯德德·H.施密特(Bernd H. Schmitt)关于顾客体验的定义,施密特认为,客户体验就是企业以服务为舞台,以商品为道具,以消费者为中心,创造能够使消费者参与,值得消费者回忆的活动。

不妨对以上定义作一番分析。从美学角度出发的体验定义,实质上是肯定了审美体验的自我实现功能;心理学的体验强调外在对主体的刺激作用,与其说这是个定义,不如将之视为一种美好体验;而刘惊铎的定义则将体验以及对体验过程的理解一并加以解释,其实于"体验"概念而言,最重要的是直觉性与体验后的意义生成;派恩与吉尔摩的"体验"中有两个关键词——一段时间、可记忆事件,这比较符合伽达默尔的"体验"概念,客户体验是在回忆中建立起来的、未忘却的、不可替代的东西;施密特的定义与派恩、吉尔摩类似,此两类定义都是在预设体验具有某种功能的前提下,将"体验"界定为一系列事件或活动。

---

① (美)B.约瑟夫·派恩、詹姆斯·H.吉尔摩.体验经济.夏业良、鲁炜等译.机械工业出版社.2002.第19页.
② 刘惊铎.道德体验论.人民教育出版社.2003.
③ (美)B.约瑟夫·派恩、詹姆斯·H.吉尔摩.体验经济.夏业良、鲁炜等译.机械工业出版社.2002.第19页.

以上分析并无价值判断之意,旨在说明"体验"内涵之丰富。不仅如此,关于"体验",还有更多的解读。譬如从经济角度出发,认为体验具有融通性、情感交融性与创生性[①];姜奇生从尼采的思想中获得借鉴,认为体验不仅是非工业化的、虚拟的,还是人性的复归与解放[②]。明显地,不同的角度、不同的时代,都使体验衍生出新的内涵。到体验经济时代,体验,不再单纯是哲学、心理学意义上的用词,也不仅仅是生命历程中的自然发生,而许多体验,都是现代人刻意地选择、有期待地参与的结果。虽然体验过程中亦有意料之外事件的发生,但比起人生历程中的自然流淌事件,意义是不可同日而语的。

(二)体验的类型

狄尔泰将生命过程视为体验过程,施密特认为"我们做每一件事都是一种体验",而体验又具有参差多态之特性,不同的体验是人生充盈丰满的充分条件,因此,体验实有分类之必要。

在《体验经济》一书中,体验被分为四类:娱乐体验、教育体验、遁世体验与审美体验。从客户的角度观之,参与教育体验是想学习,参与逃避体验是想去做,参与娱乐体验是想感觉,参与审美体验是想到达现场。

边四光在其《体验经济:全新的财富理念》一书中归纳出如下几种体验:娱乐类、教育类、审美类、惊险刺激类、改变现状类、混合类。

伯恩德·H.施密特从认知的角度将体验分为五类:感官体验、情感体验、思维体验、行动体验与关系体验。其中,关系体验是指个人属于集体、社会和文化的体验。

在阿尔文·托夫勒那里,体验还有间接体验、非间接体验之分。

此外,根据体验的强度,还可将体验划分为:消极体验、无体验、低度体验、中度体验与高度体验。

新的时代亦孕育出新的体验类型,比如虚拟体验、整体客户体验(TCE,Total Customer Experience)、品牌体验等。

至于日常生活中的体验类型,就更不胜枚举,譬如旅游体验、高峰体验、道德体验、极限体验、试错体验、危机体验,甚至濒死体验等。

必须一提的是高峰体验(Peak Experience)。所谓高峰体验,是体验的最高境界,而最高境界的典型体验当属尼采的"梦幻"与"沉醉"体验。尼采强调,在酒神的沉醉中,通过生命力量的提高而直接面对永恒轮回之人生痛苦,从而达到生命自身的美化和欢悦,因此,沉醉的本质,是力量的提高和充溢之感。还是看看

---

① 闵宗陶、权利霞.体验:一种经济学的解读.经济学家.2003(6).第104页.
② 姜奇平.体验经济——来自变革前沿的报告.社会科学文献出版社.2002.第282~284页.

尼采对高峰体验的描述吧：

> 春之来临与催眠药酒觉醒了狄奥尼索斯精神。人类受了他的精神的鼓舞自由渲泄其原始的本能，沉溺在狂欢、酣歌、舞蹈之中。人与人之间的一切藩篱都被打破，人类又与自然合一，深入神秘的原始的一致中，达到一种完全忘我的境界。在歌唱与舞蹈中，人类如与神明同在，他不知道该如何走，如何唱，他简直要快活地腾入空中。他自己感觉着他是一个神明，他神魂荡漾、意气昂扬，如同他在梦幻中看见的神明一样，人在这个时候不复是一个艺术家，他已经成为一件艺术品。他对一切固定的事物都不满，他建造他又破坏。生命在他是一席转动的盛馔，所谓幸福就是无休止地活动与野性的放纵。①

从审美角度看，不难总结出高峰体验的特性，它是一种物我两忘的境界，是本能的宣泄，是纵情的狂欢，是无止境的创造与超越，最终完成生命力量的提升，从而体会到生命中奔腾的欢悦，以及得以充分实现的自我。这是一种积极的人生体验，亦是人格中最积极的发展方向。人本主义心理学家马斯洛就全力肯定这种人格的积极倾向，他认为，驱使人类行动的，是若干始终不变的、遗传的、本能的需要，这种需要是心理的，但不仅仅是心理的。② 换句话说，就是机体的基本倾向在于尽量实现自身能力、自身人格，即自我实现的倾向。当自我得以实现时，便达到了一种"高峰体验"，芝加哥大学的 Mihaly Csikszentmihalyi 将这种状态称为"flow"，中文译作"畅爽"。当然，相比较而言，还是尼采的"沉醉"体验更接近完美的高峰体验。不过，这些林林总总的高峰体验存在共性，即基本上都与忘我、自我实现有关。

总体而言，在个体的高峰体验方面，可见可闻的论述相对较多，而且个体欲达到高峰体验，可选择的方式也较多，比如蹦极、飙车、险滩漂流、攀岩等活动，均可令个人达到"畅爽"或"高峰"状态。不过，关于群体的高峰体验，则鲜有论述。其实，施密特的关系体验、谢彦君的关系补偿体验、王宁的人际真实体验、人类学家维克多·特纳的"共睦态"(Communitas)体验，都可称为共同或集体体验，而后两者，可视为群体共同的高峰体验。

事实上，对体验如此细化的分类，主要目的还是在于认识体验的性质与内涵。"体验"概念从哲学意义上的生命本质之表征，到世俗社会的各色体验方式，是一个从抽象到具体的过程，在此过程中，体验的内涵逐渐趋向参差多态、丰富多彩。千姿百态的体验充盈着不同的人生历程，但是，体验的哲学、美学、心理学

---

① 姜奇平.体验经济——来自变革前沿的报告.社会科学文献出版社.2002.第281页.
② 谢彦君.旅游体验研究——一种现象学的视角.南开大学出版社.2005.第84~85页.

内涵依然没有改变,体验时代只是在充分认识体验的本质与内涵前提下,对体验加以现实的运用与演绎罢了。至于由此而衍生出的体验多元化,均可视为生命绵延进程中的不同表现,但无论如何,高峰体验将一直会是人类永无休止的本能追求。

第二节 旅游体验

旅游这一现象中外有之,古今有之。虽然个别、零散、偶然的旅游现象可以回溯到很久以前,但古人逍遥远游的体验已不可追寻,只有当规模化的大众旅游时代来临时,旅游体验才凸显出重要性,成为探究旅游本质的切点。旅游研究发轫于意大利,当时意大利是重要的旅游接待国,意大利政府统计局于1899年发表的《在意大利的外国人的移动及其消费的金钱》,是可见到的从学术角度研究旅游现象的最早文献。此后,旅游研究因战争而几度兴衰,但总体呈现出"高度分散与独立活动"的特征,而且重应用轻基础研究的倾向严重。[1] 比如旅游者研究,对其定义的分歧姑且不论,多数只针对市场作旅游者需求等方面的调查分析,至于旅游者体验,则较少纳入理性思考范畴。谢彦君教授认为,旅游体验,应该成为整个旅游研究的核心内容,这话在体验经济时代尤其适用。不妨先看一段关于旅游体验的描述:

> 摩托艇在海浪的起伏中冲刺。飞起的海浪迎面扑来,每一次的颠簸都让我禁不住惊叫。但当我在教练指导下亲自驾艇时,才发现让摩托艇飞起来并不是一件很简单的事情,但也不像坐在后面那样可怕。当自己驾驶着摩托艇,席卷长长的浪花,像风一样掠过无拘无束的海面时,内心充满喜悦和豪迈。在宽阔的海面上风驰电掣的感觉就是这样让人上瘾。[2]

体验操控与速度,进而产生超越的豪迈心情,旅游中的参与性活动就是这样充满魔力。旅游中的"我"——旅游者,感觉到另一个自我,明显地,"我"与旅游前有些不同,这就是体验的魅力之一。可见,旅游体验作为体验经济时代的一个典型表征,应该进入学术视野,从社会、文化与旅游者心理等多角度进行解读。

---

[1] 申葆嘉.国外旅游研究进展(连载之一).旅游学刊.1996(1).第65页.
[2] 转引自边四光.体验经济:全新财富理念.学林出版社.2003.第187页.

一、旅游的休闲属性

旅游,首先是作为一种休闲方式而引起学界关注的,因为在休闲状态下,旅游体验才得以实现。不仅如此,休闲直接涉及体验的本质,在这一点上,借鉴尼采关于"清醒、孤独、梦幻与沉醉"的思想不无裨益。清醒意味着怀疑与批判,孤独意味着审美与超越,梦幻意味着在审美过程中对外观世界的体验,沉醉意味着对世界本体的艺术化投入,这四重体验的合奏便是"自由人"。何谓"自由人"?从"自由境界"与"自由行为"的解说中可见一斑:"自由境界"是酒神狂欢的境界,是克服阻力的欢乐,是查拉图斯特拉的圆舞曲;"自由行为"则是大创造与大毁灭,是大肯定与大轻蔑,是创造意义的行为,是不断地自我超越的行为,是不断超越人生之痛苦、虚无和泥泞的行为。① 可见,"自由人"是自我实现状态下的人,亦即,自我实现的人才是真正自由的人,因此,自由是人之为人的终极目的。自由体验,在尼采的"沉醉"、弗洛伊德的"升华"等状态中均可获得,不过却与另一个命题——"休闲",存在着必然的内在联系。

多数学者倾向于将休闲产业的出现归诸于不断推出的新技术以及某些消费时尚或趋势。1999年第12期的美国《时代》杂志预测,2015年前后,发达国家将进入"休闲时代",譬如美国,其休闲业在国民生产总值中将占有一半的份额,而且会有越来越多的人有条件将生命中50%的时间用于休闲、娱乐。然而,休闲不仅仅是技术、效率累积的结果,而且亦是自由人的本性,它与所谓的"经济理性人"是截然对立的。

休闲学的代表人物杰弗瑞·戈比说:"休闲是从文化环境和物质环境的外在压力下解脱出来的一种相对自由的生活,它使个体能够以自己喜爱的、本能地感到有价值的方式,在内心之爱的驱动下,为信仰提供一个基础。"照此定义,休闲并非单纯是那种"在一段时间内无所事事"的状态,它是个体安然、自在处置自我的一种状态。席勒在200年前曾有个著名的论断,他说:"只有当人是完全意义上的人,他才游戏,只有当人游戏时,他才完全是人。"于光远也说过:"玩是人生的根本需要之一,玩是人的一种本能;它是使人处于放松与自由的一种状态。"他们说的其实是一件事,那就是休闲,休闲中的体验,自由自在,心无旁骛地玩、游戏、自处或是与他人相处,正是自由人的状态之一。因此,体验的极致——高峰体验的获得必然需要以休闲为前提条件。

关于"休闲",美国社会学家范伯伦(Thorstein Bunde Veblen)1899年在其著作《有闲阶级论》(*Theory of the Leisure Class*)中就有相关论述,不过他强调

---

① (德)马丁·海德格尔.尼采十讲.中国言实出版社.2004.第127~128页.

摆阔式的消费；麦坎内尔在《旅游者：休闲阶层新论》(The Tourist：A New Theory of the Leisure Class)中直接指出有闲中产阶级是出于对"真实性"的寻找，才外出旅游。在法国社会学家乔弗里·杜马泽迪尔(Joffre Dumazedier)"文化"①理论的启发下，人类学视野下的"旅游"概念也与休闲联系了起来。人类学者认为，旅游是某种形式的休闲活动，而旅游者就是休闲中的旅行者，休闲状态下的旅行者是摆脱了重要社会责任与义务的人。② 此定义无疑很宽泛，丹尼森·纳什(Dennison Nash)也曾经对旅游者作过类似的界定，其界定几乎囊括所有离家外出的人。人类学对旅游者的界定，正是由其跨文化研究之特点决定的，各种类型的旅游者，是跨文化研究的基础。然而，杰弗瑞·戈比的"休闲"定义与人类学的"旅游"定义却存在某些共同点，即，人们从世俗中解脱出来，按自己喜爱的方式去度过一段时间，并从中获得价值与意义。旅游与休闲在内涵上的重合，就注定旅游必然具有休闲的特性，因此，将旅游视为一种休闲方式是有充分理由的。

其中，参与性活动最易激起旅游者的休闲心性，并可能产生忘我的高峰体验。在体验时代中，人们尝试做各种各样的事情来获得期待中的体验。彼得·加德曼为现代人描述了可以亲身尝试的28种历险方式：水上居住、水陆联运、山地骑车、骑牛、乘雪橇、远航、飓风追逐、峡谷漂流、护送车队、观察海豹、冰山旅行、捕捉海雀、驾驶赛车、热气球飞行、攀岩、探洞、乘筏冲浪、驾独木舟、弯道旅行、扎营远足、亲吻鲸鱼、美洲驼驮运、特技飞行表演、划旱船、重演历史战役、乘破冰船、极地耐寒与乘狗拉雪橇。③ 这些方式不同于寻常的观赏审美，它们大都属于另类的极端体验，但正是这类参与性活动更容易使人产生刺激、忘我的高峰体验，而且此类活动通常由旅游业"名正言顺"地供给。当然，旅游只是休闲的方式之一，不是所有人都会选择这一方式，即使在工业时代的美国与英国，仍然有30%～50%的人群在节假日期间从不旅行。

总之，休闲、自由人、旅游体验，三者之间具有必然的依存关系。休闲与心灵的自由自在紧密相关，如果说休闲是自由人的本性，那么旅游也是自由人的本性，旅游中的体验，一部分如狄尔泰所言，正是社会、历史的产物，如旅游中的世

---

① 乔弗里·杜马泽迪尔认为，文化是一套重要程度不等的社会需求，这些需求的社会化过程，也就是人们对之的内在化过程。
② Dennison Nash, Valene L. Smith. "Anthropology and Tourism." Annals of Tourism Research. Vol. 18. Num. 1. 1991:pp. 17—19.
③ 彼德·加德曼的冒险设想：北美富有刺激性的逃避(纽约：福德旅行出版公司，1997年)描述了这一类探险活动，加德曼亲身经历了每一种探险活动并且留下照片。书中同时列出从事每一种探险所需要的物品单。

俗愉悦体验；而一部分，则是与休闲相关的、自由人的纯粹体验，譬如纯粹的、超功利性的审美体验与投入、忘我、参与性的高峰体验等。在下文中，如无特殊说明，其所讨论的旅游体验均属于与休闲特性紧密联系的、超功利性的体验；此外，"离家行游"(Travel away from Home)是旅游区别于多数其他休闲方式的一个重要特征，这也是值得放到特定的社会与文化背景下加以阐述的问题。①

在认识到旅游体验之"休闲"特质的前提下，对旅游体验本质的研究才有可能继续进行，实际上，多数旅游体验研究都存在一个预设，即：只有在休闲状态下，人们才可能获得旅游体验。因此，旅游体验的学术研究，对其内涵的分析较少，而对其现象与诱因的分析居多，以下将对旅游体验研究的主要成果进行梳理，并作出相应评述。

二、旅游体验研究

自20世纪六七十年代以来，对旅游本质、旅游者的研究，一直是英语世界社会科学的基本课题之一。旅游基础研究一直遵循"拿来主义"，广泛涉及社会学、人类学、心理学、经济学、管理学、规划学、营销学、地理学、生态学、美学、史学、哲学等学科，多学科研究方法司空见惯于研究者的理论阐发之中。人类学、社会学学者正是在相互借鉴中，对旅游体验提出了见仁见智的观点，其中亦不乏精辟之论。为此，以下将从社会学与人类学的视野出发，概括性地评介国内外关于旅游体验的见解与论点。

（一）国外旅游体验研究的主要观点

1."虚假事件"(Pseudo-event)论

认为大众旅游者被隔离在当地人及其生存环境之外，其旅游体验全然来自旅游企业与当地人精心炮制的"虚假事件"，此观点的代表人物是布尔斯廷(Boorstin)。布尔斯廷随即推断道：假以时日，再借助广告与媒体之力，旅游者注目(Tourist Gaze)所培植出的旅游形象，将形成封闭的、自我延续的幻觉体系，进而为旅游者提供无尽的旅游选择。但此类旅游，是旅游操作者玩弄的某种骗局，它使旅游者日益远离目的地社区的文化生境；而大众旅游者自身，亦逐渐沉迷于此类"虚假事件"②。布尔斯廷的口吻中充满着对早期贵族"独行侠"旅行的追慕，以及对大众旅游者的嘲弄与不屑，麦坎内尔(MacCannell)因此指出其观点是上流社会的偏见，流露的只是"其他人都是旅游者(Tourists)，而我是一

---

① J. R. Brent Ritchie, Charles R. Goeldner. *Travel, Tourism, and Hospitality Research.* New York: John Wiley & Sons, Inc. 1994. p. 234.

② John Urry. *The Tourist Gaze(Second Edition).* London: Sage Publications. 2002. p. 7.

名旅行者(Traveller)"的怀旧情结,甚至是某种优越感意识。

尽管布尔斯廷的观点片面而偏激,但仍有不少研究者步其后尘,并对之作进一步的丰富与深化。其中最具代表性的论述是来自特纳与阿什(Turner and Ash)的《金色的游牧部落》(The Golden Hordes)一书,此书认为在旅行社、导游以及酒店经营者的"精心呵护"下,旅游者的责任感得以松懈,并远离了那些残酷的现实,旅游者就是如此这般地被安置在一个被严格界定的旅游世界之中。

布尔斯廷与特纳、阿什的观点大同小异:他们都认为当地文化应该真实地呈现给旅游者,旅游者不应该只是肤浅地追逐"虚假事件"的体验;但特纳与阿什则更进一步,他们指出,即使是有心寻求文化差异的游客,也将宿命地遭遇到千篇一律的模式化旅游景观与标准化服务程序。

2. "真实性"(Authenticity)理论

麦坎内尔的观点极富挑战意义,几至与布尔斯廷针锋相对。他认为,"旅游者是当代的朝圣者,在远离其日常生活的异时(Other Times)、异地(Other Places)寻觅真实性。旅游者对他者(Others)的'真实生活'表露出特别的沉迷之情,皆是缘于他者不知为何,竟拥有其平日难以体验到的真实"[1]。麦坎内尔关注现代生活的非真实性与肤浅性,他认为制度化、程式化的现代生活及其所衍生的消极情感,正是人们极欲出行,去寻找自身所缺失的真实性的推力之一。然而,旅游者对他者文化的入侵式注目,通常是不受欢迎的,于是,出于自我保护与利益追求的双重需要,被注目者(Touree)与旅游企业逐渐学会构建人造的后台(Backstage),向旅游者推出其愿望中的旅游空间,这正是麦坎内尔所谓的"舞台真实"(Staged Authenticity),它类似于布尔斯廷的"虚假事件"。因此,麦坎内尔认为"虚假事件"肇始于旅游中的社会关系,而非布尔斯廷主观认为的是出于"旅游者对虚假事物的追求"。

麦坎内尔借鉴社会学家西梅尔(Simmel)对都市感官体验的本质分析,认为由于"虚假事件"与"舞台真实"的存在,旅游者体验才具有如下病灶:眼花缭乱于瞬息万变的形象;匆匆一瞥中只摄取到文化的碎片、汹涌而来且令人猝不及防的印象潮流。[2]"虚假事件"或"舞台真实"营造的体验只是变幻、零碎与模糊的综合体,它与旅游者注目(Tourist Gaze)相生相克。根据麦坎内尔的说法,宗教朝圣与朝圣式旅游是截然不同的,宗教朝圣者只笃信某一个神圣的中心,而旅游者则将无数景点都视为可朝圣的中心。那些自认为能够生产并维持定期的、有意

---

[1] John Urry. *The Tourist Gaze (Second Edition)*. London: Sage Publications. 2002. p. 9.
[2] Dean MacCannell. *The Tourist: New Theory of Leisure Class*. New York: Schocken. 1999. p. 49.

义的、有利可图的"旅游者注目"的想法,是注定要落空的,因为旅游者已学会于何时何地、如何去"注目",他们不仅去许多景点"朝圣",而且通常每个景点只去一次。旅游者的注目如此变幻无常、薄情寡义,以至任何新鲜事物都可能成为潜在的旅游资源,只需有人不嫌麻烦,费心去传播它的价值所在,即会有旅游者趋之若鹜。在麦坎内尔分析的旅游情境中,"舞台真实"使旅游者追求真实体验的原初愿望成为泡影,以为进入了"后台"的人,实际是被带入了预先准备好的"前台"。完善发展的大众旅游体系将旅游者完全包围在舞台化旅游空间中,没有"出口",甚至那些热爱冒险的旅游者,也只是从一个舞台移动到下一个舞台而已[①],于是旅游者一次又一次出发,去新的时空中寻找真实,以满足其心灵最深处的某种神圣诉求。不言而喻,正是旅游情境中东道主与旅游者之间这种矛盾的共生关系,才导致"舞台真实"的产生,进而引发旅游者意犹未尽的再次寻找。

此后,许多学者的深入分析使麦坎内尔的"真实性"理论得到进一步细化。皮尔斯与莫斯卡多(Pearce and Moscardo)就认为应该区别对待旅游景观的真实性与被注目者(即当地人)的真实性,并区分不同内涵的旅游体验;克里克(Crick)干脆将所有文化类型都认定为"舞台化的"(Staged)与非真实的,因此,很难说清旅游引发的"舞台真实"与一切文化的再创造现象之间,有何重大区别;布鲁诺(Bruner)则在实例中去解读那些矛盾重重的真实性感受,譬如亚伯拉罕·林肯曾居住过的小镇 New Salem,就呈现给游客如下感觉:(1)不管其建筑是否真有那么古老,但乍眼看去确实感觉曾历经 170 年的沧桑;(2)大多数建筑都是古老的,显出仿佛时间就凝固在 19 世纪 30 年代的感觉;(3)的确有些建筑与物品可追溯至 170 年前,并且存在至今;(4)这些建筑与物品被权威机构认定是真实的。[②] 布鲁诺认为上述感觉内涵复杂,真假莫辨,且有时彼此冲突,应该予以区分。

事实上,以布尔斯廷为代表的"虚假事件"论与以麦坎内尔为代表的"舞台真实"理论对旅游者体验的看法惊人地相似,二者都认为旅游者感受到的是建构的景物和传统,其体验虚幻而不真实。当然,两种观点亦有根本区别,即布尔斯廷将"虚假事件"的泛滥归咎于旅游者的庸俗、肤浅与轻信;麦坎内尔却认为文化构建源自旅游情境中的主-客关系,并非旅游者单方之责。

3. "旅游仪式"论

贾法·贾法瑞(Jari. Jafari)曾提出"跳板"理论,他认为旅游是"非同寻常的

---

① Erick Cohen. *A Phenomenology of Tourist Experiences*. Sociology. Vol. 13. No. 2. May. 1979. p. 179.

② John Urry. *The Tourist Gaze(Second Edition)*, London: Sage Publications, 2002. p. 10.

流放过程",游客从中获得精神的释放与激励,并再次回到平常生活中。[1] 纳尔逊·格雷本的"旅游仪式论"亦提出,"最好将旅游理解为一种仪式,一种与日常家居生活、工作形成强烈反差的,集休闲、旅行于一体的特殊仪式"[2]。"跳板"理论强调两个要点:(1)旅游具有"非同寻常"的特性;(2)旅游具有"精神释放与激励"的功能。"旅游仪式论"认为旅游与世俗生活存在反差,而反差使旅游者有机会实现生命的再创造(Re-creation)。此二人的观点仅咫尺之遥,但若将旅游理解为"仪式",便可从仪式的视角对旅游加以解读。

人类学对仪式的研究成为格雷本"旅游仪式论"的理论基础,尤其是范吉内普(Van Gennep)与维克多·特纳(Victor Turner)的"阈限"(Liminality)概念,对分析旅游体验大有裨益。根据特纳的分析,旅游提供了某种类似仪式"过渡"的体验,此"过渡"体验以"反差"或"逆转"(Inversion)为特征,旅游者在此过程中的心理、态度、想法与言行都将不同寻常,如同转换了身份一样。格雷本认为,世俗社会中的个人有转换身份或经历的需要,这种需要通常由仪式来满足,而当人们找不到适当的仪式或是畏惧宗教仪式的威严与繁琐时,旅游就可能成为宗教的替代品,帮助个人完成人生历程中的"过渡"时刻。

另一方面,特纳将"阈限"视为"反结构",认为反结构"夷平"(Level)了世俗社会的所有差异,诸如阶级、地位、身份等,仪式参与者之间即会产生一种亲密无间、彼此平等、毫无芥蒂的社会关系,这种关系就是"共睦态"(Communitas),这是一种高峰体验,参与者处在平等、单纯、谦和,甚至忘我的状态中。正因为旅游中存在着"反差"(诸如气候、景观、饮食、文化等方面的差异),"共睦态"体验的产生才成为可能;旅行经历必定与日常生活有所不同,那就意味着旅游具有"反结构"的特性,而"反结构"则是"共睦态"体验的前提。旅游中的"共睦态"体验来自共同的旅游情境、共享的审美愉悦等因素,这些因素使旅游者沉浸于彼此接纳、心无芥蒂、息息相通、浑然忘我的状态中。

许多研究成果都证明,相当一部分旅游体验都类似于仪式或朝圣中的阈限体验。譬如,摩尔(Moore)在研究迪斯尼乐园的游客时发现,尽管十分清楚这些商业化旅游吸引物的搞笑性质,旅游者还是能感受到类似阈限的忘我体验;戈特利布(Gottlieb)则发现,那些为暂时忘却日常生活之单调的人,往往会兴致勃勃、激情四溢地扮演着"一日国王"或"一日农夫",从中体验到"另一个自我"。这种体验即"类阈限"(Liminoid)体验,旅游者在短暂的时间内成为另一类人,尝试着

---

[1] (美)丹尼尔·纳什.旅游人类学.宗晓莲译.云南大学出版社.2004.第38页.
[2] Nelson Graburn. *Secular Ritual*: *A General Theory of Tourism*. London: Cognizant Communications. 2001. p. 42.

去实践与新身份相符的言行,由此感受新奇而富有创造性的体验。体验结束,犹如仪式结束,旅游者变得与先前有所不同,这正是旅游中"反差"的魔力。不过,无论是转换身份的体验,抑或是"共睦态"体验,都不代表着旅游中的全部体验。莱特(Lett)曾经借用特纳的"阈限"概念精彩分析过加勒比海地区快艇游客的高峰体验,但他亦私下坦承:"如果只研究游客的阈限体验,人类学对旅游的研究将是不完备的。"[①]更为重要的是,格雷本预设了"旅游者有替换或转换生活体验的需要",现实是否如此却难以确认。在特定情境下,"共睦态"体验类似于马斯洛的"高峰体验"(Peak Experience)与奇克森特米哈依(Csikszentmihalyi)的"畅爽"(Flow)体验。麦坎内尔则将"旅游仪式论"推向极端,他认为旅游是一种现代朝圣仪式,假如没有"文化商品化"的干预,旅游者体验无疑都将崇高而神圣,与仪式体验相差无几。

总之,格雷本的"旅游仪式论"与麦坎内尔的"朝圣论"带有功能主义的色彩,他们都强调旅游作为仪式所具有的功效。但是,针对仪式理论在运用中的缺陷,部分学者指出,阈限与逆转的概念过于含糊与笼统,应该赋予其更明晰的内涵,为此有必要从旅游者日常生活的范畴,去探究社会与文化类型的本质,看看是什么在旅游中被逆转,阈限体验又是如何起作用的。

4."多元体验"论

针对布尔斯廷等学者的片面论述,科恩(Cohen)指出:不同的人渴望不同模式的旅游体验,因此旅游者不止一种类型。[②]

首先,科恩批判性地总结了对旅游体验的两种认识,即布尔斯廷的"虚假旅游体验论"与麦坎内尔的"追逐真实性"理论,他认为二者提出的这两种旅游体验理论,都过于片面,不具普适性。麦坎内尔的描述对象主要是年轻人,即"后现代"旅游者,而布尔斯廷的研究对象则集中在富有而稳重的中产阶级或中年旅游者身上

其次,科恩对旅游体验的考察有两个基点:(1)旅游(包括文化、社会生活与自然环境等因素)在现代人生活中的地位与意义;(2)个人与"中心"[③]存在不同的关系,即个人对"中心"的诉求程度不同,从而存在不同的体验模式。这两个因素共同作用,使旅游对不同的人具有不同的意义,从而采取不同的态度与行为,也因此体会与众不同的旅游体验。

---

① (美)丹尼尔·纳什.旅游人类学.宗晓莲译.云南大学出版社.2004.第 42 页.
② Erick Cohen. A Phenomenology of Tourist Experiences. Sociology. Vol. 13. No. 2. May. 1979. p. 184.
③ 指个人的精神中心,无论是宗教还是文化中心,这个中心对于个人而言,象征着人生的终极意义。

最后，科恩从宗教人类学的角度将旅游者分为五种类型，即：休闲娱乐型模式（the Recreational Mode）、转移型模式（the Diversionary Mode）、体验型模式（the Experiential Mode）、实验型模式（the Experimental Mode）、存在型模式（the Existential Mode）。其中，后三类旅游者就不会受"虚假事件"的摆布，因为其旅游体验在不同程度上正是建立在对抗"预谋式"旅游活动之基础上的。

科恩将这五种体验置于一个连续体上，连续体的一端代表大众旅游者的娱乐体验，另一端是存在型旅游者的朝圣体验（即阈限体验），从娱乐到朝圣，旅游者对真实性的重视程度在增强，对"中心"的认可程度也逐渐由弱变强。（见图4-1）。

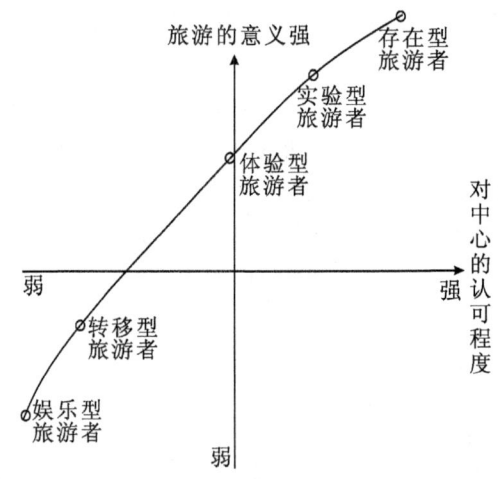

图 4-1　科恩的旅游体验连续体模型

在这五种体验类型之外，科恩认为还存在某种人文主义者的旅游体验，即二元中心论者与多元中心论者。这类人会同时皈依两个或多个精神中心，每一个都可能赋予其同样真实的生命启迪，也就是说，并非只有某个特定中心才会激发他们类似朝圣的体验。虔诚的文化相对主义者给予每种文化同样的尊重与崇拜，任何文化都可能成为其向往的对象，因此他们时时刻刻都在经历着朝圣式的体验。不过，这类旅游者的存在，倒是对"疏离感"观点的一种反击，说明现代人不一定是在对自己的社会、文化中心产生疏离感后，才去寻找并最终依附于其他的精神中心。

表面看来，科恩的体验连续体可简单地归纳为两类，即以追求愉悦为目的的旅游体验与以追求意义和真实性为目的的旅游体验。照科恩看来，不同旅游者追求不同模式的旅游体验，不能只作最简单的概括。研究旅游体验的学者应该去关注这些体验的实现机会，不同模式的旅游体验因其实现的难易程度而异，体验模式越"深刻",就越难实现。

"娱乐型"体验最易实现,这类旅游者只要求愉悦;"转移型"旅游者希望体验能够完成对其个人的精神修复。这两类旅游者对真实性没有要求,他们可轻而易举达到旅游目的,"舞台真实"也最有可能获得这两类旅游者的认可。

对另外三类旅游者而言,体验的真实性是旅游意义的关键所在,真实性是体验得以实现的前提。为应付这类旅游者,出现了"后台真实"。麦坎内尔认为:虚假的后台比虚假的前台更阴险,其对社会生活的虚妄解释简直就是超级的谎言。对这三类旅游者的体验追求,学者们持有以下几种态度:

(1)真实性对"体验型"旅游者尤其重要,他们往往是从欣赏他者的真实文化中获得审美体验。以麦坎内尔为代表的学者认为,旅游者的通常命运就是陷入"旅游空间"里,意识不到自己对真实的渴求是没有出路的。也就是说,就目前的旅游现状来看,旅游者没有办法深入到他者的真实性中去。这会产生两种后果:一是旅游者没有识破虚假,以假当真,这勉强可算作其达到了旅游目的;另一种是旅游者意识到受骗,愤恨而归,变成更挑剔的或失去信心的旅游者。

(2)科恩认为,有一部分旅游者,比如"实验型"旅游者,具备超越舞台化"旅游空间"的知识与能力,从而能窥见到他者的真实文化。但这类旅游者只是凤毛麟角,格雷本曾戏言道,大概只有人类学者才具备这种能力。不过,"虚假"对"实验型"旅游者而言,不是个特别严重的问题,因为他的愿望只是尝试,而非投入。这类旅游者面临的最大问题是:成为永远的寻找者,最终可能因为找不到一种可以令他臣服并依附的生活方式,而彻底地迷失。

(3)"存在型"旅游者对真实性的要求处于连续体的最高端,这类旅游者与"体验型"旅游者有一个最大的不同,就是他们参与到他者的文化中去,去亲身实践与体验,而不仅仅满足于旁观。因此,其追求的"朝圣"体验往往要付出很大代价才能获得,比如长途跋涉、肉体煎熬等。同时,这类体验也很脆弱,细微的不真实都可能成为破坏整个神圣体验的导火索,当然,这取决于"存在型"旅游者对待这些瑕疵的态度。[①]

5."旅游者注目"(Tourist Gaze)论

从字面上很难理解这种旅游体验,事实上,它只是强调旅游目的地总有些方面与旅游者日常生活有所不同。旅游者目光所及之地不同寻常,他们能最低限度地体验到迥异的感官愉悦,以及不同程度的文化或景观震撼(Shock)。厄里认为,非凡的体验有许多种方式可获得,包括:(1)观赏对象的独特性,譬如埃菲

---

① Erick Cohen, *A Phenomenology of Tourist Experiences*. Sociology. Vol. 13. No. 2. May. 1979. pp. 181-198.

尔铁塔、白金汉宫、万里长城，甚至是肯尼迪总统被刺杀的城市达拉斯(Dallas)，这些地点具有独一无二的特性，旅游者如朝圣般涌向这些"中心"；(2)观赏对象的符号性，比如传统的英国乡村、典型的德国啤酒屋、传统的法国城堡，在某种程度上，此时的旅游者就如符号学家，从五花八门的旅游话语中去解读景观的象征意味；(3)自以为熟悉的观赏对象呈现出陌生的文化特质；(4)熟悉的社会生活出现在不寻常的情境中；(5)在陌生的环境中完成熟悉的任务或活动，比如在迥然不同的环境中购物、饮食等，就可能产生出非同寻常的体验。① 这些对象与情境，都是旅游者易于注目并产生非凡体验的事物或场所。明显地，厄里认为旅游者注目是以旅游对象为核心，对象的特性牵引着旅游者注目，塑造着旅游体验。实际上这一观点是"旅游仪式"论的简单化，只不过是将旅游体验视为非同寻常，并未赋予其仪式的特性。

6."消费主义"(Consumerism)论

坎贝尔(Campbell)在《现代消费的浪漫伦理与精神》(*The Romantic Ethic and the Spirit of Modern Consumerism*)一书中论证道，转化"白日梦"(Daydreaming)与"预期"(Anticipation)的过程，是现代消费主义的核心。换言之，与其说人们的消费动机是物质性的，毋宁说他们是在"现实中"寻找其想象中早已体验过无数次的愉悦"戏剧"，但由于现实与梦想难以完美地契合，每一次购买都导致幻灭且永无止境地期待新产品的结果。因此，追新求异与永不满足，正是现代消费主义的辩证统一。假如坎贝尔关于"现代消费主义蕴含着想象式愉悦的寻找"之论断成立的话，那么旅游无疑就是一个典型范例，因为旅游确实涉及与世俗生活不同的白日梦或预期体验。不过，关于旅游的白日梦并非自然产生，它与广告、媒体制作有关联，这些在竞争与复制中产生的宣传口号或印刷品，很大程度上激发出旅游者联翩的浮想。Löfgren在1999年的论断与坎贝尔的"消费主义"如出一辙，他认为：

> 将度假活动视为一个文化实验室，人们在此能体验到不同层面的认同感，社会关系，与自然的互动，其间，他们利用白日梦(Daydreaming)与心灵旅行(Mind-travelling)等文化技巧。总之，旅游将成为一个舞台，而幻想(Fantasy)则是这个舞台上的重要社会实践。②

不难推论，心灵需求已成为现代西方人急欲追逐的东西，而对心灵需求予以满足的产业活动，则成了意义深远的文化现象，既反映了社会的变迁，又揭示出

---

① John Urry. *The Tourist Gaze*(*Second Edition*). London: Sage Publications. 2002. pp.12-14.
② 转引自 Adrian Franklin Mike Crang. *Tourist Studies*. London: Sage Publications. Vol.1(1). 2001.

社会群体的心理倾向。伴随着商品经济的发展,生产者市场(即卖方市场)时代业已过去,随之而来的消费者市场(即买方市场)逐渐细分化,出现如下特征:社会生活的所有方面日益商品化,产品生命周期日益缩短,消费者摒弃盲从,追求独特与自然的消费习惯等。普恩(Poon)认为,现代旅游也反映出以上这些特性,以团队和标准化为特征的"旧式旅游"(Old Tourism)已在向细分化的、弹性的、个性化的"新式旅游"(New Tourism)转化。因此,追求"白日梦"、"幻觉"与"预期"的实现,是旅游者向往的新一轮愉悦体验。

"消费主义"论的实质是需求决定论,在传统眼光下,当代人的虚无追求有些匪夷所思,但它是社会文化变迁的产物,这一"体验"观暴露了旅游的部分本质,并反映出旅游者发生社会的文化倾向。与"旅游仪式"论和"旅游者注目"论中的旅游者相比,消费型旅游者强调张扬个性,追求与众不同,而非与旧不同;同时,他们注重内心世界与客观外在的完美契合,换句话说,对于体验,消费型旅游者存有先验的梦想与预期,旅游对象只是印证预期,实现梦想,而非直接赋予其体验。体验预存于旅游者梦想,实现程度与主、客观的吻合程度成正比。

客观地,英语世界国家对旅游体验的研究,从试图抽象出一种普适的体验到认可体验存在多样性,从体验的神圣化、虚无化回归到世俗化与现实化,并未耗费太长时间。在体验需求迭出的时代,认识体验的机会将越来越多,研究者也会遇到更多类型的旅游体验,也许这些体验就存在于上述体验类型之外。因此,关于旅游体验的研究,需要更多不同文化背景的学者来参与,因为英语世界人群的旅游体验,并不能代表世界所有人群的旅游体验,而这正是体验的多样性所决定的。

(二)国内旅游体验研究的主要观点

国内学者对旅游体验开始关注也是近几年的事,且多数研究是为旅游开发与旅游营销提供参考,比较系统的旅游体验研究当数谢彦君教授的《旅游体验研究——一种现象学的视角》一书。

谢教授认为旅游体验遵循"快乐原则",不同模式的旅游体验会带来不同的愉悦。为此,他将旅游体验划分为:结构张力下的补偿性旅游体验、寻找精神家园的遁世性旅游体验、认知性旅游体验、另类色彩的极端旅游体验。谢教授从这些体验中抽象出一些基本结论,即:旅游的根本内驱力是匮缺补偿与自我实现;旅游的需要是对愉悦的追求;旅游动机是对旅游需要的工具性实现。同时,谢教授也探讨了真实性、"前台与后台"、商品化对旅游体验的影响。

此外,谢教授将旅游中产生的愉悦分为两类:一类是审美愉悦,另一类是世俗愉悦。审美愉悦来自崇高体验与优美体验,崇高体验缘于旅游者对自然之壮美而产生的震惊、崇敬、叹服的激情心理,优美体验则缘于旅游对象本身的美学特性及其与旅游者之间在心理上的某种契合与呼应。总之,爱与"恐惧",是审美体验的主要情感源泉①,这是一种超功利性的体验。与之相反,旅游世俗愉悦来自视听感官以外的其他感官,它包含着我们耳熟能详的愉悦形式与内容,比如品尝美味佳肴的感官之乐、亲人齐聚时的天伦之乐、汲取知识时的顿悟之乐等,这些体验都满足着人的某种欲望,具有功利性的特质。谢教授认为,应该避免将世俗愉悦体验与审美体验混淆,这样才能理解旅游中审美活动的实质。不过,科恩也曾提出,当体验型旅游者在旁观他人沉浸于神圣体验时,其自身也可能会接受洗礼从而领略到神圣之感,因此,谢教授如果能将人性之美、文化之美也作为旅游者产生崇高体验的源泉,就可与体验型旅游者形成对应,使其论述更加全面。同时,尚需解释说明的是,在旅游世界中,无论是补偿性旅游体验、认知性旅游体验,还是极端旅游体验,都不同程度地完成了"补偿匮缺,实现自我"的目的,并最终带给旅游者不同的愉悦满足。

概言之,《旅游体验研究》一书的最大贡献是将旅游体验表象与旅游体验目的结合起来,最终得出一个比较有解释力的结论,即旅游的根本内驱力在于旅游体验,而旅游体验的目的就是补偿匮缺、实现自我,这个目的如果达到,就产生愉悦,旅游者需求则就此得到满足。此解释体系较为符合逻辑,而且客观地讲,谢教授对旅游体验的分类也更强调其目的性,比科恩的连续体更易让人接受。另一方面,《旅游体验研究》一书不仅从现象学的角度全面审视了体验类型及其发生原理,而且还指明,旅游者体验通常不会单纯为某一种体验,而会是多种体验的混合;再者,将旅游者因世俗愉悦未得到满足而产生的消极体验排除在旅游审美体验之外,对于理解旅游体验的概念与分类,是有很大作用的。

另外,中山大学王宁教授在《旅游体验中的真实性反思》(Rethinking Authenticity in Tourism Experience)一文中,重新系统客观地界定了真实性的概念,将真实性分为:客观真实(Object-related Authenticity)、建构性真实(Constructive Authenticity)或称象征性真实、存在性真实(Activity-related Authenticity)。实际上这是对旅游体验的另一种界定方式。客观真实不能全面概括旅游者体验,被专家、学者或精英们裁定为不真实或舞台真实的东西,从主位的观点来看或许就是真实。而对建构主义者来说,真实性是旅游者自身的信仰、期待、偏好、原型印象或意识在游览对象上的投射;旅游者确实是在寻找真实性,不过他们所寻求的并不是客观的真实(比如,起源或原物的真实),而是象征或符号的真实。② 实际上,建构真实就是对真实性外延与内涵的扩大与丰富。存在真实性与旅游客体是否真实经常是

---

① 谢彦君.旅游体验研究——一种现象学的视角.南开大学出版社.2005.第 146 页.
② Wang Ning. "Rethinking Authenticity in Tourism Experience." *Annals of Tourism Research*. 2002. p. 365.

没有关系的,因为在旅游者寻找存在真实性的过程中,往往沉迷在由某种旅游活动所激发的自我存在状态里。换种说法,存在体验就是"存在"(Being)的真实性,它被旅游者主观地尝试着,比如旅游中的舞蹈表演,这种体验强调旅游者的"在场"(on-site)与"参与"。

王教授将存在性真实划分为内心真实(Intra-personal Authenticity)与人际真实(Inter-personal Authenticity),前者强调体验的自我塑造与自我认同,后者强调群体的共同体验,比如亲人的团聚体验,朝圣旅游者之间的"共睦态"体验。最后,王宁教授得出结论:即使旅游对象完全不真实,其中依然可能找寻到一些有价值的东西。旅游者可能要求一种替代性的、由旅游活动所激发的存在真实性,因此存在性真实可成为常规的客观性真实与建构性真实的一种替代。存在性真实是一个新概念,它的提出,可用以解读那些重视参与和身体力行的旅游行为,剖析出其追求的体验类型,国内学者关于旅游体验的论述还有很多,但应用性质居多,暂不赘述。

综上所述,不难看出,虽然旅游本质至今是个见仁见智的问题,但对旅游体验种种表象的分析,都直指旅游本质。是非暂且不论,旅游体验这一视角却值得嘉许,因为不言而喻地,体验是旅游者需求的核心。不同的人在追求着不同的体验,有人诉诸于旅游,有人则依赖其他方式,比如体育运动、赛马、艺术,甚至赌博,但在现代社会,有相当数量的人却不约而同地选择了旅游这一方式,这似乎暗示着,在众多的旅游模式中,应该存在一点共同的东西。

第三节 "共睦态"——一种阈限体验的解读

人类学涉足旅游研究相当晚近。1963 年,人类学者努涅斯(Nunez)发表了一篇关于墨西哥山村周末旅游的论文,这是人类学与旅游的结缘之期。不过,人类学正式进入旅游领域,却是以 1977 年瓦伦·史密斯(Valene Smith)主编的《东道主与游客》(Hosts and Guests)一书为标志的。这本书明确表达了早期的旅游人类学研究旨趣,即以旅游接触与旅游影响为研究对象。逐渐地,旅游人类学研究形成包括旅游影响研究在内的三个主要视角,其中,"个人经历转换"的视角与旅游体验最为相关。这一研究视角的代表人物为美国旅游人类学家纳尔逊·格雷本(Nelson H. Graburn)。纳尔逊·格雷本教授的主张是:"最好将旅游理解为一种仪式,一种与日常家居生活、工作形成强烈反差的,集休闲、旅行于一体的特殊仪式。此理论适用于一切形式的旅游;我们必须正视旅游者旅行的特殊性与家居生活工作的平庸乏味之间的反差,由此理解旅游者旅行及其体验的本质。旅游体验之所以意义深远,是因为其与日常生活截然不同,并且反映出旅游者的家居生活。[①] 如果旅游承担着过渡礼仪的功能,那么旅游者就有可能产生一种"高峰体验"——"共睦态"(Communitas)体验。为此,以下将从"Communitas"一词的翻译入手,对"Communitas"状态作人类学意义上的解释,并批判性地分析其特性及对旅游者的意义。

一、"Communitas"的释义

目前,在人类学与社会学的表述中,"Communitas"一词频仍出现,但这个词的翻译一直五花八门,不曾统一。"Communitas"是拉丁语,并非英文单词,在英汉词典中查不到,因其与英文里的"Community"一词同源,一些论著就径直将"Communitas"译为"社群"或"社团"。除此之外,还可以在网上搜索到与"Communitas"相关的文章422篇,就此统计出约15种翻译方法:(1)群通;(2)交融;(3)融合;(4)共融;(5)融聚;(6)神会;(7)群共性;(8)共同体认同;(9)社团;(10)社场;(11)社群体;(12)共融体;(13)命运共同体;(14)城邦社会;(15)生活解放空间。不难看出,第1至8种翻译强调一种息息相通、不分彼此的情感状态,共处于这一情感状态的人群属于情感共同体;而第9至15则倾向于将"Communitas"理解为有共同利益、共同兴趣、共同职业、共同习惯或共同历史的关系共同体。就上述15种译法而言,前8种更接近"Communitas"的本意,但都不甚妥当。

在《关键词——文化与社会的词汇》一书中,雷蒙德·威廉斯(Raymond Williams)对"Community"有着详尽的介绍。"Community"可追溯到的最早词源为"Communis",意为"普遍、共同",但"Community"一词的正式形成是在公元14世纪,当时特指有别于特权阶层的平民群体,这一用法从14世纪沿袭到17世纪;也是从14世纪始,"Community"亦指"规模较小的政府或有组织的社会",到18世纪,它开始指涉"一个地区的人民",有了地域上的限定。"Community"的这一脉解释涉及社会地位、规模及地域,意指实际的社会团体[②];而从16世纪开始,"Community"的内涵日益丰富,它被抽象成一种关系和感觉,比如拥有共同事物(利益、财产)的关系、禀承相同身份与特质的感觉。威廉斯认为,"Community"的这层涵义正是"Communitas"所要表达的意思。因此,"Community"不能清晰明确地反映出"Communitas",而"Communitas"却可对"Community"

[①] Nelson Graburn. *Secular Ritual : A General Theory of Tourism*. London: Cognizant Communications. 2001. p. 42.

[②] (英)雷蒙德·威廉斯.关键词——文化与社会的词汇.刘建基译.生活·读书·新知三联书店. 2005.第79页.

所涉及的抽象的、难以言喻的关系状态与感觉作出准确的补充与说明。可见，意欲以"Community"一词对"Communitas"作简单的对应解释，必将会模糊"Communitas"的真实内涵。

那么"Communitas"究竟当如何翻译呢？在阿诺德·范吉内普（Arnold Van Gennep）仪式理论的基础上，特纳将研究重点放在仪式过程，即"阈限"（Liminality）阶段的本质上，认为此阶段的状态即"Communitas"，并对之作出新的界定与阐释。一位读者在阅读完特纳的《仪式过程：结构与反结构》后，对此书译者将"Communitas"译为"交融"提出质疑，他认为"交融"是动词，而"Communitas"表述的明显是一种状态，"交融"之译不妥。美国旅游人类学家纳尔逊·格雷本（Nelson Graburn）在《作为仪式的旅游：旅游的一般理论》一文中也举例描述了旅游体验中的类似状态，但中国台湾"中研院"余光弘教授建议译成"共睦态"，如此既合意又合音，故采纳之。现公诸于众，实有与读者商榷之意。

二、"共睦态"的文化内涵

根据余教授提供的信息，中国台湾文化人类学教科书上使用的"共睦态"概念为：参与同一宗教仪式的人群间产生的可感可知的、齐一、平等与团结的状态，通常以强烈情绪为特征。由此可知，"共睦态"来自宗教仪式，并且与阈限体验密切相关。

1909年，法国民俗学家范吉内普率先提出"阈限"概念。所谓阈限，即"从正常状态下的社会行为模式之中分离出来的一段时间与空间"，因此，阈限既是过程，亦是状态。特纳认为，阈限因仪式类型而异，主要有两种：（1）地位提升仪式中的阈限；（2）地位逆转仪式中的阈限。[①] 本文的阈限特指地位逆转仪式中的阈限，英语为"Liminality"。"阈限"（Liminality）一词来自拉丁语"Limen"，后者意为"在门槛上"（Threshold），此典故采借自欧洲人的风俗：当到达新房时，新郎必须把新娘抱过门槛。在这个门槛上，参与者处于不进不出（或非内非外）的状态[②]，或者如特纳所说，他们正通过的这个"文化领域"（Cultural Realm）既没有其过去状态的踪迹，也没有其即将进入之状态的特征，他们处于"两可之间"（Betwixt and Between），处于混沌状态。具体而言，此状态可等同于死亡，在母体子宫里，不可见、黑暗、双性、蛮荒与迷茫等模糊状态。在此状态中的主体被剥夺了

[①] （美）维克多·特纳. 仪式过程——结构与反结构. 黄剑波、柳博赟译. 中国人民大学出版社. 2006. 第169~170页.

[②] Nelson Graburn. *Secular Ritual: A General Theory of Tourism*. London: Cognizant Communications. 2001. p. 42.

其在世俗社会的地位与权威[1]，被还原成纯粹的人，不再受社会结构的束缚与压制，主体间形成一种平等相待、毫无芥蒂的伙伴情感与息息相通的同气感，这种情感状态就是上文所提及的"Communitas"——共睦态。

在特纳那里，"共睦态"即社会反结构（Social Antistructure），仪式过程亦是"结构－反结构－结构"的过程。现实的世俗社会是结构的社会，社会关系、社会地位被阶层、等级、身份地位、年龄等结构所规定，从而衍生出异质、不平等、财产（Property）、世俗、复杂、等级分明、势利等社会特质。在"共睦态"中，个体的混沌与无界定状态就是对世俗社会的颠覆，世俗划定的区别被"夷平"（Leveling），主体的旧身份几近死亡，每个人在此状态中被锤炼与打造，如同重新回到母体子宫，从未被现实社会结构化一样，人人生而平等，社会被逆反，因此这种状态呈现出同质、平等、无产、宗教、简单、一视同仁、谦卑等与世俗相对的特征。共睦态是一种超越社会关系，人与人之间平等交流、息息相通的情感状态。这种状态以"反结构"为特征，社会生活就是"结构"与"反结构"的二元对立。特纳曾列出 26 项这种对立，比如：结构（Structure）/共睦态或反结构（Communitas，Antistructure）；异质（Heterogeneity）/均质（Homogeneity）；不平等（Inequality）/平等（Equality）；复杂（Complexity）/简单（Simplicity）；自满（Pride）/谦卑（Humility）；世俗（Secular）/神圣（Sacred）等。也就是说，在阈限内，仪式参与者的行为是世俗社会的逆反，人们就是通过仪式的逆反行为来对抗世俗中的异质、不平等、复杂等结构要素，而仪式中的谦卑、均质、平等、神圣等因素就营造出这种"特殊的关系"[2]——"共睦态"。不言而喻，共睦态，即社会反结构，为主体提供的是自由、平等与纯粹。对特纳而言，共睦态与社会结构几乎完全对立，结构似乎"一无是处"，因此人们必将通过各种方式（包括仪式）在社会结构的缝隙中找寻这种状态，以此获得补偿与愉悦。

当然，特纳并未走向"共睦态"的极端，他亦客观地承认，无论是个体或社会，都将永远处于结构与反结构的辩证关系中，对任何一方的过分强调，都将导致另一方的病态引发。[3] 实质上，"共睦态"是人际关系的理想状态，既然世俗社会中不存在，人们便到仪式中寻找补偿与调节，但"共睦态"不是常态，人们总是要回到常态的世俗社会中去，社会便在人们来来往往于"结构（世俗）"与"反结构（共睦态）"之间得以维系与稳定。这大概便是特纳关于"共睦态"思

---

[1] Victor Turner. *Process, Performance and Pilgrimage—A Study in Comparative Symbology*. New Delhi: Concept Publishing Company. 1979. p. 149.

[2] 夏建中. 文化人类学理论学派——文化研究的历史. 中国人民大学出版社. 1997. 第 318 页.

[3] Victor Turner. *Process, Performance and Pilgrimage—A Study in Comparative Symbology*. New Delhi: Concept Publishing Company. 1979. p. 150.

想的精髓。

虽然特纳的仪式研究主要局限在宗教仪式,但正如瓦格纳(Wagner)、摩尔(Moore)、莱特(Lett)等旅游人类学者所言,特纳提出的概念尤其与旅游相关。[①]很明显,特纳的"阈限理论"提供出另一方面的启示:(1)人性在"结构"与"反结构"中才得以充分展演与实现,二者相互依存;(2)只有剔除对"结构"与"反结构"的价值判断,特纳的仪式理论才能突破宗教仪式的桎梏,去解读那些不在宗教仪式中实践"反结构"的人群,而体察这些人的"反结构"体验则是件饶有趣味的事。以下将结合纳尔逊·格雷本的"旅游仪式论",对一度被忽视的一种旅游体验——"共睦态"体验作出批判性解释与分析。

三、"共睦态"体验的旅游呈现

将旅游视为一种仪式的视角,便于探寻旅游的仪式性特征。其实不难归纳出"旅游作为仪式"的文化特性,即有预期的偶发现象,不同寻常的旅游行为,有意义的旅游体验、以非世俗的生活对世俗生活进行调节。虽然不能完全一一对应,但事实上,旅游的"反结构"特性已初露端倪。更坦率地说,旅游者寻求补偿和逆转的期待与行为最终"制造"出一种旅游体验,这种体验类似于"共睦态"(Communitas)。当然,并非所有旅游者都能,或都想达到这种体验,应该说,此体验的获取有其既定的前提,比如旅游者个性、旅游诉求与期待、旅游方式、旅游目的地等,都会成为限制因素。为此,以下所讨论的"共睦态"体验,虽被认定为一种所有旅游者都有可能发生的理想状态,但由于上述因素的影响,它只能是部分旅游者的体验,亦因此属于众多旅游体验中的一种。

(一)旅游中的"反结构"

在狄尔泰(Dilthey)看来,生命非他,正是个体从生至死之体验的总和。旅游体验,就狄尔泰的观点而言,则更是一段短暂而特殊的生命历程;而这段历程中体验的质量高低,将直接影响旅游景区的客源状况。格雷本甚至将旅游视为体验的商品化,认为其与艺术、娱乐体验没什么本质区别。谢彦君教授亦提出,整个旅游学研究应该以旅游体验为内核,如果漠视旅游体验,旅游研究将丧失意义。事实上,旅游体验最大程度地诠释着旅游需求,而在旅游过程中追求最完美体验可谓所有旅游者的下意识诉求。

说到最佳体验,哲学家最有发言权,他们找到许多途径实现最佳体验,如柏拉图的"迷狂"、尼采的"酒神精神"、狄尔泰的直接体验,以及精神分析心理学家

---

① Nelson Graburn. "The Anthropology of Tourism."*Sociology*. London:Pergamon(editor).1983. p.14.

弗洛伊德的"无意识升华"与人本心理学家马斯洛的"高峰体验"等,都可谓体验的极致,美国心理学家奇克森特米哈依(Crikszentimihalyi)的"畅爽(Flow)体验"亦屡屡被视为旅游中的最佳体验,但这些学者大都强调个体的最佳体验,而忽略当个体与群体共处时,亦有可能产生最佳体验。在此,格雷本教授的"共睦态"体验就是旅游同伴间共同产生的最佳体验。

在格雷本看来,旅游可分为"世俗(旅游前)—神圣(旅游过程)—世俗(旅游后)"三段,其结构恰与仪式的"阈限前—阈限期—阈限后"结构相对应。格雷本将旅游过程解释为"神圣的"与"阈限的",而旅游前后的生活则是"日常的"与"世俗的",旅游体验如仪式般"神圣",而日常生活则如世俗般平凡与琐碎,由此形成反差,这便是旅游的"反结构"特性。不过旅游的"反结构"特性远远逊色于仪式,谈不上世俗与旅游的尖锐对立,充其量可算作反差。格雷本认为,人们有转换经历的需要,仪式可帮助完成这种需要,但仪式以其清规戒律、繁文缛节而显得似乎"高不可攀";旅游却以其"反差"魅力,成为以现代交通、食宿设施为媒介,以自然、人文景观为对象,以追逐新鲜体验为目的的大众仪式,从而造成旅游世界与世俗世界的相对"对立",因此亦给旅游者带来特纳所谓的"类阈限"(Liminoid)体验。

与此同时,在旅游世界所营造的"反差"情境中,旅游者的行为亦相对出现"仪式化逆转",不过,格雷本对"反差"与"仪式化逆转"有独特的理解,他借鉴特纳的"二元对立",亦列出一系列旅游中存在的"结构"与"反结构",见表4-1:

表 4-1

项 目	连续体　　（对立与逆转:示例）
环　境	1.冬季对夏季:到热带和南半球去旅行 2.寒冷/黑暗对温暖/阳光:"由北向南"式旅行 3.拥挤对偏僻:蛮荒、乡村,开放空间 4.现代性对历史:后者经常涉及"对立的"都市生活方式 5.家对其他地方:"旅行",或四处打工
阶层/生活方式	1.节俭对放纵:"贵族式的"矫揉造作、美食烹饪 2.丰富对简单:装扮成贫民,混迹于贫民之中 3.下里巴人与阳春白雪:博物馆、特别节目 4.肤浅与自我颖悟:文化震撼等

续表

项　目	连续体　　（对立与逆转：示例）
"文明"	1. 都市化对自然："地中海俱乐部模式"、沙滩、蛮荒 2. 保险对冒险：爬山、漂流、跋涉 3. 快节奏对慢步调：避免分心或被强求 4. 世俗与神圣：宗教朝圣、自然的"神圣"
习俗或仪式	1. 严格的日程表对弹性安排：起床、外出、睡觉 2. 严格进餐时间与弹性安排：品尝小吃等 3. 例行的/疏远的社会关系与非正式的社会关系：共睦态 4. 正式场合着装对非正式场合/海滨装/裸体：忧郁、浮华 5. 性禁忌对特许：独身、好战、混血
健康与个人	1. 贪食对节食：专治肥胖症的温泉疗养院与野营 2. 紧张对宁静：精神放松或投入某种嗜好 3. 懒惰对勤劳：体育运动、背包徒步旅行、散步 4. 衰老对返老还童：沐浴、温泉、保健 5. 孤立对交际：拜访与结交朋友、探亲

资料来源：纳尔逊·格雷本.《旅游人类学》.

在上表中，格雷本对旅游与世俗之间的"对立"作出归类，即"项目"这一栏下的"环境"、"阶层"等各项；"连续体"这一栏套用的是以色列社会学家科恩（Cohen）的"连续体"概念。科恩曾在《旅游体验现象学》一文中指出，旅游者可按其对旅游体验要求的高低程度排列为一个连续体，于是科恩著名的五种类型旅游者就依次排列在这个连续体上，连续体的两端分别是休闲娱乐型模式（the Recreational Mode）与存在型旅游模式（the Existential Mode），连续体的中间依次是转移型模式（the Diversionary Mode）、经验型模式（the Experiential Mode）与实验型模式（the Experimental Mode）。所有类型旅游者所追求的旅游体验基本上都由低到高、循序渐近地分布在这个连续体上。① 格雷本的"连续体"亦如此，它并非"世俗"与"神圣"的截然对立，而是"世俗"到"神圣"的渐近过程；也就是说，旅游者在旅游中的逆反行为并不彻底，其逆反程度与许多其他因素有关，比如可自由支配收入、文化自信等，这些因素都会使旅游者在"连续体"的两极之间游离。

尽管格雷本对逆反行为的举例并非完全贴切，但他的意图很简单：首先，他用这张清单说明旅游中存在大量的逆反行为，比如生活在北欧的人倾向于去热带地区旅游、平时节俭之人在旅游中"一掷千金"、身份高贵者在旅游中会"隐姓

---

① Erick Cohen. "A Phenomenology of Tourist Experiences." *Sociology*, Vol. 13. No. 2. May. 1979. p. 183.

埋名"等,反之亦然。总之,多数旅游者要寻找的是一个与自己生活的世界有反差的景点,而且在旅游过程中表现出与日常相逆转的行为,并且追求不同寻常的旅游体验,而类似的"逆反"还会体现在许多方面。其次,格雷本将特纳的"二元对立"的范畴甚至扩展到环境、健康等与社会结构无关的领域,由此可见,旅游世界与生活世界之间存在的"二元对立"范围甚至比仪式中"结构"与"反结构(共睦态)"之间的对立更广。第三,旅游者对旅游景点的选择与旅游行为,并不会彻底逆反,亦正如格雷本所言,多数旅游者并不会"判若两人",他们仍会部分保留原有的行为模式与心理状态。第四,不同程度的行为逆转显然是多数旅游类型的共性,但显然,不能简单地将所有这些逆转行为所引发的旅游体验都"诊断"为"共睦态",因为特纳的仪式特指宗教仪式,而旅游是"世俗仪式",后者涉及的内涵更多更广,如果特纳的身份逆转仪式体验(即阈限期体验)是"共睦态"的话,那么作为世俗仪式,旅游可能提供的体验就不仅仅只是"共睦态"体验。因此,欲探究"共睦态"体验的所在,就必须厘清其特性。

(二)群体体验

中山大学王宁教授在《旅游体验中的真实性反思》(Rethinking Authenticity in Tourism Experience)一文中提及,旅游者不仅追求"他者"真实,亦追求一种"人际真实"(Interpersonal Authenticity),即自我、自我与他人之间的真实关系与感觉。[1] 他认为这种感觉即"共睦态",旅游者从社会结构中被剥离出来,撕开世俗的面具,真实、自然、友好、坦诚地面对旅游同伴。

"共睦态"亦类似于谢彦君教授指出的以关系补偿为目的的补偿性体验,但也有不同。首先,谢教授的关系补偿体验包括旅游者力图追逐孤独与逃避孤独两方面的补偿,而"共睦态"指的是后者,即一种群体关系、伙伴关系;其次,在逃避孤独方面,谢教授强调旅游者试图在旅游中建立新的人际或社会关系,这种社会关系,或许是特纳所谓的"结构"社会的延续,或许是"共睦态"关系,视旅游情境而定,因此"共睦态"与旅游者关系不能等同;最后,谢教授简单提及在旅游中重新建立关系的方式是接触他人并积极交往,其结果大多是旅游者得到期待之中的关系体验,而"共睦态"经常是在逆反或逆转的情境与行为中得以产生,而且是在不经意间自然而然地发生,比如理解的微笑、美的共享、情感的共鸣、灵感的激发,这样的旅游体验美妙动人,无与伦比。正因为如此,特纳在形成自己的理论的过程中,才日益深刻地意识到,在获得阈限体验的过程中"经历分享"这一行

---

[1] Wang Ning. "Rethinking Authenticity in Tourism Experience." *Annals of Tourism Research*, 2002. p. 365.

为的重要意义。① 同理,在旅游过程中,旅行同伴间的"经历分享"是"共睦态"体验形成的关键。

不仅如此,据特纳的补充,"共睦态"还含有"畅爽"(Flow)的成分。McAloon 与 Csikszentmihalyi 认为"畅爽"体验至少有六个特性:(1)行为与意识融合;(2)行为与意识的融合,可能产生于对某个刺激领域的高度关注;(3)失去自我;(4)一个处于"畅爽"状态中的人,能随心所欲、游刃有余地控制自己的行为与四周环境;(5)"畅爽"状态通常包含着对行为的一致的、前后不矛盾的期待与要求,并且为行为者提供清晰明确的反馈,也就是说,行为者明确知道这样的状态会为自己带来什么样的结果;(6)"畅爽"是"自己本身具有目的",即,它似乎不需要自身以外的目的或回馈。② 如此看来,"共睦态"至少或多或少地包含着"畅爽"的(1)、(2)、(3)、(6)四条特性,不过,"共睦态"里"畅爽"情绪经常是不期而生的,没有那种从心所欲、成竹在胸的心态。

(三)旅游中的"共睦态"体验

"共睦态"的特性正是旅游者体验之意义所在。其一,当旅游者为自然的壮美与优美所倾倒与沉醉时、为人类文明的辉煌璀璨所震撼(Culture Shock)或折服时,其产生的体验难以言喻。而正如狄尔泰所言,体验需要被理解,理解与体验的中介是体验者的表达,此时,再没有比"心有灵犀一点通"更惬意的感觉了,旅游者之间勿需表达,共同体验,分享经历,彼此理解。由此,旅游中的审美愉悦与"共睦态"体验相辅相成,可以说,审美体验成为"共睦态"体验存在的基础。其二,旅游者外出旅游,一般都希望领略或体验"新、奇、特"的旅游对象,这正是旅游情境对旅游者生成社会的逆转,不仅如此,旅游者行为亦在此情境中不同程度地相应逆转,比如格雷本所列举的"连续体"上的逆转行为。这些行为,一般只在旅游情境中得到认可与欣赏,除了旅游从业人员,恐怕最多的还是旅游者之间的相互欣赏。不约而同地选择旅游这种方式,在同一个旅游景点不期而遇,领略同一种美,共享同样的旅游情境,共同的审美、愉悦等体验导致某种"息息相通"的情感,这便是"共睦态"体验。其三,这种产生于群体间的"高峰"体验,是对现代社会冷漠人际关系的一种补偿,而沉浸于"共睦"的忘我状态中,亦是一种自我的实现与再创造。就此而言,"共睦态"也符合尼采的"自由人"概念与谢彦君的"补偿匮缺,实现自我"的旅游终极目的。

---

① (美)维克多·特纳.仪式过程——结构与反结构.黄剑波、柳博赟译.中国人民大学出版社.2006.第8页.

② Victor Turner. *Process, Performance and Pilgrimage—A Study in Comparative Symbology*. New Delhi: Concept Publishing Company. 1979. pp. 58-59.

可见，旅游中的"共睦态"体验首先应该是在旅游者身份被"夷平"的基础上产生的，即"共睦态"必须有特纳的"反结构"特征，旅游者之间的关系处在平等、单纯、谦和甚至忘我的状态中，抛开世俗对身份、等级与财富的偏见，在此基础上，旅游者才可能毫无芥蒂地交流，共享美与愉悦，进而产生息息相通的情感，甚至产生一种如格雷本所说的"神圣"而严肃的情感。第二，格雷本的"仪式理论"强调旅游者经历的倒换，因此，期待与追求不同于日常生活的经历本身就意味着一种"逆反"性，不仅包括特纳所谓的"反结构"特征，亦包含旅游情境、旅游行为等诸方面的"逆转"或"逆反"。第三，"共睦态"体验还应该是一种群体关系、伙伴关系，它是一个有着某种共同情感之群体的共同体验。那些寻找孤独、独自漂泊、独自探险、考验自我的背包旅游者虽然在旅游过程中不会出现"共睦态"体验，但人类渴望表达、倾诉、交流的天性可能会使其"共睦态"出现在旅游之后，比如事后向人描述或诉说。最后，"共睦态"体验并不必然会在某次旅游中或每个旅游者身上出现，它与旅游情境（比如景致的优美程度、旅游服务质量、导游讲解、其他游客行为、天气状况等）、旅游者审美水平、文化自信及其个性有很大关系，因此其产生具有偶然性、不期性，唯其如此，体验者才为之心旌神摇、灵感四溢或豁然开朗，并产生身心妥帖、妙不待言之感。

虽然"共睦态"体验像是"可遇而不可求"的"海市蜃楼"，但在旅游中，它还是有迹可寻的。莱特曾论述过加勒比海岸的包租艇旅游者存在的这种状态；瓦格纳发现瑞典人在冈比亚海滩度假区度假时沉浸于此状态中；摩尔在沃尔特迪斯尼乐园[①]调查时，发现娱乐中的旅游者也坠入一种忘我的"高峰"体验中；帕萨里埃罗（Passariello）也曾在墨西哥的度假者中发现这种状态。甚至在一些远不如朝圣严肃的节日庆典上，像地中海俱乐部以及西班牙帕姆普罗纳（Pamplona）之类地方的节庆旅游中，人们都可能体验到"自然天成，自我实现，团结融洽"的"共睦态"。正由于"共睦态"体验是一种类阈限体验，所以严格说来，它最容易在科恩的"存在型旅游者"与"实验型旅游者"中产生；而对于其他类型的旅游者而言，由于其旅游目的、关注焦点与行为模式的不同，"共睦态"体验一般不会出现。也就是说，这种体验并不必然出现在每种旅游模式中或每个旅游者身上。

将旅游看作仪式，相当于预设了旅游者"共睦态"体验存在的可能性与合理性，反之，"共睦态"体验的存在又证实了旅游的仪式性、神圣性，而纳尔逊·格雷本教授的"旅游仪式理论"正是对旅游体验的人类学考察。将旅游视为仪式，不

---

① 美国本土第二个主题公园,1964年开始筹建,经过5年营造,1971年10月向公众开放了。耗资7.66亿美元,位于佛罗里达州的奥兰多郊外,是一座老少咸宜的游乐中心。由7个风格迥异的主题公园、6个高尔夫俱乐部和6个主题酒店组成。

独使我们离旅游的本质更近,更重要的是,它让我们回归到旅游研究的核心——旅游需求,亦即旅游体验上来。

总之,"体验"概念的界定非常晚近,这个词首先被哲学家赋予了生命意义的内容,至此,每个人的生命都可被解释为一段一段体验的连续。因此,体验,对个体人生而言,意义非常重大。时至今日,"体验"概念更多地指涉着日常生活事件,正如托夫勒所言:我们做每一件事情都是一种体验。如果体验依然意味着生命的意义,那么追逐体验的人,就是在丰富与延伸生命的意义。

越来越多的人开始在乎体验,意味着体验经济时代的来临。当千百种商品可供人选择,却只满足一种需要时,商品体验化不可避免;而当更多的人想离开常住地,希望开眼界或逃避现实时,体验商品化应时而现。体验商品化的典型例子正是旅游业,政府、旅游企业、旅行社、景区景点、交通部门、酒店旅馆、旅游从业人员、地方精英,甚至跨国公司,都可能成为制造、提供体验的力量组合。在旅游中追求体验的人是休闲中的"自由人",他们期待沉醉于忘我的"高峰体验",弥补精神缺失,实现自我完善、自我实现与自我创造,从而获得愉悦感受。而旅游快乐的获得,必须如杰弗瑞·戈比所言,要先从自身文化与物质环境中解脱出来,达到休闲状态。因此,格雷本说,旅游是实现"休闲"(Recreation)的一种方法,恰巧,亦可以借用尼采的观点,将"休闲"理解为另一层意思——"再创造"(Re-creation),亦即,旅游是实现再创造的一种方法。

由于旅游体验的多样化,任何一种试图抽象出旅游体验之本质特征的努力,都注定是要失败的。布尔斯廷因为对"大游学"时代精英旅游的追思,而断然否定现代大众旅游,认为其肤浅、庸俗,所有旅游者获得的都是来自"虚假事件"的虚假体验;而麦坎内尔正相反,他笃信旅游者因为厌恶虚假、冷漠的现代社会,而去"他者"的文化中寻求真实性。尽管旅游者可能遭遇精心制作的"前台"或"后台",但麦坎内尔仍然坚持,怀揣真实性渴求的旅游者将拥有与朝圣者一样的神圣体验,因此他说:如果朝圣者一半是旅游者的话,那么旅游者也一半是朝圣者。[①] 布尔斯廷与麦坎内尔都在普适意义上提出了自己的旅游体验理论,否认其他替代理论的存在。

格雷本的"旅游仪式"论是人类学仪式理论在旅游研究中的试运用。由过渡礼仪理论可推知,正因为旅游情境与世俗社会存在反差,旅游体验才具有某种"类阈限"的特性,或是异于寻常的体验,或是反结构的"共睦态"体验;仪式所具有的社会功能,旅游也或多或少地具有,它或许是旅游者所选择的一种特殊世俗

---

① Nelson Graburn. "The Anthropology of Tourism." *Annals of Tourism Research*, Vol. 10. No. 1. 1983. p. 17.

仪式,以帮助其度过人生兴衰荣辱的关键时段,或暂时转换平庸乏味的世俗体验。"旅游仪式"论的问题在于:(1)并非所有旅游者都会产生"类阈限"体验,将旅游视为仪式,不具有普适性;(2)格雷本预设社会成员都有借助仪式逆转世俗体验、度过关键时段的需要,但这种需要的存在是难以确认的。不是所有人都将旅游当作一种过渡身心的手段,除去旅游,社会生活亦为人们提供了许多其他的选择。

以科恩为代表的"多元体验"论认为存在多种旅游体验。为此,科恩构拟了"中心"概念,依据旅游者对中心的诉求的强弱程度,将旅游体验划分为五种模式,科恩的连续体亦体现了旅游者对真实性的由弱而强的在乎程度。不过,科恩的体验类型过于重视真实性的决定力量,而忽略其他旅游吸引物的魅力。比如王宁教授提出的建构性真实、存在性真实,就大大丰富了真实性的内涵,无形中也降低了旅游者对真实性的要求。其中,存在性真实强调旅游过程中的参与体验,正是"参与"让旅游者忽略了旅游客体的不真实性或建构性,而只感受到真实自我的存在。事实上,"真实性"在谢彦君教授的体验类型中并未发挥太大效力,谢教授更强调体验的功能,即旅游体验的情感放飞与精神救赎功能。科恩与王宁是从旅游者的角度来划分体验类型,而谢教授则是从功能的角度来划分体验类型。孰优孰劣,不能一概而论,但这两个角度都引领人认识到不同的旅游体验模式。纵观各种体验类型的划分方式,大都无外乎这两种。

旅游体验的研究,存在多个视角,每个视角都可透视到某种独特的旅游体验。一直以来,学者们要么致力于抽象出一个普适的旅游体验理论,要么以各种方式将旅游体验分门别类,但鲜有人关注群体体验,或许在这个张扬个性的时代,群体的作用反而得不到彰显。旅游人类学家格雷本将旅游视为一种特殊仪式,强调日常生活体验与旅游体验之间的反差,从而赋予旅游体验以神圣性。格雷本的观点与麦坎内尔类似,但他在《作为仪式的旅游:旅游的一般理论》(Secular Ritual: A General Theory of Tourism)一文中,却非常谨慎地论证了他的"旅游—仪式"理论,从而避免走上创立普适性理论的歧途。但最重要的是,由于将旅游类比成仪式,那么旅游过程与仪式过程就形成对应,特纳将仪式分为强化礼仪与过渡礼仪,这两种仪式都有其对应的旅游类型。尤其是过渡型旅游,它往往能促使旅游者产生类似阈限的体验,而阈限体验,按特纳的观点,一般是以"反结构"为特征的,这种"反结构",特纳亦称之为"共睦态"。"共睦态"体验最大的特征就是,它产生于群体或同伴之间,参与者沉浸在"共同情感"营造的状态中。

比较而言,厄里与坎贝尔的观点就更全面些。厄里详细论述了旅游者注目的建构与强化过程,即符号化过程。旅游者注目受制于自身社会,并与其他社会实践紧密联系,以旅游者为媒介的"注目"就势必对旅游对象产生影响,导致旅游对象被相应建构成符号丛,因此这一过程实际上是在旅游者生成社会与旅游目的地之间建立起联系,这种联系的强弱程度反映在旅游体验的被满足程度上。坎贝尔的观点揭示出,在商品经济高度发展的全球化时代,物质需求因为太易得到满足而丧失产生愉悦感的机能,人们只有将愉悦的满足寄托在"白日梦"与"预期"的实现上,而旅游则是实现这些梦想与预期的较好工具之一。

无论如何,旅游体验研究是无法忽略的,而人类学对旅游体验的研究,目前只涉及仪式理论,对之更深入的研究,可能需要借用更多的人类学理论与方法,就旅游体验而言,"深描"(Thick Description)亦不失为一种方法。不过,仪式理论与深描都将倾向于将研究视线引回到客源地社会,去旅游者生成社会(Tourist-generating Society)寻找真正的旅游动因。到底是什么决定着旅游体验的性质?是客源地社会的"推力"、异国他乡的"拉力",还是旅游者自身的"心力"?这是个需要对旅游者群体——"移动的田野"进行长期的参与观察才能予以解读的问题,因此更加亟待来者的长期深入研究。

第五章 仪式：神圣的旅程

旅游研究与人类学仪式理论的接轨是相当晚近的事，这也是人类学者"插足"旅游研究的结果，它的出现伴随并促进了旅游人类学的发展。如今仪式理论已成为解释旅游人类学最重要的范畴之一，因为在一些人类学家看来，旅游本来就可理解为一种仪式的过程，而仪式则可用"神圣的旅程"来表达。从理论与方法上而言，将旅游比拟为仪式不仅意味着旅游研究视角的转换以及视野的扩大，而且从心理的层面将人类的某种行为动机与体验纳入到更深的思考中，这是人类学带来的巨大变化。我们通过观察旅程中的人及他们的行为，运用仪式的理论——这相对来说是比较成熟和完善的理论——作为诠释的工具，将在本质上揭示旅游活动所具有的丰富的文化与社会内涵。

第一节 作为仪式的旅游

一、人类学中的仪式理论

人类学一直将"文化"视为研究的中心，仪式作为文化现象之一种，自然得到了特别的关注。从人类学学科的性质来看，人类学家偏好在所谓"未开化"的"原始"部落进行参与观察，仪式不仅满足对"他者"的想象，更可作为"活"的文本，通过解读成为建构宏大的社会与文化理论范式的重要素材。同时，随着研究范围的扩大与深入，仪式作为一门学问自身也发展起许多具有延续性又具有独特性的理论。仪式通常被界定为象征性的、表演性的、由文化传统所规定的一整套行为方式。它可以是神圣的，也可以是凡俗的活动，这类活动经常被功能性地解释为在特定群体或文化中沟通（人与神之间、人与人之间）、过渡（社会类别的、地域的、生命周期的）、强化秩序及整合社会的方式。虽然诸多人类学家都关注、探讨过仪式，但他们对仪式的理解、界定和由此提出的观点却不尽相同。

人类学仪式研究首先导源于古典进化论时期的学术思想，将仪式看作能够指示文化进化层级的重要方面,试图建构一种低等级文化的"样板"。在此时期,泰勒、马雷特、弗雷泽等为宗教研究作出重要贡献的人类学家,对仪式抱有浓厚的兴趣,他们关注古典神话与仪式的诠释。其学理依据主要来自人类学的古典进化论及其影响。从理论上说,人类学的仪式研究传统是一个从内涵到外延都不易界定的巨大主题。早期的进化学派将仪式放在文化的原初形态,以建立一个历时性文化时态的建构机制。这样,早期的仪式与神话之间的互文、互疏、互动关系也就自然而然地反映在研究对象和研究方法上。古典进化论学派与神话研究交叉重叠的学术关系直接推导出这样一个学理规范,即将仪式研究视为人类学学术传统和知识系统的一个重要部分。

这些研究虽然取得了许多成果,所定下的宗教性的基调也影响深远,但囿于时代的局限,从总体上而言,它们还没有充分认识到仪式之于人类、之于人类学的重大意义,缺乏足够深入的理论与实践探讨,仍然留下了一连串的问题:仪式到底为何物?人们参加仪式的动机是什么?在仪式中人们的状态与体验如何?甚至关于仪式的类型学都未能得到解释。当然这些问题将要留待涂尔干以及之后的那些著名人类学家来提供解答了。以下将从这些人类学家的研究出发,探讨仪式理论发展之脉络,从中我们也可以认识到仪式理论与旅游研究接轨的基础。

(一)涂尔干

法国著名的人类学家、社会学家涂尔干(或译杜尔凯姆、杜尔干等)属于大师级的人物,他开创了威名赫赫的法国社会学派,其学说对后来诸多理论家,如拉德克利夫－布朗、埃文斯－普里查德等人类学家产生了深刻的影响。他对仪式研究的贡献主要来自他的宗教理论,来自他对世界的"神圣－世俗"类型的划分。在《宗教生活的初级形式》一书中,涂尔干比较系统地阐述了他的这种具有创见性的观点。

涂尔干认为,已知的所有宗教信仰,无论是简单的还是复杂的,可以分解为两个基本范畴——信仰和仪式,而且全都具有一个共同的特征,即现实的和理想的。人们把万事万物分成这样的两大类或两个对立的群体,它们一般是用两个相互有别的术语来标志的,而这两个术语大多可以转译为"世俗"和"神圣"。宗教仪式属于信仰的物质形式和行为模式,信仰则属于主张和见解。他还认为,由信仰与仪式支撑的世界是神圣的,而相对平凡的日常生活则是世俗的,由之将世界划分为两大领域——神圣的与世俗的。仪式是以其对象的独特性质来确定和辨别的,并由此与其他的人类实践(如道德实践)区别开来。道德法则虽然也像仪式一样为我们阐明仪式本身的特征，就必须说明仪式的对象所具有的特性。①实际上，涂尔干是将宗教看作一个庞大的象征体系，它通过表现社会的情感与价值，使社会生活有可能存在和延续。为此他专门分析了仪式活动和崇拜活动的体制，并由此得出结论说它们是培训性的、整合的、激发省略的和欣快的力量。从而试图证明仪式是信仰的源泉，社会是超越个体生命的某种集合，能够通过诸如"仪式"等活动来影响、教育、惩罚个体，使其达到社会稳定的目的。

毫无疑问，《宗教生活的初级形式》是涂尔干的代表作之一，是其学术生涯的重要成果，所阐述的仪式理论也是具有时代意义的。但从某种程度上来说，在涂尔干的思想架构中，"仪式"仍然只是更宏大理论建构的基本材料或元素，他更看重"社会"，看重仪式在社会中的作用与价值，仪式研究的地位还是没有能凸显出来。不过，涂尔干运用象征和二元对立的方法，研究神圣和世俗，其意义表现为观念形态的，而且也为人类学仪式研究开拓了许多空间。所以彭兆荣认为，涂尔干关于神圣与世俗的经典命题，后来成为人类学家在讨论仪式定义与内涵时不能轻易跨越的一个"原点"。② 不过，第一位系统探讨这一领域的是法国民俗学家范吉内普。

(二)范吉内普

范吉内普被视为法国民俗学之父，他有关仪式的研究是开创性的，所产生的影响也是前所未有的。范吉内普主要的贡献是他能够从人类复杂多变的仪式行为中理出某些具有相同性质的仪礼，将其归为同一范畴，并指出这些仪式所欲传达的讯息是相同的，因此它们具有一个共同的仪礼模式；这就是他得享盛名的生命仪礼即"分割仪式"(Rites of Separation)、"过渡仪式"(Rites of Transition)及"结合仪式"(Rites of Incorporation)三部式的生命仪礼模式(the Pattern of the Rites of Passage)。③ 其中以"通过仪式"的概念最为著名，实际上，我们认为范氏的这一概念已经触及了人类仪式活动的核心内容，不仅对人类学有很大影响，也是以后旅游人类学开展研究的重要理论基础。

范吉内普十分强调人生不同阶段所产生的变化，他曾指出，"任何社会里的个人生活，都是随着其年龄的增长，从一个阶段向另一个阶段过渡的序列"；"从一个群体过渡到另一个群体，从一种社会状态过渡到另一种社会状态，都被看做是天经地义的事情，由此人的一生变成了由一连串有着相似终点和起点的阶段所组成：出生、社会性的青春期、结婚、为人父母、提升到更高的等级、职业的专门

---

① 涂尔干.宗教生活的初级形式.林宗锦、彭守义译.中央民族大学出版社.1999.第36页.
② 彭兆荣.人类学仪式研究评述.民族研究.2002(2).
③ 余光弘.A. Van Gennep生命仪礼理论的重新评价."中央"研究院民族学研究所集刊.1986(60).

化、死亡。这些事件中的每一个都有庆典,其根本目的是使个人离开一种确定的位置而转入另一种同样确定的位置"。① 这些阶段的临界点正是人类生命史上所要面临的许多"关口",绝大多数民族或族群都会在这一时刻举行某种仪式,人们似乎相信仪式就是"过关"的"助推剂"与动力。

因此,"通过仪式"通常是指"生命循环"或"生命危机"的仪式,它与个人和群体之生活地位的改变有关。围绕出生、成年、结婚与死亡的仪式,是这些生命危机仪式中的典型例证。然而,范吉内普认为通过仪式可以用于更广泛的意义上,作为人类社会中的普遍的建构机制。他将季节性节日、保卫领土的仪式、献祭、朝圣等都包括于其中,而这些行为,无论是宗教的或世俗的,的确都展现了分离、过渡与融合的那个相同的和基本的三重模式。② 对这个三重模式的分析构成了范吉内普的理论的核心。

第一阶段,分离(Separation),表示个体或群体离开其先前在社会结构或社会阶层中的某一点。比如在传统社会中,男孩子的种种成年礼仪统统是用强力把他与母亲及其权力范围分离,送到仅供男人居住的地方,这意味着男孩与母亲、姐妹以及旧家庭的"断裂",为走向真正的成年男子作准备。

第二阶段,过渡(Liminal or Transition),即"阈限"的阶段,是从第一阶段向第三阶段的过渡,受礼者进入一种神圣的仪式时空,它处于一种中间状态或象征性地被置于"社会之外",不同于过去和未来那按照世俗生活准则构造起来的时空。这时,世俗的行为规范被抹去或黯然失色,取而代之的是某种奇异而神秘的东西。

第三阶段,融合(Reintegratio),表示受礼人精力充沛地回归社会,所涉及的一切失去了神圣的色彩,回复世俗生活的原态。但是,受礼人的社会角色或社会地位已发生了质的改变,如成年礼仪前的男孩现在已成为男人,单身汉现在已结了婚,等等。这一阶段,常常要展示种种新生或再生的象征物,并举行洋溢节日欢庆气氛的庆典,这是庆祝秩序和生命力的胜利,也是庆祝旧的社会个体已死亡、新的社会个体已诞生。③

每个阶段都有富有特征的仪式类型,分离、过渡及融合是线性的、递进的,也是整合的过程,"变"是一种经历,虽然最终会回复到原来的社会状态,但个人或群体已确立了新的社会地位。鲍伊用西方传统婚礼对通过仪式的理论进行了检视。婚礼过程如图 5-1④:

---

① GENNEP·A·V. *The Rites Passage*. The University of Chicago Press. 1960. pp. 2-3.
② 菲奥纳·鲍伊.宗教人类学导论.金泽等译.中国人民大学出版社,2004.第 184 页.
③ 夏建中.文化人类学理论学派.中国人民大学出版社.1997.第 115 页.
④ 菲奥纳·鲍伊.宗教人类学导论.第 188 页。

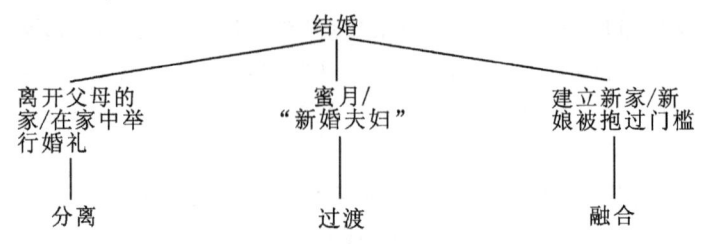

图 5-1　传统西方婚礼诸因素

从上述例子中,我们可以看到所谓"通过仪式"的整个流程:分离阶段意味着两位新人要脱离原来的家,仪式开始;蜜月阶段属于两个人的世界,通常要到外地旅游,营造神圣的空间;之后便要建立新家,"新人"不"新",他们的身份也改变了,已是一对普通的夫妻,过着平常人的生活,整个仪式活动方告结束。

利奇的一套表述方式与之基本相似,他用一个具有普遍意义的图式来展现,如图 5-2①:

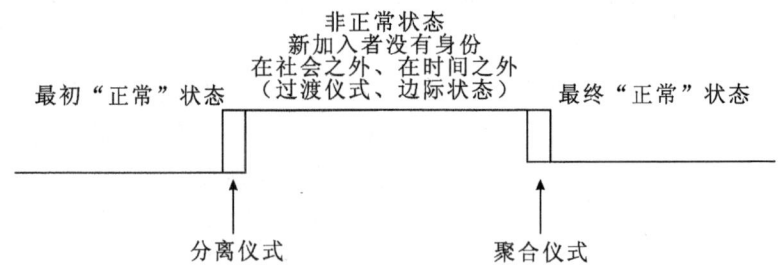

图 5-2　利奇的过渡仪式图示

这三个阶段还可表示为"前阈限"(Pre-liminal)——"阈限"——"后阈限"(Post-liminal)逐次过渡的一连串仪式行动。在范吉内普的理论体系中,"阈限"的概念是很重要的,他认为在人的一生中,总是有新的阈限需要跨越:夏天和冬天的阈限,每年的每个季节的阈限,每个月或每个夜晚的阈限,出生、青春期、壮年和老年的阈限,死亡和来世的阈限,等等。当然我们的兴趣不在于特定的仪式,而在于它们的本质意义,在于它们的秩序,它们所隐含的安排总是相同的。在形式多样性之下,或有意识地表现出来,或仅仅暗含,但总有一个类型化的模式会再现出来——这就是通过仪式的模式。② 正如彭兆荣所指出的那样,这一概念所具有的工具性的操作价值使得仪式理论从一开始就具备了"模型"化的分析原则,为仪式的动态性机制分析奠定了一个良好的基础,它将人的生理特征和

---

① 埃德蒙·利奇.文化与交流.郭凡译.上海人民出版社.2000.第82页.
② GENNEP·A·V. *The Rites Passage*. pp. 189-191.

生命阶段的物理性质的社会化通过仪式的展演聚会到了一起。① 在以后大多阐述仪式行为基本模式的理论中,"阈限"的概念得到进一步的探讨,结出许多丰硕的果实。

鲍伊认为,范吉内普第一次系统阐述了仪式的一般规则,并总结出三点结论:(1)在形式的多样性之下,有一种特殊的三重模式。这种模式再现于所有的通过仪式以及通过仪式的不同阶段中。(2)在一个庆典的整个仪式中,中间的或阈限的阶段可获得某种独立性。(3)从一种社会地位过渡到另一种地位,与领域的通过有一种共鸣,诸如进入一个村庄或房子。② 这些具有一般性的结论,作为一种框架被不少的人类学家所继承,其中以英国人类学家特纳的研究最为深刻。

(三)维克多·特纳

在人类学界,维克多·特纳的名字跟象征、仪式、过程性分析、朝圣、庆典、现代与非现代社会的表演形式等几个主题是分不开的。在象征人类学的研究和仪式分析中,特纳教授是无可争议的重要角色。在仪式研究里几乎一定会用到的几个字眼,如中介性(Liminality)、边缘性(Marginality)、交融(Communita)③或非(反)结构(Anti-structure)又都是他所创造出来的。④ 从某种程度上说,将特纳称为当代最负盛名、影响力最大的仪式研究大师,应该毫不为过。他著述既丰,理论又庞杂,不拟展开详细讨论,在此仅探讨其与旅游人类学研究联系最密切的"阈限"(Liminal)、"结构"(Structure)与"反结构"(Anti-structure)诸概念。

在《仪式的过程——结构与反结构》(*The Ritual Process: Structure and Anti-Structure*)一书中,特纳对上述概念进行了深入的讨论,主要通过过渡仪式的例子来予以阐述。一般来说,过渡仪式指那些与个人生命周期有关的、在人生几个重要转折点上进行的仪式,如出生礼、成年礼、结婚礼、丧礼等,因此也叫"生命周期仪式"(Rites of Lifecycle)。特纳则认为,过渡仪式不仅可以在受文化规定的人生转折点上进行,也可以用于部落出征、年度节庆、政治地位的获得、秘密社团的加入等社会性活动。特纳将人类的社会关系分为两种状态:一种是日常状态,在这种状态下,人们的关系保存相对固定或稳定的结构模式,特纳称之为"位置结构"(Structure of Status)。这里的状态指的是"相对固定或稳定的状况",包括法律地位、职业、职务、等级这样的社会常数;也指一个人为社会所承认的成熟状况,如"已婚状态"或"婴儿状态",以及人在特定时间内的生理、心理或

---

① 彭兆荣.人类学仪式研究评述.民族研究.2002(2).
② 菲奥纳·鲍伊.宗教人类学导论.第189页.
③ 厦门大学人类学研究所05级博士赵红梅认为,此处翻译为"共睦态"更合适,可参见赵红梅修改也谈"communitas",待刊稿.
④ 何翠萍.比较象征学大师——特纳.载黄应贵主编见证与诠释.正中书局.1992.第285页.

感情状态。另一种不同于日常社会生活及社会关系的仪式状态,则被他称之为"反结构"(Anti-structure),仪式是这样一种处于稳定结构交界处的"反结构",仪式过程就是对仪式前和仪式后两个稳定状态的转换过程。特纳将仪式过程的这一阶段称为"阈限期"(Liminal Phase),意指处于"反结构"状态的有限的时空阶段。[1] 而且在特纳看来,结构与反结构是相互依存的,失去对方都无法存在。无论结构还是反结构哪一个得到强调,都会产生相应的反作用。因此从长时段来看,尽管人类在人生旅途中要经历无数的通过仪式,始终处于结构与反结构的状态中,但存在着平衡与制约的机制,让这种摆动具有规则性和可控性。

特纳几乎全盘接受了范吉内普的仪式三阶段理论。Mathieu Deflem 总结了特纳关于恩丹布人仪式特点的观点,他认为这些特点在于通过仪式的三定相:(1) 分离(Ilembi 或 Kulemba),治疗并且舞蹈使主题神圣;(2) 边际,一个隔离时期,即从日常生活中局部或完全分离出来的主题;(3) 重新聚集(Ku-tumbu-ka),进一步治疗和舞蹈庆祝隔离时期的结束。[2] 在某种程度上而言,特纳的三个阶段理论与范吉内普的观点如出一辙。但特纳似乎更重视仪式过程中的中间阶段,因而"阈限"的概念在他这里得到特别的重视,并将之作为研究的重点。特纳是这样来表述阈限这个概念的:阈限的实质,是由法律、习俗和庆典所指定、配置的。它们模棱两可的和不确定的属性,被多种多样的象征手段在众多的社会之中表现出来。在这些社会里,社会和文化上的转化都会经过仪式化的处理。所以,阈限常常是与死亡、受孕、隐形、黑暗、双性恋、狂野、日食或月食联系在一起的。[3]

因此在特纳看来,人们在阈限这一"暧昧状态"的时空里,有许多值得注意的现象与特征:

第一,阈限阶段是一种模糊不定的时空,"是一种社会灵薄狱",期间基本没有阈限前或阈限后的社会文化所具有的那些特征。该阶段是一个过程,而不是一种状态。特纳认为阈限阶段的"过渡者"的一个特征,就是从结构上他是"不可见"的,尽管他在形体上是可见的。因为社会的世俗规定不允许有一个既非男孩又非男人的男子。阈限人一方面既不是活的也不是死的,而另一方面既是活的也是死的。他们的状况是含混不清、似是而非的状况,是平时习惯的大混乱,他们最低限度是介于所有公认的结构分类的时空固定点之间的"模棱两可"的

---

[1] 薛艺兵. 对仪式现象的人类学解释(上). 广西民族研究. 2003(2).

[2] Mathieu Deflem. *Ritual, Anti-Structure, and Religion: A Discussion of Victor Turner's Processual Symbolic Analysis Journal for the Scientific Study of Religion*. Vol. 30. No. 1. (Mar,1991).

[3] 特纳. 仪式的过程——结构与反结构. 黄剑波等译. 中国人民大学出版社. 2006. 第95页.

东西。①

第二，在阈限期，受礼者进入了一种神圣的仪式空间，它处在一种中间状态，所有世俗社会生活中的种类和分类都不复存在。加入仪式的年轻人可能象征性地被看作无男女性别的或不男不女的，也可能被看作一个新生儿或"死人"。例如在有些男孩子的成年仪式上，初行切割礼的男孩被弄得像来月经的女人；或者这个新人可能被埋葬，被迫按丧葬习俗躺着一动不动装死；也可能涂上黑色表示腐烂的隐喻常要用在新人身上，他们被弄得很脏，浑身污秽，或者赤身裸体等。总之在这个阶段，世俗的行为准则不起任何作用。

第三，特别强调仪式中长者的绝对权威，但是参加仪式的所有新人却是绝对的平等关系。在世俗的社会结构中，有许多不同的地位、身份，有许多不同等级的上级与下属。在阈限中，这种区别与等级消失了，长者对新人的权威是仪式和道德上的，而不是法律上的。这种权威被认为表达出了群体的共同利益，长者是阈限阶段的关键。另一方面，所有新人，无论他在世俗社会中是首领或是王公贵族，都一律平等，都可以被人们任意辱骂和嘲弄。人们对他们可以无所顾忌地干那些被认为不道德或失敬、下流的事情。②

利奇认为这是由于一种界限将社会空间和社会时间分为两个范围：一个是正常的、有时间的、明确的、位于中心的、世俗的；另一个被当作界限的空间和时间的标志，是不正常的、无时间的、模糊的、位于边缘的、神圣的。有关空间和时间的界限的一般性讨论表明了一个基本隐喻等式系列，即：

| 正　常 | 有时间范围 | 明确的概念 | 位于中心 | 世俗 |
| 非正常 | 无时间范围 | 模糊的概念 | 位于边缘 | 神圣 |

③

这个界限实际上就是特纳所指出的"阈限"，两者有异曲同工之妙。

阈限阶段可以是公开的或大众化的，也可以是隐秘而与世隔绝的。公开性的阈限阶段一般是那些季节性比较强的庆典仪式，如耕种仪式、收获仪式、节日仪式等；隐秘性的仪式则通常指人生过渡仪式和为社会地位晋升而举行的仪式。公开性阈限阶段，社会中的每一个成员都是"阈限人"(Liminarsor Threshold People)，在仪式进行中，往往表现出社会正常关系的颠倒，如穷人扮演富人，富人扮演穷人，王公贵族则暂时失去权势，普通百姓作威作福；但仪式一结束，没有任何人改变地位，即地位高的仍然是高的，地位低的仍然是低的。在隐秘阈限阶段，阈限人无贵无贱，都失去了先前的身份地位；但仪式结束后，人们的地位和身

---

① 史宗主编.二十世纪西方宗教人类学文选.第513～517页.
② 夏建中.文化人类学理论学派.第315～316页.
③ 埃德蒙·利奇.文化与交流.第35页.

份发生了显著的变化,如男孩成为男人、普通人成为酋长,等等。由此特纳认为,围绕着仪式而展开的"阈限前—阈限期—阈限后"这一过渡过程,是一个"结构—反结构—结构"的过程,它通过仪式过程中的不平等的暂时消除,来重新构造和强化社会地位差异结构。在阈限前后的阶段中,"社会结构"存在于社会当中,规定着社会关系和社会地位。到了阈限阶段,人们之间形成一种特殊关系,使社会结构出现一时的空白,显示出反结构的主要特征(特纳称之为"共睦态"[Communitas])。然后,当仪式结束时,社会结构又得以重新回复,把阈限阶段的特殊关系消弭了,从而使日常的社会结构重新得到确立。换言之,社会生活是由结构和反结构的二元对立构成的,社会结构的特征是异质、不平等、世俗、复杂、等级分明,反结构的特征是同质、平等、信仰、简单、一视同仁。特纳指出,仪式的本质正在于它的反结构特征,它允许人类在某些场合中对日常的结构加以反思。也就是说,在特纳的眼中,仪式活动之外的社会生活基本上是封闭和无人性的,而人性只能在仪式中才得以被发现。①

特纳"阈限"一词还可用"类中介性"(Limineality)的概念来表示。在揭示过渡仪式的文化意义后,特纳进一步指出这种中介状态是和社会等级结构、社会秩序相对立的,例如,参加成年礼仪式的人被"象征地置于社会之外"。当特纳进一步将这种中介性与社会地位体系对照时,一连串的二分概念出现了。中介性里常有的特质是过渡性、转换性、水乳交融、同质性、平等关系、整体的、跟财富无关的、或统一着装等。这些特质相当于社会网体系中某种凝结状态,与结构、异质、阶层、财富等非同质特征相对应。所有的二分都建立在特纳对仪式与社会、象征与经验事实二分的基本概念基础上。② 因此特纳强调的类中介性指的是一种同质的、交融的、无结构的状态与社会秩序之间的对立,它源自神圣与世俗的对立,从而形成一种强烈的反差,这种反差是人们生活体验的重要部分。

从根本上说,仪式理论为理解人类的旅游活动提供了"文化的解释"的框架。其实,对仪式的解释本身便来自一种文化的观念,正如格温·奇尼迪·耐维力(Gwen Kennedy Neville)所指出的,仪式从来不是一个静态实体或被勉强定义的一种神秘的或宗教性质的展示。仪式模式和日常生活的过程以及族群的生命演变是最基本的文化构造和文化设计。在仪式上,在特别的神圣和世俗事件中,在人类生命阶段的各个通道的标志中,仪式框架和社会过程片段被作为社会的意义构造的编码。仪式是一种通过秩序、模式、强度、频率、节奏、语气和结构表达出来的语言。它发生在一个特定的环境。它是一个学习文化的重要工具,是

---

① 夏建中.文化人类学理论学派.第316~318页.薛艺兵.对仪式现象的人类学解释(上).
② 何翠萍.比较象征学大师——特纳.第350页.

一种错综复杂地交织在一起的方式,通过认知,人类成为文化存在,并在时间和空间中保持着各自的文化。[①]

也许正如英国人类学家菲奥纳·鲍伊(Fiona Bowie)所言:"发现一个适用范围广泛的定义,它能够足以包括我们希望在'仪式'的名下加以描述的人类(行为)活动的广泛多样性,同时还保有某些解释的价值,绝不是简单之举。"[②]同样的,对人类学仪式理论脉络的回顾也颇为不易,既要面对"范式"的跳跃性,也需考虑"范式"的延续性。不过本节主要考察能充分与当代旅游人类学密切相关的诸理论,无论是涂尔干的"神圣-世俗"理论,或者范吉内普的"分离-过渡-融合"的通过仪式,抑或是特纳的"结构-反结构-结构"的仪式过程,都在重点介绍之列。因为,这些理论提供了人类学介入旅游研究的最基本的方法与方式,可以说没有这些源头,旅游人类学的理论建构就无从谈起。对于那些较少能涉及旅游的仪式理论,这里就不免挂一漏万了。

二、旅游是一种仪式

在展开论述之前,我们可以从直观的角度思考一些平时可能不太可能注意到的问题。人们为何要旅游?旅游者在旅游的过程中是否会产生与平时很不同的感觉?旅游地何以能够吸引大众旅游者的眼球?是否有一种神秘的东西来吸引旅游者的来访?每一个出去旅游过的人应该都会有自己的感受和回答。一般来说,旅游者外出旅游多数是离家到外地去观光旅行。因为人们总是有一种很正常的心理,往往对自己所熟悉的自然生态环境与人文环境有一种不自觉的审美疲劳。也许对于很多旅游者来说,东道国的"异域情调"是吸引他们的主要原因。为了追求这种情调,寻求一种文化的差异感,就必须跨越熟知的周遭环境,远离熟悉的社会生活,到遥远的他乡去追寻这种精神上的满足。对于人们的这种行为,人类学家似乎最有发言权,因为人类学讲究的就是要面对"文化震荡"(Culture Shock),就是要到异文化的"他者"社会中追求学科的意义。正如列维·斯特劳斯所说的:"对于遥远的他乡,人类学家有一种天然的向往,他们渴望了解异域未知的世界,到处追寻已不存在的真实的种种痕迹,以此反观自身的文化,或者从异域他乡的文化世界中建立人类文化的普遍模式,达成文化之间的相互理解。这是人类学家的文化抱负。"[③]或许正是在这样的语境下,人类学仪式

---

① Gwen Kennedy Neville. "Learning Culture through Ritual:The Family Reunion."*Anthropology & Education Quarterly*. Vol. 15. No. 2. (Summer, 1984).
② 菲奥纳·鲍伊.宗教人类学.第175页.
③ 列维·斯特劳斯.忧郁的热带.王志明译.三联书店.2000.第55页.

理论被搬上了"旅游研究的舞台"。

宗晓莲认为之所以将旅游与仪式联系起来，是因为人类学家认识到旅游活动对文化产生了巨大影响，从而也将旅游看作一种文化的事项进行研究的结果。她在《西方旅游人类学研究述评》一文中指出，旅行和迁移是人类社会广为存在的活动，它们带来了文化接触，造成了文化冲击。"文化震荡"一词因人类学者的使用而得以流行，但人类学者比其他社会科学工作者更晚地重视旅游对游客的影响，特别是对游客心理的影响。在大多数人类学者关注旅游对目的地社会的影响同时，也有一部分学者从"游客"这一视角出发，研究人们的旅游动机、旅游体验，并分析旅游对游客的影响。也就是说，这些学者探究的是旅游的文化、符号内涵。其中一些学者把旅游与人生经历仪式相比，认为旅游也是一种通过仪式。因为两者在结构（脱离原有状态——进入仪式过程——回到原来社会）、功能（对当事人产生一定影响，使当事人进入一种新的生活状态）等方面很类似。游客的旅行过程被看作从一种经验状态向另一种经验状态的转变，因而，认为旅游是一种世俗化的仪式、一种现代仪式。从这一角度出发，有学者提出"神圣的旅程"[①]这一说法。按照旅游研究发展脉络来说，从一种几乎纯经济、兼以社会研究为主的学科，发展为现在旅游人类学时代"文化"被纳入到更广阔视野中的过程来看，很显然宗晓莲的总结是正确的。

尽管旅游的仪式研究现在被看作西方旅游人类学理论的两大流派之一，但其实这种已负盛名的研究多半依靠美国著名人类学家纳尔逊·格雷本（Nelson Graburn）教授的大力推广，若无此君的著书立说、摇旗呐喊，此项研究能否脱颖而出，实在是大大的问号。从某种意义上而言，格雷本教授之于旅游的仪式研究的重要贡献，不亚于范吉内普、特纳之于人类学仪式研究。格雷本教授是美国加州伯克利分校人类学系教授，从 20 世纪 60 年代初开始从事教学和科研。70 年代开始涉及旅游研究，以游客的身份结合自己对土著民族长期的田野调查，提出民族志旅游。他认为旅游者既是观察者，又是参与者；他深入村寨部落，调查研究东道地居民的社会与文化，发现他们的社会文化随着现代社会的发展而发生了巨大变迁。[②] 随着这种洞察的不断深入，格雷本教授继而转向对游客的研究，利用"文化的解释"方法解读旅游中的这一主体。在一系列文章中，如《旅游人类学》（1983 年）、《作为仪式的旅游：旅游的一般理论》（1988 年）、《旅游：神圣的旅程》（1989 年）等，他将旅游看作一种仪式，并对此进行了详尽而细致的分析，这

---

① 宗晓莲.西方旅游人类学研究述评.民族研究.2001(3).
② 张晓萍.旅游人类学在美国.载张晓萍等主编.民族旅游的人类学透视.云南大学出版社.2005.第 20 页.

些观点精辟到位,又合乎情理,尽管是一家之言,但也引起了巨大的反响,从而也为格雷本教授赢得了极高的学术地位。

格雷本认为旅游是具有"仪式"(Ritual)性质的行为模式与游览的结合。他把旅游中的各种行为模式看作一种具有"仪式"性质的活动。人们的精神状况早已在日常生活中变得麻木不堪,经过这种"仪式",人们从这种麻木的精神中解脱出来,并创造出一种新的精神面貌。所以这种仪式是"神圣"的。这样,旅游者摆脱了日常现实社会生活的单一行为模式,主动进入到另一种新鲜的生活之中。这样的生活把精神需求和文化需求放在"首位"。他认为这种活动是一种新生活的开始,是一种"充电",这对人类的身心健康来说是极端必要的。[①] 这是格雷本的大致思路和论点。以下将以格雷本的理论为中心,结合近年来的拓展研究与实践,对旅游仪式论进行综合的分析。

在《作为仪式的旅游》一文中,纳尔逊·格雷本教授开宗明义地阐述了其观点:"本人的论点就是:最好将旅游理解为一种仪式,一种与日常家居生活、工作形成强烈反差的,集休闲、旅行于一体的特殊仪式。此理论适用于一切形式的旅游;我们必须正视旅游者旅行的特殊性与家居生活工作的平庸乏味之间的反差,由此理解旅游者旅行及其体验的本质。旅游体验之所以意义深远,是因为其与日常生活截然不同,并且反映出旅游者的家居生活状况。由此,任何一种类型的旅游体验(比如在巴黎一周的逗留),对来自纽约城、东京都会或是加州乡下的旅游者而言,都是生命中非同小可的事情。"[②]其他姑且不说,单就"最好将旅游理解为仪式"这一点而言,多数人都可能会认为真是"岂有此理",旅游怎么会是一种仪式?难道这仅仅是格雷本"勇气可嘉"?还是有真凭实据,有理论根源?人们可能都会问:旅游是否能理解为仪式?若是,又何以见得?其实回答这个问题并不难,只须看旅游是否具有仪式的主要特性,进行细致的对比即可。薛艺兵博士在其《对仪式现象的人类学解释》(上、下)一文中,从仪式行为、仪式情境、仪式意义与仪式功能四方面对仪式的特质作出了中肯的分析,值得我们的关注。[③]如果旅游果真具有仪式的这些特性,那么"旅游仪式论"就不会让人觉得如此匪夷所思,难以理解。

其一,薛博士归纳出"仪式是一种超常态行为"的观点。所谓超常态,是与日常生活中正常状态相比较而言的。他认为就行为频率而言,日常生活行为每天

[①] 张晓萍、黄继元.纳尔逊·格雷本的"旅游人类学".旅游学刊.2000(4).

[②] Nelson. H. H. Graburn. "Tourism as Ritual: A General Theory of Tourism." in Valene Smith and Maryann Brent (eds.). *Hosts and Guests Revisited: Tourism Issues of the 21st Century*. London: Cognizant Communications. 2001. p. 42.

[③] 薛艺兵.对仪式现象的人类学解释(上、下).广西民族研究.2003(3).

都在发生,而仪式行为只是偶发行为或定期行为;就行为目的而言,日常行为是一种实用性行为,满足着人的基本生理需求(如衣、食、住、行等),而仪式行为并非具有生活实用价值,而是表达某种精神价值的行为,具有某种超越性。从这个角度来看,旅游当然不是日常生活行为,若是天天在旅游,显然在我们的观念中,这样的生活就不是日常的生活行为了。就如阿曼达·斯佐沙(Amanda Stronza)指出的那样,旅游可以使人超越日常生活的束缚,使人从工作等必须时间中逃离出来,从而摆脱传统的社会角色,自由支配自己的时间。与其他仪式活动一样,旅游引领其参与者进入到阈限状态,或是进入一种非结构的"脱离了时间概念的时间"历程中。用这种方式,现代旅游反映了"反结构"的生活,逃离了什么,而非搜寻着什么。①

如果旅游是以告别过去、获取新经历或迎接新身份为目的,那它是不折不扣的人生过渡礼仪,属于偶发性的行为;而如果每年都会在某个固定时节出游,比如一年一度的度假或旅行,周末度假,圣诞节、复活节假日和避暑休闲(指西方国家),"五一"、"十一"、春节(中国),而且通常连旅游点也相对固定,那这类旅游可算作某种强化旅游,是定期行为。在有些西方国家,旅游在人们生活基本要求中已居吃穿、住房之后的第三位。为了保证低收入家庭的旅游基本生活需要,国家、地方政府、工作单位或户主所属的其他组织团体以提供资助的办法组织他们外出旅游,这叫"社会旅游"(Social Tourism)。旅游作为人们生活的必要组成部分,已成为这些国家社会保障工作的重要内容。这与我们国家逢年过节,有关部门关怀贫困家庭的社会工作极为相似。从这种意义上说,旅游成为人们年度性的必不可少的一种仪式。②

至于旅游目的,可谓千姿百态,甚至可以说一个游客一个目的,但反过来说,亦很少有旅游者是为了延续千篇一律的日常生活行为而出游的,多数旅游者追求的是与世俗有反差的生活经历,追寻与自我生活状态不同的"他者"的世界,这就不难理解为什么现在人们都那么热衷于去所谓的"少数民族地区"了,不管是猎奇的目光还是文化的想象,都是试图对自己熟知的生态环境与社会环境总体的颠覆。因此,在此意义上,旅游具有仪式的超常态行为特征。

其二,薛博士认为"仪式是虚拟的世界",即虚拟性是仪式的主要特征之一。在我们的意识中,虚拟与虚幻虽不能等同,但也差不到哪儿去。既然是虚拟的情境,就必然引发出夸张、荒诞、反常的仪式语言、仪式行为、场景布置等,否则没有

---

① Amanda Stronza. "Anthropology of Tourism: Forging New Ground for Ecotourism and Other Alternatives." *Annual Review of Anthropology*. 2001(30).

② 李祥福. 文化人类学视野中的旅游. 中央民族大学学报. 2003(2).

必要虚拟,在这方面,仪式的情境与戏剧没有区别;但他同时认为,尽管仪式情境是虚拟的,但仪式赋予人的感受却是真实的。那么旅游是否具有虚拟性? 这个问题近乎"荒唐",因为至少旅游费用、旅游设施、旅游景点是真实的存在,而且绝大多数旅游者都会矢口否认,或者会根本拒绝承认旅游与虚拟有关。但事实上,相对于世俗生活而言,旅游的确含有非现实或超现实的因子。

如果笼统地来看旅游体验,会发现其深受旅游情境的影响。谢彦君教授将旅游者世界划分为生活世界与旅游世界,生活世界毋庸多言,是旅游者日常生活所有事件的总和,旅游世界则是与生活世界相对的截然不同的世界。谢教授认为旅游情境影响与塑造着旅游体验,因为"旅游世界仿佛是一个有色而透明的屏障……赋予旅游期间的一切行为以特殊的意义与色彩"[①]。简言之,即"旅游"这一段特殊时空场域赋予旅游中的一切人、事、物以特殊的魔力,进而营造出不一样的心理体验。因此,旅游者才有领略自然环境天籁之美的沉醉体验,参与歌舞狂欢的"迷狂"体验,与陌生人平等相待、分享美感的"共睦态"体验,等等。旅游世界为旅游者部分解开生活世界的规则与束缚,进入单纯追求愉悦、享受的时空。旅游行为在此非同寻常,旅游者体验亦真亦幻,从这个角度看,旅游仿佛魔术棒,让许多旅游者似乎"变了一个人"。纳什等指出,"旅游也可以说是对现实的一种逃避。法国社会学家乔弗里·杜马泽迪尔(Joffre Dumazedier)认为,旅游是一种使人们暂时逃避到'第二现实'(Secondary Reality)中的游戏。在旅游中,人们可以偶尔扮演阔人、原始人或鲁莽的勇敢者,这些事情与人们的日常生活可能大相径庭。从这个角度来看,也可以说旅游使人们能按幻想生活"[②]。然而,旅游一宣告结束,人们就回到原来的生活世界,这样的体验再难觅踪影,一切又从头开始。当然,最极端的魔幻体验大概是来自迪斯尼乐园、侏罗纪主题公园或者诸如中国的酆都鬼城等游乐区,那里也许有最纯粹的虚拟与梦幻,带给人们非同一般的感受,而其他类型的旅游,只不过或多或少地带有虚拟的因子罢了。

因此,与其硬要牵强地认为旅游具有虚拟的特性,不如像格雷本教授那样,明智地将旅游视为特殊仪式或世俗仪式,认为它尽管带有虚拟的因素,但却赋予旅游者真实的旅游体验,这样的解释更合理。

其三,仪式是象征体系。薛艺兵在文中指出,仪式行为之所以发生,是因为它象征着某种意义,但绝非日常的实用价值,而是精神领域的意义。仪式行为者正是通过行动、姿势、舞蹈、吟唱、演奏等表演活动和对象、场景等实物安排构拟

---

① 谢彦君. 旅游体验研究———一种现象学的视角. 南开大学出版社. 2005. 第 57 页.
② Dennison Nash, Valene L. Smith. "Anthropology and Tourism." *Annals of Tourism Research*. 1991.18(1).

出一个有意义的仪式情境,并从这样的情境中重温和体验这些意义带给他们的心灵慰藉和精神需求。在仪式的整个过程中,表演活动和场景、实物都是表达或表现意义的手段。一个仪式,就是一个充满意义的世界,一个用感性手段作为意义符号的象征体系。人生历程中兴衰荣辱的每一个关键时刻,往往都要借助参加仪式所产生的象征意义来获得某种精神需要,以度过这个时光。

与此对应的是,旅游对游客来说无疑也具有某种象征意义,比如人们常认为,北京一游,"不到长城非好汉";巴黎游,卢浮宫、埃菲尔铁塔非去不可;伦敦的换岗仪式一定要看,否则终身遗憾;自由女神像,必须留影……旅游景区的神话、传说、甚至流言,人们为什么都津津乐道?……这些问题都涉及仪式的"能指"与"所指"功能,也就是说,旅游有所象征。所以,某种旅游形式常常伴有某种纪念品。如环境旅游者一般喜欢照片和明信片;那些大胆的人敢于把动物的头颅,甚至整个的动物带回家制作成标本并以此进行炫耀;也有许多人特别爱好手工艺品,尽管其真实性可能被过分夸大了。① 卡西尔认定"人是符号的动物",因为从某种意义上说,人是在不断地与自身打交道而不是应付事物本身;而人类是如此地使自己被包围在语言的形式、艺术的想象、神话的符号以及宗教的仪式中,以至如果离开这些中介,他就不可能看见或认识任何东西。② 在旅游的象征形式之下,或许人们获得的满足感是最重要的,如果没有这些象征意味的物件存在,也许旅游便会索然无味。因此,旅游成为人类与自身打交道的一种方式,而这种方式,必然是符号的聚合体。

其四,薛博士指出,仪式是社会的表象,这亦是仪式的功能。涂尔干认为,仪式的功能是凝聚社会团结,强化集体力量;结构功能主义者拉德克立夫-布朗(A. R. Radeiliffe-Brown)却同意中国思想家孔子的观点,主张仪式有"维持社会秩序"的功能;象征人类学家维克多·特纳通过对赞比亚恩丹布人的观察,得出"仪式是社会通过对自身的反省来建构秩序的一种手段"的结论;而解释人类学大师格尔兹(Clifford Geertz)则将仪式的功能归纳得更具体,他认为,仪式正是人们灌注动机、情绪、感情与意义的工具。这些人类学家对仪式进行了功能主义的解释,尽管有些过时,但对于实质地理解人类与仪式的关系以及这里所要讲的旅游具有一定的理论意义。

要追溯旅游的功能,需回到心理层面,回到旅游体验上去,旅游体验是人们旅游需求的深层次表达。谢彦君教授认为旅游的根本内驱力是匮缺补偿与自我

---

① 格雷本.旅游:神圣的旅程.载瓦伦·L.史密斯主编.东道主与游客——旅游人类学研究.张晓萍、何昌邑等译.云南大学出版社.2002.第37页.

② 恩斯特·卡西勒.人论——人类文化哲学导引.甘阳译.桂冠图书股份有限公司.2005.第38页.

实现,反推之就是说,旅游具有满足旅游者"匮缺补偿、自我实现"之需求的功能。"匮缺补偿"需求,实际上是旅游生成社会的表象反映,它意味着旅游者的某些需要没有被自身社会满足,于是他们就逸出自己所在的社会,到遥远的异国他乡寻找满足;"自我实现",来自每位旅游者不同的心理需要,或审美、或求知、或交流、或娱乐、或自我完善,如果此类目标得以满足与实现,旅游者自然获得愉悦,而愉悦正是旅游体验的核心,也许人们获得了满足感,旅游的功能便体现了。因此,旅游功能的实现与否,旅游体验是测试计。总之,旅游现象正是社会的表象,它对个体旅游者发挥功用的同时,也对社会发挥着功用。旅游活动完全满足作为功能性的解释,与仪式行为有极为相似的作用。

  旅游与仪式的相似性在于人们在旅游过程中也处于"边际状态"。例如在宗教仪式中,主持仪式的祭司和巫师处于一种"是人非人,是神非神"的状态,这与旅游中游客从日常生活解脱出来,享受不平常的生活,甚至行为和心理都与平常的自己判若两人的情形极为相似。现代社会人们的许多重要仪式由旅游来代替,例如新婚蜜月之旅、毕业旅游,甚至传统上以全家成员在家庆祝为最高追求的节日,如春节,也被人们越来越多地通过外出旅游来庆祝。所以旅游是一种世俗化仪式,在许多当代社会中它都实现了从前传统仪式所具有的功能。过去,人们通过传统仪式来完成某些人生的重大转变,今天越来越多的人以旅游来取而代之。①

  综上所述,我们不难归纳出"旅游作为仪式"的文化特性:有预期的偶发现象;不同寻常的旅游行为;有意义的旅游体验;以非世俗的生活对世俗生活进行调节。虽然旅游的特性不能与仪式一一对应,但事实上,在旅游与仪式的对比过程中,旅游的"反结构"特性已初露端倪。更坦率地说,旅游者寻求补偿、逆转的期待与行为最终"制造"出一种旅游体验,这种体验类似于"共睦态"(Communitas)。当然,并非所有旅游者都能,或都想达到这种体验,应该说,此体验的获取有其既定的前提,比如旅游者个性、旅游诉求与期待、旅游方式、旅游目的地等,都会成为限制因素。在旅游过程中,虽被认定为一种所有旅游者都有可能发生的理想状态,但由于以上因素的影响,它只能是部分旅游者的体验,亦因此属于众多旅游体验中的一种。

  "旅游仪式论"的视角可能来自人类学家对"本体"的重视,来自对旅游者的高度关注,这就为人类学的观察提供了一个鲜明的对象。根据格雷本等人类学家的研究,所谓旅游者,是为体验一种变化而自愿离家,去另一个地方游历并因此作短暂休闲的人。照此,旅游就是一种与尘世生活(一切人类社会的必然特

---

  ① 李祥福.文化人类学视野中的旅游.中央民族大学学报(哲社版),2003(2).

征)割裂开来的、必要的、程式化的手段之一。就是这样一种铅华洗尽的形式,深深渗透到许多现代工业社会中,它通过旅行,使人进入到一系列非世俗的行为模式中去,包括玩耍嬉戏、仪式、礼仪、交流、意识状态的转换、冥想、膜拜和朝圣等行为。正如以上列举的这些状态所示,对于参与者来说,旅游蕴含着这样的意义:与蝇营狗苟的生活、奔波忙碌的事业相脱离,进入另一种道德状态;在此状态中,人们心理的、有特殊意义的或文化的需求首当其冲地占了上风。也有人会说,旅游是一种为人类的"右脑"提供养料的行为之一,旅游也因此被界定为"再创造"——一种生命的更新、对筋疲力尽的肌体零件的再充电。旅游对人身心健康的维系是如此地有必要,它甚至标示着一种平衡的生活模式——健全的精神寓于健康的身体(Mens Sane in Corpora Sana)。所以麦坎内尔说,旅游是一种"现代仪式"。人身处其中得以解脱一切,这里的"一切"指千篇一律的工作日、凡俗的生活,特别指工作,包括工作场所、家庭琐事、家务活。旅游与其他形式的"精神生活"一样,持续时间是有限的,因此其与冗长的世俗生活形成鲜明对照。[①] 从这个意义上来说,"旅游是一种仪式"无疑是一个正确的命题。

三、旅游过程:结构的观点

在人类学家的仪式理论中,无论是范吉内普的"分离-过渡-融合",还是特纳的"阈限前-阈限-阈限后"两类模式,都将人们划分到这些不同阶段中,通过对不同阶段的分析来阐述其理论。彭兆荣认为将人类学仪式理论中的"通过仪式"模式引入对旅游的分析的一个重要依据,是将其作为类似于一个"结构模式"来使用。[②]

格雷本便使用了这个模式,将旅游分为如下三个阶段以对应范吉内普以及特纳的仪式过程:出发阶段——以"旅行离家"为特征的分离期;中间阶段——在"非世俗地界"体验某种"变化"的短暂逗留期;返回阶段——回归家庭与日常工作。按照这样的划分,旅游的结构基本上与仪式行为的结构是相类似的,也符合休伯特(Hubert)与莫斯(Mauss)于1898年对传统社会的祭祀结构所作出的超凡脱俗的分析,介于进入仪式与离开仪式之间的这段时间经常被著作者们冠以"神圣"的美名,因为在这段"神圣"的历程中,处于非世俗状态中的个人逐渐进入其所笃信的宗教的核心,以此和超自然的力量建立联系,而这种力量将向参与者

---

① Nelson H. H. Graburn. "The Anthropology of Tourism." *Annals of Tourism Research*(Special Issue: *The Anthropology of Tourism*). 1983.10(1). p.11.
② 彭兆荣. 旅游人类学. 民族出版社. 2004. 第 243 页.

回赠超乎寻常的业绩或奇迹(这和旅游所宣称的功能惊人地类似)。① 格雷本为了更简明、方便地展现旅游过程与仪式过程的相似性与同质性,绘制了一个以时间为向度的图形,如图 5-3 所示:

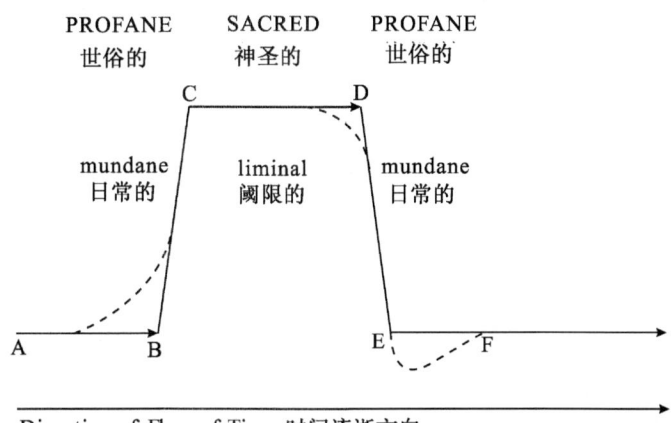

图 5-3 格雷本的仪式/旅游模式

格雷本认为,每一次节庆或旅游事件都是一次生活的缩影,其间有快乐的预期(A—B)、激动人心的过程(C—D)、苦乐参半的结果(D—F)。A 之前与 F 之后都是世俗阶段,是日常生活,亦被表述为"那就是生活"(That's Life);C 至 D 期间,被隐喻为"神圣的"、脱离世俗的"阈限期",这段时间是朝圣期、旅行和旅游期。这些假日(曾被称为"神圣的日子")在度假与旅游中得到庆祝,并且可能有人这样表述:"我尽情享受,真正的享受……我从未觉得如此有活力。"这些心理与空间状态的变化通常伴随着某些里程碑式的标志以及审美情趣的变化,这一点在宗教仪式和通过仪式中表现得最明显:颂经、歌唱与音乐的声响穿梭在绚丽的服装与醒目的装饰背景之间;旅游中也有可能存在旅游者的审美和感官知觉的变化,具体可体现在服饰、环境和食物上,而对热带海滩度假旅游者或是日本温泉旅游者来说,这种变化甚至会表现在其触觉与嗅觉上。

阈限状态,正是旅游中的状态,这种人类特有的"共睦态"情感,可从多个角度去考究与解读。在世俗俚语中,"去旅行"(Going on a Trip)通常只是指一次远游,但它亦可指由药物或酒精导致的一种"意识状态的他态"(ASC, Altered State of Consciousness)以及一次特殊的宗教或魔力体验;而"出行"(Trip)一词的字面意思即远离世俗。此类经历可被称为一次"高潮",随之就是"松懈"或"低

---

① Nelson H. H. Graburn. *The Anthropology of Tourism*. p. 12.

潮",如图表所示的 C—D 阶段及随后的 D—F 阶段;"高潮"与沮丧感或"低潮"相对,亦与 E—F 段的 ASC 式的消极体验相对。当 C 阶段缺失时,其所导致的"逆转的文化震荡"(E—F 阶段)亦将持续 C—D 阶段的一半时间,此结论源自人们的一致共识,即:从一场刻骨铭心的爱情或崩溃的友情中恢复,所需时间大概也是此情谊持续长度的一半;可见,旅游与朝圣的"魔力"是可以和爱情、友情相提并论的情感范畴。①

由此可见,以上所述与格雷本的"世俗—神圣—世俗"理论仪式的过程有着极契合的对应关系。旅游前与旅游后谓之"世俗",旅游过程居中,谓为"神圣"。格雷本认为"神圣(旅游)"前后的"世俗"是不一样的,他将旅游前称为"快乐的期待",而旅游后则可能是"忧喜交加的结果",它们都受到旅游过程的影响;另一方面,从时空的转换来看,旅游意味着离开惯常环境,游历异国他乡,再返回惯常环境。显而易见,无论是从时间还是从空间上看,旅游都满足仪式的"三段论"结构,并且,旅游前后的旅游者有了某种意义的变化,而这变化可理解为旅游的影响或结果。因此,旅游前是快乐的期待,旅游中是神圣的旅游体验,旅游后是或忧或喜的结果,每一阶段都处于不同时空中,每一阶段的旅游者都发生着或多或少的新变化,这正是旅游所具有的仪式结构。

此外,此结构另寓一层含义,即其暂时性。从旅游的概念来看,旅游有异地性和暂时性两大基本属性。先撇开异地性暂且不谈,其暂时性正好表明旅游的结构特点,因为按照"旅游学"教科书的界定,超过一年的异地旅居就不应视为旅游,因此,再长的旅游也总有结束之时,正如仪式有始有终一样;无人愿意永久地生活在仪式里,亦无人能消受经久不息的旅游。作为世俗生活的变奏与停顿,旅游与仪式在结构上基本上是大同小异的。

彭兆荣教授认为,从旅游的基本形态来看,格雷本的图示大致可以简约为:

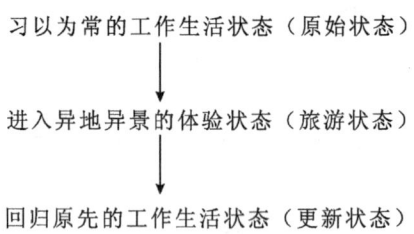

他解释道:如果人们的工作或生活状态达到一定的时间或限度,就需要休息、休憩、休闲。这无论从任何一种角度,打任何一种比喻都是合适的,如一台机

---

① Nelson H. H. Graburn. *Tourism as Ritual*: *A General Theory of Tourism*. pp. 45-47.

器运行到一定时间就需要保养,土地耕种到一定的程度就需要修整。而生命的通过仪式表现为"阈限"的阶段性通过:经过一个周期性过程,达到另一个新的周期性整合,生命方可得以持续。这无疑是一种合理的解释。所以旅游类似于一种"再造",经过旅游的这种"通过仪式",旅行者达到了全新的状态。因而这种过程,可以置于任何一种类型、项目的旅游活动中来解释。①

四、"神圣"的旅游

自从涂尔干的"宗教仪式将世界两分为神圣与世俗两部分"的观点问世后,这种二元的社会划分法不仅成为象征人类学的重要理论基础,也可以应用于旅游的研究。与涂尔干如出一辙,格雷本也将人们的生活分为截然不同的两大类:神圣的/不寻常的/旅行的与世俗的/乏味的/家居的。② 格雷本认为这两种生活状态的倒换亦是以仪式或礼仪为标志的,不过他将人生中的意义事件等同于仪式,而人们生活中的意义事件有相当一部分就是外出旅行。在此,格雷本作了个简单的等价代换,将旅游等同于仪式,而结论就是,旅游是两类不同生活转换的标志,亦是神圣与世俗、不寻常与寻常、旅行与家居之间的分水岭。麦坎内尔关于"旅游是一种现代朝圣"的观点将旅游的神圣性演绎到极致。许多学者亦在目的、行为与功能等方面将朝圣与旅游作了比对,试图挖掘旅游者的深层旅游动机,进而为旅游的神圣性提供佐证。这类学者认为,生活的世俗与旅游的神圣存在强烈反差;旅游过程包罗万象,从轻快心绪、优美景致、旖旎风情到文化震荡(Culture Shock),无一不使旅游者得以摆脱世俗生活的琐碎、单调、乏味、紧张与压力;不仅如此,旅游者亦有可能在此"神圣"过程中进行自我再创造(Re-creation),旅游结束之后,以"新我"之面目与"昔日社会"重新整合。③

这与人类学家的仪式研究是相近的。法国社会人类学家休伯特(Hubert)与莫斯(Mauss)在对几乎遍及世界的祭祀仪式的分析中(1898),首次指出了神圣与世俗状态的交替以及二者之间过渡的重要性。他们强调离开凡俗的连续过程,即:(1)神圣化——参与者置身于"奇事横生"的非常状态中,精神为之升华;(2)世俗(Desacralization)的逆转;(3)返回到日常生活。因此利奇认为:"每一次节日(我们坚决主张亦可指每一次旅游旅行)都象征着一段从正常世俗生存秩序中进入反常神圣状态、而后再返回的暂时性转换。"在传统的小规模社会中,宗教势力(或超自然力量)渗透至其社会生活的方方面面,而多数现代社会在很大

---

① 彭兆荣.旅游人类学.第247~248页.
② Nelson H. H. Graburn. *Tourism as Ritual: A General Theory of Tourism*. p.47.
③ 张晓萍."旅游是一种现代朝圣"刍议.云南民族大学学报.2003(4).

程度上是世俗社会,所谓的"超自然力量"则只囿于生活中极为有限的层面,因此仪式在现代社会并不是宗教的专利。睦尔和梅耶霍夫还提出:当代社会所笃信的"神圣"的东西——即人们赖以理解世界的基本的、公认的信仰结构——不是宗教性的,而只不过被认为是至关重要的或是能够激起强烈感情的东西。这样,列宁(Lenin)的墓冢——本身就是一个旅游景点——在前苏联的背景下就被视为"神圣的";而当代学者就是在此层面上作出这样的表述:"旅游:神圣的旅程。"这种提法实质上是要求对现代社会的所谓"神圣"进行再审视的一种亟待。①

对于那些较为传统的敬神(God-fearing)社会中年度节日或朝圣(终其一生的)的此起彼伏,涉及旅行的度假(比如旅游)就是它们在现代世俗社会的对应物;究其奥妙,就在于"在家"度过的平庸又带强制性的工作状态与"离家"后非同寻常的、自愿的、隐喻似的"神圣"体验之间存在着反差。②

旅游之"神圣"在于它将旅游者"魔幻"似地改变了,无论这种改变是暂时抑或永久,其根本动因来自于"反差",从世俗出走的旅游者,不由自主地在旅游的"不同寻常"中改变了。而"反差"的原由,就在于旅游的异地性。旅游的异地性内涵丰富,既包括地理上的区别,也涵盖文化上的差异。正是异地的陌生与神秘,才使旅游具有反差的魅力。这就是为什么人们在生命中习惯性地倒换的两种生活——神圣的/不寻常的/旅行的与世俗的/乏味的/家居的——是以礼仪或仪式为标志,正如生命有生有死一样。例如工作一段时间后,我们用 TGIF (Thank God It's Friday,感谢上帝今天已是星期五)、"欢乐时光"(Happy Hours)或出去聚会的方式以示庆祝,感谢波澜不惊的生活的结束,并展望未来。

所以我们认为旅游是一种神圣的旅程,是因为认为旅游过程类似于宗教朝圣的过程,有朝圣的某些特质。旅游者是为了寻找真实的"他者"而出发的,每个人的内心深处似乎总荡漾着一种神圣追求,通过旅游来完成对自己一次心灵的洗涤,意欲洗尽铅华。怀抱着这种理想,人们在旅游过程中,都会忘掉生活中的许多烦恼与忧虑,尽情感受大自然以及异文化的美。虽然要去的目的地并非就是所谓的"圣地",但那种朴素的情感是超越自身生活的。通过对旅游地的认知,旅游者克服了因地域空间、个性差异造成的隔阂,反而在这种差异中寻找到快乐,这也许就是旅游的"神圣"力量。

当然,旅游的所谓神圣与仪式之神圣不可同日而语。仪式的神圣与神圣物件以及某些禁忌相联系,而旅游的神圣则因人因事而异,不能一概而论。格雷本敏锐地认识到这样的情况,他曾指出,在一些宣传中包含着足以替代世俗社会中

---

① Nelson H. H. Graburn. *The Anthropology of Tourism*. p. 14.
② Nelson H. H. Graburn. *The Anthropology of Tourism*. p. 42.

宗教(或超自然的)体验的活动,比如在旧金山湾区的一则电视广告片中得到清楚显示(1997),广告展示了健康、富有朝气的年青人或从海边峭壁俯冲入海、或沿着陡峭山坡飞雪而下、或尝试蹦极的动人心魄的场面,最后,当画面切到正打算将其布道团带到旧金山湾区的基督教传道者葛理翰牧师(Rev. Billy Graham)时,一个声音响起:"如果你想有一次宗教式的体验,为什么不尝试一下'真正的'宗教式体验?"[①]这里就将普通的旅游与宗教式的旅游进行了区分,从这个意义上来说,旅游则可以分成两种:其一为宗教性的旅游,是神圣的;其二为普通的旅游,是世俗的。

五、强化型旅游模式与过渡型旅游模式

格雷本认为不同模式的旅游有强化与过渡礼仪之功能。譬如每逢周末的旅行、季节性休假、年度假日都是标志时间流逝的意义事件之流,它们有规律地强化着生命的历程。确如格雷本所言:"我们去罗马的那一年"或"那个夏天,我们的狗在布赖顿(Brighton)海滩被淹死了",实在是比"那是发生在 1988 年的……"这样的语句要来得生动、深刻。在我们的生活经验中,每一年的消逝也是以年度假日(圣诞节或周年纪念日)为标志的;如果一年中没有这样的日子,我们会感觉不对劲,好像被时间欺骗了一样。这些一再重复的事件标志着时间周而复始地流逝,正如传统的基督教社会每星期是以周日或去教堂为标志;而每年是以复活节、收获节、降临节(Advent)和圣诞节等节日为标志。这些仪式在农业社会或掠食社会(Forager Societies)中曾被称为"增长仪式"或"强化仪式",但通常被称为"岁时礼仪"(Annual Cycle Rites)。涉及旅行的度假与旅游(比如,周末去滑雪或垂钓,在海滩一呆数周,国外的长途旅行)通常是季节性的或"年度假日"的类型,亦是一种再创造、自我更新,并且让日子得以继续。[②]

因此,如果将旅游这样的意义事件点缀在时间长河上,就能够让年复一年、日复一日的重复、乏味生活被一次次不同事件所强化,从而赋生命以意义。旅游的过渡功能表现在诸如国外求学、蜜月旅行、退休旅行、自我考验的徒步旅行等事件上,此类旅游的仪式属性最明显,它们是生命历程中的标志性事件,事件过后,人们似乎有"脱胎换骨"之感;旅游成为旅行者进入下一个身份或状态之前的驿站,他们在此驿站经历着精神与心灵的挣扎与洗礼,而后焕然一新。

不过即使在人类学界,关于仪式的强化与过渡功能在开始时并没有得到足够的认识。直到 1942 年,凯普尔(Chapple)与库恩(Coon)才对"强化礼仪"(标

---

① Nelson H. H. Graburn. *Tourism as Ritual: A General Theory of Tourism*. p. 43.
② Nelson H. H. Graburn. *Tourism as Ritual: A General Theory of Tourism*. p. 44.

志社会与自然生活更替的周期性或循环性的仪式,通常以一年为一个循环周期)与"通过礼仪"("事关重大"的或非周期性的仪式,有时亦称为"生命危机礼仪",它是人类的普遍问题,与纵向时间维度的人类生命历程相联系)作出明确的区别。这些仪式是作用于个人(或处于类似境地的群体)的社会事件,其作用是充当"从一种社会角色进阶到下一种社会角色"的标志与界限(这些由社会生活所标识的角色类别包括青春期萌动、婚姻、晋职、葬礼等)。①

现代旅游亦同样显示出类似于"强化礼仪"与"通过礼仪"的分类区别:(1)旅游的模式化类型:一年一度的旅行或度假,周末度假,圣诞节、复活节假日和避暑休闲(指西方国家)。这些旅游形式都有如下特征:具有重复的、可预见的、定时的"停顿",允许人们进行"再创造",并标志着时间的周期性进程。这是一种"强化式"旅游。(2)旅游形式(或称旅游体验):它类似于一些其他的社会习俗,比如毕业、服兵役、晋职、结婚、退休等,都标志着个人生命历程从一种状态转入下一种状态,这种形式的旅游即可称为"通过礼仪式"旅游。上面提到的"通过礼仪"是指那些社会公认的有关人生历程的常见礼仪,而旅游形式(旅游体验)则通常是指旅游者出于对纷繁复杂的社会的期翼而自愿选择的个人行为,因为:①旅游是一种具有西方个人主义特征的自由与个人自主抉择的经典模式;②社会可能没有提供令人足够满意的通过礼仪给现代人,以强化他们人生旅途上兴衰荣辱的关键时刻;而"通过礼仪"式的旅游则通常被认为是和重要的人生变迁相联系,它对社会的缺失部分进行补偿,譬如进入成年、离婚、孀居或事业变化。"通过礼仪"式旅游包含长时间的逃避与远离,而且常伴随着心灵的撕裂与挣扎,这是一段自我考验的过程;个人在此向自我证明其能够承受生命的沧海桑田,并成功地从阴霾中走出。无独有偶,传统社会某些个人的苦难经历与精神探索也向其他社会成员证明这样一个事实:个人有责任并且有能力去满足其新身份所赋予他(或她)的要求与期待。②

当然,"旅游之功效似乎可与仪式等同"——不管是强化功能或者是过渡功能,此论断只能是部分适用。旅游是否具有仪式相似的功效,科恩的"类型学"解释值得关注。③ 旅游对不同类型旅游者的作用力不同,换言之,个体旅游者感受与转化旅游功能的能力有强弱之分,因此旅游之后,旅游者是否"焕然一新",或者"焕然一新"的程度如何,表面上似乎取决于旅游者个人;而旅游者个人则是"悬在他自己所编织的意义之网中的动物"(格尔兹语),影响其旅游体验的因素,

---

① Nelson H. H. Graburn. *Tourism as Ritual: A General Theory of Tourism*. p.12.
② Nelson H. H. Graburn. *The Anthropology of Tourism*. pp.12-13.
③ Erick Cohen. "A Phenomenology of Tourist Experiences." *Sociology*. 1979.13(2).

诸如阶层、受教育程度、职业、生性(Habitus)等,都在文化背景这张网中,不过,这已经超出仪式理论的解释范围,故不赘述。

但是,旅游的强化与过渡功能,显然与仪式类似。格雷本甚至认为,正是由于社会缺乏此类仪式,尤其是"通过仪式",许多人才选择旅游的方式,来完成重大的人生变迁。在此意义上,旅游弥补着社会的缺失,并且从一个侧面反映出旅游动机与本质。

生活不是按照统一的速率进行的,人类的经验是由不同的阶段组成的。有些时期平凡得没有什么重要的事情,而有些时候则发生了戏剧性的变化,在此前后判若两人。比如孩子的出生或父母的死亡,都会给环境带来变化。历法的节日标志着季节的改变,从冬至到春节,经过春分、清明、立夏等过程,农业的周期往往构成了宗教历法和宗教节日的基础,但是二者并不必然地同步。诸如旅行或改变身份地位,也经常由仪式作为标志,它们或具有民族的意义(如国王加冕),或者具有个人的意义(如18岁或21岁的生日)。① 鲍伊这段散文式的感慨,为我们描述了人生的不可知性,正是人生经历的不可预测性产生了仪式,作为人类平息自身困惑与乏味的手段——旅游——也许就是这样一种仪式。

现在将旅游看作一种仪式的观点得到了普遍的认同,不过最初尝试着将旅游与仪式联系起来的看法,肯定需要某种洞察入微的睿智与缜密的思考,格雷本可谓功莫大焉。"旅游是一种特殊仪式",实乃一独特的分析视角。事实上这一论断是欲将客源地社会对旅游动机的决定性作用揭示出来,正如涂尔干所说:归根结底宗教是一种社会现象,社会是产生宗教的原因而不是相反。旅游归根结底也是一种社会文化现象,社会是产生旅游的原因。旅游体验与旅游动机密不可分,二者共同使"旅游是一种特殊仪式"之观点得到证实,从而为旅游脱离"琐碎、肤浅、庸俗"之名声搭建平台,旅游研究亦可从此严肃起来。阿曼达·斯佐沙(Amanda Stronza)认为格雷本将旅游看作一种礼仪过程的表现,反映了社会上根深蒂固的关于健康、自由、自然、自我进步的价值观。在这种观点看来,休假可以解释为年度节日以及在较为传统的宗教社会中朝圣的一种时髦的、世俗的等同物。借鉴涂尔干的观点,格雷本分析了社会中旅游的仪式功能,特别是它的角色作用在于建立并保持了一种集体意识。现代旅游仪式中的图腾出现在旅游指南上、网络上、各种纪念品上。通过对这些图腾的集体崇敬,游客之间以及游客和更大的社会之间将加强联系。②

---

① 菲奥纳·鲍伊.宗教人类学.第186页.
② Amanda Stronza. *Anthropology of Tourism*:*Forging New Ground for Ecotourism and Other Alternatives*.

不过在旅游人类学界,对于旅游仪式论还存在着不同的声音。格雷本认为,人们有一种倒换生活经历的内在需要。他详细分析了这种"全人类普遍存在的需要",指出它的特点以及由于不同的客观条件可能导致的变化情况。而纳什则对人类是否普遍有倒换生活经历的需要提出疑问。他提出,保持与家中同样生活方式的游客不是少数,而且,还有许多游客认为旅游时理所当然地应该满足家中生活可以满足的需求。退一步说,假定这种需要是确实存在的,为什么一定要通过旅游这一形式来实现?诸如此类的问题很多,该作出何种解释?纳什认为:"把旅游看作一种仪式是值得称道的,也是人类学对旅游研究的一大推动……但同样明显的是,它对旅游研究的帮助实在不大。"[1]居里欣·埃瑞姆贝里(Julio Aramberri)甚至用讽刺的语调对格雷本的理论进行了措辞严厉的批评,他认为此种理论对于我们的旅游体系没有多大的贡献,更不消说是一种一般性的理论了。[2] 我们如何来理解这些反对意见呢?莱特(Lett)曾把人类学的研究分为两大类。一类是研究"人类生活的维持体系",为了满足人类生存需要的活动属于这一体系。一般情况下,人类认同的维持可以通过仪式、表演或艺术来实现。莱特还进一步指出,许多文化现象是较为复杂的,既属于认同的维持体系,也属于生活的维持体系,旅游就是这样的情况。许多人类学者只对研究对象的某类问题感兴趣,那么,具体到旅游研究中,有些学者把旅游作为生活维持体系的活动进行研究,关注它的具体社会文化影响;有些学者对它作为"认同的维持"的特征感兴趣,研究它的符号意义、文化内涵。因而,莱特认为,格雷本以及其他人类学家对同一研究对象产生不同的看法、见解,是很正常的现象。因为他们只是从不同角度、对同一事物的不同层面的研究。他们的研究不应该互相排斥,而应该是可以互补的。[3]

总的来说,纳尔逊·格雷本的研究说明,"旅游仪式论"可能是触及旅游本质的途径与方法之一。因为旅游研究的问题亟待解决的思路,许多学科都可于其中找到对应的研究层面。由此,一条明显的旅游研究逻辑可如下所示:旅游的本质与特征(旅游学基础理论必须解决的首要问题)——旅游者行为特征的基本规律性(旅游心理学这一应用学科应该研究的问题)——旅游需求——旅游产业供给活动(旅游经济学这个应用学科要研究的问题)。[4] 旅游本质与旅游动机实质上是一个硬币的两面,关于旅游本质与特征,社会学、人类学、心理学都给予了足

---

[1] 丹尼森·纳什.旅游人类学.宗晓莲译.云南大学出版社.2004.第55页.
[2] Julio Aramberri.旅游学研究:尚不可靠的理论基础.谢彦君译.旅游学刊.2003(2).
[3] 宗晓莲.西方旅游人类学两大研究流派浅析.思想战线.2001(6).
[4] Julio Aramberri,谢彦君.中国旅游研究的多维视野——对国内与国外相关文献的评述.旅游学刊.2003(6).

够的关注,而最终解决旅游本质的渠道还须回到旅游者的背景文化中去,格雷本的"世俗一神圣一世俗"三段论清晰地指出世俗社会与神圣旅程之间的反差与对比,从中暴露出世俗社会的缺失所在。因此,纳什的观点值得商榷,揭示旅游本质的关键在于旅游体验,仪式理论为洞悉旅游体验提供了一个视角,它导致醍醐灌顶之观点的产生,就此而言,"旅游仪式论"不容抹煞。至于旅游是否是一种世俗仪式,这并不很重要,重要的是必须借着一种理论或方法而得以接近旅游体验的本质;仪式理论以其深刻的宗教渊源而距离旅游体验之本质最近。

不过,正如格雷本自己所言,对仪式模式的运用应持谨慎态度,千万不要以我们自己的体验去看所有的旅游,更不应期待仪式逆转日常生活的一切。事实上,度假中的旅游者寻觅的是日常生活中一小部分具体特质的逆转,这部分特质是他们生活中所缺失的,或者是旅游广告所昭示的在异地可轻而易举找到的东西。除了这些直截了当的目标——无论是北方人寻求的温暖、超重者追求的减肥、文化饥渴者渴望的历史感,还是穷极无聊的都市人深深沉醉的自然,旅游者一般情况下还是会保持不变,并且要求维持与家居生活相去不远的生活模式;正如温顺者很少会粗鲁、整洁者不会零乱、智者不会愚钝、使用一种语言的人不可能无师自通地懂多种语言、冷淡者不会变性感,而异性恋者亦少有可能变成同性恋一样,除非这是其在旅行中欲挑战自我的特殊目标。格特列伯(Gottlieb)曾提到旅游者可能扮演"一日皇后(或农夫)"以暂时地改变其生活方式或其阶层特有的风格,科恩和弗雷也曾描述过一些年青人或有现代疏离感的人所做出的更严酷的旅游选择,但是,大多数季休或年休的旅游者却只愿享受自己所选择的追求,然后以同一个旧我的面目"焕然一新"地"重返江湖"。[①]

第二节 朝圣:宗教文化之旅

宗教与文化一直是人类学研究的重要内容。朝圣,是自20世纪70年代以来人类学非常关注的课题之一。在西方旅游人类学研究中,有的学者认为旅游起源于宗教朝圣;有的学者认为旅游是一种"人生礼仪";还有的学者认为旅游是一种"神圣旅程";有的学者则提出了"旅游是一种现代朝圣"的论断等。这些关于旅游与朝圣之间关系的理论研究,初步创立了运用人类学的理论与方法进行旅游研究的思路与模式,也提供了人类学基于游客体验去审视与探讨旅游的

---

① Nelson H. H. Graburn. *Tourism as Ritual: A General Theory of Tourism*. p.49.

新视角。本节将运用仪式理论,就宗教朝圣与旅游之间的关系进行一番探究,以找到它们之间的一些具有意义的内在东西。

一、朝圣与旅游:人生的"通过仪式"

在旅游人类学家看来,朝圣和旅游都是人类社会经济和文化发展到一定阶段的现象,二者之间有着相生相伴的历史渊源关系。从象征意义着手,朝圣与旅游都是人生历程中"通过仪式"的一个重要组成部分,朝圣者与旅游者一旦离开日常的"世俗空间",离家去寻找"远处的中心",便与熟悉的日常生活相分离,也就摆脱了以往的身份与事务,进入一种"类中介性"的神圣"阈限"状态,通过一定时段的经历与体验,然后再以新的面貌返回"世俗空间"。

(一)朝圣与旅游:"天作之合"的内在渊源

在旅游人类学家看来,朝圣和旅游都是人类社会经济和文化发展到一定阶段的产物,二者之间有着相生相伴的历史渊源关系。宗教史和旅游史的研究都清晰地表明,世界上的主要宗教在创立之后都迅速地借助"旅"的方式而走上了传播与发展之路,而当今的旅游胜地也不乏宗教的禀赋与遗存。朝圣与旅游在历史长河中有着"天作之合"般的不解之缘。

朝圣,英语称之为 Pilgrimage,印度教把朝圣称为 Tirthayatra,伊斯兰教则叫 Hajj(音译为"哈吉",汉语译为"朝觐")。朝圣,顾名思义,就是指宗教信徒去圣地朝拜,"是一种为了一种崇敬的目的或者为了在某地求得某种神的或者超自然的助佑,或者为了例行或免除某些宗教义务,而走向某地的一次旅程"[①]。信仰是朝圣者的原生动力,圣地是朝圣者的终极目标,也是朝圣者的精神中心。朝圣即是由宗教信仰激发的一种宗教仪式行为,是指宗教信徒为求福、赎罪或感恩还愿而去圣地朝拜。马克思在《〈黑格尔法哲学批判〉导言》中对宗教的本质有如下的表述:"宗教是那些还没有获得自己或是再度丧失了自己的人的自我意识和自我感觉","是被压迫生灵的叹息,是无情世界的感情。正像它是没有精神的制度的精神一样","宗教的苦难是现实的苦难的表现"。朝圣的目的就是借助某种信仰的力量或仪式的方式,去寻找一个没有痛苦、没有邪恶的极乐世界,获得灵魂的洗礼与心理上的慰藉,使其精神达到一种神圣的境界,进而缓和或消除现实的紧张与失意,排解生活中的各种困难与矛盾,从而净化心灵,实现心中愿望,祈求美好来生,朝圣也因此成为人类寻求精神归宿的一条重要途径。

早在公元前8世纪就兴起了宗教朝圣旅行,古埃及规模隆重的"布巴提斯阿尔铁米司祭"庆典,吸引了尼罗河沿岸各国的朝圣者顺江而至;希腊的奥林匹亚

---

① http://www.tj-catholic.org/bbs/printpage.asp?BoardID=2&ID=5257.

节盛典,更是让宗教朝觐逐渐成为一种世界性的活动;还有盛行于中世纪时期的伊斯兰教徒去麦加、麦地那朝圣,基督教徒去耶路撒冷、罗马和圣地亚哥朝圣;传统印度教中的"林栖者",他们辞别家室的温暖与束缚,云游四海,成为一个个有家不归的托钵僧;再有,公元 8 世纪的阿拉伯帝国朝觐制度还明文规定,每一个有能力的穆斯林者平生都要完成至少一次的长途旅行。11 到 14 世纪,朝圣就成为一种广为流行和传播的旅行活动和宗教现象,它经常交织着宗教、文化以及人们的情绪等多种因素,14 世纪欧洲文学杰作——英国诗人杰弗里·乔叟笔下的《坎特伯雷故事》,就是以这一时期 29 位香客从伦敦去坎特伯雷朝圣的旅途为背景的,众香客的朝圣历程也象征着当时人们寻找失去的心灵家园的精神之旅。迄今为止,由朝圣旅行所留下的历史遗迹一直被视为人类珍贵的财富。"1993 年《世界遗产名录》就以'朝圣之路'为名将西班牙北部的阿拉贡、纳瓦拉、拉里奥哈、卡斯蒂利亚莱昂、加里西来等几个地区列入其中。这一沿线地区经过 166 座市镇,途中有许多大大小小的教堂,其中一些始建于 11 世纪初。在长达数百年的历史过程中,这些教堂起到了承担接待和照料朝圣者的任务。"[1]

此外在中国,古代著名的佛僧法显历游天竺,玄奘西向取经,鉴真东渡日本,以及迄今依然流行的清明扫墓,民间"香社"去泰山、普陀山、武当山进香还愿,还有人们为敬神、事鬼、拜祖先而四处奔走……俗语说,"天下名山僧占多",有资料表明,"在我国 29 项世界遗产中,完全是宗教文化内容的就有 6 项,部分是宗教文化内容的有 7 项;在国务院先后公布的 500 多处国家级文物保护单位中,完全是宗教文化内容的 157 处,全国各省、市、自治区与宗教有关的名胜古迹有 3000 多处"[2]。以色列著名人类学家科恩(Erick Cohen)有言:"旅游历史学家曾指出,宗教朝圣是祖先活动的一部分,也是当代旅游的起源……"[3]可见,朝圣与旅游有着密不可分的相生相伴的关系,有着密切的内在渊源。

(二)朝圣与旅游:人生的"通过仪式"

在有关朝圣与旅游过程的研究中,旅游人类学家使用了人类学中关于"仪式"(Ritual)的理论。在人类学家看来,朝圣和旅游与人的出生、成年、成婚、生子、升迁、死亡等事件一样,都可以被看作生命历程中的"通过仪式"(the Rites of Passage),是人从一种状态过渡到另一种状态的仪式性事件。

范吉内普将仪式过程划分为分离、过渡(或通过)、融合(或聚合)三个可分辨而连贯的阶段,特纳随后又将之改称为阈限前、阈限期、阈限后三个阶段,并从人

---

[1] 彭兆荣.旅游人类学.民族出版社,2004.第 49 页.
[2] 吴桂生.论宗教文化旅游资源的利用与开发.湖南商学院学报,2004(4),第 68 页.
[3] 张晓萍."旅游是一种现代朝圣"刍议.云南民族大学学报,2003(4).第 91 页.

类学的象征主义研究入手,提出了"类中介性"或者说是"阈限性"的朝圣仪式过程的概念。他认为,朝圣的全过程可以分为离开常住地进入朝圣状态、超越情绪阈限融入朝圣环境、返回常住地重新投入日常生活三个阶段①,即朝圣过程的阈限前、阈限期、阈限后三个阶段。意思就是,朝圣者一旦离开故地,也就摆脱了以往的身份与牵挂,进入一种非此即彼、模棱两可的神圣的"阈限"(Limineality)的状态,他们通过这个仪式,与熟悉的日常生活相分离,离家到远方寻找圣迹,在此期间经历考验,然后以新的面貌返回故乡。相对于阈限前后的"世俗空间",朝圣者在阈限期进入的是一个充满幻想、磨难和奇遇的"神圣空间"。

旅游者与朝圣者相似,也要通过类似的"阈限性"或者说是"类阈限性"的旅游仪式过程,具有与日常生活显然不同的"神圣"性。试想想,大凡一群人,或一个人,受了感情和精神追求的驱使,都会想通过某种途径到异域远方游走观看,使身心有所改变,在这里,走路不再只是一种本能,而变成生活的一次历练,正如巴西作家帕尔·克勒(Paul Coelhe)所说的:"当你旅行时,你会以一种实在的方式体验到再生的过程。你会遇到全新的环境,时间会过得更加缓慢,而且在大多数的旅行中,你甚至不懂那里的语言。因此,在旅行中,你就像一个刚刚离开子宫的孩子。"②对此,格雷本在他的关于"仪式"的理论中认为,观光游览在现代社会中是一种"仪式"的过程,是一种"现代的仪式"。他说旅游既是"神圣的旅程"(Sacred Journey),也是"世俗的礼仪"(Secular Ritual),并提出了这样一个等式:旅游(Tourism)=仪式(Ritual)+游览(Play)。换句话说,就是我们在旅游过程当中可以得到充分的精神和身体的享受,这种具有象征意义的精神追求就是一种"朝圣"。③旅游是在"世俗"和"神圣"之间的一种等同于休息的变化。④

可见,作为人生"通过仪式"的朝圣与旅游,其"阈限性"特征将"故乡"与"异乡"、"世俗"与"神圣"变得合二为一了,这种"阈限"的"类中介性"犹如一面镜子,映照出人们现实与理想、世俗与神圣的模样。因为事实上,作为人,无论是朝圣者抑或是旅游者,无论是群体抑或是个体,往往都不能只生活在一个空间里,人们需要在现实与理想、物质和精神、世俗与神圣的两个天地间往返巡游。

关于旅游的仪式过程,前文已有阐述。关于朝圣的仪式过程,我们不妨以穆斯林朝觐的案例进行具体描述。

朝觐为阿拉伯文 Hajj 的意译,音译为"哈吉",为伊斯兰教五功之一,指每年

---

① 杨慧. 朝圣与旅游:特纳"类中介性"研究与旅游人类学. 怀化学院学报. 2007(4). 第3页.
② http://www.3608.com/Article/2007-4-8/100430562.html.
③ 张晓萍. "旅游是一种现代朝圣"刍议. 云南民族大学学报,2003(4). 第92页.
④ 瓦伦·史密斯. 东道主与游客. 张晓萍、何昌邑等译. 云南大学出版社. 2002. 第26页.

的希吉来历12月9日至12日在麦加集体巡礼天房及其他圣迹所进行的一系列祈祷活动。《古兰经》中规定:"凡能旅行到天房的,人人都有为真主而朝觐天房的义务。"朝觐分为正朝与副朝。正朝——罕志是天命(法里则),在伊斯兰教历12月祖勒·罕志的月份,是穆斯林正朝的月份。副朝——尔穆勒,穆斯林在完成正朝功课的前提下,一年中任何时间都可以履行副朝功课。但祖勒·罕志12月8日至12日五天正朝功课中,不宜履行副朝,否则,是"买克鲁海",为可憎的行为。根据伊斯兰教法规定,朝觐的"法里则"——天命功课的程序是:(1)受戒;(2)驻阿拉法特山;(3)环游天房。朝觐的瓦直卜——当然功课的程序是:(1)在穆兹待里法山停留;(2)在萨法与麦尔卧两山之间疾行奔走;(3)射石打鬼;(4)辞朝——外地人环游天房后辞别;(5)剪发开戒。上述功课很重要,不得随意抛弃,天命未完成者等于徒劳往返,失去了正朝;丢失瓦直卜要拿罚赎,宰牲或斋戒。其他功课则属圣行或礼仪。① 可见,朝觐,不仅是穆斯林法定的宗教功课,更是每个穆斯林一生中最神圣的一项使命与心灵追求。对于穆斯林朝觐过程的"通过仪式",国内学者周学忠与杨文笔也曾作过具体分析。②

1. 阈限前阶段

这是穆斯林朝觐的过程的第一个阶段,即分离阶段,是整个朝觐过程的前奏。穆斯林一旦举意要去朝觐,必须先作一番精心的准备。在出发之前,要举行一个与先前的状态或位置相分离的仪式,象征性地告别原有的世俗环境,而走向神圣的时空。至此,朝觐者要尽力理清世俗中的一切事务,内心即刻多了对安拉的敬畏、悔罪、求恕的意识,心志开始变得纯洁清净,开始审视自己的行为并力求使自己的行为避恶向善,与以前判若两人。而当穆斯林离开自己的家乡,在进入圣地麦加之前,朝觐者必须在规定的戒关受戒,包括:(1)举意,即立意为朝觐受戒;(2)沐浴大净;(3)更衣,即脱去日常服装,换上戒衣。受戒后某些原来正当的行为成为禁止的"哈拉目"。

2. 阈限期阶段

这是穆斯林朝觐过程的第二个阶段,即过渡阶段,也是整个朝觐过程的核心与关键阶段,它处于结构的交界处,是一种不稳定状态之间的转换。这一阶段中,个体或群体脱离原有结构,而进入一个"既非此亦非彼",而是两者之间的模糊的歧义空间,通过一系列具有象征意义的仪式,以隐喻和转喻的方式表达朝觐者心灵的神圣体验,此时,正常的行为规则被暂停使用或夸大。

---

① 罗惠翾.宗教的社会功能——几个穆斯林社区的对比调查与研究.中央民族大学.2005.第77～78页.
② 周学忠、杨文笔.朝觐:穆斯林的一个"过渡礼仪".青海民族研究.2007(3).第13～14页.

经历第一个分离阶段后，朝觐者开始进入圣地麦加，12月8日住在米纳的帐篷营地，这表示他们离原来世俗的世界越来越远，一步一步接近真主。12月9日，通常是在凌晨，朝觐者就要起床小净，晨礼后去阿拉法特山，因为先知穆罕默德曾在这里作过他的辞朝演讲，因此这一天是朝觐三大"法里则"中最重要、最关键的一天。朝觐者在山上礼拜、念祈祷词，尽管此时麦加的气温通常是40多度，但没有一个人会懈怠，他们一遍一遍地念着祷文，内心翻检自己的过错，祈求真主的宽恕。在阿拉法特山度过一个白昼之后，朝觐者要赶往穆兹待里法沙滩过夜，这是最尊贵的一个夜晚，甚至比盖德尔夜还要尊贵。据说，先知为穆斯林大众的祷告，在这个夜晚被接受了，所以这个夜晚是个不同寻常的夜晚。真主以他特有的慈惠，给所有在此过夜的人下降了他精选的恩赐，只有那些受特慈的人，才能在穆兹待里法非常幸福地度过这终生难忘的一夜。所以，这一夜最好是不要入睡，要不停地礼拜、祈祷、赞颂真主、忏悔并祈求他的宽恕。第二天晨礼后，要赶往米纳射石打鬼，这是为了让人驱除心中邪魔，发扬正义。接下来，朝觐者要到禁寺去环游天房克尔白，在那里总共环游七圈，并念诵不同的祈祷词，主要是为国家、民族、亲友向真主祈求宽恕及福社的。环游天房后就在萨法和麦尔卧山之间奔走疾行，总共七个单程。让朝觐的穆斯林奔走此处，意在让他们感触沙漠的干旱以及身处此中的那种焦灼感，并感赞真主的恩德。奔走完毕，在米纳打完大石柱即可剃头开戒，换回平常穿的衣服。然后就是宰牲，这时候的宰牲和平时古尔邦节宰牲的意义不同，其含义主要是自我罚补，弥补朝觐中某些功课做得不尽完善之处。这样正朝就算完满了。也有不少人趁此机会进行副朝，可代自己的亲友完成副朝功课。此一阶段整个过程都充满了神圣庄严的感觉，朝觐者所到的几个地方在伊斯兰教历史上都具有非常重要的意义，平时并不是可以随便到达的，因此才愈发凸现出这种神圣性。这里面有一个很重要的阶段，就是"领域"的通过，即朝觐者履行前述所有应完成的事项，否则就不能算是圆满完成了朝数，因此才有宰牲之说，用以弥补其中的不足。

3. 阈限后阶段

这是穆斯林朝觐过程的第三个阶段，即融合阶段。朝觐者去禁寺完成辞朝义务，就意味着整个朝觐过程至此圆满结束，仪式开始时穿上的戒衣被脱下，日常的衣服又被重新穿上，"在通过礼仪时，人们从结构中被释放出来之后，仍然要回到结构之中，而他们所经历的交融，已为此时的结构重新注入了活力"，穆斯林朝觐归来，焕然一新地回归原地，被重新整合到社会中，这是一个由神圣世界向世俗世界的回归，人们带上写有"朝觐荣归"、"圆满五功"的旗匾，聚集在一起举行隆重的"接哈吉"的仪式，男女老少都给哈吉道色兰，表达最诚挚的问好，争相与哈吉握手、拥抱，以期沾点吉庆，共享真主的恩惠。至此，朝觐者的哈吉身份被彻底定格下来,家门口的门相上也被钉上了"哈吉之家"的牌子,成为哈吉就意味着他如初生婴儿般纯洁无染、德行兼备,他的家族也跟着享受哈吉的光荣,同时,哈吉的身上也被寄予了期望,他的行为应当与哈吉的身份相符合,信守哈吉与安拉的誓约,做一个众人学习和真主喜爱的真正的穆斯林。

再来看看我国藏民族的朝圣情况。众所周知,我国的藏族是一个全民信教的民族,藏传佛教的人生礼仪与信徒的世俗生活是紧密结合的,藏族人从出生、成年、成婚到死亡的每个环节都有相应的宗教仪式。藏族小孩出生后一般都由父母抱着到活佛处,敬献哈达并请求活佛为孩子赐名,人们认为活佛赐的名字会给孩子送福免灾。"在康区,有的地方在小孩9岁时行成年礼,即在当年祭祀山神时,将孩子带到煨桑烟的地方,喇嘛念经后,由孩子从大人手中庄严地接过火种点燃柏树枝丫,当桑烟升起,仪式就算完成,从此他就可以参加大人的活动了。"[①]转经(朝圣)是普遍盛行于藏区的一种大众信仰和藏传佛教中普及面最广的一种特别的宗教仪式。相信到过西藏的人都看到过川藏线上神秘的朝圣者,都会为大昭寺门前成群结队的虔诚朝圣者所震慑,他们从遥远的故乡出发,手佩护具,膝着护膝,前身挂一毛皮衣物,在共同信念的支配下,口诵六字真言,虔诚跪叩而行,野营露宿,历尽艰辛,来到圣地拉萨,在寺院、神山、圣湖、圣塔、嘛呢堆前转了又叩,叩了又拜,拜了又转,然后心满意足地带着一身轻松、一身吉祥再沿朝圣的路化缘回家。他们这一路的朝圣的过程同样也要经历三个可辨而连续的"通过仪式"阶段:(1)阈限前阶段(精心准备、离家出行);(2)阈限期阶段(转经朝圣过程,如一路叩拜、诵经、祈愿、转经、献供、布施、煨桑、挂风马旗等);(3)阈限后阶段(回归生活、重新做人)。现在西藏还有很多人,他们终生的生活就是这样一个信仰和仪式的轮回:挣两三年钱,然后用半年一年的时间,三步一叩首地到拉萨朝圣,拜完大昭寺与布达拉宫,心满意足地回家,然后继续挣钱,等着下一次朝圣,这样循环往复,不断地经历着自我的分裂、自我的转变和自我的重塑,来实现自我存在价值,直到生命的终结才完成自我升华。

综观人类历史,在千年的历史长河中,无论是穆斯林教徒去麦加,基督教徒去耶路撒冷,还是我国的藏传佛教信徒去拉萨,道教信徒去武当山等,朝圣作为宗教信徒人生的一个"通过仪式",是具有重要历史与现实意义的一种文化现象,其深层的文化内涵必须通过英国哲人吉尔伯特·赖尔(Gilbert Ryle)和美国人类学家、宗教学家克利福德·格尔兹(Clifford Geertz)强调的"深度描写"(Thick Description)来理解。旅游现象亦是如此。

[①] 钟玉英.论藏族社会中的藏传佛教仪式及其社会功能.四川大学学报(哲学社会科学版).2006(6).第140页.

二、朝圣:宗教文化之旅

人类学是研究人与文化的科学,自从人类诞生之日开始,宗教便成为了人类精神文化的重要组成部分,宗教是一种信仰,更是一种文化现象,旅游亦是如此。从外部结构看,朝圣旅途上的一切物化载体都是宗教文化的显呈,从内部结构看,朝圣作为一种人生的"通过仪式",象征着人类的精神文化寻根。

(一)宗教文化的旅游吸引功能

文化在人类生活中的表现形态和方式是多种多样的,朝圣作为一种典型的宗教仪式行为,集中地体现了宗教的文化意涵与功能。

有关"宗教文化论"的观点,美国人类学家、宗教学家克利福德·格尔兹(Clifford Geertz)在1966年曾发表论文《宗教是一种文化体系》(Religion as a Cultural System,后收入《文化的阐释》一书)[1],他在文中认为:"宗教是在人们的心境和动机中建立的具有强有力的、普遍的、恒久的一系列象征体系,它是在现实的环境中构建关于生存的总秩序,并且只有在心境和动机的统一中才能实现。"[2]在人类文明的发展过程中,宗教与文化相伴相生、难解难分。有的学者认为:"人类的宗教与人类的文化最初是同时形成的,而且人类文化最早采用了'宗教文化'的形式。"[3]在古代,上自意识形态,下至社会生活,几乎都有宗教的浸润,无论帝王贵胄还是凡夫走卒,多是各种宗教的虔诚信徒,哲学、神学、文学、音乐、美术、建筑、人们的风俗习尚,处处展现出宗教的精神。随着宗教的产生与发展,"宗教的影响逐渐超出最初的教理、教义及相关仪式等宗教性范畴,从宗教观念信条化、宗教信徒组织化、宗教行为仪式化、宗教生活制度化这样狭义上的宗教,扩大到与广义上的文化结缘,出现了宗教建筑、宗教美术、宗教音乐、宗教文学、宗教饮食等五光十色的外延表象形式,产生了依附于神学的宗教哲学等。这些情况的发生,表明宗教在发展过程中,已经超出了其自身原有的神道观念范畴,或者说宗教的发展在表现上不仅仅只在教义的解释和丰富上,而且与文化的种种表现形式相结合,从而极大地扩大了宗教的声名和影响,宗教也就由此发展为人们常说的宗教文化"[4]。

宗教文化作为一个庞大的象征体系,大致表现为以下几种形态:宗教器物,包括庙宇、寺院、教堂、圣像、圣书、圣地、供品、祭品以及其他一切进行宗教活动

---

[1] 牛宏. 视宗教为一种文化体系. 世界民族. 2006(1). 第53页.
[2] Clifford Geertz. *The Interpretation of Cultures Selected Essays*. New York. Basic Books. 1973.
[3] 卓新平. 世界宗教与宗教学. 社会科学文献出版社. 1992. 第118页.
[4] 杜达山. 为"宗教文化旅游"正名. 中南民族大学学报(人文社会科学版). 2004(6). 第113页.

所需要的有形物用、工具和场地等;宗教制度,包括宗教组织、宗教制度、宗教礼仪、宗教法规、宗教习俗、修持方式、宗教庆典等;宗教行为,包括宗教团体和信徒在宗教场合和非宗教场合表现出来的体现着宗教信念的具体行动,如诵经、祈祷、禁食、素食、祭祀、朝圣等;此外,还有宗教文学、宗教音乐、宗教艺术等,它们都是宗教的外在表现形式,即外壳,属于显型文化。而宗教意识(包括宗教信仰、教义、神谕等)则形成了以宗教信仰为核心的宗教内核,当属隐型文化。

宗教作为一种社会文化现象,具有迥异于世俗氛围的神异特质,对国内外、省内外不同地域层级、不同职业范畴的客人都有着非同一般的普遍而持久的吸引力。因为从本质上看,旅游的根本目的就在于对异域和异质文化的了解。由此,人类历史上众多因朝圣者足迹留下的历史遗存,便作为宗教文化的载体,成了后人热衷追寻的旅游胜地。宗教文化作为非常重要的旅游资源,无论过去、现在乃至将来,都会在旅游业的发展中起着举足轻重的作用。联合国教科文组织颁布的《世界文化遗产名录》中,宗教名胜所占的比例便是对此的有力佐证。事实上,世界上一些著名的宗教圣地,如沙特阿拉伯的麦加(伊斯兰教克尔白圣殿)、耶路撒冷(基督教耶稣圣墓教堂、伊斯兰教阿克萨清真寺、犹太教所罗门圣殿)、意大利罗马、梵蒂冈(世界天主教的中心),都成了国际旅游业的发达之地。俗语也说,"天下名山僧占多",我国声名远播之五岳、"清凉佛国"之五台山、"仙城佛国"之九华山、"海天佛国"之普陀山、"峨嵋天下秀"之峨嵋山、"青城天下幽"之青城山、"仙山琼阁"之武当山、"人文三绝"之龙虎山、"一石插天,与云并齐的江南第一名山"之齐云山,还有鸡足山、千山、天台山、天童山、佛光山、梵净山等,这些众多的宗教文化名山,风光优美,曲径通幽,到处都有富含宗教意涵的建筑、音乐、绘画、雕塑、诗词、书法……令人目不暇接、赏心悦目,它们每年都吸引着众多的海内外信徒、专家学者和观光游客,游人嘴中也常说"白日看山,夜晚看庙"等,所有这一切体现了宗教文化强大的旅游吸引功能。有关资料显示,目前,各种宗教信徒约占世界人口的60%以上。下面,我们就朝圣路上的文化载体,对宗教文化的旅游吸引功能作进一步的分析。

首先,蕴含于宗教信仰中的"人生哲理",如伊斯兰教教义中的"行善受赏、作恶受罚",基督教教义中的"神爱世人、忏悔赎罪",佛教教义中的"因缘聚散、因果轮回",以及中国道教中的"道法自然,受戒成仙"等思想,会让众人产生一种本能的对神灵与自然的趋同感。

其次,多姿多彩的宗教建筑,它们都是特定历史时代科学技术水平与劳动创造的体现,是历史的凝固。它们环境幽静,建筑宏伟,造像堂皇,画卷精美,藏经浩繁,文物珍贵,超凡脱尘,令人肃然起敬,神往不已。由此,卡纳克阿蒙神庙、德尔斐阿波罗神庙、婆罗浮屠、仰光大金塔、麦加禁寺、亚眠大教堂、耶路撒冷清真寺、基辅圣索菲亚大教堂、北京天坛、西藏的布达拉宫、青海西宁的塔尔寺、山西五台山的南禅寺与佛光寺、山西恒山的悬空寺、陕西西安的大雁塔、河南登封的嵩岳寺塔等,至今犹如磁石一般,梦幻般地吸引着无数的人们前往朝圣与观光游览。同时,朝圣活动对宗教建筑如教堂等,也有非常大的影响。为满足朝圣者的需要,教堂建筑往往需要在风格、规模、结构上作出相应调整。随着朝圣者的增加,一些原来为朝圣者提供祷告的地方后来也发展成教堂,并同时在教堂建筑中增添了许多与朝圣相关的意象物,这一切又成为后人前往朝圣与游览观光的对象。

再次,宗教文学艺术作品作为宗教精神的具体体现,也有着不同凡响的魅力。例如,我国敦煌莫高窟保存着从十六国到元代1000年间500余个洞窟,45000多平方米的壁画,2400余尊彩塑;仅第十七窟,在不到20立方米的藏经洞内,就发现有45000件以上的遗书、绘画、刺绣。云冈石窟,从5世纪中期到6世纪初,不过七八十年,即形成包括50000多躯造像的大型石窟群。龙门石窟,现存洞窟29个,大小造像100000躯,佛塔40余座,题记碑文2900余块。麦积山石窟现存窟龛194个,保存泥塑造像7000余身,是中国泥塑造像最多的石窟,素有"塑像馆"之誉。大足石窟保存有唐宋以来的摩崖造像50000多躯。乐山石窟的大佛,佛头与山齐,脚踏大江,脚背上可围坐百余人,气势宏伟,人称"山是一尊佛,佛是一座山",是世界上最大的石刻佛像。这众多杰作,综合了壁画、建筑、雕塑各类艺术技巧,是吸引游人一睹为快、叹为观止的艺术珍品。此外,我国嵩山少林寺的"达摩石"传说和东南沿海的"妈祖"信仰等,让人们了解了花果山、水帘洞、火焰山的电视剧《西游记》,让人们认识了少林寺的电影《少林寺》,众多诸如"大肚能容容天下难容之事,笑口常笑笑天下可笑之人"等宗教文学楹联,深邃悠扬的圣曲与淡泊飘渺的仙乐,以及由朝圣活动促生的其他艺术样式,如造型丰富、制作逼真的各种圣像和其他各种精美绝伦的工艺品等,还有一些朝圣者撰写的旅行记录与旅游指南等,也是宗教文化中不可或缺的内容,它们都以独特的风格吸引着人们。

此外,朝圣过程中的各种神秘节日与庆典仪式,以及随着时代发展为符合大众心理需求的一些宗教节日,如圣诞节、泼水节等,今天已吸引了更多的人参加到节日的庆典活动中去,成为宗教信徒和非宗教信徒共同欢度的节日。甚至连宗教徒的修持护神、朝圣者的吃斋念佛等生活方式,也都成了极富吸引力的旅游文化资源。

(二)朝圣:宗教文化之旅

克利福德·格尔茨(Clifford Geertz)在他的经典论文《宗教——一种文化体系》中写道:"宗教是一种象征体系,它的作用是在人们心中产生有力的、具有渗透性的及持久的心态和动力,这一过程是通过形成关于生活的一般关系的概念,并又通过给这些概念笼罩上一种真实气味,以至这样的心态和动力看上去是极其真实的。"① 人类学视仪式为一种文化展演(Cultural Performance),那么,作为"通过仪式"的朝圣现象也就可以被视为一种行动的文化体系展演了。

特纳在《基督教文化中的想象与朝圣:人类学透视》一书中,深入地分析了"朝圣"活动中的象征意义。他认为,在"历史的"宗教中,早期欧洲宗教信徒们的朝圣缘由是:"因为有寄托于田园的经济和封建式的政治结构,遂使民众的生活更紧密地和地方联结在一起。其实,对于那些信仰基督教的奴隶和农奴而言,法律本身就已规定它必须附属于特定的庄园或领地。他们的宗教生活也是受到地域限制的;行政的教区也可以说是他们精神上的领地。然而基督教在发展的过程中,仍为俗人阶级衍生了他们自己中介状态的形式,这种形式的最佳代表,就是朝圣者远离了每日居住和工作的地点,前往一个神圣的遗址或是庄严的神坛去朝圣的行为……朝圣者的足迹跨越了省界、领地,甚至帝国的疆界。在每个新生的国家,特定的神坛、教堂都会成为正统信仰的首要中心。由于教会主张其普同性,所以就更鼓励朝圣者去收拾行李,前往其他基督教地区的大教堂去旅行、参拜……"②

我国学者陈国典在关于藏传佛教朝圣者个案研究的田野记录中,对有关"藏族人为什么要朝圣"问题的回答有:四川理塘县的藏族活佛泽仁多吉说:"朝圣是为了洗清自己的罪恶,还能得到美好的来生,特别是磕长头朝圣不仅能强身,还能排解心中罪恶感对心身的压力。"四川石渠县的普通藏族信徒仁朗则回答:"转经没有什么特别的原因,想转就转,或他人请我来代替他转。转经可以实现自己的愿望、消除病灾、求得佛的保佑。"③ 中国伊斯兰教协会副会长马贤,在研究穆斯林不辞艰辛、不远万里的朝觐的目的与意义时写道:"从朝觐被定为穆斯林的宗教功课的一千多年来,几乎使每个具备一定条件的穆斯林,都愿意不惜花费自己的血汗积蓄……他去朝觐只是为了完成自己所信仰的安拉对穆民规定的一项宗教义务,表示对安拉的虔信和敬畏,通过守戒、巡礼天房、野营阿拉法特、米纳和宰牲等仪式,效法古圣先贤,戒除人间的相争和私欲,净化自己的心灵,返朴归真,专心致志地自我反省,祈求安拉宽恕自己的前愆,使自己以'重新出生'的清白身心,走完未尽的人生之路,以此来追求自己穆斯林属性的完善,实现信仰和

---

① 布赖恩·莫里斯.宗教人类学.周国黎译.今日中国出版社.1992.第433页.
② 维克多·特纳,伊迪思·特纳.朝圣:一个"类中介性"的仪式现象.刘肖洵译.大陆杂志.1983(2).
③ 陈国典.关系意识:一项关于藏传佛教朝圣者的个案研究.社会科学研究.2006(1).第46页.

心理上的满足,期望得到无比幸福的后世天园。"①

由此,穆斯林在朝觐前要举意、沐浴、更衣,要作祈祷:

"真主啊!你赐给我良好的机会,我响应你的召唤到天房去。

真主啊!祈求你纯洁我的意志,赐给我恩典,全美朝觐功课。

真主啊!你使朝觐顺利易行。

真主啊!当我离开家乡时,请你保佑我的家庭,保佑我的家乡和穆斯林大众。"

穆斯林在朝觐时,也会诵念:

"真主啊!在圣地朝觐之际,不要拒绝饶恕我的罪过、解除我的忧虑、解决一切困难,解除作中的负担。祈求开阔我的胸襟,坚定我的意志,廉洁我的行为。"②

这是信徒们(我者,Self)与神灵(他者,the Other)在交流。对朝圣者而言,神灵是他们的终极目标,朝圣者试图在身体和心理上接近终极目标以完成自己的终极心愿,即他们希望通过自己的虔诚与艰辛,得到神灵的宽恕与庇佑,完成自我升华,这是信徒们永生不变的宗教情怀。

在朝圣"通过仪式"的三阶段中,最具文化意涵的是第二阶段。在此阶段,信徒们从日常的"自我中心"走向远处的"圣地中心",此时,"世俗社会复杂的分类、精细的分层及纷繁的规则都可以被消解,甚至连性别、年龄、社会地位等都可以被象征性地分解为无区别特征的模棱两可和悬而未决,是一种不属于任何明确的文化分类的中性存在。远离世俗社会,无所谓高低、上下、贵贱之分,人人平等是这一阶段的特质。在神圣力量的驱使下,原先在世俗社会里的分层、角色、地位、权威、权力在此都消失殆尽,所有人都经历着共同考验,同吃、同住,体验群体的团结、不受社会等级结构约束的本性的联系,体验无拘无束地不带世俗'人格面具'交往的本真,过着暂时返璞归真的生活,建立起超越一切的、团结一致的人际关系"③。特纳认为朝圣仪式过程的此阶段充满了"过渡、中介、暧昧"(Transition, Limineality)。他说:"朝圣的重点是在走出,走向一个遥远的、神圣的、为大众所认可的地方,在一个缺乏迁移经济机会的社会里,人们就像生根在土壤里,一般很难离开他们的朋友、邻人和地方权势的小圈子。对于那些不是商贾、小贩、吟游诗人、变戏法或杂耍的演员,甚至流浪的出家人、恶徒,或是

---

① 罗惠翾.宗教的社会功能——几个穆斯林社区的对比调查与研究.中央民族大学出版社.2005.第82页.

② 罗惠翾.宗教的社会功能——几个穆斯林社区的对比调查与研究.中央民族大学出版社.2005.第81页.

③ 杨慧.朝圣与旅游:特纳"类中介性"研究与旅游人类学.怀化学院学报.2007(4).第2页.

与他们类似的人而言,其唯一可行的旅程正是一个神圣的旅程,一次朝圣,一场圣战。在这样的旅程中,一个人远离了日常重复的'罪恶事件',而这些'罪恶事件'在社会结构中是占人们经验的绝大部分的。如果一个人因为血缘或法令的因素,必须每天和某一群人来往,进行那一整套的人类活动——家庭的、经济的、权利义务的、仪式的、娱乐的、姻亲外戚的、邻居的——则难免会因一次琐碎的事物引起小的牢骚、难堪,这样经年累月地积累下来,到最后,他们会因财产、职务或是名誉的问题,发生严重的纷争而演变成派系的分裂。一个人积累了繁琐的过错或歉疚之后,并不一定在教区告解场或忏悔室中完全舒解,特别是当神职人员自己可能也和这些冲突有关联的时候。倘若这样的苦恼达到不胜负荷的地步,那么这就是应该启程参加朝圣的时刻了。"①

可以说,朝圣路上的一切都被赋予了宗教的文化内涵,体现着宗教的精神,朝圣路上"居住中的行旅"与"行旅中的居住"的生命存在状态,是圣徒们培养宗教情操的精进时刻。"我向你走来,捧着一颗真心;我向你走来,捧着一路风尘。芸芸众生芸芸心,只要心中有真神,不是真神不显神,只怕半心半意的人。"这首名为"朝圣的路"的藏歌,映射着圣徒们"听凭灵魂的指引,顺大道一直走去"的虔诚之心。圣徒们所到之处一路上所见的满目山河、楼宇寺院、庙塔圣迹等,无非皆是神灵、圣法的呈显。我们不妨来看看中国台湾圣严法师为弘扬佛法而一路行禅的旅游体悟吧:"天下景观,总在山水之间。……对于佛法的修行者而言……无所谓的山光水色之美,不过是因缘聚散现象。……世人只知以景观怡心,佛法示人用观照明心。……云不留定处,水不住定相。……云从水出,水化为云。……行云流水,泽被群生,无我无人……只要众生得益,管他是水是云。"他在九华山上金地藏的肉身宝殿时,看到所踩的每一石级,乃至平铺的石板,都雕刻着莲花的图案,且每一段石头莲花图案设计都有变化后,更是对这一人文景观赋予了佛法诠释。他援引佛经中有关莲华的经文来阐释莲华在佛教中的象征意义。并指出要用"火焰化红莲"的精神落实在生活中,使"生活处处是莲台,生活步步生莲华"②。

再看看朝圣路上"吃"的意涵。佛徒朝圣,一路上都吃素食,即不食荤腥,其中"荤"指葱、姜、蒜、韭菜等气味强烈的蔬菜;"腥"则指一切动物肉。前者主要是为了清净身心,不熏扰他人,后者则体现了佛教关爱一切生命的慈悲教义。在古

---

① 维克多·特纳,伊迪思·特纳.朝圣:一个"类中介性"的仪式现象.刘肖洵译.大陆杂志.1983(2).

② 丁敏.当代台湾旅游文学中的僧侣记游:以圣严法师寰游自传系列为探讨."国立台湾大学"文学院佛学研究中心学报.2002(7).

印度,佛教僧团实行乞食制度,僧人乞食时不论贫富,乞到什么吃什么,不挑食,以平等心来接受,体现出节俭感恩、平等慈悲的佛教精神。

再看看朝圣者的"圣地"意涵。信徒的朝圣离不开其宗教情感的投射和依赖对象——圣地。圣地本是一个物质的存在,但对于朝圣者而言却是心理之承载物,它包含了朝圣者的思想、情感、欲望和反应性行为模式。对朝圣者而言,朝圣地已不是一个地理学的概念,而是信徒们心理之创造物。我国学者陈国典对藏传佛教朝圣者心中的圣地结构进行研究发现,在每一个藏族人的宗教情结里,都存在着按价值大小构成的圣地网络结构,这一结构表现为由低到高四个层次:私我圣地、社群圣地、边缘圣地和超我圣地。"私我圣地"是指与朝圣者日常生活融为一体的朝圣地;"社群圣地"是指以朝圣者居家为中心向外辐射,以约一天的路程为界的区域性朝圣地;"边缘圣地"是指藏传佛教典籍文献有记载并赋予了特定宗教含义,但在特定藏族宗教信徒们的意识中又处于潜意识或无意识状态的朝圣地;"超我圣地"是指每一位宗教信徒朝圣的终极目标,它是朝圣者"我"向"无我"升华的最理想之地,是个人宗教信仰意识圆满感的必要条件。"超我圣地"超越了个体意识和区域意识的束缚,成为万众一心的聚焦点。① 人们历经唐僧西天取经般的艰辛从世俗的自我世界前往神圣的圣地世界,其中的圣地多意指最高层次的"超我圣地"。这些"圣地中心"的神圣世界包括两个基本成分:一是个人内在心灵中的神圣世界,它的核心是个体所体验并被其控制的神秘感;二是存在于个体之外的神秘感的投射对象——物化的神圣世界,即神圣对象,如神山、圣湖、寺庙、佛像等宗教文化的载体。神秘感与神圣对象二者互为对方存在的条件。神圣对象具有三个基本性质:一是"绝对不可接近性",如世俗的藏传佛教信徒与佛或神之间存在着一条无法超越的鸿沟,因此,人们只好崇拜僧人,在朝拜时也只能叩拜于神灵与佛祖的脚下;二是"绝对不可抗拒性",即信徒在神圣对象面前是渺小的、虚无的、无能的,因而只有祈求的权利;三是"活力因素",即神圣对象是活跃的、有催迫力的存在。②

再看看朝圣过程中的"我者"(朝圣者)与"他者"(神灵)的关系意涵。对于朝圣者而言,神灵是决定自己今生和来世的一切命运的最高力量,在朝圣者所有的关系意识中,神我关系是朝圣者最具价值感的核心关系,而僧人、活佛等自然也就成为了上传朝圣者心愿与下达神灵教诲二者之间的信使,信徒朝圣意在追求"我者"(朝圣者)与"他者"(神灵)之间的一种"象征性真实"。

特纳特别注重朝圣过程中神我关系的"沟通"、"交融"(Communitas)(也有

---

① 陈国典.试析藏传佛教朝圣者的圣地情结.宗教学研究.2006(1).第184～186页.
② 鲁道夫·奥托.论"神圣".四川人民出版社.1995.第4～5页.

学者把它翻译为"共睦态")。他认为:此沟通并含有超越(Transcendence)的意味,即离开了原有的时间、空间及旧有的自己,进入一个新的阶段,摆脱了日常的生活及原有的社会结构,投入朝圣的过程中,不论朝圣者是为赎罪还是为还愿而来,信徒都能在朝圣的过程中或仪式中,与信奉的神灵或神祇沟通交流,经过漫长而艰辛的旅途而达到圣地时,也超越了原有的自己,并以一个新的个体与神沟通。另一方面,在这个朝圣的行列中,成千上万的朝圣者来自不同的社会阶层,但投身于朝圣的行列后,则不论贫富贵贱,不分士农工商,完全打破了原有的社会关系以及原有的行为与规范。朝圣者会发现自己是一大群人中的一分子,而这些群众是相似的,可是在结构上他们并非相互依赖的人,只有透过整个属于仪式的力量,才能使个人命运和意图上的类同性转换成感情上的共通性,而进入交融的状态。[①] 这里特纳所说的交融,不仅可以理解为朝圣者与神灵的沟通,而且还可理解为不同社会阶层甚至不同文化间的沟通,更可以理解为人与自然的交融。

千山万水挡不住朝圣者以身量地的脚步,风霜雪雨浇不灭朝圣者一心向主的信念,古往今来,一代又一代的朝圣者在寻求自己精神家园的朝圣路上,历经艰险,即便是在现代化的今天,朝圣之路还依然充满了坎坷。让我们怀揣感动与悲痛之心来看看近十余年来朝圣路上的有关伤亡数据:1990 年伊历 12 月 10 日清晨,在一条隧道山洞里发生了严重的人流堵塞,致使 1426 人被踩死;1997 年伊历 12 月 8 日中午,朝圣者驻扎的帐篷失火,致使 343 人在大火中丧生,1290 人被烧伤;1998 年伊历 12 月 12 日中午,在米纳射石场立交桥入口处,发生了踩死踩伤人的特大事件,118 人被踩死,165 人被踩伤;2004 年,又发生踩死踩伤人的惨剧,251 人被踩死,中国朝圣团也有 5 人丧命异乡。[②] 至于朝圣路上其他方面的困难那更是可想而知、数不胜数了,但所有的这一切都没有减退历代人们朝圣的热情与决心。今天,随着交通条件等的改善和人们生活收入的增加,世界各地的信徒依然在争相朝圣,以实现自己的夙愿。同时,非宗教信徒参观游览宗教文化遗产、风光胜迹以及其他宗教文化载体的活动也在与日俱增,彰显出宗教和宗教文化对现代人的巨大吸引力。

由此可见,自古至今,朝圣就是一种非常独特的宗教旅行活动,朝圣者一路吃戒食、着戒衣、住帐篷、听佛法、诵经文、拜神灵、朝圣迹、行善事等,他们的所至、所见、所为、所悟无不深刻地表明,朝圣是一种严肃意义上的宗教文化之旅;

---

① 杨慧.朝圣与旅游:特纳"类中介性"研究与旅游人类学.怀化学院学报.2007(4).第 3 页.
② 罗惠翾.宗教的社会功能——几个穆斯林社区的对比调查与研究.中央民族大学出版社.2005.第 84 页.

同时,朝圣作为人生一种三段式结构的"通过仪式",不仅是朝圣者在现实中完成身份转换的象征,也是宗教信徒克制私欲、勤修苦行、净化灵魂、圆满今世、造福后世的阶梯。无论在外部形态还是在内部结构上,朝圣都体现着"复命归真"的深层宗教文化内涵。

三、旅游:一种现代的朝圣

现代旅游可以被视为一种现代"仪式",这是旅游人类学研究中一个带有普遍性的观念。在有关朝圣与旅游的关系理论中,麦坎内尔在他人理论的基础上提出了"旅游是一种现代朝圣"的观点,他认为:"现代人外出旅游是因为他们感到自己与生活的世界越来越'疏离'。他们想离开和逃脱这个世俗的世界,到外面去寻求一种真实的、属于自己心灵的家园。科恩也指出,现代旅游业的一个严肃主题,就是要寻求所谓的'真实',其产生原因主要属于现代人对现代社会产生的虚假感到不满和厌倦。现代宗教热也是源于现代工业文明引发的精神危机。其社会根源来自许多方面,如生态危机、社会分离、快节奏、社会竞争造成的焦虑与恐惧、孤独与寂寞,等等。"[1]

(一)现代朝圣与旅游

在高度工业化、文明化的现代社会里,人们的宗教意识日渐淡薄,无神论者与日俱增,朝圣的概念也显得更加宽泛,神圣的内涵则更强调个性化的精神世界。因而,现代朝圣的传统宗教含义明显减少了,而更多地增加了娱乐、政治、文化的内涵。对此,20世纪50年代,特纳在他和妻子伊迪斯对北罗得西亚(Rhodesia,属赞比亚)的恩丹布人(Ndembu)的朝圣现象所作的田野调查[2]时得出结论说:"一名旅游者,有一半是朝圣者,或者说一名朝圣者有一半是旅游者。"[3] 据报道,当今美国的基督教徒约占全国总人口的一半左右,常去教堂的人占25%;法国的天主教徒约占全国总人口的80%,常去教堂的人占15%。[4] 而在上教堂的人中,多数人已把上教堂作为了一种"生活方式",有的把教堂当作"娱乐场所",在那里听音乐,有的则把上教堂看成与度周末、在乡间度假和看电影差不多,还有的干脆把教堂当作"交际场所",在那里交交朋友等。此外,在20世纪末,沿西班牙的朝圣古道,每年都有60多个国家的朝圣者行程数百里去大西洋

---

[1] 张晓萍."旅游是一种现代朝圣"刍议.云南民族大学学报.2003(4).第93页.
[2] 菲奥纳·鲍伊.宗教人类学导论.金泽等译.中国人民大学出版社.2004.第174页.
[3] Nelson Graburn. "The Anthropology of Tourism." *Annals of Tourism Research*. 1983(10).
[4] 刘建、孙龙奎.宗教与舞蹈.民族出版社,2005.第368页.

沿岸的天主教圣地——圣地亚哥朝圣。① 人类学的调查显示：这些朝圣者们往往都受过较好的教育，他们大多是来自城区的学生、教师、白领工人、牧师以及技师等，他们或是步行，或是骑车，或是乘坐大旅游车，但他们的背包与自行车上却不约而同地都装饰着同一种朝圣信物——扇贝壳，他们也往往同时挂着十字架、挎着照相机，其中，一对度蜜月的新婚夫妇则表示：他们步行一个月去圣地亚哥朝圣，目的是为了能共同经历一段冒险、挑战和苦行，他们认为经过圣灵的洗礼，他们的婚姻会更为牢固。再有，当今斯里兰卡、印度、泰国的一些朝圣活动，以及中国的南岳庙会等，都呈现出一种不同程度的但又有着共同本质特征的"世俗朝圣"、"快活朝圣"或"大众朝圣"的气氛。② 人们在庄严肃穆的"圣地"随意地说笑喧哗、狂歌劲舞，有的甚至还与色情、博彩等挂上了钩。往日严肃虔诚的宗教徒似乎已被当今轻浮时髦的"嬉皮士"所取代，传统的宗教模式也因此在不断变化的现代社会中不同程度地改变着它的内涵，即使是那些唱着"黑色的大地是我们用身体量过来的，白色的云朵是我们用手指数过来的"的圣歌、三步一长跪去布达拉宫的朝圣者们，一路上也免不了维持生计所必需的化斋、交易与说笑活动。与此相反，往昔一些鲜为涉足的青山绿水、蓝天白云、雪域高原、名胜古迹等，倒成了许多现代人心中向往的"圣地"——"精神生命乐园"。他们怀着与早期朝圣者们相似的动机和目的、相似的虔诚和痴迷，踏上自己神圣的旅程，去寻求并重新确定自己的精神文化生活中心，去追求各自心中不同的神圣的东西。笔者的游记中便曾有如下的感慨："我们寻找，我们追求，我们在路上，我们享受饥渴、兴奋与忘我，我们把渴望、激情甚至生命都融了进去，这无疑是伟大的，是神圣的，世俗的旅途上洒下我们一路朝圣的故事。"由此，我们可以尝试将现代朝圣定义为：现代朝圣是泛指现代人为满足其精神心理需求，而去各自的"圣地"探求自己的精神和文化价值的一种活动，它既包括宗教朝圣，也包括文化朝圣、政治朝圣等多种其他的形式。我们可将当今极少数的那些纯宗教意义上的宗教旅游视为宗教朝圣，而将那些去体验异质文化（如异国文化、异族文化等）的旅游视为文化朝圣，将那些去参观列宁墓、毛泽东故居等的旅游视为政治朝圣等。显然，现代的朝圣与旅游的关系更为密切了，因为随着现代社会的发展进步与大众旅游的日益普及，越来越多的传统的宗教圣地逐渐失去其原有的神秘意义而演变成宗教文化旅游胜地，宗教的意义也日益被现代化，原来的朝圣者演变成现代的旅游者，传统的朝圣也便

---

① Nancy Louise Frey. *Pilgrim Stories—On and Off the Road to Santiago*. University of California Press. 1998.

② Bryan Pfaffenberger. "Serious pilgrims and frivolous tourists." *Annals of Tourism Research*. 1983(10).

演变成现代的旅游,而旅游也就随之演变成了一种现代新形式的朝圣。

(二)旅游是一种现代的朝圣

旅游人类学认为,现代旅游可以被视为一种现代仪式。在现代社会价值观念的引导下,游客被旅游目的地的"圣地中心"所吸引,游客就像朝圣旅行中的"香客",旅游也就同朝圣一样,犹如人生的"通过仪式",成为一种类似宗教般的信仰笃信与行动虔诚,为了抵达自己心目中理想的那一个个"圣地天堂",游客们潜心苦行地创造着一个个"天堂神话"。从这个角度看,旅游也就成了现代朝圣的一种替代,而现代旅游者也就像是历代的那些朝圣客。下面,我们从这一视角,具体分析一下现代游客的旅游动机与行为方式。

1. 现代游客的旅游动机与目的

现代旅游是商品经济高度发展的产物,随着人们可供自由支配的收入、闲散时间的不断增多以及受教育程度的不断提高,旅游活动从深度和广度上得到了快速而规范的发展,旅游者需求的一个重大的变化,就是旅游者对多种精神文化需求的追求以及多种精神需求的文化品位的不断提高。因为当今时代是一个知识经济的时代,现代社会正在普遍向高度发达的后工业社会迈进,现代人在生理、物质方面的需求已基本得到满足,也就意味着生存与安全的需要得到了基本满足,于是,人们更多地把追求目标转移到心理、精神方面去,希望建立良好、和谐的人际关系,不断完善和发展自己,渴望一种更轻松、更自然、更真实、更自我的生活,哪怕只是一种暂时的放松与体验。后工业社会的人们更是感到一种自身内部文化震荡与文化涵化的强烈需要,而大量的事实和研究表明,旅游便正好能使人的这种内心精神方面的需求得到一定程度的满足。美国著名旅游学家罗伯特·麦金托什和夏希肯特·格波特在《旅游学——要素·实践·基本原理》一书中就指出"旅游是人类彼此间交流的媒介",又有古人云"读万卷书,行万里路",在物质生活日益发达的现代社会,人们对高层次、高质量精神文化生活的追求越来越强烈,快节奏的现代社会中,人们普遍感到自身工作的紧张、心理上的焦虑、精神上的空虚、感情上的冷漠,这就是现代人患的一种"现代病",于是,现代人找到了一剂治病良方——外出旅游。现在旅游在我国似乎也已成为大多数人的一种"生活方式",成为一种像日常消费品一样不可或缺的时尚内容,我们可以越来越多地感觉到,人们甚至连日常生活中的见面语都在由"你吃了吗"逐渐转变为"你去哪儿旅游啦"。

现代人渴求知识、友谊和理解,渴望摆脱自己单调乏味的日常工作和生活,寻求不同的经历和体验,希望借助于旅游,充分发挥客体对主体的能动作用,用自己的所有感官来体验整个世界不同的政治、文化和风俗,充分地利用各地旅游资源培养自己的多种兴趣,获得新的知识,掌握新的技能,增加新的阅历,从而不断丰富、改变、创造自己的精神素质，主宰自己的人生，获得更高的成就，实现自己的梦想和精神价值，他们有的甚至希望把自己置于一种极端危险的境地，充分激发自己的生存本能，向极限挑战，以考验自己的勇气、毅力和智慧等。现代旅游者的这种高品位的精神文化需求的满足，寄寓于旅游者旅途中的各项旅游活动之中，表现为旅游者求新、求奇、求异、求美、求特、求娱乐、求健康、求美食、求知识等功能需求的满足，可见现代旅游者的需求是一种集多种功能需求于一体的、向着高档次高品位精神文化方向发展的需求，现代游客旅游需求的这种精神文化性也就直接导致了其旅游动机和旅游本质内涵的精神文化性。笔者认为，在当代旅游者精神文化需求品位越来越高的情况下，没有较高的文化精神品位的旅游，就不能称其为严格意义上的现代旅游。当然，现代旅游者的这种精神文化需求，并不就等于说旅游者在整个旅途中可以"不食人间烟火"，他们也同样离不开维持生存所必需的吃、住、行等基本的物质需要。可见，在旅游客观条件日益成熟完善的现代社会，现代人的精神文化需求也就构成了人们主要的旅游动机。

现代旅游者旅游动机的精神文化性与朝圣者的朝圣动机相比，简直如出一辙。因为朝圣的根本动机也就是想借助某种宗教的方式去寻求某种心理冲突的解决方法，从而使朝圣者在自己生活周期的关键时刻或心灵困惑之际，获得一种精神上的"超然"与"新生"。这与现代人想借助外出旅游的方式去寻求释放某种心理倾向的途径，从而使旅游者在自己的工作、生活或情感困惑之际，获得一种精神心理上深刻意义的调整、治疗、康复与提升，没有什么本质上的差别。现代游客因其年龄、经济、文化等条件的不同，其旅游动机各有差异，这与朝圣者因各自的年龄、身份、地位等条件的差异，其朝圣动机也会不尽相同是一样的。

大量分析和调查表明，现代游客的旅游动机主要是旅游者的多种精神文化需求，而且这种需求暂时尚处于相对较低的层次，但近年的旅游发展表明，旅游者对精神文化的需求正从质和量两个维度上呈现出快速增长趋势。

在笔者看来，现代游客的这种旅游动机可一般地高度概括成两个字——"求异"，即在异地、异人、异文化中寻求一种与自己不同的生活经历，体验一种变化，从而获得精神的满足与文化的提携，这就是为什么大多数欧美游客对我们的现代都市及百货大楼内琳琅满目的商品不屑一顾，而偏偏钟情于泸沽湖摩梭风情和小商小贩制作的中国小木梳的原因，这也可以解释为什么夏日气温最高达53℃的死亡之谷令美国人避之不及，却让外国人趋之若鹜。即便是那些为求"同"而来的游客（如：表现为文化溯源"寻根"的日本人、韩国人来华旅游，港澳台同胞到大陆旅游，白种美国人到欧洲特别是希腊旅游等），他们所寻求的这种"同"其实也不是一种完全意义上的相同，而只是一种相似或相近，实际上他们也只是为了发现"同"中之"异"而来的。参照科恩（Erick Cohen）的游客划分方

式,按旅游者期待旅游活动对自身产生的影响层次的高低,笔者试将现代游客的旅游动机从低到高依次划分为如下几种:

(1)休息与放松。有这样动机的旅游者仅仅希望去一种比较简单的环境中,作较为短暂的逗留,以缓解自己日常生活的紧张与压力,调节和放松自己的身心状态。这与现代那群"世俗朝圣"者"顺便许愿朝拜"的朝圣动机几乎是比肩同行的。

(2)逃避与转移。有这样动机的旅游者希望去另外一个地方,暂时地转换一下自己日常生活或工作中的角色,转移自己的注意力,以逃避现实生活、工作或情感中出现的种种不顺与问题。这与现代那群"大众朝圣"者想祈祷神灵的庇护而逃避生活及工作中一切的不顺与失意的朝圣动机很吻合。

(3)体验与实践。有这样动机的旅游者希望去一个与自己的日常生活和工作经历迥然不同的地方,较长时间地体验异地真实的文化与生活。这与现代那群真正宗教意义上的"宗教朝圣"者追求自己宗教信仰神秘真谛的动机是一致的。

(4)复活与提升。有这样动机的旅游者希望去一个真正适合自己的地方,作较为长期的生存体验,寻求适合自己的最佳生活或生存方式,从而实现自己在现实生活中心灵的复活、精神的提升与文化的传承。这与现代那群真正虔诚的"精英朝圣"徒不畏艰辛,想通过宗教去追求一种心灵的皈依与人生及社会价值的终极归属,并通过自己将宗教信仰发扬光大的动机很相似。[①]

不难看出,所有这些动机也都是建立在现代游客的内心精神文化需求这一基本内核的基础之上的,只是不同类型的旅游动机所体现的程度有所差别而已。现代游客的这种旅游动机,也就决定了现代游客相应的旅游目的与旅游方式,于是,为了共同的内心精神文化需求,他们踏上自己神圣的旅程去经历一种变化的生活,去寻求各自不同的精神家园与灵魂归属,去获得一种精神的升华与生命的再创造。

2.现代游客的旅游行为与方式

旅游心理学表明,旅游行为是在旅游动机和其他的条件因素的共同作用下产生的,而其中旅游动机和文化背景是影响旅游行为极为重要的因素。我们大多数人都知道这么一个事实,那就是在西方发达国家,受教育程度高的人大多愿意旅游,其原因就是旅游能满足他们更高文化背景下的更高层次的精神文化需求,因而他们的旅游动机也就越强烈。

事实上,人类天生就有一种追新求异的心理需求,人们总是习惯于对"他者

[①] 郑晴云,郑树荣.论旅游的精神文化本质.思想战线.2003(2).第34~35页.

(异地、异域、异国、异文化、异族人等)空间"以及"神圣世界"中的一切充满了向往与渴望。随着经济的发展、教育的普及,国民素质日渐提高,旅游活动也便日显其大众性,在物质日益富足、精神日显贫瘠的现代社会,现代人更是需要摆脱他们的"现代病",因而旅游也便成了现代人治愈他们"现代病"的新领域与新途径。因此从人类学角度,笔者可尝试将旅游定义为:旅游是个体离开其日常工作和生活,前往一定距离的地点,去经历一定时段的一种变化的休闲活动。人们外出旅游,为的是寻求一种异质文化的经历,获得一种精神的磨练与启迪,挑战自我,完善自我,从而使自己的精神状态达到一种神圣的"至高点",即使生命没了,精神也永存。因而,当今的英国年轻人愿意重走中国红军长征路;因而,北京大学的五个年轻生命长眠在希夏邦马西峰的雪山里;因而,当今有不少人决心玩转地球……他们与那些不畏困苦、艰辛跋涉,在求真道上顶礼膜拜,甚至悄然献身的古代朝圣者们,又有什么不同呢?

从以上的分析中可以得出一个结论:从旅游者主体自身来看,旅游者的行为受其年龄、职业、文化程度以及个性等诸多因素的影响,在现代社会,文化程度便成了其中特别关键的因素。随着知识经济时代的到来和旅游事业的飞速发展,现代游客的旅游方式也逐渐由过去的休闲度假旅游过渡到更有文化意义、更高精神层次的文化旅游,现代人的多样人生决定了现代游客不同的旅游方式。西方一些人类学家与我国国内一些学者对游客的旅游方式有不同的分类方法。笔者比较赞成张晓萍教授的划分方法,因为笔者认为,除以获得身心恢复为目的的娱乐旅游外,其他一切形式的旅游(如生态旅游、探险旅游、民族旅游、宗教旅游、历史旅游等)都可归属于以增长知识、开阔眼界、完善自我为目的的文化旅游。所谓娱乐旅游,是指那些通过大自然赋予的特点,去获得旅游者身体恢复和心理调适的享受性旅游,如爬山、滑雪、日光浴等。这种形式的旅游的精神文化需求相对较少较低,更多的是追求享受娱乐刺激,但他们寄情山水,陶冶性情,使自己的内心世界达到一种平稳与和谐,实际上属于一种世俗的精神追求。而文化旅游是指那些以文化作为旅游的灵魂和核心,以文化吸引物为主要外部因素而去寻求不同文化形式的生活体验,拓展文化视野,完善自我的发展性旅游。其中,不同层次的文化旅游的文化含量会有所不同,从生态旅游到探险旅游、民族旅游、宗教旅游、历史旅游等,其中的文化含量呈依次递增趋势。这与不同朝圣者朝圣的虔诚与悟道程度也会不同是一样的。

在笔者看来,游客大致可划分为恢复型、逃逸型、体验型、提升型四大类。恢复型游客是指为了缓和或消除日常工作的紧张与压力,外出旅游恢复身心的游客;逃逸型游客是指为了逃避现实的困难与问题,外出旅游转移注意力的游客;体验型游客是指以文化审美为目的,外出旅游体验异质文化生活的游客;而提升型游客是指以寻找自我、提高自我、完善自我为目的,外去进行生存挑战、向往未来的游客。前两种游客进行的往往是娱乐旅游,而后两种游客进行的大多是文化旅游。通常,每一种类型的游客选择的旅游方式往往并不是单一的,他们可能会同时选择多种旅游方式。但不管哪一类型的旅游者,选择哪一类型或哪几种类型的旅游方式,与朝圣相比,他们在行为的目的与方向及方式与功能上,都有着惊人的相似。①

首先,从行为动机与目的看,都是为了满足精神上的需求。现代游客外出旅游,已不再过多地追求物质上的享受,而更多地是追求一种精神文化上的内涵,只是不同层次、不同类型的旅客,他们的追求程度不同而已。娱乐旅游者在追求娱乐享受的同时,也追求并享受精神的调适与放松。文化旅游当然以追求精神文化享受作为旅游的灵魂和核心。而朝圣者朝圣,为的是寻找一种精神的寄托与灵魂的支柱,以减轻自己在尘世中的痛苦与困惑。二者的动机与目的从根本上说是一致的。

其次,从行为方向与过程看,都是从"我者"到"他者",从"世俗"到"神圣",从原生生活到精神"中心",都有着阈限前(分离)、阈限期(过渡)、阈限后(融合)的三段式"仪式"程序结构,都有一个"开始—进行—返回"②的过程。现代游客外去旅游是以自己的"精神圣地"这个中心为目标,而朝圣者进行朝圣则是以自己的"宗教圣地"这个中心为目标的,只是旅游者的中心可以自己随意选择,而朝圣者的中心相对比较固定而已。同样,现代旅客外出旅游,不管哪一类型、哪一形式,都有一个离开其日常工作和生活,进行一定时段的神圣旅程,尔后结束旅程,再返回到原来的工作和生活中去的过程,这正如朝圣者们都有一个离开其世俗尘世,进行一定时段的神圣旅程,尔后又结束旅程,再返回到原来的尘世中一样。

再次,从行为特征与功效看,都呈现出一种"仪式"般的行为模式异常的特征与精神升华的功效。

第一,朝圣与旅游都在不同程度上表现出一种与人们日常行为模式相对的行为方式。宗教朝圣缘于人们对现实生活中尚未得到满足的欲望的一种精神弥补,因而,出于对神灵的虔诚与敬畏,朝圣者往往都非常害怕自己平时日常随意的言行会冒犯神灵的神圣与尊严,从而招致来世的因缘果报,由此,受"清规戒律"引控的朝圣行为总是表现出许多众所周知的与日常生活相异的神秘特征。无独有偶,仔细审视一下现代游客的旅游行为,其行为方式也不同程度地呈现出这种有趣的逆转现象。纳尔逊·格雷本(Nelson Graburn)在《旅游人类学》一文中指出,"倒换生

---

① 郑晴云、郑树荣.论旅游的精神文化本质.思想战线.2003(2).第35~36页.
② 宗晓莲.西方旅游人类学两大研究流派浅析.思想战线.2001(6).第49页.

活体验的需要"是一种"全人类普遍存在的需要",而旅游便正是一种离开其日常工作和生活,外出体验变化的一种"非同一般"的人类行为,因而"人在旅途"时的思想和行为就与平时呈现出不同程度的差异甚至相对性,一贯省吃俭用的游客往往也会大吃阔用,平时严谨勤勉的旅游者也难免会懒散放纵,等等。

第二,朝圣和旅游都有一个填补生命空白、抚慰心灵、增长见识、升华精神的功效。人不仅是物质存在,也是精神存在;不仅是理性存在,也是情感存在。现实生活中的缺撼在任何社会都无法避免,人生中的种种不幸与压抑往往需要通过某种途径来求得慰藉,朝圣与旅游正好能有这种精神补偿的作用。宗教能安抚人们的心灵,超生人们的精神,给予人们生存的勇气与智慧,是对人们现实生活中不满与欠缺的精神补偿。朝圣者们朝拜归来后,感觉自己的心愿还了,灵魂净了,心灵有了归属,精神达到了一个神圣的高度,获得了"俗人"的尊重与景仰,从而激励并要求自己遵循圣灵的指引,不断修习,朝更高的境界迈进。同样地,旅游者在完成一次旅游后,他们也感到自己进行了一次内部的精神革命,他们享受了大自然,感受到"天"、"地"、"人"的和谐,缓解和消除了自身的紧张与压抑,寻找到了真实的自我,并经历了另一种异质的文化与生活,见多识广,获得了世人的羡慕与景仰,从而也就激励和要求自己不断追求自我提升与完善。我们常听到许多旅游归来的人这样感慨:"现在的我,已不再是原来的我了!"于是他们又更加紧张地投入到现代社会的竞争洪流中去,开始准备下一次神圣的旅程。

综上所述,从旅游人类学的视角分析,"旅游是一种现代的朝圣"虽是一种比喻象征的说法,但现代游客在追求旅游的娱乐意义的同时,的确更多地是追求旅游的精神文化内涵。传统的朝圣不失为一种初始形式的旅游,现代朝圣随着时代的变迁与宗教的现代化增加了更多的旅游内涵,而旅游也衍生成了一种新形式的现代朝圣。

20世纪70年代以来,朝圣和旅游被纳入人类学考察的视野之中,并日渐成为学者们愈加关注的对象。从历史论的观点看,朝圣与旅游有着密不可分的内在渊源关系;从象征论的观点看,朝圣与旅游都是人生历程中的"通过仪式";从结构论的观点看,朝圣旅途上的一切物化载体都是宗教文化的显呈,具有巨大的旅游吸引力;从进化论的观点看,朝圣的世俗化趋势与旅游的神圣化趋势日渐明晰。在旅游人类学看来,所谓"朝圣"就是指为了获得精神价值、精神康复,或纯粹表现为一种苦行和感恩的旅行活动,而实现这种活动的过程就具有人生"通过仪式"的完整程序与意义。旅游是一种相对世俗的神圣旅程,也具有人生"通过仪式"的完整程序与意义,也是从"我者"走向"他者",从"世俗"走向"神圣",也是为了达到带有某种宗教意义上的目标和符号追求,进而获得心理上的慰藉与精神上的升华。"朝圣"是一种严肃意义上的宗教文化之旅,旅游是一种现代的精神文化"朝圣"。

第六章 涵化：旅游与文化变迁

"涵化"，是文化人类学中的一个重要词汇，因为它是文化人类学研究中的一个重要而必不可少的内容。然而在旅游人类学的研究中，西方学者也把这个词汇引入到了研究当中，并提出了许多令人深思的问题。许多案例表明，旅游活动中的涵化现象所导致的文化变迁问题，一直是旅游人类学中一个值得探讨的重要问题。

第一节 文化变迁

一、概念探讨

当人类又开始一个千年轮回的时候，社会变迁依然到处发生，无所不在，而且常常使得人们徘徊在不安与困惑之中。人们对于新的事物总是抱着各种各样的态度去迎接它的到来——或是谈论，或是期冀，或是反对，或是害怕。然而，变迁的吸引力正好满足了人们的这种好奇。自从有了人，变迁就一直伴随着人类的脚步，一种对于后果的持续的思索和探求，正是我们社会科学需要为人类做出的贡献所在。

文化变迁(Culture Change)，也称为社会变迁(Social Change)或社会文化变迁(Social—culture Change)，这是一个复杂的概念，不同学科的研究者从不同的立场上赋予了这个概念以不同的含义。经济学家、人口学家、人类学家、政治科学家、历史学家以及社会学家都将他们自身的专业学术规范带入了不同的变迁的概念化之中。即便在同一学科中间，也存在诸多对这一概念理解的差异。以社会学家为例，他们从不同的群体行动、社会机构中的变迁、社会结构和功能运行中的变迁、社会关系的变迁、社会结构和社会关系中的变迁等不同的层面赋予了这一概念以不同的定义。而人类学研究者则注重从文化的内容、文化的传播、文化的采借、文化的涵化等角度来看待变迁。他们认为文化的变迁不是单独文化特质或内容的更替、增加，而是整个文化结构的变迁、整个文化系统的变迁。因此文化的变迁"应该是文化的任何方面所发生的任何变迁，它既包括物质文化的变迁和非物质文化的变迁，也包括文化特质、文化特质丛等文化内容的变迁和文化结构上的变化"①。

作为一个复杂的定义，我们不能确切地赋予变迁以确切的定义。但就变迁的含义以及在可操作的层面所包涵的内容上我们可以进行探讨。如马林诺夫斯基就将文化变迁定义为："现存的社会秩序，包括他的组织、信仰和知识，以及工具和消费者目的的，或多或少发生迅速的改变的过程"。② 中国的学者也有类似的看法，如本书将文化变迁定义为文化特质和文化模式的变化，乔健认为任何足以影响文化内容和结构变化的行为都是文化变迁，石奕龙认为文化变迁是文化内容和文化结构的变化。尽管存在差异，但文化变迁基本上包括了以下一些含义：

(1)文化变迁是永恒的、绝对的，而相对稳定的均衡状态则是相对的；

(2)人类学家不仅注重从文化变迁的纵向上进行研究，也注重从文化变迁的横向发展上进行研究；

(3)文化变迁不仅包括文化的突变，同时也是一个不断渐变的过程。

从这些内容上我们又可以将这一概念进行细分，即在可操作的定义范围，文化变迁主要包括以下五个维度：变迁的特征、变迁的层面、变迁持续的时间、文化变迁的程度、文化变迁的速度等。

变迁的特征指一个特定的文化现象经历了以下一些方面的改变：一定文化内容的变化，文化特质的逐步改变，实践主体及其行为、态度，文化结构的改变等。

从变迁层面上主要指文化变迁在特定社会系统中所发生的位置及其变迁影响的社会文化系统。

变迁的持续时间指一种文化经历创新、传播、进化、涵化、冲突、同化、融合、趋同和整合等多种变化方式之后持续多长时间的问题。

变迁的程度指文化变迁所涉及的范围是在该文化系统内部还是外部，是外围的变迁还是自身的变迁，是全面的变迁还是部分的变迁，是革命性的变迁还是渐进的变迁。

变迁的速度则是建立在一个随意的尺度之上，既可以是快速的也可以是缓慢的，既可以是连续的也可以是间断的，既可以是有序的也可以是反复无常的。

---

① 石奕龙.应用人类学.厦门大学出版社.1996.第92页.
② 马林诺夫斯基著.文化论.费孝通译.商务印书馆.1944.第23~24页.

以上这些变迁的维度都具有随意性的特征,可能会被那些正在经历变迁或试验变迁的人作出不同的解释。因此,当这些维度被赋予确切含义的时候,文化变迁就可以成为我们一个非常具有实际意义的可操作性概念。

二、理论回顾

理性主义和自然科学技术的日新月异促成了人类学学科的诞生。为了同传统的宗教控制论相抗衡,提出新的科学的关于人类演进的解释,人类学产生了古典进化论。

以摩尔根、泰勒、弗雷泽、马雷特等为代表的古典进化论学者认为人类社会的演进遵循着一个可以明确划分时间段的历史发展脉络。其理论基础是人类心理具有一致性,这一基础奠定了相似的情况下不同地区的人类社会就会出现类似的文化,进而出现人类社会由低级到高级、由简单到复杂的演进规律。然而过于简单化的人类文化演进规律使得古典进化论遭受到很多批判,19世纪末的欧洲出现了一股以强调文化的演进主要依靠人类的交流来完成的传播论观点,被人们称为传播学派。这些学者主张人类文化独立创造性较低,而人类文化的演进主要依靠几个地区的发明,这些地区形成传播中心,通过这些地区向周围地区的辐射,各种文化特质不断被周围地区所吸收、借鉴、融合。文化变迁的主要过程依赖文化的传播、采借和融合来完成。他们利用文化特质在空间分布上的相似性作为论证文化传播的主要依据。

20世纪初的美国,博厄斯及其学生主张文化的变迁有着各种不同的演进法则,而不仅仅遵循文化的单一演进过程,他们反对在没有实证的基础上虚构出来的人类文化发展的进程和阶段。他们主张从文化的"动态变化"入手,既应注重从文化内部探寻文化的发展,也应注意外部的影响。在方法上,他们提出使用"文化区"、"年代区域假说"等理论来追寻文化传播的路线并进而重构人类文化的发展历史,认为可以从文化区远近的历史渊源来探寻文化传播的年代。他们也注意对文化传播过程中的变异和调适进行研究,文化特质的传播是文化传播、文化区演变的核心特质。

历史学派试图通过单个文化特质的传播来建构文化史的做法遭到功能学派的强烈批评。功能学派主张不应该将文化进行切割,文化是作为一个整体为满足人们的需要而存在的,不应该将文化视为一个个文化特质的总合。功能学派主张文化的变异既可能来自文化内部,也可能来自外部,内部的文化变迁称之为演化,而外部的文化变迁则是传播的结果。同时,作为满足需要的文化因为其内部的人们不断产生新的需要,因此文化也是在不断演化之中,这种促使文化演化的动力被马林诺夫斯基称为文化迫力,而人们获得满足这种需要的途径则是文化的手段迫力。布朗则从社会体系的角度认为社会的变迁包括外部结构和内部结构的演进,当人们在不断发展、调适社会有机体来满足自身社会发展的时候,社会变迁也就自然而然地发生了。

20世纪中叶,人类学理论格局开始发生范式转型,人们不再一味地否定过去的理论,同时又注重从新的社会关系中寻找文化变迁的规律。这些理论主要包括新进化论、冲突理论、互动理论等。新进化论与古典进化论秉持着相类似的文化变迁规律,即社会或文化总是由落后逐步走向进步。但新进化论与古典进化论不同之处在于,后者过多用单个文化特质的变化来作为区别文化从简单到复杂、从低级到高级的标准。怀特提出人类文化进化的规律应该以能量消耗与利用能量的技术手段作为评估标准,技术效率的高低可以衡量文化发展的水平高低,文化变迁的动力在其内部,技术是文化变迁的首要推动力。斯图尔德认为文化变迁的规律是多线条发展的,人们可以使用文化生态学的研究方法来看待人类文化的多样差异性。萨林斯和塞维斯则在前两位研究的基础之上,进一步提出人类文化进化的规律遵循两条道路:其一是一般进化,是指文化是由低向高逐步发展;其二是具体进化,则是指新文化类型的出现不可避免地要辐射、传播到周围地区,从而引起这些地区的文化进化。

功能理论强调人类社会文化的均衡性,冲突论则相反,他们不同意功能论将社会视为一个均衡与整合的系统。他们认为功能论所描述的图景是一种理想化的状态,不符合实际。因此冲突论提出社会文化内部和外部的冲突才是社会文化变迁的根本原因,社会的不平衡和人们对社会不平衡的失望是产生冲突的根源,这种不平衡是由社会结构自身所造成的,因此,人们努力改变这种状况的时候所做的就是在改变着社会和文化。

功能论和冲突论注重从社会文化的结构上进行解释,而另外一种以个人为主要研究对象的,强调个人与个人、个人与社会的互动是文化变迁的基本动力的观点,我们称之为互动论。人与人之间在发生互动的同时也在改变着社会,社会也在不断调适来满足个人的需要,个人通过与他人和社会的互动获得报酬,也塑造自己和他人的形象,这种获得报酬和形象塑造的过程,就是文化变迁的过程。

三、文化变迁的动因与模式

人类学研究表明,当代文化变迁的主要来源是技术、意识形态、竞争、政治、经济以及现代化进程。[①]要想从这些因素中单独挑出一个作为"首要推动力"显得比较艰难,我们认为这一变迁活动是多种因素共同作用下的结果。

  技术的革新、发明无疑是社会文化变迁的重要来源,其显著特征就在于技术的革新能够促使文化特质呈几何数字增长,从而改变文化内容和本质。技术对社会中个体的生活、社会的价值、社会制度的结构及其功能、社会的政治组织和文化特质、文化丛等都会产生长久而深刻的影响。它赋予人们以新的选择余地和机会,同时也带来新的问题。斧子曾经是澳大利亚 Yir Yoront 部落的主要生产工具,是部落内部地位、男性统治以及权力的象征。然而当新的铁器制造技术进入这个部落的时候,当斧子的得到和使用变得容易的时候,这个部落的文化形态、社会结构、地位、人与人之间的关系、部落财产所有权都会改变,而导致这一社会文化变迁的原因正是技术的革新。

  意识形态是一种复杂的观念系统,人们透过它来解释社会与政治的关系。其功能在于使人们的行为和社会关系合法化,为团体或社会提供团结的基础,为个人的某些行为提供动机。如旅游者与东道主之间发生着多维的互动,这种互动也包括双方不同意识形态的交流和碰撞,这些意识形态、思维观念之间的交流和碰撞改变着游客与东道主双方的意识形态,促使着双方在思维领域发生着改变,这种改变最终也会导致社会文化的变迁。

  竞争源于对财产、地位和服务这些社会稀缺资源的普遍追求。人们在竞争的时候,通常在一定的社会、文化所规定的制度、习俗或法律的约束下进行,这些因素将竞争局限在很小的范围内进行,不受约束的竞争在实际中很难发生。按照规定进行的竞争既改变着社会、文化的某些习惯,也促使着新的社会、文化秩序重新得到整合。竞争既是社会文化变迁的原因,也是社会文化变迁的后果。竞争的极端形式就是冲突。这是一种为了追求同样目标,遵守同样规则,互相之间利益抵触,对于对手可以实施威胁、伤害甚至是胁迫的尝试。冲突强调差异,并将冲突双方或多方的相似性降低到最低限度。人类社会随时都充满竞争,甚至冲突,这种发生在人类社会内部的冲突,可以剧烈地改变文化模式,因此在人类社会变迁中,具有突出而又显著的重要性。竞争与冲突不仅深刻冲击着现有的人类社会结构、文化模式,同时也强势塑造着新兴的社会结构和文化模式。在旅游活动当中,游客与游客、游客与东道主、东道主与东道主之间的竞争乃至冲

  [①] 指示人类社会在近现代发生剧烈变革的词语有很多,如全球化、工业化等,本文认为作为一种新兴产业,旅游活动已经成为现代人的一种生活方式,是人类在进入近现代之后生活方式的大变革,是人类在现代化进程中的一项十分重要的社会文化变迁,因此笔者认为使用"现代化"一词来指示旅游活动在现代社会所引起的社会文化变迁更为确切。关于现代化,我们将在后面专门讨论。

突是一个复杂的互动过程,在这一过程之中,人们修正着旧的社会结构和关系、文化模式,同时又在各种互动主体之间建立了新的社会行为准则约束人,融合人们的文化,形成新的社会文化结构模式。

政治和经济因素也是很重要的文化变迁的来源。不平衡的政治、经济资源分配是促使社会文化变迁的重要推动力,追求公平是人们寻求改变、促进社会文化变迁的心理动因。政府通过协调利益、制定政策、完善服务等来促成社会各层面的社会变迁。在美国,商业、工业和金融被视为现代社会变迁的主要来源。旅游经济的发展改变着人们的政治、经济背景,促进人们政治、经济资源的重新分配,调和旧有的不平衡状态。这种调和的政治、经济再分配又促成了政治、经济资源的分配再一次不平衡。

按照一般人类学家的观点,文化变迁的模式可以分为纵向变迁和横向变迁、有意识变迁与无意识变迁。

纵向变迁是指文化特质的不断累积,逐渐发展、进化的文化变迁过程,而横向变迁则是指通过传播、涵化等方式所导致的文化变迁过程。前面我们已经讲过了导致文化变迁的因素是技术、意识形态、竞争、政治、经济以及现代化进程。哈维兰在《文化人类学》中提出文化变迁的过程或途径有发明、传播、文化丧失以及涵化。[①] 伍兹在《文化变迁》中表达了类似的观点,认为促使文化变迁的创新在于四个基本的变种:变异、发现、发明、传播(或借用)等。[②] 也就是说,新文化特质的出现、传播、涵化、采借、调适、整合等就构成了文化变迁的基本过程。

哈维兰认为导致文化变迁的因素是多种多样的,首先是环境的改变促使文化发生变化,因为文化是人适应环境的产物;其次是文化内部的人观察文化的方式发生改变,导致文化的解释方式和评判标准发生变化,也即文化变迁的个体因素;由于与其他文化的接触、传播所导致的对本身文化的扬弃、对外来文化的吸收所推动的自身文化的整合、涵化等被称为文化变迁的群体因素。伍兹首先肯定了环境对文化变迁的影响,然后提出文化变迁是由于不断满足新环境的需要而进行的创新所导致的渐变、发明、发现、传播等途径,并由此提出文化变迁的一般性模式,见图 6-1。[③]

石奕龙则认为这一模式创新的涵盖面太广,且对于文化变迁模式方向的概括过于笼统,因此石奕龙在批评伍兹不足的基础之上,提出了另外一种文化变迁

[①] 威廉·A.哈维兰.文化人类型.王铭铭译.上海人民出版社.1987.
[②] 克莱德·M.伍兹.文化变迁.何瑞福译.河北人民出版社.1989.第 23 页.
[③] 克莱德·M.伍兹.文化变迁.何瑞福译.河北人民出版社.1989.第 29 页.

的一般性模式,见图 6-2。①:

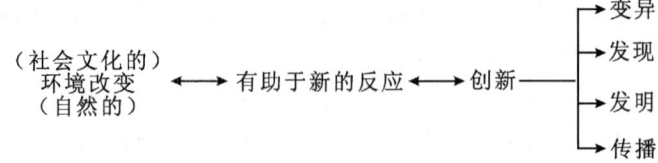

图 6-1　伍兹提出的文化变迁的一般性模式

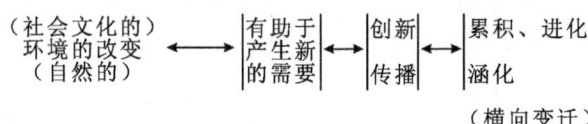

图 6-2　石奕龙提出的文化变迁的一般性模式

　　他认为这种模式"从线性的角度讲,文化变迁始于社会文化环境和自然环境的改变,它产生新的需要,迫使人们出现变化,这一过程一般需要通过创造出新的因素,或采借他文化来实行。它可能产生两种后果:(1)文化因素累积到一定的时候,当发生质变时,就产生了进化。(2)文化因素的横向交融,将产生涵化"②。这种变迁模式与伍兹的模式相比,不仅表明了文化变迁的双向作用性质,同时将文化变迁的动因和结果都包括在内,就概括了文化变迁的一个完整过程。

　　文化变迁又可以分为无意识变迁和有意识变迁两种。前者也称自然变迁,是指文化变迁的一种无计划状态,其特点是无意识的、偶然的、没有规划的。后者也称自愿变迁,是指作为变迁主体的人们自觉发动的一场有意识对部分文化特质或整体文化体系进行发展和变化的文化变迁过程。有意识变迁包括三种类型,即主动变迁、指导性变迁和强制变迁。在文化变迁的多种模式之中,不管是创新(包括发明和发现)、传播、涵化等都包括了这样两种类型。以发明为例,发明出的新生事物可以改变文化的原有特质,有些发明甚至可以改变文化的整体机构和体系。有些发明是人们有意识的行为,如爱迪生发明电灯去改变人类的生活环境,而有些发明却是一种无心栽花的结果。不管怎样,这些发明都改变了旧有的文化特质,促成了文化的变迁。

　　如果说发现与发明是一种创新、传播是一种文化散布的方式的话,那么涵化

---

① 石奕龙.应用人类学.厦门大学出版社.1996.第 118 页.
② 石奕龙.应用人类学.厦门大学出版社.1996.第 118 页.

就是文化变迁中最重要的一环,它既是对外来文化的发现,也在对外来文化的采借过程之中对自身文化进行发明、整合、调适乃至改造。从这个意义上讲,涵化是一次浓缩的文化变迁全过程。旅游活动作为一种现代生活方式,它所带来的文化变迁主要还是指在旅游活动发生之时,在游客与东道主、目的地与出发地、游客与游客之间发生接触、交流所导致的文化变迁。因此,我们可以从涵化的角度来对旅游活动所产生的文化变迁进行探究。

第二节 涵 化

一、涵化的概念

涵化是一种文化变迁模式,是指文化变迁的横向过程。它是指两个或者两个以上不同文化在长期持续的接触过程之后所导致的原有文化体系大规模变异的社会文化变迁现象。

涵化的发生与文化的传播有着密切的关系。涵化的发生是以文化的传播为前提条件,是在双方的文化互动当中不断接触、吸收、采借、影响,从而导致互动的一方或双方都发生大规模的文化变迁。传播尽管也会发生文化接触,但传播并不需要文化双方发生持续的接触,也不一定引起参加互动的文化发生变迁。也就是说,文化特质与文化丛的传播并一定是涵化,这些同一文化区内的传播也不需要经过涵化的过程才完成传播。而涵化则必须是参加互动的文化主体之间发生大规模的文化传播,并进而在传播的基础之上对对方文化有吸收、采借,双方都产生影响的文化传播才是涵化。因此可以说涵化是一种特殊的文化传播。

涵化与进化不同,前者是一种横向的文化变迁过程,而后者则是一种纵向的文化变迁过程。进化首先要区分文化的等级,是将文化的发展状态按照一定的标准进行分段式排列的方法。持文化进化论观点的学者认为,文化的进化就是文化由低到高逐步发展的过程,因此文化的进化就是一个社会历时发展文化得到不断累积并逐渐产生质变的过程,是一种从低级阶段向高级阶段发展的过程。而涵化则不反映这种文化历时变迁,涵化的发生主要是文化传播的结果,因此涵化的双方文化可能存在发展阶段的不一致,也可能相一致。涵化发生在同时代的文化之中,是同时代文化相互接触、相互影响的结果,是文化在同时空下不同区域之间的横向流动模式。

涵化的发生是以文化接触和文化传播为前提的。这里的接触不是一般意义上的接触,也并非媒介接触,而是一种长期的、持续的、相互的接触,有接触面广、持续时间长等特点。参与互动的双方接触时间越长、范围越广、程度越深,其相互影响就越深,导致涵化发生的程度也越强,参与文化交往互动的双方或多方其文化的相似性就越多。文化涵化的另一前提是文化传播。在大量的文化接触中,传播在所难免。只有进行大量传播,涵化才能最终完成。因此,涵化可以因为涵化面的程度和影响不同分为边际涵化与广面涵化两种,前者是指发生在两种文化发生接触的边缘地带所产生的涵化过程,而后者则是这种涵化已经在一个更加广泛的范围内发生,甚至影响到某些文化的中心地带促使其发生变迁。

对他者文化的采借(Borrowing)是涵化过程中很重要的环节,即涵化双方在彼此接触、传播文化的过程之中对他者文化进行借鉴、吸收并逐渐开始对自身文化进行整合、调适和改变。这种采借是一种双向度的,每一方都会在这种采借过程之中,从对方那里吸收文化因素使自身产生改变。这在旅游活动当中显得十分突出。

不同文化间对这种采借的态度是不一样的,特别是当不同文化发生接触、交流之时,因为往往这些文化之间都存在发展不平衡的问题,这就导致文化交流的双方彼此对对方所产生影响的力度问题,被视为"高一级"的文化往往对"低一级"的文化所施加的影响力更大。尽管我们主张文化平等,但在实际过程中的不平等所造成的强势文化对弱势文化的影响是显而易见的。这尤其表现在发达国家的游客给发展中国家的旅游目的地所带来的社会文化影响。人类学的研究表明,这种不平衡、不对称的接触与交流,往往使得东道主的文化变迁失去方向,变成一种不自觉的行为。因此旅游人类学的研究往往都提示东道主在发生因为旅游带来的文化变迁的时候,需要加强对自身文化的保护,提高自我的认同和文化传承,使得自己不被迷失在未来。迷失的后果不仅仅是失去游客,因为对游客而言,独特的文化才是对他们有着致命吸引力的东西。更重要的后果就是东道主会失去自我,找不到自我的认同和文化之根。

二、涵化过程中影响因素的分析

涵化带来的文化变迁,既存在有利的一面,也有一些负面的影响。对于被涵化的文化而言,因为文化变迁带来的影响更加深远,包括两个方面:其一是对当地的刺激作用,促使被涵化地区经历变迁,这些刺激包括经济刺激、心理刺激、文化刺激、社会刺激等;其二是对变迁的抵制,包括被涵化文化内部的社会障碍、心理障碍、经济障碍等。面对变迁,人们需要为之付出代价,包括经济代价、社会代价以及心理代价等,代价付出的程度依照文化被影响因素的多少来决定。

影响涵化的因素很多,首要的是彼此文化接触面的广度和深度,这将直接影响到涵化的程度和范围。现代背景下的文化涵化传播已经形成了一个遍布全球的网络,地球也已经变成一个小小的村庄,人们之间的接触、交流和了解日益加深,彼此间文化影响日益加剧,文化涵化也就越来越多。尤其是传媒的日益发展,不同文化间的影响可以变成同步进行,使得影响涵化的文化接触已经变成跨越空间障碍的超空间接触。旅游活动发生的双方彼此生活在两个不同的文化或亚文化范围内,当这两个异文化群体发生接触的时候,这是一种直接的接触,彼此长时间的接触、交流会对一方或双方产生深刻的影响。时下的游客需求也已经从简单的走马观花式的旅游发展到对一个地方深入的了解,许多游客都希望能在旅游活动中与东道主同吃同住、感受更多的异文化。在这一过程发生的时候,游客与东道主、游客与游客这些不同的文化群体之间发生着广泛而深刻的接触,接触越深,彼此影响越多,涵化的结果就越多。

其次,各文化主体内部自身文化所具有的限制和内部结构的开放性与灵活性都将影响到涵化的过程和结果。社会内部的界限越小,外来文化的渗透性越大,其内部结构就越具有灵活性,对外来文化的反应也更多地表现为开放、欢迎外来文化,反之亦然。为了吸引游客的到来,东道主主动突破自身内部的文化限制,打开文化边界,欢迎带有异文化背景的游客的到来,参与到自身的经济、社会变迁中,更加深了彼此文化间的涵化程度。

再次,发生文化接触的双方或多方之间所存在的政治、经济、军事、文化等的不平衡状况也会对涵化的过程和结果产生影响。一般而言,拥有更多政治、经济、军事以及文化优势的一方,其文化的外扩力也就越强;而处于相对弱势的一方,其文化自身的抵抗力也就越弱。这种抵抗力要视其文化内部的复杂性而定,复杂性越高的文化往往具有更强的抵抗力,越简单的文化系统其所具有的抵抗力就越弱。旅游人类学的研究表明,对于东道主而言,他们往往处于弱势地位,其政治、经济、文化实力往往比游客所处的社会文化要弱,因此往往受到游客的影响更多,"旅游行为中的帝国主义"就是这样一种表现。

三、涵化的过程与结果

由于涵化受到多方面力量的影响,因此在文化涵化的过程之中,可能出现不同的过程和结果。涵化的过程一般分为接受(采借)、适应(包括文化同化和文化融合两种)和抗拒三种情况。

接受是涵化的初始阶段,它包括接触、传播、选择、采借等一系列过程。这一过程可以按涵化的来源分为"逆涵化"和"顺涵化"两种,前者是指被涵化方受到外来文化的强制而被迫涵化的过程,后者则是接触的双方自愿或自发去吸纳外来文化的因素。前述的"帝国主义式"的旅游活动对于被涵化方而言就是一种

"逆涵化",而对处于弱势的一方而言,自身内部也会因为某些因素对外来的文化产生主动接纳的趋势。因此旅游活动中的涵化一般都是"逆涵化"与"顺涵化"相结合的过程。

由于存在对外来文化看法的不一,因此对于外来文化,除了接受以外,我们还可以看到存在一种"对抗性涵化",即某种文化体系采纳某些文化因素去对抗另一类相似文化的侵入。因此文化涵化的结果只有两类:一类是适应,另外一类则是抗拒。无论是哪一种结果,都是文化受到影响之后的新的调适。

文化涵化过程中的适应主要是指对于接受来的文化加以吸纳,整合自己的文化,使外来文化与自身传统文化相协调,从而完成涵化的过程。在适应的过程中,新旧文化特质或外来文化特质在原来的文化体系中发生调适或重新被赋予意义,由于调适方向不一,也可能产生两种不同的情况:其一是同化,其二是融合。"同化是一种单方面的调适,即一个文化受他文化的影响,逐渐失去其本文化的特点,而成为他文化的一部分的过程,或者产生两者基本趋同的过程。"[①]文化同化可以按同化的力量来源分为强制同化和自然同化两类:前者是在一种不平等的政治、经济、文化、军事等力量作用下,强势文化对弱势文化的压迫和摧残,迫使弱势文化放弃自身的传统文化,改变其文化特点,全面接受强势文化,从而导致弱势文化的消失;后者则是在一种自愿的基础之上,在长期的密切交往过程之中,弱势文化对强势文化的主动接纳、吸收,自觉自愿地改变其原有文化特征的过程。如旅游活动中的"标准化"就是一种既带有强制的同化过程,又具有自然同化的双向发展过程。涵化适应的另外一种表现是文化融合,是指"两种或两种以上的文化在长期的接触、交往过程中,发生双向的调适,产生出与各自原有的文化特征均不同的新的特征、形式、内容或结构,达到难以区别的程度,从而形成一个新的、单一的文化的现象"[②]。文化融合与同化不一样之处在于这是一种双方的调适,即参与文化接触的双方都在进行的一种融合的过程,其彼此共同性在增加,差异性日益缩小,直到趋同的文化出现。这种趋势似乎与现在的全球化趋势有类似之处。在文化调适的时候,因为外来文化的融入导致原有文化因素逐渐萎缩,甚至消失,这种现象被人们称为"文化丧失"或"文化没落"。

与调适相对应的文化涵化行为是文化抗拒,"指在涵化过程之中,由于政治上处支配地位的文化的压力太大,变迁发生得过猛,即对接受一方的破坏和压迫过于迅猛,以致许多人不能接受这种变迁,从而导致出排斥、拒绝、抵制或反抗的

---

① 石奕龙.应用人类学.厦门大学出版社.1996.第149页.
② 石奕龙.应用人类学.厦门大学出版社.1996.第150页.

现象"①。这种反应尤其体现在受到冲击的各文化主体之间所表现出的强调自身文化价值，重塑自身文化认同的过程中，也常常被人们称为"复兴运动"，其表现形式通常有：本土主义运动、船货崇拜、千禧年运动、救世主运动、鬼舞等。旅游活动中的文化抗拒主要表现在对自身文化特质的凸显上，进而强调自身文化特质的独特性和专属权，其突出表现形式就是对于自我族群文化的重新建构或称为"传统的发明与再造"，对自身族群认同的重新确立。

涵化的发生往往是以无形的方式进行，而这种无形的背后既有东道主文化内部为寻求发展而进行的自我突破，也有外部游客所带来文化的强势冲击。我们以纳西族民间日常饮食行为为例，来探讨涵化发生背后的无形的文化链条。②"三叠水"和"丽江粑粑"的现代演绎是两个十分有趣的现象。"三叠水"本是丽江纳西富豪招待贵宾的一套"夸富宴"，分为大三叠、小三叠与素三叠，每种又分为预席、果碟与正席三道程序，菜的品种和数量也有严格的限定，可以谓之纳西人的"满汉全席"，是一般人所不能消费的。随着丽江旅游活动的开展，游客的背景不同、经济实力不等，为了满足不同层次的游客需求，丽江人对"三叠水"进行了改创，不同的宾馆饭店会根据客人要求的不同确定菜的品种和数量，游客只需要花费几十元就可以品尝到所谓的"三叠水"，完全可以根据自己的需求去感受不同的"三叠水"。而同时各家对于"三叠水"的做法和内容也保持着不同的观点。"旧时王谢堂前燕，飞入寻常百姓家"的丽江"三叠水"变迁过程的直接动因就来自旅游活动中游客的不同需求。"丽江粑粑"是丽江人另一个引以为豪的食品，在本地人的分类观念里，"丽江粑粑"有几十种不同的类型，而我们在丽江街头看到向游客进行贩卖的却往往只有一种——油酥千层粑粑，"这是众多粑粑中做法较为精致、口味较为大众化的一种"。③ 多达几十种的丽江粑粑在游客的体验过程中却只变成了一种或主要由两三家厂家生产的几种。"丽江粑粑"多样化的产品形式逐渐走向统一甚至是单一的过程，究其原因还是为了满足不同游客的体验需求，"众口难调"的游客市场最终只能选择一种或几种适宜大范围推广的产品来进行满足。以上两种不同食品在经过游客与东道主之间互动之后，一个走向平民化和多样性，而另一个品种却逐渐萎缩、单一，反映出旅游行为发生的双方在不断调适的过程中所演变的文化变迁，更可以看出游客市场的需求对于东道主文化的影响之大，这一交往互动导致文化变迁的过程即涵化。

---

① 石奕龙.应用人类学.厦门大学出版社.1996.第 151 页.
② 这里引用的材料主要来自于宗晓莲.旅游开发与文化变迁——以云南省丽江县纳西族文化为例.中国旅游出版社.2006.
③ 材料转引自宗晓莲.旅游开发与文化变迁——以云南省丽江县纳西族文化为例.中国旅游出版社.2006.第 47 页.

四、涵化带来的结果

在追求以发展为主题的社会变迁中,人们必然要为这场发展付出代价。这些代价主要包括经济代价、社会代价和心理代价三个方面。

经济发展的好处无可否认,经济的发展能够提高人的生活标准,提供更多的教育机会、更好的营养、更大的物质舒适感、更多的休闲机会、更长的预期寿命等。然而不幸的是,有关经济发展和快速增长所带来的不断增加的痛苦和代价也是显而易见的。这在如今的发展中国家和地区尤其显现。首当其冲的是环境代价,经济活动的开展常常会有意无意地对环境造成破坏。固体垃圾的增多、空气污染的加剧、气候变化的严峻使得这些地区的可持续发展面临严重危机。以丽江为例,泸沽湖的湖水开始受到污染,玉龙雪山的雪线不断增高等都是因为旅游业的过度开展而带来的直接后果。

其次是社会代价,这是一种可以从整体上影响社会,导致社会资本贬值,影响人类劳动环境或经济活动的代价。其中,交通工具的日益改善成为人们首先关注的内容,不断便利的交通条件使得人们的出行更加方便,但同时也带来诸多的社会问题:交通堵塞和混乱带来了情绪的焦躁,交通工具所产生的污染也日益严重。随着经济条件的日益改善,人们对于生活质量的要求也越来越高,而现实的差距使得他们对自身生活的满意度、幸福感、成就感等日觉渐远,使得现实生活中恐惧感、忧郁感等日益增多。丽江人的宗教需求的改变就是一例。白水台是纳西族藏传佛教圣地之一,而如今,圣洁的白水台上每天来往的游客使得纳西人改变了对自己宗教传统的神圣感,减少了崇敬感。土壤的腐蚀、食品生态遭到破坏都是由于过度的旅游活动产生的后果。从心理上来说,传统东巴文化的日益世俗化,使得其神秘性降低,变成了一种娱乐活动、变成一种文化展示的时候,因为旅游活动需要而导致的纳西人对自身根源文化的理解就产生变异。个人与族群的一贯性遭到割裂,宗教仪式中的个人变得毫无特色,传统的宗教仪式也日渐没落。

但是,我们不能对涵化问题作全盘否定。首先,涵化在旅游活动中是不可避免的一种显现。在涵化的过程中,不同的文化交融在一起,还会产生新的文化,这种新文化也许会对社会的发展产生积极的作用,与现代社会接轨,以适应现代人的需求。这也是文化变迁的一种形式。所以,我们应当从辩证的角度来看待文化涵化问题。

旅游业的蓬勃开展、游客与东道主之间的双向互动带来的是彼此间文化的双向交流,长时间的游客到来带来了不同文化间的彼此接触,作为东道主的纳西人生活也发生了很多变化。我们借用宗晓莲博士在丽江的调查实例,以丽江纳西人的古城居住变迁为例,来审视因为旅游的发展促使纳西文化发生改变、发生涵化的变迁过程。① 宗晓莲博士在《旅游开发与文化变迁》一书中提及了"旅游开发对纳西人居住方式的影响主要体现在三个方面:一是越来越多的纳西人搬离了世代居住的古城;二是新建的纳西族民居中,采用传统建筑式样、建筑布局的越来越少;三是现代纳西人的居室布置也发生了一定变化"。诚然,这些变化并不都是因为旅游的开发所带来的,但旅游的大力开发在其中起到了重要作用却是不争的事实。首先让我们将目光投向古城,这是纳西人世代居住的核心地带,也是丽江旅游的首要接待点。游客对于古城的需求是多样性的,不仅要欣赏古代的城市布局、古老的建筑式样,更希望能在充满古色古香的民居中住宿,去体验一回做当地人的感受,体验一把"主人翁"的感觉。同时来自不同地区的商家也希望能在古城内获得铺面以争取最大的人流,开发最大的顾客群。双重刺激下的古城居民面对现实利益的时候选择出租或出售房屋来换取在古城外居住的情形大量出现也就不足为奇了。其次,在古城被评为"世界文化遗产"之后,丽江当地政府出台的一系列政策、措施使得古城居民的居住受到很多限制,居民自己想获得更多生存空间的需求受到压缩,人们对于新居室的追求却永远没有停止,需求与限制之间的矛盾也就促使古城居民对于拓展新的居住空间不得不重新选择。传统大众的居住空间一般都比较狭小,"几代同堂"也是常有的事,个人的私密空间需求就常常得不到满足,而后者却正是打上现代烙印的游客最需要得到满足的,全球一体的旅客居住空间的标准化使得游客对于旅游目的地的居住需求有了统一的认识,作为东道主也必须按照这一标准去为游客提供相应的住宿条件。同时古城传统的基础设施既不能满足东道主自身发展所带来的新需求,也不能满足游客对于古城居住基本设施的需求,为了改变现状留住游客,并不断满足东道主自身日益提高的居住需求,纳西人选择搬离古城似乎是一种明智之举。同时,旅游是一种移动性很强的社会活动,人口的大量流动是旅游发展所带来的必然结果,只有游客不断流动,东道主才能获得更多的经济利益。然而流动人口却是一个严重的社会问题,面对每天不断增加的流动人口,作为东道主的一方,其自身的安全顾虑也会相应随之增加,选择离开古城趋利避害也是古城纳西人的正常选择。因此,宗晓莲博士指出"只要有经济实力,几乎没有人愿意留在古城"②。

---

① 本段以居住方式的变迁来分析纳西人寻求变迁的主动性与被动性,以语言文字的变迁来分析纳西人变迁过程的有意识与无意识,但我们认为主动性与被动性、有意识与无意识都是在不同文化特质的变迁过程中交融的,并不能在完全意义上割裂开,这里便于理解和行文,故笔者将其单一列出进行论述。

② 宗晓莲.旅游开发与文化变迁——以云南省丽江县纳西族文化为例.中国旅游出版社.2006.第48页.

古城本是纳西人的"天伦"所在,但是如今的纳西人却想着逃离这一地区,其原因我们在前面已经有所提及。从这些原因背后我们可以清晰地看见纳西人作为东道主在与游客接触、互动过程中所进行的主动与被动的文化变迁。首先,我们来看主动变迁,纳西人选择离开古城,这并不是受到任何压力的被动行为,而是一种主动行为。租与不租、卖与不卖之间,其决定权在于作为东道主的纳西人,而不是外地商人和游客。其次,选择更好的居住空间是纳西人自己对于美好生活的追求,并非任何外在压力施力的结果。再次,传统的家庭结构和亲属关系发生改变,纳西人的生活方式也主动寻求着改变。再看被动变迁,纳西人选择离开自己生活多年的古城,首要原因来自自身的居住需求得不到满足,而限制其发展的原因有很多,比如政府出台的古城相关保护政策和措施、游客对于古城传统样式的需求。其次是流动人口的不断增多所带来的社会问题。再次是邻居的不断外迁导致纳西人的生活圈和熟悉的生活环境发生改变,人们需要重新建立自己的邻里关系。旅游及其相关产业已经成为古城经济收入的主要来源,面对巨大的经济浪潮冲击,纳西人通过与游客间彼此的互动,被动地接受又主动地寻求变迁,迁出古城。

而语言的变化可以让我们清晰地看到丽江人的有意识变迁和无意识变迁。纳西族有自己独特的象形文字,也有自己的语言,虽然前者主要为宗教活动者所使用,但后者是全民族通用的。20世纪80年代以前的丽江,纳西人在各种不同的场合普遍使用纳西语作为沟通的工具。时间仅仅过去还不足30年,如今的纳西家庭里,汉语普通话的交流似乎变得更多,纳西语的使用者呈现逐步减少的趋势,因为在当地人的观念里,"教孩子说纳西语会影响他们学习汉语或外语,影响孩子今后的发展"[①]。当地人在小学中的调查更是证实了在青少年中,纳西语的使用者越来越少。而在丽江城区的纳西语使用中,大量汉语词汇的进入使得现在的纳西语也被打上了"汉化"的印记。"即使在城里用纳西语作为日常语言的中年人也表示,农村、边远山区人讲的纳西话,他们大多已经听不懂,老人说的谚语、习语他们也听不明白。"[②]面对这一困境,丽江人已经认识到了纳西语的文化价值,并开展了多种多样的保护措施。因为他们已经认识到,纳西语是民族的重要象征,是民族认同的主要表现。同时,旅游业的开展使得纳西语的使用在古城成了一道独特的风景线。广大游客也希望能听见这样具有鲜明特色的语言。从

---

① 宗晓莲.旅游开发与文化变迁——以云南省丽江县纳西族文化为例.中国旅游出版社.2006.第50页.

② 宗晓莲.旅游开发与文化变迁——以云南省丽江县纳西族文化为例.中国旅游出版社.2006.第50页.

促进旅游发展的角度出发,当地政府、学者都提倡使用纳西语,并且已经开始在小学教育中普遍开展纳西语教学活动,以求"加强对青少年的纳西语言传承和普及教育,增强纳西族的民族性"[①]。在这一系列语言变迁过程中,纳西人有意识地接纳外部文化语言,改造自己的语言形式,而同时在本民族的交往之中又无意识地开始使用有意识接纳的外民族语言。为了孩子将来有更好的前途,纳西人有意识地在教育过程中使用汉语或外语进行教育,在这一过程中又有意识地淡化了本民族语言的使用,其结果就是本民族语言被无意识地淡忘,甚至退出交流舞台。即使是依然使用纳西语作为主要交流工具的中年人,也有意识地接纳汉语词汇,无意识地遗忘自己的谚语与习语,其结果就是彼此间沟通不畅,最终还是只能借助于汉语来完成沟通。为了摆脱这种局面而进行的民族语言拯救行动也是纳西人的一次有意识的文化复苏,试图通过有意识的教育行动来完成对下一代的语言教育和传承。这样的行动起到了很好的宣传作用,从宗晓莲博士所作调查中可以看出:认同"说好汉语比说好纳西语更重要"的人数有所降低,而认同说纳西语比说汉语好的人数有着显著上升。在另外一项"我希望我能说流利的纳西语"对比中这种变化就显得更为突出,从2001年到2003年,认同希望自己能讲流利纳西语的人数急剧上升,与此相反的人数急剧下降。这样的结果显示出丽江纳西人的民族意识不断增强,有意识地推广本民族语言起到了"增强纳西族民族性"的目的。然而这样的数据只是反映在调查的表格上,因为"以笔者在丽江的观察来看,丽江人使用纳西语的情况依然在不断减少。1998年笔者第一次到丽江做田野调查时深为自己不懂纳西语感到不便,2003年时大多数纳西人已经非常习惯地用汉语与笔者交流"[②]。显然,随着民族对未来的情境性需求,纳西语的命运也相应经历了如下过程:(1)全民族同说纳西语;(2)为配合主流文化而淡化纳西语;(3)为改变民族境遇而进行一系列的汉语推广活动;(4)汉语词汇的普及与纳西语词汇的遗忘;(5)为吸引旅游者而"重捡"久违的纳西语。这些都是纳西语言文化的有意识和无意识的变迁过程。

五、涵化与族群认同

认同是一个心理学和社会学术语,是指个体对自身身份进行的文化定位,并帮助个体置身于群体之中所产生的对某个群体的归属感。族群认同是一个复杂

[①] 宗晓莲.旅游开发与文化变迁——以云南省丽江县纳西族文化为例.中国旅游出版社.2006.第51页.

[②] 宗晓莲.旅游开发与文化变迁——以云南省丽江县纳西族文化为例.中国旅游出版社.2006.第52页.

的心理活动,是指在心理或感情层面上将世界划分为"我们"和"他们"的思维活动。这种区分更多地来自与他群接触时一种文化上的自觉,这种自觉是建立一个族群的最基本特征,因为族群认同是人们与那些与其自身有着不同起源和认同的人之间互动的产物。

族群认同是族群建构的核心标准,但族群却是一个飘忽不定、难以琢磨的概念。什么是族群？如何认同族群？究竟我们应该以主观认同还是存在客观标准来区分族群？我们认为,族群的区分标志应该以族群认同为基础,在需要强调彼此族群差异的时候可以根据某些客观存在的文化特质来作为界限区分族群。

关于族群认同,以往的研究者提出了六种不同的认同理论:文化说、边界论、原生论、工具论、辨证阐释理论、民族—国家及其意识形态建构说。[①] 也有人将这样六种理论归纳为两种,即原生论模式和场景论模式。[②] 但无论怎样划分,其实质都是在一种或多种分类标准下对人群所作的区分,即如何建构自我与他者不同的族群。也就是说,族群是发生在两个或多个文化群体接触、交流之时对自我与他者作出界限区分的群体。从这个意义上讲,区别族群之时也即分割文化接触、传播之时,是涵化发生的前奏。游客与东道主之间的互动正是建立彼此认同的开始,同时也是相互涵化的开始。

旅游是一场多样性的活动,因此旅游所带来的文化变迁就具有了多样性的特征;同时作为一种异文化之间的接触、交流,旅游不仅传播了文化,同时也会改变旅游所涉及的文化环境和自然环境。当环境开始改变,文化的变迁也就自然而然地发生。文化环境和自然环境的改变取决于旅游的形式,因为不同形式的旅游活动发生,目的地人民和环境对于这些游客的承受力也就不一样,加之还有不同的旅游中介人在其中发挥作用,因此,不同形式的旅游活动所带来的旅游目的地的文化变迁自然也就不一样。以纳西族的饮食文化变迁为例,我们可以窥见在文化变迁过程中族群文化意识的复苏对于传统文化的再造是如何影响到民族文化意识和认同的。[③] 作为游牧民族后裔,纳西族先民的饮食结构主要以食肉为主,第一次大的变迁发生在纳西族从游牧民族转变为农耕民族之后,游牧所得的食物不再是纳西族的主要食物来源,而食用农耕劳作得来的食物逐渐成为纳西人的主要生活方式,以至于徐霞客在游记中也曾感叹"大肴八十品,罗列甚遥,不能辨其孰为异味也"。到解放前,丽江纳西人的饮食已经形成一套完整的

---

① 庄孔韶.人类学通论.山西教育出版社.2002.
② 兰林友.论族群与族群认同理论.广西民族学院学报(哲学社会科学版).2003(5).
③ 材料转引自宗晓莲.旅游开发与文化变迁——以云南省丽江县纳西族文化为例.中国旅游出版社.2006.第45~47页.

文化体系,并塑造了丽江粑粑、鸡豌豆凉粉等具有自身特色的饮食品牌。随着旅游业的逐步开展,丽江纳西人的饮食文化也在悄然发生着变化。游客的需求促使了这里的饮食要走向世界,如何提高饮食的质量、提升饮食文化的品位就成为当务之急。纳西人中的有识之士不仅对自身饮食文化进行了挖掘,而且开始创制自身的新品牌形象。如宗晓莲博士在《旅游开发与文化变迁》一书中提及1998年丽江成立"纳西族饮食文化研究会",召集十多位民间厨师各自展示自己手艺,商讨对于菜肴的做法,试图统一制定饮食的烹饪标准。当地人还重新编纂出版了《木氏家宴》和《纳西族饮食文化谱》,这些传统的发明与重构提升对于纳西族传统饮食文化的整理和复兴起到了重要作用,也为在更大范围内推广纳西族饮食文化提供了交流平台。这些文化传统的发明与重构,不仅仅是为了保护和传承纳西人的饮食文化,更重要的是重塑纳西人的文化意象,在新的更大范围内塑造了纳西人的独特性,对于重新建立纳西人的新的文化认同有着十分重要的作用。

六、民族旅游发展中的族群认同

人类学的发展史里面有一段有趣的故事。美洲的印第安人是美国人类学者经常关注、研究的对象。印第安人也经常接受人类学者的询问。有一次一位研究者在对一个印第安居民进行访谈的时候,发现每当自己提出问题时,这个印第安人就走到里面的房间里,过一会儿再出来回答这次的提问。研究者觉得诧异,就问这个印第安人,为什么每次回答问题之前都进到里面的房间,诚实的印第安人回答说:"我进去看看以前的人类学家怎么讲的,然后再回答你。"从这个故事中我们可以看出,在人类学家与印第安人的长期交往互动中,印第安人在重建他们的历史记忆,重塑自身的民族意识,又重新赋予这种历史以解释来告诉新的人类学家。

在发展旅游过程中,游客与东道主之间的频繁接触,也往往会刺激东道主对自身的认识、对自身历史的重新定位,历史与文化得到重新表述,自我的历史和认同得到重新建构,并进而有可能形成一股本土化趋势来强化对外来文化的反抗。这种情况尤其发生在以"民族旅游"作为"招牌菜"的"旅游民族"[①]中间。

关于"民族旅游",科恩曾经定义为:"1.观光旅游的一种变体;2.其目标群体在文化上、社会上或政治上不完全属于他们所居住国的主体民族;3.他们由于自

---

① "旅游民族"是一个新兴的概念,还缺乏比较严格的定义,因此本章有时是以"族群"概念替代"民族"概念,但我们认为二者还是有区别的,况且"民族"一词还可以在多个不同层次上加以探讨,但这不属于本章所探讨之范围,故而不再深究.

然生态和文化方面的独特性、差异性而被贴上了旅游的标志。"①布鲁诺认为："民族旅游是指这样一些情形：从外国或本地来的旅游者在旅游中可以观察到其他民族，这些民族不仅被认为有明显的身份特性、独特文化和生活方式，而且通常被贴上种族、民族、少数民族、原始的、部落的、乡下的或农民的标签。"②杨慧也曾经就云南的民族旅游给出定义："旅游者在云南各具自然生态特色和文化特征的少数民族地区所进行的各类观光旅游。"③

开展民族旅游所形成的一部分民族被称为"旅游民族"，他们在从事民族旅游活动的时候，常常因为与游客的接触而唤起对自身的重新认识，甚至会加强对自身身份和历史记忆的表述。民族旅游的开展，使得"民族文化"成为一种可以利用的资源和商品。为了吸引游客，各种各样的旅游产品被打上了"特有"的标签，经营者、宣传媒体和政府都在这场宣传战中扮演了极其重要的角色，民族身份和民族文化就成为一种可供利用的市场资源和外在符号。一切与特征有关的东西被凸显出来，而一切与特征无关的则被掩饰甚至遗忘。这种对自身民族文化的选择则完全以游客的需要和市场的需求为标准，"各少数族群之间复杂的社会和文化的差异被简化为一系列经过挑选的、表面化的、容易辨识的标记"④。

随着各种媒体的日益普及，这些旅游民族渐渐地开始在游客中间形成一个形象，而这一形象却是与他们的真实形象存在差距的。西方人类学家所提出的"舞台真实论"已经为我们揭示了这一形象差距的原因所在。⑤ 这种由媒体、旅游经营者和东道主一起为游客所建立的"虚幻真实"也已经开始逐渐融入到当地民族群众对自身文化的解读之中，甚至渐渐被吸纳为自己的"传统"，而正是这种正在形成中的"传统"塑造着一个崭新的旅游民族。

徐新建在《开发中国："民族旅游"与"旅游民族"的形成与影响》一文中，认为："自80年代以来在中国大陆因开发'民族旅游'而派生出来的'旅游民族'现象，可以说是一种多向、多因的互动过程。其中既有政府为发展经济、加速增长、解决中西部少数民族地区与东部发达地区差距增大的政治、经济和社会考虑，也有被'开发'的少数民族借此突出并推进自身地位及价值的历史、文化意图，与此

---

① 科恩.东南亚的民族旅游.载杨慧等主编.旅游、人类学与中国社会.云南大学出版社.2001.第19页.

② 爱德华·布鲁诺.民族旅游：一个族群，三种场景.载杨慧等主编.旅游、人类学与中国社会.云南大学出版社.2001.第44～45页.

③ 杨慧.民族旅游与族群认同、传统文化复兴抑或再建构——云南民族旅游开发中的"族群"及其应用泛化的检讨.思想战线.2003(1).

④ 石奕龙.应用人类学.厦门大学出版社.1996.第25页.

⑤ 张晓萍.西方旅游人类学中的"舞台真实"理论.思想战线.2003(4).

同时,还存在着外来游客对旅游地文化传统的影响和冲击。三者之间,政府的意志起了决定性作用,堪称自上而下的国家主导型。"①换言之,在这场以政府为主导的指导性变迁过程中,少数民族群众积极融入这场经济开发和社会发展中,通过与游客的互动塑造了自身的新形象,衍生出一个旅游民族的形象,展示在游客面前,成为一种"舞台真实"。徐文又讲道:"从经济学角度看,'民族旅游'拓宽了中国旅游业的'产品'范畴和客源种类,有利于境内外市场的未来竞争;从人类学角度来说,'旅游民族'的出现则强化了中国社会所谓'多元一体'结构中族群身份及其各自不同的文化分野。另一方面,旅游开发所关注的是'旅游地'(旅游资源)的形象包装及其对外来游客的消费吸引,而引出的结果却是'旅游民族'的身份重塑及其自我意识(族群意识)的重新唤醒,乃至消费与被消费者彼此间互为依存的差异需求。"②这一席话告诉我们:被重新表述的民族文化已经成为一个民族重新认识自己的途径。

那么"旅游民族"是怎样的一个族群呢？我们认为,这是一种因为旅游活动的开展而产生对该民族文化重新认识,并加以"旅游进行式"表述的一群人。他们不一定包括该民族的全体成员,但在重新建构的过程中,该民族的全体成员都加入其中,各司其职,建立了新的族群认同,塑造了全新的族性。旅游民族的最大特点就在于,这是一个处于"前台"的民族,是一个展示的民族,而不是一个民族的全部,它是通过旅游活动中与游客之间建立的一条游动的边界来确立的民族。我们认为,旅游民族所建立的族性是在一种特定情景中依靠对原生纽带和文化独特性的追溯来区别"自我与他者"、区别"我们与他们"的认同。这是旅游民族建立的核心基础。

我们再借宗晓莲博士在《旅游开放与文化变迁》一书中提及的一些案例来探讨旅游民族的"前台展示性"。丽江纳西人的传统文化在如今的旅游表述中被打上了"传统即现代"、"民族即世界"的招牌向全世界进行展示,而这种被展示的前台文化却并非纳西人深层次的精神世界和内心认同。作为文化展示的最外层表象,服饰、建筑、娱乐(关于居住和娱乐我们将在稍后进行分析)对于游客有着直接的视觉冲击力。纳西人的古老服饰是皮毛材质,主要为了适应高寒地带的游牧生活。转为农耕之后,随着与周边民族的交流融合逐渐增多,提倡改革服饰就成为纳西人转变生活方式的主要表现。到解放前纳西族男子服饰已经与邻近民

---

① 徐新建.开发中国:"民族旅游"与"旅游民族"的形成与影响——以"穿青人"、"银水寨"和"藏羌村"为案例的评述.西南民族学院学报(哲学社会科学版).2000(7).
② 徐新建.开发中国:"民族旅游"与"旅游民族"的形成与影响——以"穿青人"、"银水寨"和"藏羌村"为案例的评述.西南民族学院学报(哲学社会科学版).2000(7).

族的男子服饰基本趋同，而以"披星戴月"为代表的女子服饰却还保留着自身的独特性。旅游业的开展刺激了服饰改良的新一轮浪潮，如何塑造自己的独特性？以什么样的外在形象打造自身的新文化内核展示给世人？这些都成为纳西有识之士首先面临的重要问题。改造服装的方案、设计不同的服饰风格、工业化的制造程序、大面积地推广传统穿戴等现代服饰制造理念开始被纳西人吸收，政府不仅多次下发推广民族服饰的文件，甚至成立专门的丽江县民族服装推广委员会来促进这一工作。穿戴民族服饰也就因此被赋予了新的内涵和意义，这些工作也取得了一系列不错的连环效果。如今的丽江县城，"几乎每一位中青年女性工作人员，不管是旅游从业者，还是政府行政人员都拥有至少一套某种款式的民族服饰"[①]。而这种措施并没有改变人们日常行为中越来越少穿戴民族服饰的现状，以至于偶尔有人穿上民族服装，别人就会诧异地问道是不是要参加什么活动。由此可以看出，穿戴民族服装的自觉性在现代丽江人的心里已经开始淡化，参加活动的时候穿戴这些服装也只是为了展示给外人一种"我们"与"你们"之间的不同和差异。这种展示的族群边界是一种出现在"前台"的边界，当我们深入其内部的时候就会发现，在后台生活的纳西人对于日常穿戴民族服装却与主流舆论者有着不一样的见解。对比游客服饰与民族服饰的喜好率，2003年认同前者好看的数量和比率都有所上升，对此持否定态度的人数和比率却没有发生太大的变化。而在"更喜欢穿游客服饰一栏中"，持肯定意见的人数和比率缓慢上升，而持否定意见的却大幅上升。[②] 对比两组数据，我们很难对纳西人的心态有透彻的把握。对于民族服饰与现代时装，纳西人内心对前者的认同究竟是生活真实的需求还是在受到民族意识教育之后所展示出来的文化表象，这似乎是另外一个值得我们探讨的话题。对比我们在本节刚开始提及的人类学家在印第安人中的调查事实，我们很难说这是东道主的一种真实展示，即进行长期深入的调查者尚不能得到关于前后台文化展示与隐藏之间的真实性，我们又如何能对短暂到访东道主的游客的认知得出真实的判断？然而透过这样一组数据，我们可以清晰地看到受到学者、政府等意识形态构建的主体者的不懈工作，纳西人新的民族意识和认同已经深入人心，并得到了全民族的广泛认可。纳西人借助独特的民族象征符号所塑造的民族意识和身份认同空前高涨，甚至在表层文化特征逐渐萎缩的时候，亦变得越发强烈。

---

① 宗晓莲.旅游开发与文化变迁——以云南省丽江县纳西族文化为例.中国旅游出版社.2006.第43~44页.

② 详细数据参看宗晓莲.旅游开发与文化变迁.第64页.

七、历史文化的再建构与族群认同

"这是××特有的。"

"这个跟你们那儿的是不一样的。"

"这个是以前就有的,后来有些变化,但我们觉得还是以前的好。"

上述语言是我们在旅游活动中经常能听到的语句。这些从东道主和旅游中介者之间不经意流露出来的信息告诉我们,旅游活动中游客与东道主的互动,不仅仅是重新塑造族群认同的过程,同时也是东道主对自身文化的重新认识,并加以整合得以重新表述的过程。文化的重新表述是与旅游活动相辅相成的,自身文化得以涵化、整合的同时,历史记忆也在重新得以整合,选择性的展示表现在旅游的"前台"。以下我们将以云南的旅游胜地丽江为案例来讨论这一问题。

丽江地处我国的西南部,是滇西北多文化的杂处地带,这里的人们在长期的历史中与其他族群交往、互动,形成了以汉、藏、纳西文化为主导的多民族区域文化体系。这里有被人称为人类文明活化石的纳西东巴文化,有被列入世界文化遗产的丽江古城,有被视为纳西灵魂的神山——玉龙雪山。这里曾经被约瑟夫·洛克称为"最后的香格里拉"。

20世纪50年代,随着社会和政治制度的剧烈变迁,丽江的东巴文化受到了严重的打击,甚至曾经一度处于全面崩溃的边缘。[①] 随着80年代的改革开放,纳西的东巴文化开始引起人们的注意,并通过官方的支持成立了专门的研究机构,开始了对东巴文化的重新研究。而且从这一时期开始,来丽江旅游的中外游客数量逐渐增多。1997年丽江古城被纳入"世界文化遗产",这更推动了这股旅游的浪潮,使其越发高涨,至今还持续不衰。神秘的东巴文化开始完全走向世界,并成为一种资源被开发出来,成为丽江旅游的标志品牌。东巴文化之所以成为丽江旅游的象征,其原因主要在于它最能体现纳西族本土文化的色彩,而这种独特性正是吸引广大游客的关键因素。这一切的发展不仅与纳西人努力建构自身的历史记忆和文化认同有关,而且这种重新建构的内驱力还借以"文化搭台、经济唱戏"的名义受到了推波助澜。

旅游业带给丽江的不仅是巨大的经济收入,更重要的在于推动了丽江的传统文化复兴。近年来,在丽江打着东巴文化旗号开展旅游的商业经贸活动主要包括以下一些方式:以开发有关东巴文化的书画和工艺品为主的店铺,是目前丽江最普遍的一种方式;以东巴教中的各种精灵和神话传说内容为题材的雕刻艺

[①] 杨福泉.东巴文化的命运及其纳西族地区旅游发展之关系.载杨慧等主编.旅游、人类学与中国社会.云南大学出版社.2001.第216页.

术品；以东巴文化内容为素材的扎染、蜡染等服装饰品；以东巴文化中的神灵形象和神话传说、神奇故事来装饰门面；以演出东巴歌舞为主体的文娱活动；产品以东巴产品的名义进行销售。① 在这里值得我们关注的是东巴文化的社会化过程。东巴文化本是一种带有神秘色彩的宗教信仰体系，是纳西人精神世界里面的重要组成部分，是纳西文化独特的载体，也是传承纳西文化的重要手段和途径。它对于外部世界的游客有着很强的吸引力，可以充分满足游客对于纳西古老神秘的宗教文化的好奇心。而东巴文化又是一种具有很强隐秘色彩的宗教形式，是古代纳西人记录自己历史、反映当时社会文化生活的重要载体。作为东巴文化的传承者，东巴是纳西人中的高级知识分子，他们往往集歌、舞、经、书、史、画、医为一身，在纳西社会当中扮演了非常重要的角色。其中的核心东巴教是在纳西族古老原始宗教基础上，吸纳借鉴藏族苯教一些仪轨而形成的纳西族的宗教，是被纳西人全民信仰、膜拜的，且包含着许许多多不同类型的仪式和文字。虽然在解放后经历了不少挫折，但东巴文化依然顽强地保存了下来。面对蜂拥而至的游客——这些游客出于对纳西文化神秘的好奇，去亲眼见证"最后的香格里拉"的神奇，纳西人打开了自己尘封的宗教大门，把这些曾经具有无比神圣的宗教仪式和文化展示了出来，并加以商业化。玉水寨等一些景点开始着手恢复东巴教的三大祭祀活动，如二月的祭什罗、七月的大祭风、十二月的祭署等都被搬上了表演的舞台，其神圣性大大降低，世俗与娱乐性大大增强。被改变的不只是仪式表演的内容和形式，还有原本神秘的宗教对于凝聚全纳西人的作用，因为它已经变成一件随手可得的商品。在各景点纷纷展示东巴文化的同时，政府也积极参与东巴文化的复兴和重构。1999年由丽江政府为主导举办了"99中国丽江国际东巴文化艺术节"，吸引了来自世界各地对纳西文化有认同感的精英。艺术节表演了令人耳目一新的《东巴魂》和《纳西古乐》，展示了古老的祭天、祭风、祭曙等三大仪式，重新维修了木氏土司府，开展了规模空前的学术讨论等。所有的这些活动都在积极塑造一个全新的丽江，一个重新被表述和记忆的纳西文化。这些活动的开展，预示着丽江纳西文化与外来文化的巧妙结合、交汇和融合，不仅在特定的社会历史场合中强化了象征性的族群意识和民族身份的认同，也使得自身的文化借助旅游这个载体得以传承、延续和发展。文化的展示和传承还需要法制的保证。1999年丽江县政府颁布实施了《丽江县东巴文化保护管理（试行）办法》；2001年云南省九届人大22次会议正式审议通过了《云南省纳西族自治县东巴文化保护条例》。这些法律法规的实行从制度上对东巴文化的传

---

① 杨福泉.东巴文化的命运及其纳西族地区旅游发展之关系.载杨慧等主编.旅游、人类学与中国社会.云南大学出版社.2001.第216页.

承提供了保障。同时,各级政府还对丽江东巴文化传承提供了经济支持。2000年至2002年,丽江每年都在"五一"期间举办以"东巴文化"命名的旅游节。第一届的旅游节上,大型现代歌舞"东巴神韵"可谓一次现代市场经济背景下的民族文化展示。伴随其召开的东巴文化与丽江旅游学术研讨会,实际上变成了对丽江旅游的探讨,而不仅限于对东巴文化与丽江旅游的研讨。第二、三届则减少了东巴文化的影响,而着重推动大丽江旅游的发展。政府与商业机构的有意识变迁,容易导致纳西人对于东巴文化的认同转变。受到民族文化教育的纳西人,都会认同东巴文化是纳西人特有的文化体系,是纳西人与外人相区别的文化界限。然而东巴文化作为纳西人精神世界的核心和世界观却已经发生变化,其已经摘下神秘的高不可攀的面纱,开始崭露其面纱背后的实质。虽然这些表演还停留在"前台",我们又如何能从游客对于东道主文化的认知中得到真实的判断呢?更何况这种活动中游客所体验到的只是一种具有短暂性的前台展示,他们认同的东巴文化究竟是带着面纱的神秘女郎,还是摘下面纱抹上重重胭脂色彩的舞台表演呢?是古城里面那些商店出售的商品,还是家里神堂之上供奉的精神慰藉?

民族文化的传承主要依靠民间的力量,这是学术界的共识。遵照这一思路,许多学者按照各自不同的方式来促使东巴文化的传承。如丽江在1994年成立了丽江东巴文化博物馆(由原丽江县博物馆更名而来),加之以前成立的东巴研究所,丽江为自身东巴文化的传承提供了学术阵地。由后者主持的纳西文化研习馆在1998年开馆,一方面由丽江教育学院向留学生开辟东巴文化课,另一方面组织一批有志于学习东巴文化的青年来这里接受老东巴老师的言传身教。到现在已经对这些青年进行了有关东巴文字、经典、绘画、舞蹈、编扎、雕刻、歌唱和祭祀仪式等的系统教育。同时在民间大力推广东巴婚礼、葬礼以及其他民俗活动来推广东巴文化。在这样的背景之下,为东巴文化的传承发展提供了良好的氛围和人才,保证了东巴文化的延续。同时作为旅游活动的经营者,出于对经济利益的考虑,一些企业也开始加入到东巴文化的保护和传承之中。如有名的旅游景点东巴宫、玉水寨、纳西文化传习中心等,其中更为有名的是丽江县城的"宣科古乐"。这些组织在不断从开发东巴文化中获利的同时,也渐渐拿出一部分资金来资助东巴文化的传承,用于对东巴文化的研究。然而这些人的出发点却并非要将这些文化的传承普及到民间,而是希望与自身的旅游优势相结合,向游客展示纳西族的传统文化。以"纳西古乐"为例,其中最为有名的代表是"宣科古乐"。由于宣科的成功,带动了一大批老艺人重新开始操演起古老的洞经音乐。这一原本属于宗教音乐的艺术形式,已经被人们打上了"纳西古乐"的称号,开始在全丽江地区红红火火地开展起来,并渐渐吸引了更多的游客走进乡间去欣赏这些老艺人的表演。同时由于经济利益的推动，许多年轻人也开始从事古乐的表演，加入古乐的传承队伍。舞蹈是另一种重要的纳西文化展示。如今绝大部分开辟旅游活动的村庄，都已经建立起了自己的舞蹈队从事表演，使得纳西舞蹈的传承人越来越多。

然而受到重视的却依然是可以对游客进行展示或游客所喜闻乐见的项目，一些传统的民间习俗却因为其已经发生悄然改变而不被重视。我们以宗晓莲博士在《旅游开发与文化变迁》一书中提及的纳西人"孟兰节"的"放河灯"习俗为例，来审视这些因为旅游活动的开展而发生变化的民间习俗。古代纳西族的祖先是经过了漫长的迁徙来到现在的丽江地区的，在纳西族人的传说和神话当中有着许许多多祖先迁徙的故事，甚至在葬礼上、东巴为亡魂进行的送别仪式上，也要吟唱祖先迁徙的内容来引导亡魂找到正确的线路回到祖先居住的地方。7月的"孟兰节"是纳西人祭祖、送祖的日子。在这一日子中，丽江人通过"送河灯"的仪式来表达自己对祖先的敬意，表述自己对于祖先的那段历史的追忆，并传承给自己的后代。而"开展旅游后，在有关公司的组织下，古城内兴起了'河灯伴君游古城'活动。在西河、中河等热闹地段安排几个小姑娘销售塑造制的河灯"，其中使用的宣传词巧妙地将黑龙潭的传说与游客的心理需求相结合。宣传词这样写道："每天夜晚，黑龙潭的龙王会顺着玉河来巡游，点放一盏河灯为龙王引路，不仅能保护古城的平安，更能使自己和家人得到龙王的保佑，而在今后的一年中吉祥如意、心想事成。放一盏河灯、圆一个心愿。让河灯带着我们对家人的祝福、对恋人的情思、对健康的祝愿及对事业的追求，伴随龙王去畅游古城，小小的河灯一定能带给您意想不到的惊喜。"[1]这样的前台展示不仅完全改变了放河灯的时间和内容，而且完全切割了前后台文化之间的意义关联，迎合了游客的心理需要，却改变了原有文化的内涵、意义。面对这一改变，当地人冷眼旁观，不以为然，"甚至带着一种嘲弄的口气笑话那些游客，因为'那是我们一起送鬼时用的灯'"[2]。随着居民的外迁，古城纳西人家参与"放河灯"的越来越少，"现在7月中旬孟兰节时，绝大多数人家已经不放河灯，至少不在那几条热闹的河道内放河灯"，而且根据宗晓莲博士2001年和2003年的调查，被调查对象对于"现在的一些习俗，如放河灯，已经失去了它原有的文化内涵"都持肯定意见。实际上，作为影响人们日常生活的"放河灯"习俗，是人们传递情感、展示生活、讲述历史、找寻

---

[1] 宗晓莲.旅游开发与文化变迁——以云南省丽江县纳西族文化为例.中国旅游出版社.2006.第54页.

[2] 宗晓莲.旅游开发与文化变迁——以云南省丽江县纳西族文化为例.中国旅游出版社.2006.第54页.

记忆的重要途径。但由于市场开发而量身打造旅游项目的做法,已经严重地改变了文化的形态和内涵,因此人们对这些被改造的文化形态的认同也随之改变。神秘的东巴文字可以被书写在任意载体上成为文化商品,古老的纳西音乐也可以加入现代的元素进行重新的演绎,民间的"放河灯"习俗也逐渐开始转变其神圣的功能变成游客的娱乐。可见,文化资本在转化为经济资本的时候是如此容易。这是由于利益的驱动,游客的需求变成了文化保护和拯救的重要参考系数。

如果说学术研究和游客的关注使得东巴文化在当代世界民族文化中开始占据一定地位,东巴文化的商品化则强化了这一地位,促进了当地旅游业的发展。东巴文化不再是一种传统的宗教文化,如今已经被贴上了商业的标签,成为一种被制造、生产的文化消费品,开发东巴文化及其相关产品成为当地人发财致富的新路径。同时学术研究和日益增多的游客对东巴文化的浓厚兴趣又刺激了当地人对东巴文化的重新认识和关注。这种神秘的文化不再是纯粹宗教意义上的文化体系,不再被视为"封建迷信"而受到排斥。越来越多的年轻人开始对这一文化产生兴趣,并加入到学习和传承的队伍中来。东巴文化也已经从宗教领域中走出来,完成了从神圣到世俗的转变过程。这一切,都跟旅游活动的开展有关。当前,对东巴文化的保护和传承主要是依靠政府、市场、学者和民众。然而对于这些保护者而言,不同的立场和利益的差异,使得他们对东巴文化的认识不尽相同,因此在保护和传承的过程中,其行动也不尽相同,被重新建构和表述的东巴文化自然也就不同。在这一场民族文化的复兴之中,政府、学者、商家和民众都已经加入其中,因为旅游这个纽带的连接作用,他们都已经自觉自愿地加入到东巴文化的保护和传承之中。可是这种被制造、展示的真实或者说前台真实的背后,却是无尽的后台真实正在被涵化、萎缩甚至消失。

如今在中国旅游民族地区,依靠发展旅游来传承民族文化已经成为了一种共识。因为在前几十年的社会历史变迁中,许多传统的文化都已经消失在了人们的视野中。而如今,借助旅游业的开展,旅游者的不断光顾不仅刺激了这些民族沉睡的民族意识,而且对其自身的文化价值也开始了重新认识和评估,在发展旅游的浪潮中,不遗余力地扬帆启航,展示自己的民族文化来发展经济。这场运动就是一场对自身文化认同的重新塑造,是一场本土意识重新崛起的文化复兴运动。旅游的开展为这一运动打开了契机,而且为这一运动的延续提供了条件,为这些文化的复制、再造和再生产,为传统的发明提供了前所未有的舞台和场景。[①]

然而这样一场本土化运动中的物质利益因素只是其中一个推动因素,它也

---

① 霍布斯鲍姆.传统的发明.顾杭、庞冠群译.译林出版社.2004.

并不能完全满足纳西文化的复兴运动。纳西族的精英们在发展民族旅游的过程中,精心重组东巴文化和历史符号来表明纳西文化在当今世界的独特存在。"在中国改革开放的特定背景中,象征性的民族界限借助于民族身份认同、流行文化与民族旅游发展的互动得以维持。"①

这场以塑造新族性和重新认识自我为基础的本土化运动,其来源是多种多样的,旅游活动的蓬勃开展只是其中很重要的催化剂,针对的只是面对社会变迁所带来的社会瓦解而作出的自然反应,因为社会变迁都是带有分裂性的,社会瓦解的结果就导致变迁与再造。

日益复杂和多样的社会生活带给了丽江人新的利益和价值冲突,各种各样的人所产生的新的社会需求是不一样的,按照前述的需求产生变革的观点,社会变迁会因为需求的不一致而产生多元化的发展轨迹。在这场变迁中,结构不足、社会系统中人与人之间关系的重新构建、不完善的沟通体系都导致了社会的瓦解。本土化则是一场针对瓦解而开展的反瓦解的整合行动。面对现代化的冲击,纳西人的社会和文化在过去的历史中发生了翻天覆地的变化,这种变化导致了传统纳西社会的瓦解,如今在新的纳西社会建立的时候,新的族性就成为新社会的核心诉求。在这一过程中,政府、精英、企业和民间的多重互动重新建构了被瓦解的纳西社会和对东巴文化的重新认同。应该讲,在这一场以政府为主导的变迁过程中,多个互动主体之间在处理变迁的时候,重新连接了社会的断裂面,以制度化的形式保证文化的新发展。这场以"保护民族文化"为旗帜的本土化运动,在一个较长时期内是会保持旺盛的生命力,并持续不衰的。

社会变迁是因为人们不断产生新的需要而导致的社会变化,文化因素的多样性变化都会引起社会文化变迁,它包含了多种的变迁模式。涵化是一种重要的社会文化变迁模式,是因为文化的接触而导致的社会变化。因为涵化而导致的族群关系变化、认同的改变和重构、历史的重新表述都是旅游人类学研究的重要议题。

导致文化变迁的因素是多种多样的,旅游只是在某些变迁环节中扮演了重要的角色。作为一种文化接触性活动,因为旅游所产生的游客与东道主、目的地社会与客源地社会、游客与游客之间多样性的互动都对目的地社会和东道主文化产生了深远的影响。为了迎接文化变迁所带来的挑战,许多文化模式主动适应变迁,整合自身文化,在发展中求得新生存,同时又通过重塑族性来重新整合民族资源,民族得到一次重新认识和改造的机会,民族得以重新建构和想象。

走向市场的民族文化,在经历旅游业日益发展的过程中的突出表现,就在于

---

① 刘晖.民族旅游学.民族出版社.2006.第168页.

文化商品化和文化产业化。一方面旅游业的发展改善了当地人的生活,发展了经济,为保护民族文化提供了很好的条件和契机。旅游业从业者也能充分挖掘民族文化的潜在市场价值,并加以推广,为民族文化的"前台展示"搭建了优良的舞台。另一方面,文化商品化和产业化在经济利益的刺激下容易泛滥,文化作为商品,其交换价值与使用价值之间容易发生错位,这样的困境在我们的实际生活中可谓屡见不鲜,最终结果就是工具理性与实用主义占据主导地位,而文化的真正内涵和象征意义则让位于市场交换。对于文化变迁,人类学的研究大多保持着文化批评的态度,因此旅游人类学在研究此类民族文化因为旅游导致的变迁之时,也会按照这样一种模式去思考变迁。面对以发展为主题的变迁和强势文化的介入,被涵化民族不断高擎民族大旗,开展以本土化和文化独特性为主旨的民族文化复兴和重构,这对于民族意识的刺激和凝聚有着十分重要的作用。围绕旅游业所带来的巨大经济利益,政府、商业人员、文化精英、普通大众都以自己独特的方式参与到这场文化变迁之中,并衍生出许多不同的行为,导致不同模式的文化变迁,甚至主导文化变迁的走向。首先,围绕这场旅游活动的开展,民族文化原本生存的场域(Field)已经发生了改变,文化生存最基本的社会背景、传承主体已经发生改变,民间的行为已经走上了历史的舞台,为政府、商家和精英们操控并开发出其潜在的市场价值。而伴随文化内容、方式的改变一起改变的还有文化的内涵与人们对于这些文化的认同。由于政府、商家和精英们的不断宣传,这些关于文化的新意象已经变成一种全体民族成员的"想象共同体",为凝聚全民族的认同起到了非常好的作用。文化的专属性得到了不断加强,作为族群边界的文化对于划定界限就有了更为明确的意义。这些都是经历变迁之后的涵化的结果。

但在这一发展过程中必然付出代价,那就是由于市场的选择,有经济价值的文化得到了不断的挖掘和发扬、改编,比如东巴音乐、"放河灯",而缺乏市场价值的文化则开始走向更加陌生的境地,比如日常生活中最熟悉的语言——纳西语在面对外来语言文化的强势压迫之下逐渐淡出古城。但只要我们找对方向,找准目标,按照市场的要求合理分配政府、商家、精英与民众的彼此的责权利,只要我们能正确处理民族文化开发与保护的关系,只要我们能积极发挥民众在保护和传承民族文化中的主体作用,充分挖掘他们的潜力,只要我们能政确看待和处理民族文化与外来文化之间的关系,我们的民族旅游市场就一定会借助经济大发展的春风,扬帆远航,行驶在正确的轨道之上。

第七章 "真实性":旅游资源开发与保护

"真实性"是文化人类学当中的一个理论问题,20世纪60年代被引入到西方旅游人类学的研究当中。时至今日,这一理论问题仍并被广泛地讨论。21世纪初,当这一概念被引入中国后,也引起了我国学者的许多反思,与此有关的论文不断出现,并且也成了我国旅游人类学研究的一个重点。东西方不同学者从不同的角度,结合本土案例对这一理论和概念进行了理论探讨和实证研究,使"真实性"的概念上升到了更高的理论高度,使其所包含的内容得以延伸。那么"真实性"和旅游之间到底有什么内在的联系?它为什么会成为旅游人类学研究的重要内容之一?对它进行研究的意义何在?在本章中,我们将对以上这些问题进行评介和探讨。

第一节 "真实性"与"舞台真实"

一、"真实性"一词的产生

由贾法·贾法瑞(Jafar Jafari)主编的《旅游人类学百科词典》对"真实性"(Authenticity)一词的解释是这样的:"真实性(问题)是一种现代的价值观念和理想状态,其产生是由于现代社会的非真实经历和疏远的人际关系所致(A concern for authenticity is a modern value and ideal that resulted from the experience of inauthenticity and alienation in modern society)。"[①]其实早在19世纪,法国杰出启蒙学家卢梭就提出了真实性问题,因为那时英国的旅行者试图把"旅行者"(Traveller)和"旅游者"(Tourist)两个词区别开来。那时的人们认为,"旅

---

① Jafar Jafari. *Encyclopedia of Tourism*. published by Routledge. 2000. p.43.

行"和"旅游"是两种完全不同的行为,即旅行者外出是为了追求"真实",而旅游者外出则是为了游玩。20 世纪 70 年代,美国著名社会学家迪恩·麦坎内尔(Dean MacCannell)率先把真实性问题引入到旅游的人类学和社会学研究中,从那时起,真实性的问题在人类学界和社会学界引起了广泛的关注,因为当时的学者们发现,真实性问题和旅游之间有着重要和密切的联系。学者们发表了许多相关的文章和论述来讨论这一问题。时至今日,真实性的问题仍被讨论,因为人们在不断的研究中发现,真实性问题与旅游业的可持续性发展之间有着密切的联系,因为真实性的核心问题是关于旅游资源的开发和保护的问题。旅游当中旅客对真实的追求、目的地人对真实的理解和真实的创造,一直成为旅游人类学研究的焦点。

"真实性"(Authenticity)一词最早用在博物馆,即用来说明博物馆里的一切展品是真实的,其价值是与某个价格是相符合的。当人们在某个博物馆里看到某件"真实"的展品时就会说:"难怪它的价格如此昂贵,因为它是真实的。"也许正是因为这个原因,"真实性"一词被扩展到了旅游的活动和理解当中,因为人们外出旅游,不管从古至今,其目的都是想亲眼目睹和经历"真实"的东西,没有哪一个旅客会说我要看"假"的东西。那么为什么旅游者,特别是现代旅游者对旅游中的"真实"看得那么重呢?什么又是"真实"呢?这就需要我们先来探讨一下在旅游中产生"真实性"概念的原因。

美国著名社会学家迪恩·麦坎内尔在其名著《旅游者——休闲阶层新论》(1989)一书中,专门用一个章节探讨了真实性的问题,他说,在当今,由于现代产生的工作关系,历史及自然,使它们与传统的根基产生了脱离,与此同时还把它们转变成了文化生产及文化经历。现代社会的"日常生活"也经历着同样的过程,现代人产生了对都市生活、乡村生活和传统家庭关系的"迷恋"。当现代性表现为一种工业结构时,日常"现实生活"的真实细节也被纳入现代共同体的结构之中,成为一种吸引物。工业时代社会的人可能愿意回到自己的工作环境中,回到自己所熟悉的邻区和家庭关系中,过上一种往日的、返朴归真的生活。或者他们愿意离开自己曾经熟悉的工作、城市和家庭,到遥远的地方,到乡村,或者到世界某个不为人知的地方,去经历一种特殊的生活,一种与现代生活形成强烈反差的生活,因为在这些地方,他们会对"他者"的现实生活产生兴趣,感受"他者"传统文化的真实性,体验一种与现代社会完全不同的"异质"文化。那么当今的人们为什么要这样做呢?这一切的产生根源,就是麦坎内尔在书中多次谈到的"疏离感"(Aalienation),或"异化感"。麦坎内尔认为,现代人正生活在一个被"疏离了的"、被"异化了的"、"虚假和不真实"的社会中。现代性完全改变了人们日常生活的实质。人们与自己生活的环境、社会和文化产生了疏离,即感到自己没有归属感。而这个词的产生又可以追溯到卡尔·马克思。根据马克思的观点,随着工业革命的到来,资本主义和随之而来的劳动分工以及工人和资本家之间的关系,导致了人们与他们生活和工作的社会愈加产生了疏离。随着经济和科学技术的不断发展,特别是交通和通信技术的发展,人们感到一种孤独感、无归属感、无权利感和生活的无意义感。而就在此时,旅游给人们提供了一个逃避现实社会的机会,虽然这种逃避是暂时的。所以,这种疏离感成了现代旅游的主要动机之一。以色列希伯莱大学著名社会学家科恩(Erick Cohen)在《旅游者经历现象学研究》一文中(1979),根据游客不同的旅游经历,分析了游客由于疏离感的不同而对真实性追求程度的不同。而麦坎内尔则认为,现代社会人人都在经历疏离感,如旅游者外出旅游,其目的就是想摆脱这种疏离感,到外部世界去寻求一个他们心目中的真实的、他们曾经熟悉的世界,寻找他们的精神家园。这些追求精神世界的旅游者,被麦坎内尔称为"现代朝圣者"(Modern Pilgrim),这显然是一种比喻。还有一些学者,如特纳(Turner)曾提出:"朝圣者有一半是旅游者,而旅游者有一半是朝圣者(A tourist is half a pilgrim if a pilgrim is half a tourist)。"他认为,即便人们在海滨旅游时,也是在寻求某种近乎神圣的、象征性的共睦态(Communitas),这种共睦态与他们平时的生活是完全不同的。对此前文已专门就共睦态作过详细论述。特纳认为,不同的人们,甚至知识份子,也在此时寻求一种人的野性,想摆脱孤独的生活状态,寻求生命本质的源泉(1978)。他把旅游和朝圣结合在一起,并进行比较,足以使我们看到旅游的精神意义。根据纳尔逊·格雷本(Nelson Graburn)的观点,现代人外出的目的,主要是为了经历精神上的洗礼,因为现代工业社会使人们每天像机器一样地工作而变得麻木不仁了,从而与自己生活的世界感到"疏离",感到乏味,这样的生活使人丧失了人的生活本性和生活意义,而外出旅游可以使人在精神上得到"充电",得到放松,生活上得到"更新",以便旅游归来后能够更加精力充沛地投入到自己的工作中,使生活充满意义。① 因此格雷本把旅游称为"神圣的旅程"和"现代的仪式"。他从精神意义上阐述了旅游的精神文化本质。在这一点上,格雷本与麦坎内尔的"旅游是一种现代朝圣"的观点是一致的。然而,麦坎内尔还认为,现代人外出旅游的真正原因,是想要摆脱这个"虚假"的社会,以寻求"真实"的东西,而这些"真实"的东西在当今这样一个异化了的社会里已不复存在,反之,现代社会到处充满的是不真实和虚假的东西,这促使人们不得不离开自己生活和工作的地方,去寻找"真实",寻找往日的恬静生活,找回人生,找回自我,找回生活的真实,找

---

① 纳尔逊·格雷本.旅游——神圣的旅程.载东道主与游客中文版.张晓萍、何昌邑等译.云南大学出版社.2002.第30~31页.

回自我的归属感,以实现人生的自我价值。这些才是麦坎内尔提出真实性问题的真正原因。

现代社会流行的遗产旅游、历史旅游、怀旧旅游等都说明了这一切,也因此引发了旅游真实性问题的研究。为了深入探讨真实性的问题,麦坎内尔在书中还举了两个普通而又典型的例子,来说明当今社会的不真实现象。第一个例子就是,有些人为了使火腿看上去有真实感,把一种名为硝酸盐的化学物质注入到了火腿当中,这样做一般的人不但看不出来,而且还以为其质量很好,因为其粉红色的颜色使人看了胃口大开,真可谓秀色可餐。第二个例子是,美国金山北海滩的街头女孩将硅胶注入自己的乳房,以达到自己想要的尺寸、形状和理想的效果。他认为类似的例子在现代社会中无处不有,而且类似的事情随时都在发生。另外,由于现代社会所造成的对生态环境的破坏、人际关系的冷漠、社会阶层差异所造成的社会冲突等原因,使现代人想要摆脱这种"被疏离了的"世界,到外面去寻求自己认为是"真实"的世界,寻找自己精神的家园。他认为,前现代社会并没有消失,而是变成了为数众多的旅游吸引地。我们自己、探索者、朝圣者或是旅游者,都千方百计地试图去接近现代文明的源头,去寻找我们自己的起源,去寻找或探查被包裹起来的历史译本。[①] 这些都是现代人想要追求"真实"的原因所在。

把"真实性"的理论引入到旅游当中之后我们不难看到,当今人外出旅游,其目的都是为了经历旅游目的地的"真实",因为当今社会与前现代社会相比已变得太"不真实"了。现代旅游业中的许多文化产品,如工艺品、节庆、仪式、饮食、服饰、建筑等常常被说成是"真实的"或"不真实的",其标准是这些产品是不是在原生态的文化基础上制造出来的。美国著名人类学家埃德华·布鲁诺(Edward M. Bruner)教授把真实性的内涵分为 4 类:逼真性(Verisimilitude)、真实性(Genuineness)、原创性(Originality)和权威性(Authority)。意思是说,"真实性"并不是原汁原味,一成不变的,真实性是可以被创造、复制和模仿的。还有的学者把真实性分为"客观真实"和"主观真实"。中国的王宁教授(1999)把真实性进一步分类为"客观真实"、"建设性的真实"(或象征性的真实)"和"存在的真实"。[②] 对于真实性的问题,人类学家和社会学家们常常提出以下的问题:什么是真实?旅游者为什么要追求真实?如何去经历真实?寻求旅游真实后的结果是什么?有的学者认为,现代旅游是一种"虚假的事件",游客看到的都是一些虚假的、人为的东西,"真实"被认为是社会文化结构的一种产品,它等待着人们去

[①] 杨慧.麦坎内尔及其现代旅游理论.思想战线.2005(1).
[②] 杨慧.麦坎内尔及其现代旅游理论.思想战线.2005(1).

发现，去认知；现代人对过去、对传统、对真实的理解，不过是现代人根据游客的需求而发明的一种东西，如迪斯尼乐园。还有的游客对那些被证明是"真实"的旅游标记或符号感兴趣。人们一般认为，有了这些符号或标记，这些吸引物就是真实的，是值得一游的。因此，麦坎内尔提出了景观符号学的观点，对这一类旅游者进行了精辟的分析。他举例说，当游客到法国看到埃菲尔铁塔的时候，就会想起巴黎的浪漫，进而想起法国古老的欧洲文化。在这里，游客追求的不过是具有象征意义的真实，而非真正意义上的真实。还有的学者认为，现代游客到"他人"的地方旅游，是西方隐藏在"真实"一词后面的一种新殖民主义。这些游客实际上是一些带有偏见的新殖民主义的形象，他们外出旅游，不是真正地旅游，不是真正地到"他人"社会去领略异质文化，去经历具有真实意义的生活。还有的学者认为，追求真实可能会带来社会和文化上的困境，意思是说，如果要经历真实，旅游吸引物就必须具有真的标志，然而用什么作标志，这本身就是不真实的。

但是也有与上述观点截然相反的论述。作为后现代对文化真实性的反映，科恩在 1995 年曾指出，通过进行合理的真实性的设计，不但可以使"真实"获得"可持续性的发展"，还可以对真实的传统文化进行保护。格雷本教授在对无形文化中有关真实性问题进行探讨时说道："对真实性的评判，为谁而真实，这些问题应当从表演者和观众两方面来考虑。同时，还应当让那些文化的传承者来决定他们自己的文化活动，用他们的观点来看待这些活动是否属于客观真实，而不是由外来者决定，也不由旅游者或某些权威人士来决定。要确保当地人为真实性的传承者。只有让当地人使那些仪式活动规范化，这些传统才能不断地传承下去。"[①]

二、舞台真实

然而，在有关文化"真实性"的争论中，最值得探讨的是"舞台真实性"理论。如前所述，最早把真实性讨论引入旅游业的是麦坎内尔教授，而他的这一观点又是引自社会学家戈夫曼（Erving Goffman）的"舞台真实理论"。戈夫曼与麦坎内尔曾有过一起工作的经历。戈夫曼把社会比作一个大舞台，将社会结构分为"前台"（Front Stage）和"后台"（Back Stage）。"前台"就是指演员和宾主，或是顾客与服务人员接触交往的地方，而"后台"则是演员在表演空隙休息并准备节目的地方。"后台"对观众和局外人是封闭的，如餐馆里的厨房、热水房、洗衣房，所以"后台"是一个封闭的空间。在戈夫曼看来，在社会这个舞台上有三种人：演员、当地观众与外来者。一般来说，观众和外来者是不能进入"后台"的，因为"后台"

[①] 纳尔逊·格雷本. 无形遗产，如何保护？为谁保护？.

的东西是"玄乎"和"神秘"的,是不能向外来者随意展示的,否则就会给社会带来"不安定因素",甚至使这个社会遭到破坏,所以保护"后台"对维护一个社会来说是十分重要的。在这里,戈夫曼通过"前台"和"后台"的比喻,强调了社会结构中社会行为人际交往就是社会表演。社会成员应在这个舞台上小心翼翼地扮演自己的角色,从而使自身的形象能恰到好处地为自己欲达的目的服务。[①]麦坎内尔根据戈夫曼的理论,也提出了前现代社会的"真实性"和后现代社会的"非真实性"的区别,也是以社会行为规范作为划分标准的。这种区分在以人际关系为基础的社会中是十分必要的。要保持社会的稳定,就要区分真实与虚假,而现代社会由于离开了传统的束缚,所带来的直接后果就是文化的"不真实",使现代人无可奈何地生活在一个虚假的世界中。在这种基础上,麦坎内尔提出了旅游业中的"舞台真实"的观点,以探讨当今旅游者外出旅游的深层次动机和旅游开发者为满足当今游客而生产的旅游产品,即"舞台化了的"产品,而这些"舞台化了的"产品被麦坎内尔认为会破坏传统文化的"真实性","舞台化了的"产品是"商品化"的产物。他在《旅游场景中的舞台真实》一文中说道,在这种舞台化的过程中,为了表演,这些经过精心设计和改变了的、看起来比真实还真实的旅游产品吸引了游客,但这不是与游客的旅游目的背道而驰了吗?

麦坎内尔关于"舞台真实"的观点在《旅游者——休闲阶层新论》一书中一经出现,立刻引起了众多学者的关注和争论。"舞台真实"到底会不会破坏旅游产品和旅游者经历中的"真实性"?对于这个问题,西方旅游人类学家发表了各自不同的看法,大致分为两种。持否定态度的人认为,舞台化的表演会破坏文化的真实性,是对传统文化的"亵渎"。文化的商品化必然导致传统文化的破坏,甚至会毁灭传统文化。如美国人类学家格林伍德(Davydd J. Greenwood)在《文化能用金钱来衡量吗?》一文中所指出的那样,现在的旅游操作者制造伪传统或伪文化,其目的除了经济利益驱使外,更重要的是为了达到政治上的目的,获得政治上的权力。这种权力的分配最终会导致当代社会地方特色的消解,甚至导致全球文化的一体化。[②] 另一种与此相反的观点却认为,舞台真实并非坏事,甚至是好事,因为那些经过加工提炼的展演,不论是歌舞还是仪式,虽然与原来的内容有较大的改变,但仍保留了其基本的内容和形式,其"真实性"并没有丧失,相反得以传承和保护。这样的做法被称之为"用新的酒瓶盛满陈年的老酒",即对传统的文化资源进行外在的、人为的设计和包装,但同时又保留传统文化的元素和精髓。另外,"舞台化"了的表演在"前台"的展示还保护了"后台"真实性,正如戈

---

① 杨慧.麦坎内尔及其现代旅游理论.思想战线.2005(1).
② 瓦伦·L.史密斯.东道主与游客.张晓萍等译.云南大学出版社.2002.第199~200页.

夫曼所说的那样,"有些东西"是不能向外人展示的,那我们就可以用一些带有象征性真实的东西向游客展示。如印度尼西亚的巴厘岛在进行歌舞表演时,向游客展示具有象征性的真实的节目,这不但没有影响游客亲身经历的真实感受,同时还向游客展示了自己的民族文化。在中国,特别是在少数民族地区,这样的例子也是数不胜数。如云南大理的"三道茶"就是典型的例子。"三道茶"是白族人民的一个具有象征意义的传统仪式。"三道茶"的意思是:一苦、二甜、三回味。它象征着人们的生活,即先吃苦,后幸福,但也不要忘了过去,要随时品味人生。这样的仪式在白族人民的生活中具有重要的意义,"三道茶"也因此成为一个重要的民族仪式。随着旅游业的开发,这项仪式也成为旅游开发的项目之一。当地政府和人民对这一仪式进行了加工和包装,使之带有浓郁的表演和展示意味,深受游客的喜爱。游客不但品尝了白族人民的"三道茶",同时也从中受到了启迪,了解了白族人民的传统文化。

第二节 "舞台真实"与商品化

一、何谓商品化

正如前一节所论述的那样,"舞台真实",即把旅游东道地的传统文化资源人为包装、精心设计成旅游产品,向游客展示以吸引游客,这种过程被有些学者称为"文化商品化"。然而怎样看待商品化?舞台真实和商品化之间又有什么内在联系?它们是一对不可调和的矛盾吗?对于这些问题,人类学家和社会学家们都阐发了许多精辟的见解。然而有一点是很清楚的,那就是旅游业发展的一个主要趋势,就是旅游业要产业化,而产业化又必然会带来商品化问题。文化商品化现象在当今渗透到诸多领域中,如旅游、电影、电视、文学等,而这其中,规模最大也最突出的要数旅游业对文化的彰显。[1] 在旅游中,特别是在民族旅游中,有些学者担心传统文化在旅游大潮的冲击下,在世俗主义和消费主义的压力下,已面临严重的威胁和破坏。[2] 在人们的意识里,文化是一个抽象的概念。出卖文化就如同出卖灵魂一样令人不齿。但是为什么文化商品化现象在旅游中还如此突出,成为吸引旅游者的招牌项目呢?要回答这个问题,还得从经济学、人类学

---

[1] 赵红梅.旅游业中的文化商品化与文化真实性.云南师范大学学报.2003(5).
[2] 纳尔逊·格雷本.无形遗产:如何保护?为谁保护?.

和心理学的角度去对商品化进行一番探究。

按照人类学的理论,商品化是一种过程,在此过程中,传统社会的文化被人们进行买卖,进行消费。另外,商品化还指一些本不应该进行商业活动的行为,如宗教仪式的展演、为了金钱而雇用童工、灭杀珍稀物种等。所以"商品化"一词一直被认为是个贬义词。在当今社会的旅游开发当中,许多本不应该开发的资源,包括自然资源和文化资源,被大肆开发,被大量地生产和复制,然后以便宜的价格出售给游客,使之"迪斯尼化"和"麦当劳化",即进行大众的文化消费。人类学家为此忧心忡忡,担心传统文化将由此失去其内涵,而不再具有神圣的性质。此外,商品化还会导致传统文化的变异,甚至消亡。早期的旅游人类学家对商品化现象忧心忡忡,表示了极大的反对。

但是从经济学的角度来看,商品化在旅游中的出现是有原因的。经济学家认为,民族文化资本化的实践活动是民族发展可资利用的一种方式。[1] 通过民族文化资本化去获得经济利益是可能的,也是必要的。因为文化资源开发最终的目的是将其直观的、具体的种种文化事项以商品的形式投入到多民族文化经济产业交融的过程中去获得直接的经济利益。美国的《旅游百科全书》对商品化的解释是这样的:"商品化是一种过程,在此过程中,文化产品进行买卖是自然的事"。所以承认商品化这一事实是无可厚非的。但关键是什么样的文化资源可以被商品化?是不是所有的文化都可以被商品化?例如在旅游业中,是不是所有的文化资源都可以被当作商品来开发和包装,来进行买卖?不赞成旅游开发的人对这些问题的回答自然是否定的,正如格林伍德所指出的那样:"旅游业只不过把一个民族的文化现实包装后,连同其他资源一起被拿去出售。但我们知道,在任何地区,如果没有文化,当地人就无法生存。所以旅游业正施加一种前所未有的对人类的挑战。"[2] 为此,他在《文化能被商品化吗?》一文中,举了一个典型的例子来表达自己对商品化的愤怒之情,分析了文化商品化的过程,阐述了文化商品化势必影响文化的真实性这一观点,这就是西班牙巴斯克地区的"阿拉德"(Alarde)仪式。该仪式的举行,最初是为了庆祝公元1638年这个地区打破法国人的围攻并取得胜利而举行的一种神圣但又有一定娱乐性质的活动。届时无论男女老幼、富人、穷人都会参加这一活动,因为是他们齐心协力保卫了自己的城镇,因此这个仪式的内涵就不仅仅是庆祝胜利,还包含全体成员的团结和凝聚力,这次事件给后人带来了巴斯克人的"集体高贵"精神。但是随着旅游季节的到来,"阿拉德"仪式成为一天举行两次的大众仪式,而政府不得不靠付费的方

---

[1] 施惟达.民族文化的价值及其经济化.思想战线.2004(3).
[2] 瓦伦·L.史密斯.东道主与游客.张晓萍、何昌邑等译.云南大学出版社.2002.

式来吸引当地居民参加该仪式。格林伍德认为这样造成的结果是文化内涵的丧失,因为这一仪式已成为了一种为金钱而进行的"舞台表演"。格林伍德认为该仪式被商业化了,因为这一做法完全破坏了该仪式原来的内涵和真实性,这样的传统文化被当作"地方色彩",并通过现代的大众媒介来向游客宣传,并被包装、定价、像商品一样地被出售。为此格林伍德说:"把文化当作自然资源或商品出售给游客,并认为游客有权来购买,这不仅仅是荒谬的,同时也是违背其文化主权的。"另外,文化的本质只有相信它的内涵的人才能理解。而如果把文化当作旅游资源的一部分,对它进行包装,使之公开化,并作为商品对外出售,这样的文化使得人们不再像以前那样相信它。所以,文化商品化实际上剥夺了文化的内涵,同时也剥夺了形成文化的方方面面。由于文化信念是一种内在的东西,所以相信它的人就很难理解现在所发生的一切。如该地区的人民对"阿拉德"仪式表现出了困惑和忧虑。他们知道事情的严重性,但不知道怎样去做。对他们来说,这一活动的文化内涵正在消失,但他们无力挽回。"他们认为把文化当作商品展示,这对政府来说只需花几分钟的时间,而这一做法却把具有 350 年历史的传统仪式毁于一旦。"[①]巴斯克文化变成了商品,正如有的学者所说的那样:"旅游业是一把火,它可以煮熟你的饭,也可以烧毁你的屋。"

二、商品化与文化变迁

尽管麦坎内尔对商品化问题表示了强烈的愤怒,这种愤怒之情甚至很偏激,但他在后来对真实性的研究中,也逐步意识到了商品化所带来的一些正面的影响。他也承认和赞成关于文化变迁的事实。他说:"一味地谈论传统文化是不可取的,因为所有的文化都在不断变化。什么是传统?这是一个社会团体内部争论的问题,也是一个外部评价的问题,即不同的人有不同的观点。"他认为,有些人在文化真实性上做文章,其目的是为了争夺政治上的领导权。他们臆造传统文化,导致当代社会地方特色的消解,进而出现全球一体化。在这种冲突的环境中,旅游业起了作用。所以麦坎内尔最后总结说:视旅游业为一把双刃剑。把游客吸引到东道地这本身就是对地方文化独特性的认可。从旅游审美角度来说,强调地方建筑、艺术表演,对地方文化产生了宣传和巩固的作用,使当地人对自己的文化产生兴趣,对地方传统产生自豪感。但是为了旅游而对民族文化进行包装并使其商品化,这会大大改变地方文化,还会使其产生内部分裂,并从政治上破坏和冲淡地方文化的内涵,这样反而会使得当地人不再相信这种被改变了的文化。所以格林伍德在以后的研究中也指出,禁止文化变革是没有意义的,赞

[①] 瓦伦·L.史密斯.东道主与游客.张晓萍、何昌邑等译.云南大学出版社.2002.第 195 页.

成全部变革也是不道德的。① 如何处理好这二者的关系,就需要人类学家把旅游研究与人类学的有关理论问题联系在一起,如文化的表征、文化的多元化、文化的动态性、文化的虚假与真实性、文化的跨学科性、文化与政治经济学之间的关系,等等。

第三节 旅游背景下的"舞台真实"及其案例研究

一、旅游背景下的"舞台真实"

如果说在第二节中我们较多地谈到了商品化及其带来的负面效应,那么在本节中我们将更深入地探讨"舞台真实"与"商品化"之间的互动和协调机制,并以案例为实证研究对象,以使我们对由"舞台真实"而带来的"商品化"进行正面的剖析,使旅游业做到开发和保护的双赢。的确如此,一些学者,特别是人类学者,过多地关注旅游业所导致的文化消解、变异,甚至丧失,这不是没有道理的,阿拉德仪式就是一个典型的例子。一些欠发达国家的政府和部门开发旅游业,其目的是想以旅游业作为权宜之计,以支撑他们摇摇欲坠的经济。作为当地人,他们发现自己还有最后一块未被破坏过的"处女地",但也迫不及待地要去把它开发出来,展示和出售给游客。② 有些政府和旅游开发商在经济利益的驱动下进行旅游开发,而对由此产生的社会影响,特别是负面的影响视而不见、漠不关心。这样,在现代化和商品化的进程中,有些具有"神圣"内涵价值的文化资源被开发,或者说被过度开发,而使其丧失了它们的"真实性"。在商品化的过程中,一些优秀的民族文化被进行包装、裁剪、肢解、删减,从而导致了许多伪文化和假古董的文化产品和商品出现,产生了越来越多的复制品与赝品。制假者充斥着这个社会,旅游产品和商品所表现出来的虚假性与真正的传统的产品形成了鲜明的对比。如果将真实性的定义推广到文化上来,那么真实的文化就应该是民族内部代代相传的传统遗产,淳朴而自然天成,无矫饰与伪装,与一个民族相生相融。③ 那么,商品化真的是那么可怕吗?在旅游业开发中商品化真的会给东道地文化带来灭顶之灾吗?对于这些问题,一些西方学者发表了他们独辟蹊径

---

① 瓦伦·L.史密斯.东道主与游客.张晓萍、何昌邑等译.云南大学出版社.2002.第201页.
② 瓦伦·L.史密斯.东道主与游客.张晓萍、何昌邑等译.云南大学出版社.2002.第292页.
③ 张晓萍.民族旅游的人类学透视.云南大学出版社.2005.第159页.

的看法。他们并不赞成以上的说法。例如对于商品化是否会给传统文化真实性带来破坏这一问题,科恩就有自己独到的看法。他认为,商品化未必会破坏文化的真实性。传统文化不是一成不变的,而是不断发展和变化的。另外,"文化"和"传统"也不是天生就有的,也是人创造出来的,而且这种变化还随着时间的变化而变成一种世界性的文化,被大众旅游者所接受。这一认识是极富洞察力的。美国的迪斯尼乐园就是一个最好的例子。众所周知,在美国有两个迪斯尼主题公园,一个在加州,一个在佛罗里达州;一个建在沙漠地带,另一个建在沼泽地带。这两个主题公园在建成之后,给美国的经济带来了巨大的收益,这是因为这两个主题公园以"梦幻"(Fantasy)为主题,因此,它吸引了成千上万来自世界各地,包括美国国内的游客。在这两个人工修建的梦幻世界里,来自世界各地的游客经历了许多"真实"的场景,这些展示性的场景不但没有使人们感到这些是假的场景,相反,它们使游人感觉宛如置于真实的场景中,并为之陶醉。到这里的游客不分男女老幼,都为这里的一切着迷、流连忘返。比如乘船到"小小世界"、乘"海盗船"到"加勒比海",你完全把自己置身于一个真实的场景中,同时产生了一种"真实"的感受。在游玩过程中,尖叫声、欢笑声此起彼落。在"野生丛林"里,你甚至会感到几分对森林的恐惧。此时此刻,你完全忘记了什么是"真实"和"不真实",忘记了自己是在一个虚假的、人工建造的场景里!

让我们再回到原来的问题,那就是:什么是真实性?什么是真实的文化?美国企业起初在修建迪斯尼主题公园时,是出于商业目的,即以娱乐为目的。但它们的成功运作和管理给美国带来的不仅是经济上的收益,在文化上也获得了利益,为什么会这样说?美国是首个创建迪斯尼乐园的国家,许多国外的游客到迪斯尼游玩,都自然而然地把迪斯尼看作美国文化的一部分,它们的确也在后来成为美国文化的一部分。这说明文化是可以被创造的。传统并不是一成不变的、原始的,传统也是可以被再创造的。通过这个例子我们还可以看到这样的事实:"真实"并不等于"原汁原味","真实"也是可以被创造和发明的。另外,游客对"真实"的看法和感受也是不一样的。所以一味地谈论文化的"本真性"、"纯真性"会阻碍旅游业的发展,这并非明智的做法。

二、案例研究

现在让我们以美国迪斯尼公园为案例,继续探讨传统文化的保护问题。前面我们说到迪斯尼文化现在成了美国文化的一部分,是因为他们创造了这种文化。之后,世界上有些国家看到这样的主题公园会给本国的经济带来巨大益处后,也纷纷效仿美国,修建迪斯尼乐园。现在世界上除了美国外,还有法国巴黎的迪斯尼乐园、日本东京的迪斯尼乐园和中国香港的迪斯尼乐园。它们的修建同样受到了世界各地旅游者的欢迎,也的确给这些国家和地区带来了可观的经济效益。但是法国的巴黎当时在是否修建迪斯尼乐园这个问题上还遇到了两种意见,因为这是一种美国文化。众所周知,法国政府长期以来为了保护自己的文化,坚持只说法语,不说英语,甚至到了禁止官方说英语的程度。可是当时法国政府已准备修建迪斯尼乐园,那就意味着他们在输入美国文化。但该主题公园的修建将会给法国带来巨大的经济收益,这对法国政府来说无疑有着巨大的诱惑力。为了解决这一文化保护和经济需要的冲突问题,法国政府最后作出了这样的决定:让唐老鸭说法语。因为他们认为迪斯尼文化应是全球性的文化,与此同时,这样做又尊重了法国和欧洲的文化传统。这一案例是一个典型的既保护传统文化,同时又满足现代人需求和经济需求的成功案例。它使我们对旅游的开发和保护有了新的启示。此外,不管是美国的迪斯尼乐园还是巴黎的迪斯尼乐园,也不管是东京的迪斯尼乐园还是香港的迪斯尼乐园,我们都可以看到传统文化是可以被搬上舞台去展示的,这同时还会给当地人带来对自己文化的认同感和民族自豪感。

在中国,这样的成功案例也不少。我们可以云南的旅游业为例。自从改革开放以来,旅游业作为云南省的支柱产业之一取得了引人注目的成绩,云南也成为了我国的重要旅游目的地之一。云南的旅游业主要打出的是民族文化这张牌,但在开发中同样遇到了开发与保护的困境。旅游业是一种双向性的活动,即主人与客人之间的活动,这种活动必然会产生一些问题。例如那些文化旅游者,他们想更深入、更广泛地与当地人接触,于是想方设法地要进入到东道地的"后台",因为他们认为,那些具有淳朴的乡村生活以及没有遭到破坏的宁静的地方才是他们所向往的。他们认为他们已为旅游付出了钱,所以他们有权去观看他们所想要看的东西,特别是那些奇异的(Exotic)少数民族风情,体验"异质"(Others)文化,以便开阔眼界,获得身心的愉悦。正如纳尔逊教授所言:旅游＝精神＋游玩(Tourism ＝ Ritual ＋Play)。这里的英文 Ritual（仪式）一词,就是从人类学中来的,比喻精神上的东西。这些游客(包括国内及国外)不仅要亲眼目睹,而且还要求亲自参加到当地人的活动当中,如观看和参与节庆活动,甚至一些宗教活动,但游客却不知道,有些宗教活动是不能向外人展示的,因为它们具有某种"神圣的"含义。此外,有的游客想要观看民族舞蹈和演出,品尝地方食品,购买具有地方特色的工艺品,因为他们把这一切看作最"真实"的。还有的游客并不在乎是否"真实"或"虚假",认为只要自己满意、喜欢就行了,哪怕只是走马观花地看看。

对当地人来说,旅游业的到来的确给民族地区的人们带来了新的文化,开阔了他们的眼界,因为他们在与外来游客的接触中,在"涵化"的过程中逐渐适应了外来者的思想、观念,甚至行为,他们也因此变得比以前更加精明能干。例如他们意识到可以把自己的文化当作商品来出售,然后从游客身上获取经济上的回报。但最主要的是他们发现了自己的文化价值,这使他们大大增强了民族自信心。许多人类学家把这一过程看作一种文化的重构过程、文化复兴的过程和加强传统文化的过程。有的人甚至把这种过程称为"文化复兴"(Cultural Renascence)。为此,当地人开始修建他们的历史建筑,开发其具有历史文化价值的资源;他们开始抢救那些濒临灭绝的传统文化,为此开办了文化讲习班,教育后一代年轻人学习传统的技艺;他们开始恢复那些早已被人们遗忘的民俗风情节日和仪式,并穿起节日的盛装,向游客尽情地展示自己的歌舞表演,而这些演出和歌舞的盛装以前是要在特殊场合和节日中才穿的;他们开始制作和重新发明手工艺品,而这些工艺品以前是为他们自己制作的,但现在完全是为了满足游客的需要而制作;他们把一些宗教仪式搬上了"舞台",向游客展示,并增加了很多新的内容,这些也都是为了满足游客的愉悦。总之,他们已懂得如何来"包装"自己,"促销"自己。他们通过创造或再现某种文化来迎合旅游者,从中获得经济上的利益,但在同时,也增强了自己的民族自豪感,加强和保护了自己的文化。

通过以上论述我们可以看到,现代旅游,特别是民族旅游,带给民族地区的利益是有目共睹的,但问题也是明显的。下面我们再举云南的一些本土案例,对以上问题进行探析,以求经济和文化的协调发展。

第一个例子是关于云南丽江地区的洞经音乐。从这一案例中我们可以看到,当地人是如何把这一濒临消亡的文化抢救过来,并成为东巴文化中吸引游客的重要资源的。众所周知,洞经音乐是一种道教音乐,在唐朝时期是一种宫廷音乐。它很早就传入云南并在14世纪传入丽江地区,并与当地的民间音乐结合,成为纳西民族所喜爱的音乐。但是在"文化大革命"中,洞经音乐与其他古典音乐一起被认为是封、资、修而被禁止演出。到了20世纪80年代,随着现代化的发展,西方音乐受到了年轻人的喜爱,洞经音乐因此似乎被人们遗忘,甚至处于消亡的危险之中。可是随着旅游业的发展,纳西族人民开始开发当地的文化旅游资源,以此来吸引旅游者。洞经音乐就是其中之一。1986年,洞经音乐乐团正式成立,并进行了演出。洞经音乐被称为纳西古乐并以其"三老"而引起轰动,这"三老"即老学员(年龄都在八九十岁)、老乐器、老乐曲。该乐团还到英、美等国进行过演出并大获成功。洞经音乐从此成为丽江文化旅游资源的一个重要部分。这一点恰好符合了美国著名人类学家格雷本教授的论断:"越是濒临灭绝和消亡的东西,越吸引当今的都市旅游者。"现在到丽江旅游的游客,都要把听洞经音乐当作重要的活动之一。这是一个成功挽救和保护传统文化的例子。可问题是,随着游客的大量涌入,当地人也发现其商业文化的价值。一些模仿乐队也相继出世,他们都宣称自己是"真实"的,另外随着那些演出者年事已高和相继去世,取而代之的将是年轻的一代。对此有许多人对这一古老文化的保护和传承产生了疑问和担心。但也有人认为,无论怎么说,洞经音乐必须保持其传统特色,这是大前提,但是要与时俱进,有变化发展是不可避免的。

第二个例子是云南傣族的泼水节。这个例子展示了一个宗教节日是怎样在旅游活动中逐渐淡化了其神圣的宗教内涵而变成了一种商业和群众文化活动的。众所周知,每年4月的傣族泼水节是傣族人民的新年。它起源于印度,是一种婆罗门教的仪式,之后又从缅甸传入傣族地区。这是一个典型的宗教节日,在这一天,傣族的男女老少都穿起盛装,把清洁的水泼向佛教的寺庙和佛像,然后彼此相互泼水,因为他们认为水能除去邪气,给他们带来吉祥和幸福。随着旅游业的发展,泼水节也变成一种群众性的民俗文化活动,许多中外游客到傣族地区,如到西双版纳旅游,他们看到这一节日活动感到十分有趣,并亲自参加这一活动,与傣族人民一道欢庆这一节日。可以这么说,泼水节已成了傣族文化的象征。但问题是,泼水节如此受欢迎,使当地人为自己的文化感到自豪,同时,泼水节也成了一种大众化的,甚至是日常化的活动,有时还带有表演性质。有的人也许要问:这还是一种宗教节日吗?它的神圣的内涵还存在吗?如果按照前面我们说的西方旅游人类学两种观点来看,我们认为,民族节日文化要完全保留原始的宗教内涵也是不可能的。保留这种文化的原有形式特征,逐渐淡化其宗教内涵,使其更突出娱乐性,满足现代大众游客的需求,是历史发展的必然。白族的"三月街"、"绕三灵"不也是如此吗?当然,一些具有神圣文化内涵的民俗或者仪式是不能随意开发的,除非得到当地政府和人民的认可。

第三个例子是关于云南石林地区撒尼人的手工艺发展。这个例子说明了在这个地区,民族手工艺品是如何为满足旅游业的发展而被重新创造和发明的。撒尼人属于彝族的一个支系,他们主要生活在石林地区。近几年随着旅游业的蓬勃发展,石林以其"天下第一奇观"的美名而吸引了无数的中外游客。从20世纪70年代起,旅游业就为石林地区带来了经济、文化和社会结构的变化。到了80年代,附近的农民都被雇用到旅游业的服务行业当中,如:年轻人经过培训成为了该地区的导游;男人们离开了自己的农田到城里寻求工作;而留在家里的妇女也开始做一些与旅游有关的活,如刺绣等,并把这些手工艺术品卖给游客,从而获得一些经济上的回报。刺绣是一种传统的手工艺术品,它象征着撒尼人的文化,同时也因其精美的手工制作而受到游客的青睐。可是随着现代化和旅游业的发展,当地人的观念也发生了变化:昔日为自己而制作的工艺品,如今主要是为游客而制作。此外,他们还增加和制作了更多更新的艺术品,以此来吸引游客,并从中获得直接的利益。例如为了迎合游客,他们制作了一些轻便而又容易携带的小工艺品,这被美国人类学家格雷本称为"机场艺术品"(Airport Arts),即小巧而容易携带的小工艺品。一些当地的文化经纪人和旅游业操作者帮助,甚至鼓励当地人"发明"一些"真实"的工艺品。如他们发明制作了一些小钱袋、桌布、刺绣的小孩衣服、钱币袋等,其中有些产品是用机器来制作的,并开始向外批发。对于一些旅游者来说,也许他们喜欢这样的"机场艺术品",也许他们对工艺美术的审美要求不高,也许他们对"真实"的要求也不高,因此他们愿意购买这些产品。可对于文化旅游者来说,他们很容易就能识别这一切,即什么是"真"的艺术品,什么是"假"的艺术品。那么在旅游大潮的冲击下,传统文化的走向到底应该是什么呢?传统文化应该是被原汁原味地保护,还是应该不断创新和变化,并在这一过程中走向新的整合?这些问题成了西方人类学家争论的焦点,也成了旅游文化开发中所面临的现实问题。

  从上述讨论中我们可以看到,如何理解旅游与文化之间的关系不是一个简单的问题。我们不能简单地用对或错、用好或坏来形容旅游业给文化带来的变革。事实上,文化和传统从来都是在不断变化着,都处于变动的过程中,因此当我们谈论传统文化的保护时,并不意味着传统文化不能改变。但我们在开展文化旅游的同时,也应该考虑以下问题:什么样的文化应得到保护?什么样的文化可以发展?怎样使主体文化在保护的前提下与新的文化融合并且走向新的整合?从上述的案例分析中我们可以看到,旅游业给当地人带来了经济、文化和社会的利益,如生活水平得以提高、民族文化得以重建等。但有一点很清楚,那就是并非所有的文化都是可以被开发和利用的,特别是对于一些具有神圣宗教内涵的文化,是不能随意把它们当作资源来开发的。正如某位人类学家所说的那样:"没有宗教,也就没有了文化。"如以上提到的"阿拉德"仪式。还有的学者提出,文化是旅游业的灵魂。有的文化产品在商品化的过程中,如果开发得当,将有益于文化的保护和创新;反之,将是破环。所以,并不是所有的文化都是可以被商品化的,特别是在文化旅游日益兴起的今天,人们对文化审美和品位的要求越来越高,我们更应该注意要生产出一些具有高品位、文化内涵的产品,这样才会有利于旅游产品市场的繁荣,满足不同的旅客的需求。如果旅游产品市场混乱,反过来将对东道国的旅游造成严重的影响,甚至制约其市场的开发和产品的营销。

  从以上的例子中我们可以看到,探讨旅游背景下的舞台真实,实际上是在探讨旅游的开发与保护的关系,而"舞台真实"的实质又是商品化的问题。但是,随着时代的发展,人们,特别是文化人类家们对"商品化"及"真实性"有了更新的看法和认识。他们也意识到文化商品化,或者说产业化是当今世界的一个发展趋势。他们在对传统文化的保护方面已采用了跨科学的、现代化的方法,一些新的创意和经济上的投资使得一些新的文化品牌得以推出,但同时又增加了自觉意识和责任感,这样又会生产出更好的文化产品。① 自从2000年以来,云南在建设民族文化大省和旅游大省方面已取得了骄人的成就,这在全国上下都是有目共睹的。特别是在近几年,云南在开发原生态民族文化方面取得了突出成绩,这些文化资源构成了建设云南文化和旅游产业的重要部分,并且极具竞争力。在云南省首届文产"双十"评选活动(即文化产业十大杰出企业项目和文化产业十大杰出企业家评选)当中,西双版纳傣族园的"天天泼水节"被纳入评选的名单之中。西双版纳傣族园在成立了有限公司以后,致力于民俗旅游产业的开发。"天天泼水节"这一活动受到了大多数中外游客的青睐,成为版纳民俗旅游产品的一大重点,打造了一个从深度到广度,既保持了传统文化的内容,又赋予了当代特色的重整的品牌。因为他们认为,只有把民俗活动推向产业,才是文化产业的创新,也只有这样,才能真正保留传统的内涵。只要民族精神存在,形式上的开发和创新都是可以的。"挖掘、发展泼水节内涵,延伸西双版纳民族文化品牌影响"成了西双版纳在傣族园的展示核心。② 以上案例也与西方旅游人类学看待舞台真实和商品化的观点十分相似。如纳尔逊·格雷本教授在他的一篇论文中这样说道:"在这个案例中(非洲的一种舞蹈),客观真实和主观真实的舞蹈在一个纯商业的气氛中得到了维护,同时这一来自原始非洲的文化传统也得以复活,并焕发了生命力。"虽然不是所有人都赞成这种观点,但我们的确可以从中得到一些新的启示。

第四节 "舞台真实"论的理论意义与实践价值

一、理论意义

我们在强调旅游开发时,最爱说的就是要"原汁原味"。但事实是,任何一个旅游地都不可能把自己的原生文化"和盘托出"。舞台真实来源于现实生活中的真实,但并不等于原生文化本身的真实。它通过艺术加工、提炼,使原生文化显得更加真实,用我们常用的术语来说,这叫做"艺术的真实"。以往具有实用价值的工艺品在旅游业开发中被开发为带有纪念意义的旅游工艺品,在这个过程中,

---

① 张娟.文产"双十"评选有重大意义.载春城晚报.2006年9月15日
② 以文化重塑泼水节印象.载春城晚报.2006年10月20日.

生产技术及生产材料都发生了改变。此时游客所购买的已不再是真正传统意义上的产品，而是在传统的基础上经过加工和创造的旅游工艺品。但是这样的产品也不能说已完全丧失了其真实性。因为它们还是在原有传统的基础上被制造出来的。这种象征性质的文化产品，使得东道地的人民保持了一种民族自尊，并成为一种新的独立的文化实体而存在。旅游业强化了当地的传统和社会。正如菲力普·麦基恩所说的那样，巴厘岛居民进行舞台表演，吸引游客出钱来观看，这样做实际上是一种保存传统文化的投资，作为回报，可以在经济和文化上不断获得收益。他还指出，巴厘岛的传统角色并没有因为旅游业的到来而被西方资本主义社会完全取代。反之，旅游业的产生有助于巴厘人文化的保存，并没有导致它们走向工业社会的单一化而消亡，还为当地的舞蹈家、艺术家和雕刻家提供了谋生的选择。所以，巴厘岛"传统精神并没有消亡"[1]。

但是，有的游客，如人类学家，他们十分强调真实，可能认为舞台真实是"伪民俗"，那些为游客生产的旅游工艺品是"假古董"，已不存在其象征意义。对于这个问题，欧文认为，当一个东道地把旅游业当作经济发展的唯一手段，那么它所生产出来的产品就理所当然地和其他产品一样被看作真实的。此外，"舞台真实"的象征意义还体现在通过这样的形式，传统文化得以保护。比如通过合理的设计和复制，其"真实性"获得了"可持续性的发展"，使真实的文化免遭由于游客过多而带来的破坏。[2]

另外，有的学者指出，"舞台真实"还会激发创新，甚至导致"新文化的发明"被接受为"传统"和"真实"。格林伍德指出，因为被观察本身能激发起反思，这将会导致对原生文化的复制和精心加工。地方文化在外来游客们的兴趣的激发下，将会得到重新阐释和重新评价，这也是文化自身的一种变革。[3]

还有的学者认为，通过舞台表演，还可使"一些原来不真实的东西也变为真实"。如美国迪斯尼乐园里的许多景点和人物原来都是从卡通故事里来的，这与真实的传统旅游是完全不同的。迪斯尼的主题就是"虚幻"。但是现在随着时间的推移，迪斯尼乐园里的一切都变成"真实"的了。到那里旅游的游客都想要经历里面的一切"真实"。这反映了一个事实：文化是可以不断地被创新的，而且这种文化的创新可以随着时间的变化而变成一种全球性的文化而被大众游客所接受。

那么作为游客来说，他们又是怎样看待"舞台真实"的呢？西方旅游人类学

---

[1] 瓦伦·L. 史密斯. 东道主与游客. 张晓萍、何昌邑等译. 云南大学出版社. 2002. 第133页.
[2] Erve Chamber. *Native Tours—the Anthropology and Tourism*. Weveland Press. Inc. 2000.
[3] 瓦伦·L. 史密斯. 东道主与游客. 张晓萍、何昌邑等译. 云南大学出版社. 2002. 第201页.

家从以下几个方面进行了分析和阐述。欧文指出,现代旅游使旅游业合理化了。以往作为一项冒险活动的旅游现已变成了有意义的活动。它掀起了现代"文明",塑造了"现代意识"。① 游客可以在有限的时间和空间里去经历某种对自己有意义的生活。如通过对"他人"的访问和探究,游客不但开阔了眼界,还使得自己的民族意识得到了加强。

麦坎内尔在研究中也指出,现代游客渴望一种对生活的"真实"感。而通过旅游,游客就能满足这种需求,还能摆脱现代工业社会给他们带来的"疏离感"。在这种意义上,游客对标有"传统"和"真实"的旅游吸引物十分感兴趣。许多人还把追求"真实"当作评价旅游经历质量的标准。但是正如有些学者所指出的那样,并不是所有游客都要追求所谓的"真实",这与他们的文化素质、情趣、文化品位等有密切关系。

西方社会学家经常提出以下三个问题:(1)游客怎样经历真实?(2)游客为什么要追求真实?(3)在旅游中追求真实的结果会是什么?麦坎内尔说,现代游客追求真实,等同于原始社会的人追求神圣,因此现代旅游被看作一种"现代的宗教朝圣"。

现代人认为,"真实"存在于其他地方,存在于其他文化中,特别存在于前现代社会中,而现代社会最缺乏的就是真实。

另外,如前文所述,不同游客对"真实"的追求不同。这主要取决于游客本人。但游客经历真实的程度,在很大程度上取决于东道地文化真实的程度。例如欠发达国家的文化常常比发达国家的要"真实"。但是何谓"真实"?这是一个最具争议的问题,对此主要有三种看法:第一种看法认为,"真实"被认为是社会文化结构的一种产品,它等待着人们去发现、去认知。现代人对过去、对传统、对真实的理解,不过是现代人根据游客的需要而"发明"的一种东西。第二种看法认为,游客对那些被证明是"真实"的旅游产品感兴趣,而对具有"真实"标记的东西容易感到满足。反之,如果没有这些标记,这些吸引物就被认为是不真实的而不值得去旅游,因此旅游成了一种对"真实符号的收集"。② 游客追求的不过是具有象征意义的真实,而不是真正意义上的真实。第三种看法认为,现代游客到"他人"的地方旅游,是西方隐藏在"真实"一词后面的一种新殖民主义。这些游客实际上是一些带有偏见的、新殖民主义的形象,而不是真正到"他人"世界去领

---

① Erve Chamber. *Native Touris—the Anthropology and Tourism*. Weveland Press. Inc. 2000. p. 95.

② Erve Chamber. *Native Tours—the Anthropology and Tourism*. Weveland Press. Inc. 2000. p. 99.

略风土人情、去经历具有真实意义的生活的游客。

至于追求真实会带来什么后果,有的学者争辩说,追求真实可能会带来社会和文化上的困境,即要经历真实,旅游吸引物就必须具有真实的标志。然而用什么作标志,这本身就是不真实的。追求真实还可能会破坏真实本身,因为真实本身就是与外界隔绝的。作为文化商品化的代理,旅游业就有可能破坏东道地真实文化的内涵。这种说法可能有些太抽象了,但也有不少例子证明了这一切。另外一些学者指出,文化商品化产生负面的影响往往是在该东道地经济不景气的时候,经济发展越依靠旅游业,商品化产生的负面现象就越严重。反之,如果一个东道地经济相对发达,商品化还可能给该地区带来文化的繁荣。作为后现代对文化真实性的反映,科恩在1995年指出,通过进行合理的真实性的设计,不但可以使"真实"获得"可持续性的发展",还可以使真实的传统文化得到保护。因此我们可以再次说,旅游业的确是一把双刃剑,既有利,也有弊,关键看如何使用它。

二、实践价值

西方旅游人类学家在对真实、传统、文化作深刻的探讨的同时,提出了一些解决这些问题的办法和建议。在这些问题中最突出的就是如何看待商品化和文化真实性这对看似矛盾的问题。它们之间真的是水火不相容吗?正确理解和解决这些问题,对旅游业的可持续性发展会带来哪些影响?其实在前面的讨论中,这些问题已得到了答复,这对发展我国的旅游业是有启示的。归纳起来有如下几点:

(一)旅游文化资源的商品化不一定会给文化真实性带来破坏,反之,会有利于地方文化的繁荣与发展。它的正面的影响体现在:通过商品化这一过程,许多曾经消亡或即将濒临消亡的传统文化得到了挽救和恢复。这些传统文化包括有形的和无形的文化。通过商品化,还可以使东道地的人民增强民族自尊,特别是当这些商品化了的东西代表了一个民族和国家的精髓而受到了游客的喜爱的时候。所以商品化和真实性是可以互相促进和转换的。

(二)"舞台真实"并未使原生文化的真实性丧失。当今在旅游业的开发中,形形色色的文化被搬上了舞台。但我们注意到,这些文化的基本形式并没有变。最关键的是当地人对自己文化的民族情怀和所产生的民族凝聚力没有变。反而通过舞台化的形式,许多文化产品得到了创新和发展,出现了民族文化多元化的格局。

(三)虽然商品化和舞台真实是可以互相转化的,但我们也不能忽视一点,那就是这两极的转化必须以一定的经济为基础。另外,要对东道地的文化资源作普查和分类,因为不是所有的文化资源都可以被开发和搬上舞台的,如带有神圣文化内涵的资源就不能被随意开发为旅游资源。

(四)开发文化资源要尊重当地人的意愿,要赋予他们一定的自主权。除了可以让他们参与控制和管理旅游业外,还可以让他们来决定什么样的文化可以被推向旅游市场,在进行商品化的同时给自己带来经济效益。

(五)应从多方面来看待"舞台真实"这个问题。总的来说,追求真实是大多数游客的愿望,但并不是人人都知道什么是"真实"的。另外,追求真实并不等于追求原始,因为真实也是在不断变化的,甚至有些原来不是真实的东西随着时间的变化也会变为真实的。

(六)"舞台真实"可以防止大量的游客进入"后台",这在很大程度上保护了当地人的原生文化并使之免遭破坏。这也是保护文化的有效手段之一,如云南民族村、深圳的锦绣中华、世界之窗等。

总之,要积极地看待旅游文化真实性问题,把它看作动态的,而不是静态的,这样,我们才可能开发出既有传统文化内涵、又有现代特征的、能满足现代游客需求的旅游产品。同时,还可以使我们对传统、文化、真实等问题引发出新的思考。这对旅游业的可持续性发展无疑有着重要的意义。

第八章 博物馆：人类历史文化的多角度展示

旅游人类学研究中的另一个重要问题就是关于旅游与博物馆的关系，对这一问题研究较多的当数美国伯克利大学人类学系教授纳尔逊·格雷本。他曾任伯克利大学人类学博物馆的馆长，对旅游与博物馆的发展有着长期的研究。随着旅游业在中国的蓬勃发展，学者们对旅游博物馆的发展也表现出了极大的关注。有关博物馆的研究对旅游业的可持续性发展、文化遗产的保护、旅游产品的开发等都有着十分重要的意义。

第一节 博物馆与旅游业

一、博物馆概述

（一）博物馆的源起

博物馆虽是近代才兴起的社会文化事业，但是却有着悠久的历史。在西方，博物馆的起源可以追溯到公元前。建于公元前290年左右的亚历山大博学园中的"缪斯神庙"是世界上公认的最早的博物馆。"缪斯"（Muses）是古希腊神话中掌管文学与艺术的九位女神，西方博物馆"Museum"一词就源于此。17世纪英国牛津阿什莫林博物馆建立后，"Museum"一词才成为博物馆的通用名称。我国古代没有"博物馆"之说，到19世纪中期"博物馆"才开始传入中国。我国最早的博物馆是张謇1806年建立的南通博物苑。[①]

国际上通行的博物馆定义是1989年国际博物馆协会章程中对博物馆的界

[①] 王宏均认为公元前5世纪位于山东曲阜阙里的孔子故居是中国最早的纪念类博物馆，见中国博物馆学基础（修订本）（上海古籍出版社，1996，第57页）。

定:"博物馆是向大众开放的为社会及社会发展服务的非营利的永久机构,它为研究、教育、欣赏之目的征集、保护、研究、传播并展示人类及人类环境的见证物。"[1]这一定义突出了博物馆的基本性质和基本职能,博物馆是非营利的社会机构,收藏、研究、教育、展示是博物馆的基本职能。

随着社会的发展,各国都在实践中修改了各自对博物馆的定义以适应时代的需求。这些趋势主要表现在:

1. 对博物馆"非营利性"有了新的解释

长期以来人们都将非营利视为博物馆公益性质的支撑。虽然欧美有很多博物馆都免费对外开放,但国际上大部分的博物馆还是收费的。欧洲最早将博物馆"非营利性"解释为"不是为了盈利",美国则将博物馆的"非营利"解释为"不以营利为目的"。

2. 强调"以人为本",博物馆是人与物的结合

博物馆作为人类及人类环境的收藏和保护场所,展示主要以物的形式来表现。但是展示的目的不是为了物本身,而是为了社会及社会发展,归根到底是为了人。博物馆"以人为本"的思想已经成为一些博物馆的办馆方针。

3. 对"有助于人的发展和愉悦"的关注

在对博物馆的定义中,有为了"研究、教育、欣赏"的目的,研究和教育得到了充分体现,欣赏却被弱化。英国博物馆协会认为将博物馆定义为"为公众利益收集、记录、保护、陈列和阐释物质及相关信息的机构"只考虑了工作过程和管理角度,忽视了公众需求。1998年在修订博物馆定义时加入了"博物馆使公众为激励、学习和欣赏而利用藏品"[2]。

(二)博物馆的功能

收藏、研究和教育是博物馆的传统和核心功能。最早的博物馆——亚历山大博学园里的缪斯神庙,是由马其顿王朝亚历山大大帝的部将托勒密建立的,主要陈列在征战中收集的文物和艺术品。缪斯神庙除了收藏陈列以外,也供一些学者进行研究,比如亚历山大的老师亚里士多德就曾在此研究希腊文化。可见博物馆最初萌芽于人们的收藏和纪念意识,在此基础上产生了对珍稀物品和具有纪念意义的遗址遗物的利用和研究,这是博物馆收藏和研究功能的起源。18世纪以后,欧洲的博物馆陆续向公众开放,先后包括英国的大英博物馆和法国的卢浮宫,教育展示成为博物馆的第三个功能。现代博物馆的功能处于日益完善中,在核心功能和传统功能的基础上,博物馆的外缘功能不断扩展,如图8-1所示。

---

[1] 王宏钧.中国博物馆学概论(修订本).上海古籍出版社.1996.第37页.
[2] 王宏钧.中国博物馆学概论(修订本).上海古籍出版社.1996.第7页.

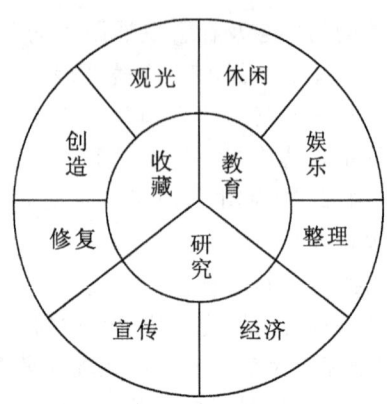

图 8-1　博物馆的功能扩展①

(三) 博物馆的分类

博物馆从不同的角度可以进行不同的划分。英国按照博物馆的功能将博物馆分为三类：艺术博物馆、历史博物馆、科学博物馆。日本将各种形式的博物馆分为综合博物馆、人文科学博物馆和自然科学博物馆。美国的博物馆划分标准很多，有按藏品内容的、隶属关系的、观众类型的、规模大小的、展出方式的，还有按地区的和博物馆预算的。国际上通常以博物馆的藏品和基本陈列为类型划分的标准，划分为：历史博物馆、艺术博物馆、科学博物馆、综合博物馆、其他博物馆。我国博物馆界的划分标准有三种，一是按综合类、纪念类和专门类划分；二是按主管部门和领导系统划分；三是按博物馆的性质和陈列教育活动内容划分。本文从旅游资源开发的角度，将博物馆划分为藏品博物馆、遗址博物馆和生态（包括准生态）博物馆三类，见表 8-1。

表 8-1　从旅游资源角度划分的博物馆类型

博物馆类型	特　征	举　例
藏品博物馆	以收藏和展示藏品为主	上海市博物馆 陕西省博物馆
遗址博物馆	建立在考古遗迹、历史遗址、故居旧址基础上	秦始皇陵兵马俑博物馆 四川广汉三星堆博物馆
生态（准生态）博物馆	原地保存文化及其原生环境	贵州梭嘎生态博物馆 云南民族文化生态村

---

① 参见桂文雅. 爱上博物馆. 广西师范大学出版社. 2003. 第 28 页.

二、博物馆与旅游

(一)博物馆与旅游的关系

1. 博物馆与旅游的历史溯源

从历史发展来看,博物馆和旅游具有各自独立的发展轨迹,但是两者的阶段性特征却是相同的。博物馆和旅游起初都是贵族和上层阶级的特权,那时博物馆是统治阶级收藏奇珍异宝的场所,旅游也仅仅是少数特权阶级才能进行的活动。产业革命导致了贵族阶层的没落,博物馆和旅游又成为资产阶级的专属物,对经济基础的依赖使二者都只局限在很小的范围内。一直到近代,博物馆和旅游才走向大众化和平民化,成为现代社会发展最快的事业之一。

2. 博物馆是重要的旅游资源

博物馆是一项具有特色的重要旅游资源,博物馆旅游在21世纪有巨大的发展前景。首先,现代化和全球化的发展、后现代思潮的兴起使人们对于文化多样性和地方性知识的关注日益增加。博物馆作为衡量国家文明程度的重要尺度,是国家和地区的象征,代表了地方和族群的认同,最好地诠释和体现了一个国家的历史和文化、个性与特征。西方博物馆旅游的蓬勃势头足以证明它的巨大魅力。其次,从中外旅游的发展历程来看,文化性的观光产品始终是世界旅游市场上最具吸引力的产品,而博物馆正是这种吸引力和凝聚力最集中的表现。再次,博物馆是一个城市的文化目录,可以提升城市的文化品位和历史底蕴,开展博物馆旅游有助于提升城市旅游的竞争力。最后,随着旅游活动回归知性,引导思考、探索、发现的学习型旅游休闲活动将引领消费潮流,博物馆旅游正是适应了这一发展方向。

3. 旅游业为博物馆带来了客源,有利于博物馆的现代化和国际化

对现代博物馆而言,旅游业已经成为不可或缺的因素,是不容忽视的重要力量。博物馆的一个核心功能就是展示,如果没有观众就不能称为博物馆,博物馆也就没有存在的价值。只有争取更多的观众,才能达成博物馆文化信息传播和教育的使命。旅游业可以为博物馆带来客源,为博物馆的发展筹集资金。旅游业推动了博物馆的现代化和国际化,同时旅游市场的发展也是博物馆创新的导向。现代博物馆的真正发展是在第二次世界大战以后,80%的博物馆都是在那以后新建的,这既是人类自我反思的产物,也在一定程度上受到了蓬勃发展的旅游业的推动,是旅游需求拉动的结果。

(二)博物馆旅游

一般人对于"博物馆"概念的认识过于狭隘,认为博物馆就是存放古董的地方。其实博物馆的内涵与外延十分丰富,作为对文化和自然现象进行收集、保

护、展览和解释的机构,除了常见的藏品博物馆外,还包括遗址博物馆、露天博物馆、生态博物馆等,在国外还包括一些建筑遗迹、自然公园和保护地,以及动物园、植物园、文化村等博物馆公园。博物馆决不是"古板"、"枯燥"、"过时"的等同物。博物馆旅游的内涵也很丰富,收藏、教育、研究是博物馆的核心职能,从而使认知、教育、审美成为博物馆旅游的核心价值,博物馆旅游的价值体系也在不断的充实和发展中,休闲、娱乐也是博物馆所提供的价值和内容。博物馆旅游,从外延上界定既包括惯常意义上的博物馆、美术馆、科技馆中的游览,也包括在遗址、故居、纪念馆、展览馆以及具有博物馆性质的文化机构中进行的旅游。从内涵上界定,博物馆旅游是以博物馆为游览对象,满足游客教育、审美、休闲娱乐等需求的文化遗产旅游。

(三)博物馆旅游的特点

1.独特性和唯一性。博物馆独具地方性,类型和内容十分丰富,几乎涵盖了自然和人文遗产的各个方面,即使是同类型的博物馆也几乎没有相同的。博物馆的藏品无论是哪个级别的都是唯一的,这种唯一性既决定了博物馆旅游的独特性和垄断性(即作为博物馆的遗产是不可替代的),也决定了博物馆旅游的可持续发展要求。博物馆旅游不能以破坏遗产为代价,要求既实现代内公平,又实现代际公平。

2.公益性。博物馆是为社会及社会发展服务的公益性机构,因此博物馆旅游业带有极高的社会公益性。这不仅表现在大多数博物馆都是由政府开办或资助的,而且大多数博物馆都免费或低价位向公众特别是向青少年开放,但是随着社会的发展,出于经济目的建立的博物馆也越来越多,这代表了博物馆的一个发展方向。

3.知识教育性。博物馆是民众开展终身教育的场所,游览博物馆的过程就是解读历史、陶冶情操、净化心灵的过程。游客可以从中获得丰富的科学文化知识,培养和发展各种兴趣,陶冶文学和艺术修养。博物馆启迪民众的作用是其他爱国主义教育形式所无法比拟的。因此,博物馆常常被作为国家文明程度的标志。博物馆旅游的开展有利于提高民族文化素质,对促进社会精神文明建设,构建和谐社会具有潜移默化、不可替代的作用。

4.高品位性。博物馆是一种高品位的旅游资源,它使得旅游活动从纯粹的娱乐升华为高层次的精神文化享受。这弥补了现阶段旅游产品品味不高、缺乏深度的缺陷。博物馆所展示的都是一个国家和民族的艺术珍品,很多都是国宝和世界遗产。博物馆旅游的高品位也决定了游客的体验不仅受到博物馆解说系统的影响,而且受到旅游者历史文化知识和艺术修养、审美情趣、道德情操的影响,博物馆旅游对旅游从业人员和旅游者的要求都比较高。

5. 季节性不明显。自然旅游产品和文化节庆旅游产品有很大的季节性和时间性。博物馆除少数外,一年四季都适宜旅游,既可以在旅游淡季弥补旅游吸引物的不足,又可以在旅游旺季起到分流的作用。但博物馆设有一些临时展览,这在一定程度上使得参观人数带有季节性的波动。

第二节 博物馆旅游的人类学视角

旅游是在现代性的"好恶交织"中发展起来的。[①] 一方面,现代性为旅游的开展提供了物质和技术上的保证,生活水平的提高带来的可自由支配收入的增加、社会进步带来的闲暇时间的增长、便捷的交通与通信使得旅游活动得以实现。另一方面,现代性使得人们的生活方式逐渐异化:生活的程式化与机械重复、生活环境和生态环境的恶化、人际关系的淡薄与疏远。对现代主义的本能的逃避与解脱成为人们外出旅游的广泛动因。在这样的背景下,旅游需求呈现出一种后现代倾向。后现代消费的主要特征和趋势是:消费的符号化和消费的体验化。产品经济向服务经济的转向使得产品具有更强烈的文化特征,文化成为衡量产品品质和价值的核心。产品除了具有使用价值以外,还因为附着的文化而具有了象征意义,也就是"符号价值"。在广告等大众传媒的作用下,生活越来越场景化,消费和闲暇成为一种体验,变成一种对影像和即时感受的追求。

从根本上来说,包括博物馆在内的遗产旅游的兴起是后现代思潮影响的结果。然而,后现代本身就是一个矛盾体:一方面,后现代思潮所强调的理性主义向人文主义的回归使人们的目光重新投向反映历史真实的博物馆和遗产地;另一方面,后现代对符号和影像的迷恋又使得博物馆所坚守的客观真实受到抵制和冷落。后现代消费中产品和服务的符号化和体验化要求注重博物馆旅游的符号意义和游客的体验设计。

一、博物馆旅游的符号意义

后现代消费中的旅游及旅游景观已经符号化。对于旅游者而言,旅游及旅游景观标志着旅游者的身份、地位,象征着成就以及人生价值的实现。从这种意义上说,旅游及旅游景观不再仅仅是一种社会活动和机构,而变成了一种社会符号。人们选择旅游及旅游景观时,并不仅仅考虑使用价值,更注重社会意义,也

[①] 左晓斯.现代性、后现代性与乡村旅游.广东社会科学.2005(1).

就是符号价值。在实际的旅游活动中,旅游景观的符号价值起着标志、代言、宣介的功能,对游客起到了至关重要的引导作用。比如英国的大英博物馆、法国的卢浮宫、美国的大都会博物馆、中国的故宫博物院和秦始皇陵兵马俑博物馆在旅游者的心目中都是国家和民族的标志,代表着浓缩的历史记忆和文化传统,是目的地吸引力的集中表现。博物馆的符号意义包括真实性、怀旧、文化朝圣、认同、休闲和时尚,博物馆的这些符号意义起着吸引旅游者的文化中介作用。

(一)博物馆与真实性

麦坎内尔(MacCannell,1992)认为,游客之所以到其他地方去旅游,是因为对日常生活中一成不变的非真实感厌倦了,需要到其他地方去寻求真实。瓦利(Vallee,1988)认为"真实性是旅游者渴望得到,并积极追求的一种经历,这种经历被认为是反映真实的,不掺假的目的地的日常生活,或者能够让旅游者接触的生活"。虽然也有研究者认为旅游本来就是一种假事件,旅游中不可能找到真实,但是对真实性的寻求仍然被认为是旅游者的普遍动因之一。

博物馆满足了旅游者对真实性的寻求。"真实性"一词最早来源于博物馆,用来说明博物馆里的展品是否是真的,其价值是否与价格相符。博物馆的这种客观真实性有客观和绝对的评价标准,比如实物和遗址是否是历史上流传下来的,艺术品和服饰等是否由当地人制作,节庆和仪式是否符合传统习俗等。普遍的观念认为,人们到博物馆旅游较为关注的就是客观真实,确实有很多人到博物馆去参观是为了其中真实的展品,客观真实性是博物馆与其他仿真类旅游产品的主要区别。

但是将旅游中的真实性等同于客观真实太过于简单化了。真实性本身是一个变化和建构的过程。同一对象会有不同的真实性版本,除了客体本身,真实性与游客所处的特殊情境或主观感受、旅游供给者对真实性的设计和解释也有很大的关系。因此体验真实在旅游中显得比客观真实更为重要。

客观真实只是博物馆旅游真实性的一个方面,博物馆要吸引更多的游客,需要在客观真实的基础上为游客提供真实的体验。Handler 和 Saxton 认为真实的体验是个人感觉到他们接触了真实的世界以及真实的自我。传统博物馆里这种不可触摸的橱窗之下的"真实"对于大部分游客来说是遥远的,仅仅依靠文字和走马观花的游览也不一定能使游客获得展品背后的真实意义,一些现代博物馆通过运用声光电技术营造真实的场景和氛围,引导游客探索和思考,使之获得体验上的真实感。

(二)博物馆与怀旧

怀旧最初是一种与思乡相联系的疾病,现在主要用来比喻一种对现实不满和迷失的情感状态。怀旧表现为一种对过往时间和生活的缺失感和忧虑感,与之相伴随的是重新体验过去的愿望和需求。怀旧也是旅游的主要动机之一。旅游中的怀旧动机主要有三种：一是补偿性怀旧。社会的老龄化趋势以及个人在社会中的边缘化使得越来越多的人产生一种返回生活早期阶段的愿望，与旅游相连的是落叶归根、故地重游、探幽思古等活动。二是逃避性怀旧。现代社会变得越来越复杂和难以琢磨，社会环境的急剧改变让人们开始忧虑并通过选择旅游作为一种暂时逃避。三是历史怀旧。历史怀旧是一种对过去和历史的沉醉。很多旅游活动都带有历史因素，旅游中的历史怀旧感使得人们希望去探究更简单、更真实的乡村生活和"他者"(Others)，去探究自己国家和民族更人文的历史和过去。

旅游的兴起是对现代性的本能的逃避和反叛，因此怀旧成为旅游的永恒主题。博物馆是人们怀旧情结中的一个节点。博物馆因为陈列的原始文化和古代遗存而成为怀旧的中心地。这不仅是因为很多东西在现代都只有在博物馆才能看得见，而且博物馆对历史遗迹的原状保护和模拟再现使游客可以暂时地回到过去并生活在过去。博物馆很好地发挥了"停滞历史"、"凝聚价值"、"展示实物"、"强化特质"、"表达符号"的功能[1]，游客通过博物馆旅游可以唤起遗失的记忆和对过去的回忆。一般人都将怀旧看成一种与年龄相关的心理特征，实际上出于一种对自我社会位置的了解，出于铭记历史展望未来的目的，博物馆所代表的社会和历史记忆吸引了各个年龄阶层的游客。

(三)博物馆与文化朝圣

人类学观点认为，人的一生要经过很多的仪式，通过仪式人们实现了阶段性的转变，获得了社会认同。特纳(Turner,1969、1974)认为旅游者脱离原来的生活状态，进入一种仪式过程，当他们重新回到原来社会时，由于旅游活动中的特殊经历获得了一种新的精神状态，从而认为"旅游者一半是朝圣者，朝圣者一半是旅游者"。纳尔逊·格雷本(Graburn,1977)深化了这一研究，他认为旅游是一种带有"仪式行为"的活动，是一种"神圣旅程"。旅游者离开家，从枯燥乏味、一成不变的日常生活中解脱出来，经过短暂的不同以往的经历达到一个神圣的"高点"，最后以新的精神状态回归日常生活，旅游是一种世俗——神圣——世俗的过程。

宗教旅游是现代旅游的一种起源形式。在古代，宗教信徒们为了祈福、赎罪、感恩和还愿，怀着虔诚的心情，不远万里，到宗教和文化圣地去朝觐，从而使灵魂得到洗礼和升华。现代社会宗教意识日益淡薄，但是通过旅游活动去寻找自己的精神文化中心的旅游动机却越来越多，这也就是现代旅游中的现代朝圣。

---

[1] 彭兆荣.旅游人类学.民族出版社.2004.第127页.

现代朝圣是现代人为了满足其精神文化需求而去各自的"圣地"探求自己的精神和文化价值。① 比如现在兴起的红色旅游,人们怀着无比崇敬的心情去参观毛主席故居和天安门城楼,重走长征路,重访延安、瑞金等革命圣地,为的是瞻仰伟人遗容,凭吊思古,追忆历史,反思未来,这是一种政治朝圣。人们去博物馆参观则是一种文化朝圣。这不仅是因为博物馆与生俱来的神圣感,最重要的是因为博物馆代表了地区和文化的"中心"。人们去卢浮宫,为的是等待排队走过蒙娜丽莎的身旁,一睹她的笑容;参观秦始皇陵兵马俑为的是体验两千多年前一统天下的大秦王国兵强马壮的雄伟和威严。以博物馆为代表的艺术、文化、教育之旅,旅游者或多或少都带有朝圣的意味,或者是为了实现某个理想和愿望,或者是由于对某个对象的痴迷与沉醉,或者纯粹是对某个神圣的事物怀有崇敬之情。博物馆满足了旅游者对神圣旅程的追求。

(四)博物馆与文化认同

欧美游客到异国旅游,都喜欢到目的地的博物馆去看一看,走一走,这样可以对目的地有一个整体性的了解。对于国外游客,目的地地区的博物馆是他们了解"他者"的地方,在这里可以获得对其他国家、民族和族群的认识,可以培养对"他者"文化的理解和尊重,培养对异文化的适应能力和理性思维,减少价值观、信仰和习俗上的敌对和冲突。通过博物馆,外地游客获得了对"他者"的认同。

对国内和本地游客而言,博物馆是他们寻找并获得自我和族群认同的地方。博物馆处于一种"历时"和"共时"的环境中。从纵向看,博物馆传承着历史,博物馆所表现的历史与教科书上所表现的不一样,它更真实、更宏大、更完整、更具体、更直观。从横向看,博物馆传播着文化。这些文化是地方性的、民族的、族群的,与经济全球化背景下的大众性文化截然不同。博物馆是地方文化多样性的载体和表现。对于本地和国内游客,通过对博物馆的感知、认识、理解和转换可以建构和完善自我的遗产体系,获得一种认同。

(五)博物馆与休闲

休闲是从文化环境和物质环境的外在压力中解脱出来的一种相对自由的生活,它使个体能够以自己喜欢的、本能地感到有价值的方式,在内心之爱的驱动下行动,并为信仰提供一个基础。② 休闲可以使人们摆脱日常生活的单调和乏味,在自由的环境中发展兴趣和爱好,有助于个人的全面发展和完善。休闲主要有两种:一种是促使身心恢复的休闲活动,比如放松和娱乐;另一种是促进身心

---

① 郑晴云、郑树荣.论旅游的精神文化本质.思想战线.2003(2).
② 杰弗瑞·戈比.你生命中的休闲.康筝译.云南人民出版社.2003.第14页.

发展的休闲活动,比如学习和研究。博物馆与其他的休闲设施不同,博物馆休闲不是简单的消磨时间和纯粹的娱乐,而是一种带有情感的积极的创造性的参与,是高层次的休闲活动。

2015年前后,发达国家将进入"休闲时代",个人生命中50%的时间将用于休闲。在西方,逛博物馆早就成为一种重要的休闲方式,美国博物馆参观者中大部分是休闲群体。总体而言,我国休闲业的供给远远滞后于需求,供给不平衡:经营性娱乐场所多而公益性的休闲设施少,休闲活动中娱乐成分多而知识含量少,模拟、虚假、泡沫主题多而真实内容少,感官刺激类型的休闲多而深层心理感受的休闲少。博物馆是一种公益性、知识性、真实性、精神性的休闲场所,增加博物馆类的休闲设施有利于我国休闲业的可持续发展。

(六)博物馆与时尚

在后现代语境下,时尚成为消费的特征和潮流,成为博物馆的一个标志。旅游者到英国必去大英博物馆,去法国必去卢浮宫,不仅因为这些地方是文化和文化遗产的浓缩与精华,也因为它们是旅游者成就的标志物,对旅游者而言是值得夸耀的经历。"某某到此一游"深深印在了旅游者的体验里,正是这种口碑的力量推动一批又一批的旅游者,与其说这里面带有炫耀和从众的成分,不如说这是受时尚牵引的结果。

在国外,博物馆代表着时尚与潮流。世界顶级的博物馆已经成为最时尚、最前卫、最顶级的文化舞台。在博物馆举行婚礼已经不再新鲜,电影也纷纷选择在博物馆举行首映式。最近由畅销书改编的电影《达芬奇密码》获准在世界四大博物馆之一的卢浮宫拍摄掀起了卢浮宫旅游的新热潮。法国影星苏菲·玛索的两次中国之行,都忙里抽闲到上海博物馆和故宫博物院参观,并直接表示:"定期参观博物馆是我非常重要的生活方式,去任何一个国家都首先去该国的博物馆看一看。"①欧洲博物馆已成为时下最流行的家庭聚会场所、最浪漫的情侣约会地点,逛博物馆不仅深受明星喜欢,也成为人人争相效仿的最有品味、最时尚的生活方式。

二、博物馆旅游的体验研究

在后现代思潮影响下,旅游消费的内容和形式有了较大的变化,翻新的速度越来越快。从旅游消费的结构看,旅游中的情感需求有所增加。在选择和消费旅游产品时,旅游者不再满足基本的食、住、行等传统因素,而更注重游、购、娱,追求情感上的愉悦感和满足感。从旅游消费类型看,大众化标准产品需求下降,

---

① 博物馆——女人的另类休闲场所.新女报.2005年12月28日.

个性化的产品和服务需求不断上升,人们开始厌倦千篇一律的景点路线,倾向于追求那些能够彰显自我、挑战自我、塑造自我的个性化旅游产品。从旅游价值取向来看,从对旅游中的有形设施的关注转向消费旅游产品时的感受,这使得带有感情色彩的旅游产品,比如红色旅游大受好评。从接受旅游产品的方式来看,人们已经不再满足旅游中仅仅被引导,而希望参与旅游产品的设计,从而获得更大的成就感,定制型的旅游产品开始流行。总而言之,旅游产品的价值和质量越来越多地通过游客的体验来表现和衡量。博物馆作为大众休闲场所不能孤立于社会和时代的巨变,旅游的体验本质也决定了博物馆旅游不能忽视游客对体验的追求。

迪斯尼构筑后现代仿真场面的经验已经开始影响博物馆等传统的高雅文化艺术场所。国外的许多博物馆积极地为更多的普通观众群体提供展品,摒弃专门展示高雅文化的招牌,力图使博物馆成为大场面的、感官知觉的、幻觉与蒙太奇的场所,使之成为人们获取身临其境的体验的场所,而不是聆听道义原则、反复灌输等级知识的地方。① 许多博物馆在挖掘诠释遗产的文化内涵时,经常会自觉不自觉地对严肃的历史经典作大众化、虚拟化的改变和处理。② 这既是由后现代消费特点决定的,也是由旅游的体验本质决定的。

体验经济的提出者约瑟夫·派恩和詹姆斯·吉尔摩将"体验"定义为以服务为舞台、以商品为道具、围绕消费者创造出的值得消费者回忆的活动。③ 根据参与程度和融入程度可以将体验分为四种类型:娱乐体验、教育体验、审美体验和逃避现实的体验。娱乐体验多为被动的参与、低程度的吸取,比如看电视、听音乐等。教育体验是在个人的积极参与下,在愉悦中体验事件或场景,有所收益。逃避现实的体验者比娱乐体验者更积极参与,比教育体验者更沉迷,逃避者完全沉溺其中,并主动积极地参与这种体验的营造过程,比如主题公园、游戏、虚拟世界等。审美体验是亲临自然或人文环境,获得令人振奋的审美感受,参与者完全沉浸其中,但是对客体极少产生影响或几乎没有影响。最丰富的体验,也就是体验的"甜蜜地带",需要同时融合以上这四个方面(见图8-2)。博物馆旅游可以提供融教育、娱乐、审美、逃避为一体的体验。

(一)博物馆旅游的教育体验

教育是博物馆的核心职能之一。博物馆提供的教育与学校教育和社会教育不同,它是一种场景体验式教育。博物馆提供的教育体验新奇有趣,能激发人们

---

① 迈克·费瑟斯通.消费文化与后现代主义.刘精明译.译林出版社.2000.第30页.
② 吴小隽.文化遗产旅游的真实性困境.思想战线.2004年第2期.第83页.
③ B.约瑟夫·派恩、詹姆斯·H.吉尔摩.体验经济.夏业良、鲁炜等译.机械工业出版社.2002.

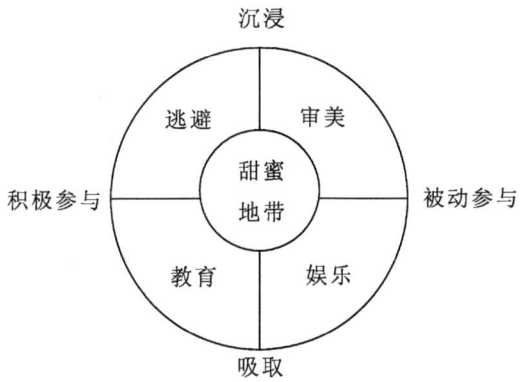

图 8-2 体验的甜蜜地带

的好奇心和想象力,使人增长知识,开启智慧。不管博物馆旅游的主观目的是什么,获得教育体验都是博物馆旅游的客观结果。

(二)博物馆旅游的逃避体验

逃避的体验也称遁世体验。转换环境是人们外出旅游的广泛动因之一。博物馆为疲惫的现代人提供了一块净土,使他们可以从琐碎而沉重的日常生活中解脱出来,对人身和自我进行思考和规划;从城市的喧嚣和拥挤中解脱出来,回归宁静和平和。博物馆提供的逃避体验是和怀旧相联系的,在这里人们可以重温历史或暂时地回归历史。

(三)博物馆旅游的审美体验

审美体验是通过对审美对象的外部形态和特性的感知,与内部心理世界进行比较和关照,最后使内部情感达到调整、梳理、和谐,产生出愉快的情感感受。[①] 博物馆拥有大量的艺术品,从古代的青铜器、玉器、瓷器、刺绣、纺织品到现代的绘画、雕塑、工艺品,无所不包,无所不有,它们成为审美的直接对象。博物馆提供的审美体验是横贯古今、包容东西的。博物馆对于审美对象按年代、作者、主题进行分门别类,使游客在审美过程中有参照、有比较、有引导。即使有一些博物馆并非提供审美对象,而是提供反面教材,比如一些战争纪念馆,但游客仍然可以获得一种审美感受,只是这种感觉是通过悲痛和反思来实现的。

(四)博物馆旅游的娱乐体验

从根本上说,旅游体验的目标是寻求快乐,实现快乐体验的途径是多样的,引发快乐的源泉是"闲适、回归、认同、发现"[②]。博物馆不仅提供教育、逃避、审

---

① 谢彦君.旅游体验研究——一种现象学的视角.南开大学出版社.2005.第135页.
② 谢彦君.旅游体验研究——一种现象学的视角.南开大学出版社.2005.第134页.

美体验,也提供娱乐体验。博物馆提供的娱乐体验不同于一般的娱乐场所,博物馆提供的娱乐体验是寓教于乐、寓乐于教的,是一种旨在探索和发现的娱乐。现代科技博物馆深受欢迎的主要原因就是极强的参与性,在参与中获得快乐,从一定程度上说,现代科技博物馆就像一个另类的娱乐场所。

第三节　我国博物馆旅游的现状及展望

一、我国博物馆旅游发展的现状

我国博物馆旅游的现状主要表现为冷热不均,存在很大的波动。

首先,从按旅游资源角度划分的博物馆类型来看,遗址博物馆游客相对较多,藏品博物馆除少数外,大多无人问津,生态博物馆则刚刚起步。遗址博物馆依托历史文化古迹,包括皇宫、园林、陵寝、庭院、民居、考古遗址和遗迹等,与藏品博物馆相比,颇具"地利",原址原貌,古色古香,很有地方特色。而藏品型博物馆大多地处市区,受地理位置的限制,空间有限,只有室内展区,展品十年如一日,陈列方式千篇一律,除了少数有名的国家级、省级博物馆以外,大多比较冷清。作为舶来品的生态博物馆由于是新生事物,在中国处于起步阶段,尚未完成本土化的过程,但是在云贵川等地的实践已经逐渐培养了一个游客群。

其次,从博物馆的规模来看,具有世界声誉的大型博物馆游人如织,中小型博物馆则举步维艰。规模最大、影响最广的是在明清皇宫基础上建立的故宫博物馆,每年吸引上百万的国内外游客,其他比较有名的还有陕西的秦始皇陵兵马俑博物馆,它们都属于世界文化遗产,闻名遐迩。而中小型博物馆则鲜有游客,一些市县级的博物馆甚至不具备迎宾的条件。

第三,从博物馆的内容来看,具有互动性的科技博物馆和行业博物馆最受欢迎,数量却较少;而数量最多的综合类、历史类博物馆则游客较少。

第四,从地理位置来看,处于旅游胜地,或者有旅游景区相依托的博物馆旅游者较多,比如旅游文化大省陕西的各大博物馆、云南丽江东巴文化博物馆以及束河古镇内的茶马古道博物馆。有地方特色的纪念馆、故居也颇受游客欢迎,比如湖南韶山毛泽东故居、重庆反映抗战文化的红岩革命烈士纪念馆和歌乐山烈士陵园。

第五,从时间波动上看,游客数量不稳定。由于特殊的临时性展览和免费开放,博物馆热闹时人满为患,冷清时门可罗雀。

二、我国博物馆旅游存在的问题

纵观我国博物馆的供求现状,存在的主要问题是供给不足、需求不旺、供需严重脱节。博物馆所在的文博业和旅游业缺乏紧密的合作。博物馆业对于开拓旅游市场大多比较消极,坐等游客上门,而旅游业也没有给予博物馆旅游资源足够的重视,没有对旅游者的需求进行引导和挖掘。

(一)我国博物馆精品少,类型单一

我国博物馆的数量在建国后有了大幅度的增长,现有各类博物馆近2000多座,属于文博行业的最多,到2003年为止共有1515座。但是这与我国的土地面积和人口基数相比是极不相称的。我国已有一批具有国际水平的博物馆,藏品丰富、设施一流、管理先进,但是精品博物馆数量十分有限,除了国家级和省级的博物馆外,其他的大多不为人知。此外,博物馆类型单一。在文博系统的1515座博物馆中,综合类的博物馆比较多,其次是历史类,这两类占了文物部门博物馆的大半壁江山(见表8-2)。这些博物馆提供的产品大多雷同,难以吸引游客,而国外数量很多的艺术类博物馆、互动性强的科技博物馆和内容广泛的行业博物馆则很少,而后两者代表了国际博物馆发展的趋势。

表8-2 文博系统博物馆类型比例[①]

类型	包括	数量	比例
综合类	收藏展示自然历史艺术等藏品	846	55.8%
历史类	历史文物含革命史和建筑成就	450	29.7%
艺术类	艺术品,工艺品文物	56	4.7%
自然科技类	自然物种,历史发展,反映科学技术成果的标本实物	20	1.3%
其他	包括丝绸,茶叶,农业,航空,体育,邮电,中药,交通,水利,煤炭,林业,公安,儿童行业博物馆	143	9.4%

(二)中国的大多数博物馆长期"恪守"主业,对于中国蓬勃发展的旅游业"坐壁上观",排斥"市场",排斥"旅游"。这具有深刻的原因

观念原因。我国长期以来对博物馆"非营利"性质的认识存在缺陷,片面地将"非营利"等同于"非盈利",使得博物馆完全依靠政府,这既使得各大博物馆都在政府有限的资助下艰难地维持生计,同时又形成了博物馆畸形的体制和衙门式的作风。收藏、研究、教育是博物馆的主要功能,但不是仅有的功能,恪守这三个功能反而不利于博物馆功能的发挥。很多国家都在通过扩展博物馆的其他功能来帮助博物馆教育与展示功能的实现。欧美比较通行的是博物馆的3E功

---

① 中国文化文物统计年鉴.北京图书馆出版社.2004.

能——"Educate, Entertain, Enrich",即"教育民众,休闲娱乐和充实人生"。博物馆功能的多样化反映了观众的多样化需求,特别是休闲娱乐的需求。

体制原因。我国的博物馆分属于不同的系统,包括文物部门、各级政府、各部委。我国博物馆行业还处于计划经济体制下,经营和管理都趋于保守,缺乏活力,主要表现在:认为公益事业国家要大包大揽,缺乏主动性;自我定位于高雅文化的殿堂,不屑于降格满足社会需求;重收藏和保护,轻实际运用;重教育科研,轻休闲娱乐。博物馆从设计到经营都没有进行可行性论证和市场调查,完全忽视了广大公众的内心需求,导致在参与休闲市场的竞争中被公众排斥和遗忘,使博物馆这一拥有巨大信息量的独特的文化休闲领域不能发挥作用。

经费原因。我国博物馆长期以来主要靠政府财政拨款,几乎全部由政府投资、政府管理、政府资助。国家有限的投入远远不能维持博物馆的经营,由于缺少资金,很多博物馆很难开展活动和进行必要的宣传,使得门庭冷落,门票收入少之又少,长此以往便对发展旅游失去热情,最终形成恶性循环。

人才原因。我国的博物馆大多隶属于国家文物局,馆长多是技术专家,缺乏经营意识和相关知识。博物馆行业的不景气现象又难以吸引新人才,很多博物馆存在着人员过剩,但是人才短缺、知识结构不合理的现象,特别是缺乏专业型、技能型、管理型人才。

(三)博物馆内容陈旧乏味,展览死板雷同,缺乏吸引力

博物馆所表现的世界并不是普通大众所熟知的世界,它是一个由科学法则、分类法、时代划分构建起来的世界,对于非专业的人来说,博物馆里所有的东西看起来都一样,特别是将大量的东西堆砌起来的时候。我国很多博物馆的展出相当模式化,所有的展品都是同质的,游客始终处于被动接受的一方,主动性极少。如果游客第一次参观博物馆时留下了不好的印象,他会自然推而广之,避免选择其他的博物馆。

(四)博物馆不了解游客的需求,很少提供高质量的服务

博物馆习惯性地陶醉于馆藏珍贵文物的拥有量,认为只要摆出几件镇馆之宝就可以了,很少主动了解游客的需求,更谈不上提供高质量的服务了。很多博物馆员工缺乏服务意识,服务态度很差,游客很难留下好的印象。除了常规展览以外没有其他的服务项目,很难吸引游客和留住游客。

(五)民众没有形成消费习惯,市场需求不旺

首先,消费者存在着一种思维定势,认为博物馆是死板、枯燥、过时的对等物,这与国外将参观博物馆视为一种消费习惯大相径庭,其中除了经济基础和教育水平的差异,博物馆的自身建设和定位有重要的影响。其次,现行博物馆填鸭式的教育方式使人倍感压力,缺乏自由感。博物馆疲劳使得一些追求纯粹娱乐

和休闲的游客避免选择博物馆类的吸引物。再次,旅游吸引物供给的增加带来了消费者口味的变化。作为旅游资源的博物馆曾是20世纪七八十年代的主要吸引物,那时的博物馆满足了游客的初级观光需求,随着旅游业的成熟与发展,旅游口味从观光到度假,现在又向更个性、更独特的专项旅游发展。与时代发展带来的巨大变化相比,博物馆改变得实在太少了。

(六)旅游业对博物馆缺少关注,没有深度挖掘博物馆产品的内涵,对博物馆旅游产品开发缺乏应有的远见。这主要是因为以旅行社为代表的旅游经营者是追求利益最大化的企业,其主要的经营行为是追逐市场中需求的发展方向。对于旅游这样一项大众休闲活动来说,大部分需求本身就是对刻板而一成不变的学习和生活的逃避,因而很多旅游者会功利地选择轻松愉快的纯娱乐型旅游项目。旅游经营者为了迎合旅游者的这种消费偏好,在设计产品时自然向消费热点倾斜。同时,开发和营销一种高雅严肃的文化产品存在高风险和高成本。因此我国比较成熟的以博物馆为内容的旅游产品还不多见。

三、我国博物馆旅游的展望

我国计划投资上百亿改建、扩建、新建博物馆,仅2003年在建(改建)或拟建(改建)的亿元以上的博物馆就有30处。国家加大对博物馆业的投入将逐步完善博物馆旅游的内外环境,中国博物馆旅游将逐步进入良性循环。博物馆旅游将逐渐由"线"走向"片"和"网"。

博物馆旅游线。博物馆旅游线是按主题对博物馆旅游资源进行整合。从现阶段旅游业的发展热点来看,有三条较为成熟的博物馆旅游线:一是历史古迹博物馆旅游线。中国有五千年的悠久历史,遗迹遗物众多,分布范围广泛,我国的历史古迹旅游路线和产品在国际和国内市场上都已经成熟,但是从博物馆角度还有很大的挖掘余地。旅行社可以单独开拓历史古迹博物馆旅游路线或将博物馆纳入已有的历史古迹旅游路线中,博物馆所提供的真实性、怀旧、认同、文化朝圣意义必将进一步丰富历史文化旅游的主题和内涵,为游客提供更集中的体验。二是红色旅游博物馆线。红色旅游是近期的热点,在博物馆体系中有相当数量的革命历史陈列馆和纪念馆,将这些资源整合起来,可以吸引大量的红色旅游游客。三是生态博物馆旅游线。我国有丰富的民族和民俗旅游资源,生态博物馆可以作为民族旅游的高级形式,创新现有的民族旅游产品。

博物馆旅游片。博物馆旅游片是按地区对博物馆旅游资源进行整合。按博物馆旅游资源的丰富度和市场的需求度划分,我国较为成熟的有五大博物馆旅游片:一是以北京为中心。北京是我国的政治文化中心,也是明清两代的古都,北京有博物馆120多处,资源十分丰富。二是以陕西为中心。陕西是六朝古都,地上和地下的博物馆资源都十分丰富,像秦始皇陵兵马俑博物馆和陕西博物馆等参与旅游业都比较早,有较为成熟的经验和运作模式。三是以云贵川桂为中心的生态博物馆片区。四是以上海为中心,包括苏州、杭州、南京、无锡等地。五是以广州为中心,包括深圳、珠海等地。前三者是资源导向型,后两者是市场导向型。

博物馆旅游城市网。在博物馆旅游资源集中的城市发展博物馆专项旅游,最终在全国形成博物馆旅游网。北京在15年前就推出了博物馆一票通,现在京津冀等地的入网博物馆和景点已达80多家。广东省自2002年也推出了博物馆一票通。除了中心城市和重点旅游城市,应积极在卫星城市和中小城市发展博物馆旅游和纵横游。2005年4月,泉州市旅游局将市内的9处博物馆组合起来推出了博物馆之旅,这是中小城市发展博物馆旅游的有益尝试。

（一）藏品博物馆旅游展望

我国的藏品型博物馆数量最多,分布最广,大部分位于地区中心城市。藏品博物馆在城市旅游和会展旅游中有巨大的发展前景。城市景观的日益趋同使得城市越来越缺乏个性和特色,城市最终以文化论输赢,城市旅游必须有文化支撑,必须能够反映城市的历史和文脉。博物馆作为城市的文化目录,反映了一个城市的文化品位和文化底蕴,应该成为城市旅游的名片,包括博物馆的旅游线路将使城市旅游更有品位和吸引力。重庆依托于红色遗址的"红岩文化一日游"是"魅力重庆游"中最具吸引力的线路。最近,重庆红岩联线又整合了陈独秀故居、刘伯承纪念馆、聂荣臻纪念馆、赵世炎故居、张治中官邸"桂园"等十处名人故居,开辟了"名人故居精品旅游线"。有条件的藏品博物馆还应该积极参与会展旅游。2000年、2001年杭州中国丝绸博物馆借助西湖博览会召开之契机,成功举办了两届中国丝绸文化节,丰富多彩的活动吸引了很多游客。博物馆与城市旅游和会展旅游的结合,可以提升城市及城市旅游的文化品味,创造可观的经济收益,实现博物馆、旅游城市、旅游企业在社会、经济、文化方面的综合效益。

私人、企业、高校博物馆是藏品博物馆中不可忽视的力量。随着国家对私人建立博物馆规定的放宽和法制的完善,私人和企业博物馆有巨大的发展前景。位于张家界的秀华山馆成功地将静态的民间器物收藏与动态民俗民情表演结合起来,被香港特首董建华称为"含金量最高的私人民俗博物馆"。张裕葡萄酒博物馆、五粮液酒文化博物馆等通过企业博物馆宣传了企业和企业文化,获得了其他宣传促销手段无法达到的社会效益和经济效益。几乎每所综合性高校都有自己的博物馆,这是一笔养在深闺人未识的宝贵财富。高校博物馆应该发挥自身学术研究和人才上的优势对外开放,使高校博物馆融入校园旅游和城市旅游中。

(二)遗址博物馆旅游展望

遗址博物馆不能像藏品博物馆那样通过举办不同的展览来吸引观众,遗址博物馆可以依托的只有遗址本身,这既是遗址博物馆在市场竞争中最强有力的资源优势,同时也是其发展的桎梏。原因在于:一,遗址博物馆资源比较固定,无法常换常新;二,受地理位置的限制无法拓展博物馆空间。遗址博物馆旅游要处理好旅游发展和文物保护、社区利益之间的关系。借鉴国外遗址博物馆的经验,我国的遗址博物馆可以向遗址公园方向发展。将遗址的核心部分独立出来,通过门票来调节游客数量,从而达到保护的目的;遗址博物馆的外围可以社区化、公园化,通过开发休闲娱乐设施回馈当地社区,扩展游客体验。例如成都武侯祠博物馆将博物馆分为三个部分,中心是文物保护区,区内重点保护汉昭烈庙、武侯祠、惠陵等文物古迹,面向游客,门票60元;左侧是园林区,区内可以游船、喝茶、打牌,面向当地社区,门票只要2元;右侧是锦里古街,集成都小吃、旅游购物及民风民俗为一体。成都武侯祠遗址博物馆是将博物馆文物展示和保护与旅游发展兼顾得比较好的一例。

(三)生态博物馆旅游展望

生态博物馆是一种全新的博物馆理念,反映了新博物馆学的两大趋势:社区化以及对非物质遗产的关注。生态博物馆具备传统博物馆的基本功能,对传统博物馆的内涵进行了丰富,外延进行了扩展。传统的博物馆主要关注藏品、建筑、观众和科学知识,而生态博物馆关注遗产、社区、居民和文化记忆。生态博物馆最早在法国巴黎近郊诞生,经过30多年的发展,现在全球共有生态博物馆300多座。

生态博物馆在我国的实践,从第一个梭嘎生态博物馆到现在的镇山生态博物馆、隆里生态博物馆和堂安生态博物馆群以及云贵川桂等地以生态博物馆理念为指导的准生态博物馆和民族文化生态村,呈现出蓬勃的发展势头。与传统博物馆相比,生态博物馆将文化保存在原生态环境中,自然与文化完美融合,所展示的内容包括民族民间的音乐舞蹈、婚丧嫁娶、节日庆典等,有很强的参与性,所以一建立就成为旅游市场的热点。对于生态博物馆的旅游开发有两种截然相反的看法:一是认为文化保护是生态博物馆的首要任务,旅游业带来了文化的变异,因此反对旅游开发;二是认为从现实和资源条件来说,发展旅游是生态博物馆最理想的选择,因此主张进行开发。第一个梭嘎生态博物馆在建设之初由于太过"欧化",成为一个失败的案例。潘年英(2001)对梭嘎的田野调查表明,博物馆建设的各方面带有很明显的文化植入意味,旅游发展对传统文化体系的冲击是显著的。

生态博物馆最核心的问题仍然是如何处理经济发展和文化保护之间的关

系,这也是很多民族类、遗产类、公共型旅游资源面临的共同问题。就生态博物馆而言,民族地区的原生态文化是在历史发展过程中适应自然环境的结果,时代在改变,生活方式在改变,一些文化和传统失去了滋生和依附的土壤也必然失色和改变。文化不是一成不变的,民族文化最终也要实现其现代化和国际化。民族文化只有在与其他文化的交流和碰撞中,才能够扬弃和发展。民族文化作为一种资源,养护很重要,但是一味强调民族文化的脆弱,人为地将其禁锢在温室里,则民族文化就像没有经过风雨的花,最终还是要凋零的。我们在指责旅游业带来的文化变迁以及诸多的社会问题的时候,应该在经济全球化、文化一体化的背景下,充分考虑现代化本身对传统文化的冲击。旅游并非与文化保护相悖,旅游业为现代和传统架起了桥梁,促进了民族文化的复兴和创新,也为文化保护提供了动力。社区发展本来就是生态博物馆文化保护之外的另一项职能,为建博物馆而建博物馆是没有意义的,生态博物馆与传统博物馆的一大区别是对社区民众的关注,这不仅应该表现在文化的保护和传承上,也应该表现在切实的生活中。实践证明,旅游开发有利于民族地区的脱贫致富,但是由于旅游开发对文化资源存在依赖,所以需要十分谨慎地操作。

生态博物馆从诞生之日起就饱受争议,其内涵与外延在不断变化,欢迎与接受是必需的,而理性的思考、深入的研究,提出我们自己的生态博物馆观、生态博物馆旅游模式尤为重要。生态博物馆在中国的发展不能照搬外国的成功案例,应该走有中国特色的生态博物馆道路,从中国的实际情况出发,在经济发展与文化保护的天平上寻找自己的平衡点。如果文化保护不力,就会像一般的民族村寨一样,最终淹没于民族旅游的大潮中;如果经济不发展,对于当地居民而言这种与贫困相伴随的文化保护模式不过是天马行空的理想。生态博物馆为民族旅游,特别是民族村寨的旅游开发提供了一种可供选择的路径。生态博物馆应积极回应生态旅游和民族旅游的发展热潮,找准自身的定位,树立自身的品牌形象。生态博物馆与民族旅游和生态旅游要互相借鉴,取长补短:生态博物馆要借鉴民族旅游和生态旅游成熟的市场运作、有效的游客管理;民族旅游和生态旅游要学习生态博物馆展示和保护文化的方式,从而走出一条有中国特色的生态博物馆旅游之路。

第九章 旅游人类学方法

人类学与旅行有着很深的渊源。早期航海家、传教士、冒险家、地理学家，甚至商人的旅行经历，以口述或游记的形式，迎合着某种急于去探索与发现的殖民冲动；而此类未经证实的信息与资料，却无意中成为欧美人类学学者构拟世界文明的线索与源泉。换言之，正是他人的旅行激起了早期人类学学者对异文化的好奇与臆想，使他们得以闭门冥索，寻求人类发展的规律。到 19 世纪 20 年代，马林诺夫斯基功能理论的出现宣告着人类学进入实地研究与社会理论化的时代①，而实地研究，即至此与人类学学者如影随形的"田野工作"(Field Work)，就更加与旅行结下不解之缘。不过，与早期人类学学者"借他人之旅行作自己之文章"不同的是，"田野工作"往往意味着千里迢迢、长途跋涉、身体力行与参与观察。然而，无论是早期少数人偶然的无意旅行，还是近现代有计划的大众旅游，在 20 世纪 70 年代前，这些现象都未曾进入过人类学的视野；旅行，不过是人类学学者在田野调查中"不得已而为之"的必需过程罢了。

在此期间，人类学的研究范式与旨趣亦处于不断的探索与完善之中。首先，从研究范式上看，对人类历史的宏观构拟已显出拼凑与臆造的痕迹，马林诺夫斯基的"隔离的社区"(Isolates)②的研究办法适时地解决了这一危机，他主张在"隔离的社区"里边深究文化的原有面貌，解释文化内部满足人之需要的功能③，这也正是人类学的"整体性视角"所要求的对某一文化的全面考察。这一转折至关重要，因此王铭铭曾评价道："人类学学者是从宏观的人类史走进微观的社区参与之后，才将自身改造为社会与文化人类学学者的。"④不过，这个转变并未彻底完成，只有当"跨文化的研究视角"被采用后，人类学才算是对人类文化有了全面客观的心态。其次，伴随着研究范式的重大改变，人类学的研究对象与旨趣亦相应得到深入广泛的丰富与拓宽。传统的整体民族志逐渐成为人类学学者借以

---

① 王铭铭.社会人类学与中国研究.广西师范大学出版社.2005.第 23 页.
② 王铭铭在社会人类学与中国研究一书中，将"Isolates"译为"分立群域"，见此书第 24 页。本章采用的是费孝通的译法："隔离的社区"。
③ 费孝通.论人类学与文化自觉.华夏出版社.2004.第 219 页.
④ 王铭铭.想象的异邦：社会与文化人类学散论.上海人民出版社.1998.第 11 页.

论述某种理论的工具,而人类学学者的视野也趋向于锁定在某一现象或某一主题上。最后,从人类学理论上看,20世纪60年代以前,无论是进化论、传播论,还是社会学派、历史具体主义与功能主义,理论与学派都存在着明显的此消彼长之势;60年代以后,此趋势虽然有遗存,但不同学派共存之势更加突出,理论的彼此融合与借鉴亦是这一时期的特点。因此,无论这个学科怎样发展,其最基础的方法与视野得以延续,并成为学科传统;而时至今日,部分人类学理论仍有应用价值与探讨空间。

与此同时,整个世界也于20世纪呈现出最辉煌的变化,工业化、现代化、传媒时代、信息时代、全球化、后现代、休闲经济时代,应接不暇。传统与现代似乎角逐在全球化的"培养皿"里,呈现出越来越复杂、多样的抗拒、冲突、调适或整合等样态,人类学学者珍视的"文化多样性"接受着前所未有的考验,这些似乎都在"逼迫"人类学学者去兑现其"浪漫"的承诺:"……人类学要拯救那些独特的文化与生活方式,使之幸免于激烈的全球西方化的破坏……"[1]那些对本土文化可能形成威胁的现代性或全球性力量,从早期以有形货物、商品为载体的市场垄断,到以网络传媒为媒介的文化接触,再到浩浩荡荡的人群"移动"现象,不同地域、不同文化背景的人终于冲破间接的载体与媒介,面对面地"短兵相接"了。

2000年约翰·厄里(John Urry)出版了《跨社会的社会学——二十一世纪的移动性》(*Sociology Beyond Societies—Mobilities for the Twenty-First Century*)一书,书中论述道:移动,正以复杂且非均衡的方式,重塑着社会生活。1999年,吉登斯在英国BBC广播公司瑞思系列讲座(Reith Lectures)中只针对一个问题:"失控的世界"。2000年在芬兰举行的"社会文化理论研讨会"的主题即为世界主义。这些文化事件径直指向同一个现象:世界人口正在以各种方式移动。旅游亦位列其中,无论我们身处何方,从事何种职业,旅游至少已成为我们感知世界的一条途径。[2] 在这个商品、文化、人群都在作跨国界流动的时代,旅游现象是当代人生活中不言自明的社会事实(Social Fact),因此,旅游必然成为人类学义不容辞的研究对象。

于人类学学者而言,旅游者,或旅行者,这一流动群体的大规模出现,不啻为一种机遇与挑战。机遇在于,经过漫长的对旅游的"熟视无睹"之后,人类学终于再次与之结合,并得以利用学科优势,顺理成章地以"人类学学者+旅行者"的身份对客源地、旅游者、目的地进行全面关注;最大的挑战则来自旅游者,其移动性

---

[1] George Marcus and Michael Fischer. *Anthropology as Cultural Critique*. 1986. p. 1.

[2] Adrian Franklin, Mike Crang. *Tourist Studies*. London: Sage Publications, Vol. 1(1). 2001. pp. 5-8.

超出了传统人类学田野调查的能力范围。简言之,就旅游研究而言,传统民族志调查方法面临着"无固定田野点"或"多田野点"(Multra-sited),亦即"移动的田野"的挑战,而"追踪"(Follow)则成为此类型田野调查的最大特征。

本章将分两节对旅游人类学研究方法进行阐述。第一节,在阐明旅游人类学学者应具备何种职业素养的基础上,重点介绍旅游研究的主要方法——民族志田野调查方法。第二节为案例分析,以丽江玉龙县白沙乡的田野调查为例,审视人类学调查方法在旅游社区的运用效果,并藉此机会与读者交流此次旅游人类学田野调查的心得。

第一节 旅游人类学研究方法

一、旅游研究的人类学特质

事实上,英语世界的社会学者作旅游研究已有半个多世纪,但似乎还尚未有学者坦然地将旅游研究视为正经八百的学问,原因不言而喻:旅游固然与审美、求知、猎奇、遁世、逃逸等高尚超脱之行为紧密联系,但其还因刻意迎合低级趣味(譬如赌博、色情等)的恶劣形象,而被多数学者斥之为肤浅、庸俗与虚假,学者们亦因此不愿正视之。当然,正如上所述,学术冷落旅游现象的时代已经过去,如今,在旅游社会科学中,人类学、社会学、心理学、政治科学、休闲学、历史学、地理学、生态学、经济学以及营销管理学,都对旅游作出了积极的学科回应。从某种意义上说,人类学对旅游的研究完全是从其他研究中开出的偶然之花,但不管怎样,这朵花确实符合人类学的研究旨趣。不过,人类学的哪些追求是旅游人类学必须禀承的,还取决于旅游人类学的关注焦点。

(一)旅游人类学的研究内容

尽管在第一章中对此问题已有过概述,但在本章中我们还将进行实证性的阐述。首先,必须明确的是,无论研究对象是东道主社会(或称旅游目的地)、旅游者,还是旅游者生成社会(或称旅游客源地),旅游人类学关注的都是群体,而非个体旅游者或单个旅游地原住民,这亦与传统人类学的研究旨趣一脉相承。

其次,从研究内容上看,四十多年来,旅游人类学的研究内容集中在两方面,实质上是一个问题的两面,即旅游对目的地社会的影响与旅游对旅游者的影响。具体可细化为:(1)旅游影响研究,即旅游目的地社会的文化接触与文化变迁。这方面研究者甚众,主要针对主、客互动中的文化涵化(Acculturation)问题。此类研究经历了三个发展阶段,即定性描述、片面评价阶段,细分量化研究阶段,跨学科、多方法结合阶段。[①] (2)旅游体验,虽然研究者不多,但此研究风格明确,主要关注"通过礼仪"(Rites of Passage)式旅游,将旅游与仪式进行比对,从中探寻一种类似"朝圣"的神圣旅游体验。旅游体验研究主要借用人类学仪式理论,但研究成果解释范围不大。此类研究逐渐激发了人类学学者对自身社会的兴趣,从而引发出对一系列相关问题的叩问,譬如人们为什么旅游,为什么出现不同类型的旅游,为什么特定旅游模式总与一定历史阶段的特定社会群体相关[②],影响旅游行为的因素是什么,等等。

再次,从人类学的情感倾向来看,早期人类学学者主要关注主、客经济、文化力量悬殊较大的旅游类型,即文化与文化之间发生接触、碰撞或涵化程度较严重的旅游现象。瓦伦·史密斯在《东道主与游客》(第二版)中将旅游划分为五种类型,即民族旅游、文化旅游、历史旅游、环境旅游、娱乐性旅游。[③] 当时史密斯认为文化旅游中主、客间相互影响较大,现在看来,民族、文化、历史似乎可以囊括到正如火如荼的民族旅游中去,无论国际国内,此类型的旅游各方面都显示出主、客双方最大程度的悬殊,因而最应该为人类学学者所注意。另一方面,除却对早期研究兴趣的坚持外,现代人类学学者已开始关注其他旅游类型与现象,既包括旅游影响研究,又涉及对旅游者本身的研究。比如民族地区旅游、乡村旅游、沙滩旅游、滑雪度假旅游、朝圣旅游、探险旅游、极端体验旅游等。另外,部分人类学学者对旅游工艺品、纪念品的研究,对旅游者发生社会已有初步的触及。

最后,从研究地点上看,旅游影响研究主要限定在东道主社区,地点固定,适于作长期调查。而旅游者研究,尤其是朝圣旅游者研究,人类学学者一般通过担任中途义务服务员的办法,对朝圣者进行观察与访谈,只有少数研究者会加入到旅游者之中,去参与分享他们的体验。早期旅游人类学研究基本不涉及客源地社会,近年来,部分人类学学者开始关注客源地社会的"准旅游者",即旅游前、后的旅游者,全面审视旅游对旅游者产生的影响。

正如《旅游研究年鉴》(*Annals of Tourism Research*)的主编贾法瑞(Jafar Jafari)所言,旅游人类学的目标应为:研究离开惯常环境的旅游者;研究旅游企业;研究旅游者与旅游企业的影响效应。而纳尔逊·格雷本则对旅游人类学的

---

① 宗晓莲.旅游开发与文化变迁——以云南丽江县纳西族文化为例.中国旅游出版社.2006.第5页.

② Nelson Graburn. "The Anthropology of Tourism." *Annals of Tourism Research*, Vol. 10. No. 1. 1983. p. 19.

③ 瓦伦·史密斯.东道主与游客——旅游人类学研究.张晓萍、何昌邑等译.云南大学出版社.2002.第5页.

未来研究提出更多的展望:(1)对来自不同国家、不同阶层与不同文化背景之旅游者的比较研究;(2)研究制度发展(如博物馆与节事活动)与旅游文化之间相互作用的意义,包括"真实性"问题;(3)对旅游开发与旅游游记的研究,尤其是后者,将揭示出个人社会心理生命周期中的世界观与旅游体验之间的关系[①];(4)将旅游视为一种上层建筑,研究上层建筑之基础结构的决定因素,亦是未来旅游人类学应该深入拓展的领域[②]。

综上所述,不难判定,旅游人类学研究必然需要人类学的追求与视野作为基本素质。原因如下:从研究方法上看,无论是旅游目的地、旅游客源地还是旅游者,都需要长期深入的参与观察与比较研究;从研究地点上看,旅游目的地、客源地都可视为对社区的研究,而旅游者的移动特性,是对传统田野工作的挑战,这一点留待下文细述;从研究性质上说,目前旅游人类学尚处于理论与实证研究阶段,对旅游社区、旅游者的田野调查是其理论运用与实证储备的主要来源;就研究成果而言,旅游人类学最终形成的文本资料可称为"旅游民族志"。因此,从事旅游研究的人类学学者必须具备基本的人类学素养、追求与规范,才能对研究对象有或整体、或深入、或客观的认知,从而归纳出某类旅游文化现象的本质特征。

(二)旅游研究的人类学特质

1. 整体论(Holism)

"整体论"是指对某一文化进行全貌性的深入研究。[③] "整体论"来自马林诺夫斯基,其原意是应该把文化放在其实际用途的背景下考察,才能解释社会为什么形成一个难以切割的整体。实质上,"整体论"的核心主张是人的社会性、经济性、政治性与宗教性之间不可分离、非决定论的关系。[④] 旅游人类学调查虽然不能媲美于传统人类学调查的细致与广泛,但调查者的"整体观"是不可或缺的。譬如对东道主社区的影响调查,就必须全面考虑政治、经济、文化与宗教要素的制约与反馈,以及四者间的相互影响程度。换言之,如果调查者只关注文化,就意味着忽略了旅游对其他方面的影响,而这些影响必然会以新的方式作用于文化;如果只关注旅游,就会将其他因素导致的文化变迁归咎于旅游。旅游者研究就更是如此,在观察旅游行为的同时,还应兼顾旅游者社会、文化背景等其他因素,这样可以避免得出片面、偏激的结论。因此,人类学研究的一个重要方法就

---

① Nelson Graburn."The Anthropology of Tourism."*Annals of Tourism Research*,Vol. 10,No. 1,1983,pp. 26—27.

② Dennison Nash,Valene L. Smith."Anthropology and Tourism."*Annals of Tourism Research*,Vol. 18,No. 1,1991,p. 18.

③ 庄孔韶.人类学通论(修订版),山西教育出版社,2005,第13页.

④ 王铭铭.人类学是什么.北京大学出版社,2003,第62页.

是把人及其行为放到影响他们的自然与社会环境中去。布尔斯廷与麦坎内尔早期的错误就是前车之鉴，他们都试图将自身熟悉的一类旅游体验作为全体旅游者的体验。如果不具备开阔、全面的视野，任何试图去"普适"的理论都将贻笑大方。

2. 文化的互为主体性（Cultural Inter-subjectivity）

历史具体论学派创始人博厄斯（Franz Boas）首倡"文化相对论"（Cultural Relativism）。他认为："被研究者不应受以我们的文化为基础的任何评价的束缚。"[①]譬如非西方国家的"土著"有一套对自己生活的看法，这些看法是相对于其具体生活而产生意义的。虽然博厄斯的初衷在于提倡种族平等，但时至今日，尊重"他者的目光"，倾听当地人的说法，依然被人类学奉为圭臬。由此，"文化的互为主体性"才成为人类学学者的天职。它要求人类学学者通过研究"非我族类"或"他者"来反观自身，"推人及己"而非"推己及人"地形成对人之素质的一般理解，费孝通先生提出的"美人之美，美美与共"亦有此含义。"文化的互为主体性"与人类学调查中所强调的"主位"（Emic）与"客位"（Etic）观察法密切相关。"客位"观点指作为局外人的研究者的解释，而"主位"则暗指一种态度，即要从被研究者的角度出发去审视其文化，而不是用研究者的概念去预设其含义。在田野中，"听当地人说"是必不可少的环节，但这并不是田野调查的最高境界，马林诺夫斯基提出以"移情"来达到从当事人观点看当地文化的境界，似乎仍是田野工作的最高指导原则。在旅游人类学的田野中也是如此，东道主对旅游的感受、看法、评判（无论对错）、期待等，都是其社会的产物，值得研究者去关注，并具有"感同身受"的能力。在旅游体验研究中，相当一部分人类学学者都倾向于"推己及人"，以至格雷本不无讽刺地说道："人类学学者早已着手研究旅游者的主观性，但结果却是将其自身的主观性强加到旅游者身上。"[②]

强调"主位"观察并不意味着对"客位"的偏废，兼顾二者往往才是洞悉事实的最佳方法，这一点在旅游人类学研究中体现最明显。克里克（Crick）曾说旅游人类学诞生于"焦虑"（Anxiety），这一点不无道理。早期人类学学者就是因为太在意、同情旅游社区原住民的想法，才丧失了"客位"的理性思考，使旅游人类学调查变成片面的、保护传统与地方文化的"奔走疾呼"。

3. 跨文化研究视角（Transcultural Perspective）

顾名思义，"文化研究视角"即从跨文化的角度来研究人类的文化与行为。

[①] 博厄斯. 人类学与现代生活. 商务印书馆. 1985. 第 201 页.

[②] Nelson Graburn. "Relocating the Tourist." *Special Issue of International Sociology*. 16(2). p. 156.

丹尼森·纳什与瓦伦·史密斯认为,旅游人类学研究应该建立在"跨文化视角"的基础上,而此视角包含以下几层含义:(1)调查者要小心谨慎,将之作为方法论的支柱,因为调查中得到的结论必须具有较大范围的适用性,也就是说,调查结果要接受其他同类型社区的检验;(2)此视角可提醒研究者摆脱无意识作祟的大、小民族中心主义;(3)要形成对旅游的全面研究之势,本土研究者、非西方文化背景研究者的加入是必不可少的。

旅游人类学对"跨文化研究视角"的强调,实际上是对比较研究方法的推崇。涂尔干(Emile Durkheim)的比较法同时适用于社会学与人类学,他指出,可分三种情况对社会现象进行比较:(1)同一社会现象在同一社会的不同时期的比较,即历时性比较;(2)同一社会现象在不同社会类型中的比较,即共时性比较;(3)对复杂的社会现象,必须到不同的社会类型中去追根溯源,考察其不同的源起、发展、高峰、衰落,乃至消亡的轨迹。① 相对而言,"共时性比较"方法对旅游人类学较为有用,比如旅游者研究,可对比不同文化背景下的旅游行为、同一文化背景下的不同旅游行为;对于旅游目的地影响调查,可对相同旅游条件下的不同旅游模式作对比,也可以对相同旅游模式下的东道主的不同反应作对比,以及不同东道主社会对旅游影响的不同承受力,等等。总之,"跨文化研究"提供了更为宽广的视角,使研究者可得出较有说服力的结论。

4. 民族志田野工作(Ethnographic Field Work)

人类学学者一般既要从事实地调查,又要在一般意义上谈论文化,对于这个问题,人类学学者们的看法见仁见智。凑巧的是,人类学学者对待田野调查的态度与中国古人对待出门远游的态度有惊人的相似之处。中国古人有"身游"与"神游"之好②,因人而异,而西方人类学学者对于远涉异国他乡的田野调查,也有这两种态度:一是要求身心都离开自身文化一段时间;二是通过他人的间接描述来"神游"于另外一个世界。③ 不论是哪一种,人类学学者所欲达到的状态就是在空间或时间上远离自己的文化,进入"他者"或"逝去"的文化中,领悟文化的多样性与人的共性,正如"身游"与"神游",无论手段如何迥异,其目的在当时都是为了出离与逃避。具体而言,田野工作是指经过专门训练的人类学学者亲自进入某一社区,通过参与观察(Participant Observation)、深入访谈(Deep Interview)与住居体验等方式,获取第一手研究资料的过程。总之,尽管有些夸张,但亦正如英籍人类学家塞里格曼(G. G. Seligman)所言:田野工作对人类学的重要

---

① 黄淑娉、龚佩华.文化人类学理论方法研究.广东高等教育出版社.2004.第86~87页.
② 龚鹏程.游的精神文化史论.河北教育出版社.2001.第260~262页.
③ 王铭铭.人类学是什么.北京大学出版社.2003.第51页.

性,就像殉教者的鲜血对教会的重要性一样。如今,它不仅是当代文化人类学的标志,亦是文化人类学学者的基本功。关于旅游人类学研究中的田野工作,将在下文细述。

上述中,有一个问题其实已呼之欲出,即:什么样的旅游研究才可称得上是旅游人类学研究?以人类学家布莱恩·莫里斯(Brain Morris)的观点来看,凡是研究人类的环境或条件的学人都可被称为人类学者,只要研究内容属于人类学所关注的领域,就可称之为人类学。瓦伦·史密斯与詹姆斯·莱特(James Lett)认为,在旅游研究中,人类学与其他学科的区别在于是否具有"整体观",以及是否使用了"比较研究方法",他们以此来判定某一研究是否属于人类学性质的研究。① 上述两个很宽容的标准,颇有些"英雄不问出身"的意味,因此,许多非人类学背景的学者只要采用人类学视角进行研究,其成果都可被视为人类学著作,这亦是为什么许多以人类学视角或方法研究旅游的学者,却是社会学家、历史学家、心理学家或地理学家的原因。

二、旅游人类学研究中的田野调查

文化人类学的田野调查可划分为两类:一是禀承马氏传统的"全面调查",调查者以"专著"(Monograph)的形式写作;二是专题调查,用以验证或检查某一人类学理论,或解决现实生活中某一社会问题。② 旅游人类学的调查当属第二种。本章将不再赘述田野调查之普通常识与规范,更多相关内容请参考汪宁生的《文化人类学调查——正确认识社会的方法》一书。

初涉旅游人类学时,一次田野调查应该关注些什么、采取何种视角,的确是令人迷茫的问题。传统人类学调查有一定的规范与旧例可依循,关注焦点亦清晰明了,不言而喻。旅游人类学调查虽然只是专题调查,但此专题的范围却显得似是而非,难以界定。下面部分将以方法论为基础,对旅游社区田野调查的内容作尝试性的归纳,以帮助初学者厘清概念,明确调查方向,以期对旅游所引发的文化事实保持敏锐的嗅觉。

(一)旅游人类学的田野调查

当代人类学学者提倡对旅游全过程(Touristic Process)的研究,这意味着两层涵义:(1)就时间而言,旅游前、旅游中与旅游后这三个阶段,将全部成为考察对象,并且相互关联;(2)就地点而言,旅游目的地、客源地、旅游者体验过程,也将一起被纳入人类学视野。尽管欧美人类学学者早就开始反省旅游人类学不成

---

① 宗晓莲.西方人类学研究述评.民族研究.2001(3).第85页.
② 汪宁生.文化人类学调查——正确认识社会的方法.文化出版社.2002.第14页.

体系的调查视角以及陷入困境的调查方法,但一批为数不多,却仍呈增长之势的旅游人类学学者,通过借用人类学的田野调查方法,或记录、或分析、或比较了世界不同旅游地区、不同民族的旅游模式与旅游影响效应,以及不同文化背景之旅游者的旅游行为,等等。研究者们的旅游"著述"大都与实例相结合,为我们打开了一扇混杂着悲观、乐观、冷静、洞悉、反省、深思与探索的旅游研究之门,同时也反映出他们在深入旅游现象的过程中,目光往往会被带向何方。为此,以下将尝试性地对空间意义上的旅游人类学田野作简单的概括,分旅游目的地、旅游者、旅游客源地三部分进行阐述。

1. 旅游目的地

旅游社区是人类学学者永远的田野点。卡尔·波普(Karl Popper)将人的眼睛比作"探照灯",照到哪里哪里亮,这个比喻同样适用于旅游。一个普通社区成为旅游社区的条件由其旅游资源(Tourist Attractions)决定,譬如怡人的自然环境、奇异的民族风情、独特的生产生活方式、辉煌的历史文化遗产或遗迹[1],旅游者目光投向之处,就是研究者应该警醒、关注之处。从国内外的调查研究成果来看,人类学学者主要关心旅游对东道主社区文化的影响,亦即文化变迁,其关注点可细化如下:(1)旅游社区人居环境的改变,如建筑、公共设施、人造景观等,尤其是为迎合旅游者口味或达到"国际旅游空间"之标准而出现的改造与新建;(2)旅游带来的生态环境变化,继而引发的生产、生活方式的间接变化;(3)民族(尤其是少数族群)传统文化的变迁,譬如服饰、饮食、仪式、节庆、歌舞、宗教、信仰、禁忌、亲属关系、性别差异、婚姻圈、家庭模式等方面的影响;(4)民族艺术品向旅游艺术品的转化过程以及旅游纪念品的功能;(5)旅游对族群认同的影响与重塑,尤其是旅游者、媒体、政府、地方精英、学者等中介人在模塑民族地区旅游形象中的作用;(6)当地人生计方式的直接改变,比如随行就市进入旅游业,从事导游、服务员、表演者、中介者、旅游机构管理者等工作;(7)旅游企业对社区生活的影响;(8)替代性旅游的出现;(9)外来人员的流入对旅游社区的影响;(10)与旅游密切相关的社会问题,如传统价值观念的转变,以及乞讨、欺骗、卖淫等社会问题的加剧;(11)主、客间的不对等关系;(12)不同旅游目的地对旅游影响的承受力问题等。

在调查中,人类学学者逐渐开始使用一些概念来描述旅游变迁中的文化事实,比如:他性(Otherness)、涵化(Acculturation)、发展(Development)、文化接触(Cultural Contact)、示范影响(Demonstration Effect)、内化(Internalization)、社会化(Socialization)、真实性(Authenticity)、舞台真实性(Staged Authentici-

---

[1] 杨桂华.旅游资源学.云南大学出版社.1999.

ty)、前台与后台(Front and Back)、表述性文化(Expressive Culture)、机场艺术品(Airport Art)、视觉神圣化(Sight Sacralization)、庸俗化(Trinketization)、商品化(Comooditization)、文化退化(Cultural Involution)、社会冲突(Social Conflicts)、适应(Adaptation)、分解(Disintegration)、复兴(Revitalization)、整合(Integration)、不对等(Unequality)、迪斯尼化(麦当劳迪斯尼化)、帝国主义(Imperialism)、文化的内部变异(Intra-cultural Variation)、替代性旅游(Alternative Tourism)等。

诚然,旅游社区调查应属典型的、人类学式的田野调查,但由于调查对象的特殊性,研究者在田野中应注意在方法与思路上的谨慎把握。传统田野调查方法一般强调五个W:谁(Who)、何时(When)、何地(Where)、什么(What)、为什么(Why);史密斯则将旅游民族志调查的特色概括为四个H:旅游景区与景致(Habitat)、历史(History)、遗产(Heritage)、工艺品(Handicraft)。虽然没有细化,但其实也是对调查对象的一个大致把握。[①] 除此之外,有几个要点值得谨记:(1)注意区分旅游与其他外来力量的影响,比如媒体、网络、现代化等,旅游往往不是导致目的地社区文化变迁的主要因素,人类学的传统田野点早已不是理想的封闭社区,它与现代性、全球化息息相关。比较研究的方法可以帮助识别这一点。(2)区分旅游带来的短期影响与长期影响,二者不能相提并论。(3)区分旅游企业的规模,并注意控制性旅游模式与非控制性旅游模式的差别。

对于文化变迁,人类学有专门的研究方法,黄淑娉与龚佩华在《文化人类学理论方法研究》中提出以下几种方法:

(1)历史复原法。研究变迁不能不了解过去,可根据历史文献资料、报导人回忆等方式,复原过去的历史。对于变迁起点的界定,多数人类学学者赞成两个文化接触之前即为变迁的开始。对于旅游造成的文化变迁,可将旅游者大规模进入旅游社区之始作为变迁的起点,以方便作旅游前后的对比。

(2)剖面分析法。这是最流行的方法,即对文化变迁的内容进行研究。包括:文化接触时所发生的变化、接触模式与过程、友好或敌对的态度、接触群体的大小与力量的对比、接受一方对新文化特质的选择、采借、调整、适应、接受、整合、抗拒与反对。这个方法最适用于旅游目的地影响调查,它可以让研究者全面掌握文化的变迁过程。

(3)研究—再研究法。如果时间与条件允许,对以前的田野点进行回访,即为研究—再研究法。这种方法实质上是将调查时间延长,对于作旅游地区文化变迁与旅游地生命周期的调查者而言,回访提供了深入比较与反思的机会。

---

① 彭兆荣.旅游人类学.民族出版社.2004.第40页.

(4)持续观察法。固定一个点,每隔一段时间进行调查。应该说,这个方法对于那些远涉重洋去异国他乡调查的人类学学者而言,是不现实的,除非是研究人类学学者常住地附近的社区。在旅游人类学研究中,持续观察法更适用于旅游者生成社会的研究,此点下文会涉及。

2. 旅游者

比起旅游影响,人类学对旅游者的研究则相对逊色。研究旅游者,主要目的是为探寻旅游原因与旅游本质,人类学学者的调查则主要通过研究旅游者体验与旅游者类型来接近这个目的。人类学学者将旅游者称为"移动的非社区人群",而诸如旅游者、漂泊者、流浪者等人群的行为,则被称为"空间实践"(Spatial Practices)或"建构田野"(Constructing the Field)"[1],这个人群的出现,自然是对传统田野调查的最大挑战,旅游者行为发生在整个旅游过程中,不固定在任何一片空间意义上的田野,因此难以对之进行长期观察。尽管为数不多,但仍有部分人类学学者对传统田野工作进行了尝试性的突破,兹将其方法汇总如下:

(1)装扮成旅游者,全程跟踪旅游过程中发生了些什么,并对旅游同伴进行访谈。

(2)旅游者游记、日记或网上留言,是了解旅游动机与旅游体验的最佳途径。

(3)充当导游或服务人员,取得旅游者信任,直接与之沟通交流。如果可能,与旅游者形成长期关系,通过电子信箱或信件跟踪调查,并找机会拜访其家庭或社区。

(4)非参与式观察。直接观察旅游者的旅游收获,比如照片、旅游纪念品,并关注旅游者对之的处置情况,从中可分析旅游者背后的文化模式与社会网络,不过,这个与旅游体验无关。

(5)旅游后的深入访谈。只与归来后的旅游者作深入访谈,事后讨论旅游经历,对揭示旅游的另一层意义,或揭示现场经历与事后回忆之间的差异本质,亦是很有必要的。

(6)接近与自身教育程度、年龄、性别、阶层类似的旅游者,更易获得相关信息。[2]

(7)问卷调查。

旅游者调查,是个难点。这些调查方法可能会遇到以下挑战:(1)旅游事件的短暂性与现场性(On-site),调查者难以在转瞬即逝中捕捉事件真相或继续追踪。(2)旅游主体的特定心理状态。比如旅游"仪式(意义事件)"中的旅游者,就

---

[1] 彭兆荣. 旅游人类学. 民族出版社. 2004. 第38页.
[2] Nelson Graburn. *The Challenge of Ethnography in the 21st Century*. 复印稿.

很难确知其真实感受。① (3) 旅游者一般反感被调查、拍照或是填写问卷,多数只乐于与人分享体验;观察成百上千的旅游者,无数次作访谈,最终可能由于时间的有限性,而导致大量没有深度的数据。(4) 旅游者不仅在地点上难以确定,其个性与偏好亦捉摸不定,难以把握,因此就需要研究者更加注意调查方法与技巧的运用。

除上述方法以外,研究还应注意对某些问题的把握。譬如:(1) 类似的旅游行为或相同的问卷答案,必须放到旅游者的生活经历、文化背景中去考察才有意义;(2) 特定景致对特定旅游体验的规定关系,也许在旅游者的意识之外,亦是必须加以考虑的因素;(3) 身体感受在旅游过程中的变化,进而引发的心理体验变化,比如徒步、攀援、蹦极等给肉体带来感觉与刺激的旅游活动,怎样引发旅游者心理体验的相应变化,也是被研究者长期忽略的问题。因为在旅游者刻意寻找身体痛楚或刺激的背后,也许蕴含着赎罪、自我惩罚、自我考验或是英雄认同之类的深层含义。② 因此,对旅游体验的跨学科研究显得尤为必要,心理学、现象学、社会学的方法都必须借鉴。

3. 旅游客源地

如前所述,如果将旅游视为一种特殊的世俗仪式,那么旅游前后这两个时段,其对应的空间即为客源地社会,而旅游者,这片在一定时段内"移动的田野",在出行前与归来后就都是相对固定的,他们有属于自身的社区,他们在此成长并度过其大部分生命。事实上,这片区域亦正是传统人类学的田野场所,在这个意义上,旅游目的地与旅游过程研究正是人类学研究的社区外延伸,旅游者或许就在此社区培养出旅游的动机,再回到此社区消解与提升旅游的影响。然而,关于旅游客源地的研究,却不能脱离旅游目的地与旅游过程(Tourist Process)而独立进行,旅游前、中、后,或者说旅游目的地、旅游者、旅游客源地是一个完整的、相互牵涉的过程或体系,剪贴板式的调查只是对旅游者断章取义式的理解。

一个著名的旅游人类学调查可以说明这一点。人类学学者帕特里夏·艾伯斯(Patricia Albers)与威廉·詹姆斯(William James)分别在拉丁美洲与北美印第安部落做田野工作,他们收集了4万多张散落在世界各地的明信片,这些明信片是20世纪初期前后美国西南部印第安人出售给旅游者的,艾伯斯与詹姆斯关注的是明信片上图像风格的变化,他们认为这些画面迎合了美国白人社会的口味——对"田园诗般异国情调"的爱好与向往。但这些期待与向往是怎样产生的

---

① Dann Graham. *The Tourist as a Metaphor of the Social World*, Wallingford: CAB. 2002. pp. 19-39.
② Nelson Graburn. *The Challenge of Ethnography in the 21st Century*, 复印稿。

呢?艾伯斯与詹姆斯没有回答这个问题,但这个问题却指引了一个研究方向,就是客源地社会。①

通常,客源地社会多指都市,但对复杂社会的研究亦是对传统民族志调查的一种挑战,因此客源地社会通常不是人类学学者自愿研究的对象。在这方面,社会学者的调查方法值得借鉴,但长期的参与观察很难做到,不定时的长期深入跟踪与访谈,即时段性(Part-time)参与观察法,则可以一试。因为研究者不大可能在整个年度都参与到目标人群的所有方面中,或是想方设法地混入一些禁止非成员参与的特殊场合中,以发现社区生活的另一面。正是由于社区住户构成的复杂性,研究者更应该专注部分人群而非整体人群或特定空间里的某个社区,因此研究人员可以从城市特定阶层中进行随机挑选家户进行分析;或就近选择部分家户,也可以获得满意的样本;或访谈与自己有私交的家户。② 美籍旅游人类学家格雷本曾说:"我的田野调查的优势在于:我生活在日本,我能够了解到多数报导人出行前后的情况,看到他们准备、出行、返回、分发礼品以及处理相片的情形。"

有时,网络会成为解决这一调查难题的手段之一。在网络上填写调查表,比在调查者的注目下(Gaze)更轻松、自在与真实。同时,文学著作、杂志、小说、影视作品等资料,亦会提供给研究者许多珍贵信息。总之,人类学学者对旅游客源地的研究依然处于理论构建与阐述阶段,研究方法仍需以客源地社会中特定社区、特定群体、特定阶层的调查为基础,再借鉴包括人类学在内的多学科理论,进行综合研究与分析。

(二)旅游人类学学者定位

可以想象,当有人疑惑地挠头问道,人类学是不是考古,这情形是多么令人类学学者恼火。在探讨人类学学者的自我形象时,詹姆斯·克里福德也申明:"我们不是传教士,不是殖民者,也不是游记作家。"③然而无济于事,人类学学者的"非学者形象"似乎已成某种秘而不宣的"共识",而旅游人类学学者的遭遇更遭糕。"旅游者几乎无处不在,他们出现在各种地方,不断观察着第三、第四世界的'他者',这与人类学学者多么相似。自认为可以识别所谓的'深层游戏'与社会-文化表面下所潜在的'无意识模式',人类学学者防卫性

---

① 宗晓莲.旅游开发与文化变迁——以云南丽江县纳西族文化为例.中国旅游出版社.2006.第68~69页.

② Dann Graham. *The Tourist as a Metaphor of the Social World*. Wallingford:CAB. 2002. pp. 19-39.

③ James Clifford. *Routes:Travel and Translation in the Late Twentieth Century*. Cambridge. MA:Harvard University Press. 1997. p. 64.

地坚持:不能沦为单纯的、只看表面的旅游者。"①害怕被视为旅游者,似乎成了人类学学者的心结,这种情绪似乎潜在地影响着人类学学者的旅游调查:是以各种令人诧异的调查方法来维持自身的学者形象呢,还是竭力去寻找旅游体验的肤浅、舞台化、虚假,以证实旅游者没有犀利专业的眼光与洞察力呢?而寻求文化"真实性"的旅游者就更加成为人类学学者的心头之痒,他们似乎也与当地人一样,看不出自身与科恩的"体验型"、"实验型"或"存在型"旅游者有什么不同。调查方法的难以实施,或是旅游现象的复杂性,都使得人类学学者难免沦为当地人眼中的"旅游者",然而,当人类学学者刻意装扮成旅游者进行调查时,他或许更像是人类学学者。另一个提法是,旅游人类学的基础研究与运用研究应该携手共进,于是人类学学者又增加了另一张面孔,即充当旅游企业、地方或中央政府、国际机构(比如世界银行)的顾问与咨询员。然而,总是在问题出现之后,人类学学者的意见才被纳入考虑范畴,而在旅游规划与论证阶段,坚持"情感共鸣与客观中立"的人类学学者,很难使自己的看法被追逐利益最大化的各投资方所采纳。

不过,旅游人类学学者长期的民族志田野工作,以及运用整体观的分析方法,都使得人类学学者区别于那些对某个小地方匆匆一瞥的调查者。他们运用各种理论,使田野成果得到升华;他们对地方知识与旅游者动机、行为模式的深谙,使其成为当地人与外部输入力量(Input)之间的桥梁与中介。因此,从某种程度上讲,调查方法的运用实际上影响着人类学学者对自身的定位,进而影响着其对文本的阐述。

(三)旅游民族志

"实验民族志"②这一概念的出现,为社会与文化人类学研究提出一个值得考虑的问题:人类学的描述(即民族志)到底是有关"真理"的探讨还是一种文学或"故事"的讲述?传统人类学学者的田野工作是为寻找有关人类社会与文化的科学理解,而实验民族志作家却重视从远方文化中寻求本文化所缺少的东西,前者是一种分析,而后者重在"文化展示"(Cultural Display)。③ 里雷和拉乌(Riley and Love,2000)在新近的一篇文章中将民族志研究形式分为五个时段:(1)"传统"阶段,如实证研究;(2)"现代主义者"严格的后实证方法阶段;(3)"混合型"阶

---

① Nelson Graburn. *The Challenge of Ethnography in the 21st Century.* 复印稿。
② 20世纪80年代初,人类学界出现一股对民族志做出新实验的潮流,这一潮流的基本特点有三:一是把人类学学者及其田野经历当作民族志实验的焦点和阐述的中心;二是对文本组织的有意识组织与艺术性讲究;三是把研究者当成文化的"翻译者",对文化事象进行阐释。转引自王铭铭的《西方人类学思潮十讲》(广西师范大学出版社,2005,第153页)。
③ 王铭铭.西方人类学思潮十讲.广西民族出版社.2005.第158~159页.

段,包括女权主义、符号论、解构等多种方法;(4)"表述危机(Crisis of Representation)阶段",包括主观主义与田野中的个人反省;(5)最近一个阶段,特点是摒弃宏大的叙事,注重地方性与相关支持材料。里雷和拉乌认为,目前第四种方法已很不常见,而第五种则完全缺失。

这种思潮,也反映在旅游人类学研究的民族志上。马林诺夫斯基早就说过,一部优秀民族志的特点就在于参与观察并抓住"当地人的观点"。在旅游人类学的研究中,旅游社区居民与旅游者,就是所谓的"当地人"。对"成为当地人"主张的过度运用,导致大量自传式旅游民族志(Auto-ethnography)的产生。然而,自20世纪80年代的民族志"写作范式"之反思以来,自传式民族志就此被打入冷宫,因为这类描述很难触及旅游研究的目标。当然,亦不乏成功的案例,因为"成为旅游者"并不必然意味着以自我体验为中心,它亦是接近其他旅游者的手段。作为文学或"故事"讲述的旅游民族志亦逐渐不多见,但对旅游目的地影响研究,人类学学者还是倾向于个案研究,有理论深度的民族志比较缺乏,"主位"观点体现不多;对于旅游者研究,尽管论述相对不多,但理论性却较强,不过许多理论的普适性都有待实证研究的检验;至于旅游客源地研究,多限于社会学式的调查,其叙述亦多属于归纳与思辨性的演绎。

总之,旅游民族志与一般的日志、游记不同,它应该是人类学整体观关照下的文本,并对所调查旅游社区、旅游者群体、旅游者生成社会有准确、客观的描述,在此基础上,以理论为指导,对文化事实与现象进行跨文化的比较、分类与定性。至于实验民族志所倡导的文化描述与呈现,亦可以适用于某些种类的旅游模式或旅游者体验分析,尤其是某些极端旅游形式。

三、其他方法

除以上方法外,人类学学者亦借用某些社会与人文学科的研究方法,比如历史、档案资料收集与统计方法的运用,但在旅游人类学研究的第二阶段,学者大量采用社会学方法、模型分析法对旅游影响效应进行量化。相对于早期旅游人类学那种草率的"价值判断"方法,这一阶段显然是对前一阶段的"矫枉过正"。在研究象征性内涵与地方、民族认同等问题时,语言学、心理学、符号学与文本分析的方法就比较适用。到20世纪90年代后,跨学科、定性、定量的方法在旅游人类学研究中同时得到运用。

第二节 案例：丽江玉龙县白沙乡民族旅游田野调查

一、选点

选择丽江作为田野调查点纯属直觉，而进一步将调查范围锁定在白沙，则可算是意外。丽江旅游一直给人如火如荼的印象，这得归功于媒体的宣传与不绝于耳的道听途说。纳西族、小桥流水、游人如织、名流云集、盛事迭出，这层厚重的旅游面纱不仅绚烂瑰丽，更激起人强烈的探索欲，这片土地一定蕴藏着某种文化秘密。正是这似是而非的直觉，使云南西北方的丽江，成为我无法动摇的选择。2006年9月中旬，我前往丽江作前期的考察，亦是直觉让我直奔大研古城。当混迹于熙熙攘攘的人流中，当亲眼目睹"酒吧一条街"上穿梭的游人恣意狂欢，我变得有些迷惘与迟疑，不知道谁是这里的主人。古城太多的现象激起我的兴趣，亦有太多的东西熄灭着这一兴趣，我对这看似古老的街道、错落的房屋、林立的店铺、激扬的导游、四方街上陌生的打跳者、川流不息的旅游者，甚至夜色掩护下的浪漫酒吧、轻言细语或若有所思的闲憩者，都有种力不从心、把握不住的感觉。这种不能掌控的感觉，却使我很想去掌握些什么：怎样去寻找，或是接触曾经居住于此的纳西人？他们在哪里？2006年，我没有去寻找这个问题的答案，但我一直以为大研古城可以解答它。2006年10至2007年1月下旬，我在厦门，离我即将奔赴的田野点有千里之遥，距离让我暂时忘记了这个亟待解决的问题。现在回想，当时大概是逃避的心理，因为大研古城时时刻刻都呈现出太多复杂的文化现象、太多视角，这反而成为我无从入手的理由。

2007年1月29日至2月16日，我作好各种精神与物质准备，再次来到丽江。这次目的明确，就是一定要确定一个主要调查点。在联系人的帮助下，我得以有机会去踏看另外两个点：束河古镇与白沙乡。束河古镇位于大研古城西北4公里处，是纳西先民从农耕文明向商业文明过度的活标本，亦是茶马古道上保存完好的重要集镇之一。2003年云南鼎业集团投资5亿多元实施的束河古镇文化保护与开发项目取得巨大成功，其利用民族文化保护和开发推动新农村建设的创新经验，引起包括央视在内的媒体的高度关注，并将其称为"束河经验"、"束河模式"向全国宣传。然而，束河古镇更多地呈现出一种成竹在胸的商业与文化欲望，族群意识淹没在这兴致勃勃的发展气氛中，难觅踪迹。尽管这气象万千的旅游现象曾一度使我迷惑，我的调查对象亦总是模糊后又清晰，清晰后又模糊,但我心中一直有个坚持,那就是我必须接触聚居的当地人。这大概是人类学知识对此次旅游人类学研究最直接的指导吧。

2007年2月7日傍晚,我坐在大研古城新大街上的"和志刚书屋",看石板路上川流不息的游人,心里筹划着明天的任务。和志刚随意提起,他的老家白沙乡明天有一个挂牌仪式,邀请他去做嘉宾,他觉得我可以去凑凑热闹。这次凑热闹的意外收获是,看到"四方街"上成群的身着纳西服装的当地妇女,脸上的高原红洋溢着健康的气息。玉龙雪山远远矗立在街道的北面,碧绿澄黄的田野环绕四周,茂林修竹,间或出现,簇拥着古老的村庄。三三两两的旅游者不断从白沙壁画后门逸出,街道两侧有古董铺、茶餐吧、农家客栈、白沙细乐队、和士秀的玉龙雪山本草诊所……这应该是我可以参与观察的地点。

总之,这次对田野点的选择与确定,是教训多于经验。首先,初始没有刻意寻找一个参与旅游的业内人士的帮助,在踏看过程中,面对如此成熟的旅游样态,走了不少弯路。有时,一种"专业"的眼光与建议,胜过无数不假思索的一己之偏见或信口开河。其次,与联系人的交流与沟通存在很大问题,导致他们对我调查意图的误解。这是笔者本人的失误,常常忘记文化差异,因为这几位会说汉语的联系人是纳西族,而其母语是纳西语。第三,直觉选择压过理性决定。虽然直觉往往给人以意外收获,但绝非屡试不爽。尽管曾听过不同建议,但直觉依然占据上风,这次的直觉选择提供给我不一样的视角,却同时令我失去关注典型旅游社区的机会。最后,选点从散漫到专注,是个漫长的心理历程,因此,确定何人的帮助最有效并遵循之,与确定田野点一样重要。至于此次选点收获到的经验,可归纳如下:一是通过比较不同的田野点,意识到最终选定的地点并非孤立的社区,它与其身后更大的文化、经济、政治背景密切相关,甚至是一唱一和,而旅游的示范效应并不单纯来自"陌生人"——旅游者,亦来自成功景点的影响。因此,我想选择一个"Isolate"的初衷只是在形式上得以实现,以后的调查也证实,白沙与丽江的联系千丝万缕,甚至可以延展到更大范围——云南、中国、世界。二是能够接触更广阔领域的报导人,他们的声音多来自文化的两极——乡土社会的"泥土"文化与知识分子阶层的"白雪"文化,而两极之间涌动的则是充斥着整个丽江的旅游文化。这个认识缘自与无数人的咨询与交流过程中。

二、进入田野

入住白沙,是以人类学最传统的方式来完成的。首先由联系人介绍,与村委会主任一家见面并相互认识。这是个完整的主干家庭,村长一家四口与年迈的父母住在一起,联系人认为一名女性长住这样的人家再合适不过,而且碰巧这也是白沙村村长的家。后来与村长爱人闲聊时方知,当时村里其他人家因为担心,不想接待外人,而村长是干部,要起带头作用,别人家安排不下,只好像完成任务一样安排在自己家。进入陌生社区,特别是民族聚居区,一定要由当地人信赖的人引介,这是常识,而这只是迈向社区的一小步而已。

三、白沙概况

白沙乡位于丽江坝子北端、5A级景区玉龙雪山南麓,属丽江市玉龙县下属的一个乡,距离大研古城约9公里。白沙乡下辖5个行政村,即白沙、文海、玉湖、新善、木都,村民囊括纳西、汉、藏、彝、普米、白等民族,但主体为纳西族。全乡总面积253.6平方千米,地形跨山区、半山区与坝区三种类型。境内景点众多,除已归属管委会的玉龙雪山外,还有白沙壁画、北岳庙、东巴王国、姊妹湖、玉峰寺、玉水寨、东巴万神园、玉柱擎天、洛克故居、东巴谷、户外乐园等景点,以及5个马场。我的调查起初是以乡政府所在地——白沙行政村为中心,这个村的主体坐落在白沙古街两侧,与白沙壁画咫尺之遥。重要的是,白沙壁画的后门与白沙古街人为地毗连起来,古街于是成为壁画的延伸景点,两侧的商铺、饭店及部分民族文化展演则主要针对来壁画游览的旅游者与背包客。游人有时络绎不绝,有时稀稀落落,不过后者居多。这是每个初来者都会获得的白沙印象:一个似被人遗忘,却又令人倍感珍惜的村落,一条氤氲着乡土、闲憩与舒缓气息的古街,一切都像是才刚面世的真实文化。

目前,白沙村共386户,总人口1499人,分属9个村民小组。从四方街至壁画后门这一段古街上,主要居住的是三元一社与二社的农户,也就是说,他们因为距离白沙壁画最近而与旅游关系最为密切。白沙拥有得天独厚的旅游资源:它是纳西先民的最早聚居地之一,亦是木氏土司的发祥地。这里有太多历史遗迹可追寻,如北岳庙、岩脚院遗址、白沙壁画、古桥古树、古建筑群落、古墓葬等。白沙历史上名人辈出,民间至今还流传着他们的轶事,包括土司、进士、文武官员、留洋学生。天赋白沙优美清丽的自然景观,从丽江古城到白沙古街,一派田园风光,再从乡政府进入白沙村,是清清落落的古建筑群,玉龙雪山端坐村北,天空蔚蓝,愈发衬出村子的"旧",而这似乎正是白沙的魅力所在,亦是其旅游业一直兴旺的原因所在。

总之,相对完整的纳西文化、悠久的历史、丰富的人文资源与秀丽的自然环境,正是白沙的旅游优势所在。就全乡总体状况而言,大部分农民依然以务农为主,但无可否认地,旅游已经对他们的社会、文化产生了巨大的影响。

四、调查对象与方法

就调查范围而言,最初计划是以白沙行政村为主体,但随着调查的深入,且旅游事件及相关文化事实都不同程度地散布在整个白沙乡,因此调查范围从白沙村扩展到其他4个行政村:玉湖、新善、木都与文海。就调查对象来看,可分为5个层次:一是当地纳西村民;二是乡政府相关公职人员;三是旅游企业员工与管理人员;四是古城区内旅游业从业人员与文化人士;五是白沙的旅游者。所采用的调查方法包括参与观察、深入访谈、入户调查、问卷调查、搜索网上游客留言与文献资料查阅等。

纵观整个调查过程,不同的调查对象对待调查的反应大相径庭,因此就必须相应调整调查方法。首先,调查对象跨度很大,语言仍然是个很大的障碍,尤其是与当地文化水平不高的村民接触时,几乎无法正常沟通,此时一个好翻译是很有必要的。其次,由于语言与文化的隔阂,当地人对于笔者调查目的的理解与接受是一个相对漫长的过程。几年前,三元一社、二社妇女组织打跳表演,吸引游客观看,此间曾强制游客捐钱,报社记者曾到此作过专访,而后在《丽江日报》曝光此事,希望其他景区引以为戒。因此,当地人对调查者相当警惕,笔者曾一度被白沙一条街上的住户与商贩看作记者,而消除这敌意的方法就是与他们长时间深入接触,以主位的方法去思考,这是建立彼此信任的基础。另外,尽管纳西族善于学习异文化,尤其是汉文化,但民族心理是个微妙的问题。在他们眼里,笔者是"陌生人"、外来者,因此,入户调查如果没有熟人引介,很难得到接待,更奢谈深入访谈。

五、田野发现

可以将白沙旅游分为两部分:控制性旅游与无控制旅游。以白沙壁画为游览区的旅游即控制性旅游,可分为三个阶段:一是最初萌芽阶段,从20世纪80年代末到90年代中,特点为发展缓慢、外国游客居多;二是无序膨胀阶段,从1996年世博会到2000年,特点为发展迅猛,且团队游客增多;三是从停滞到缓慢增长阶段,从2002年至今。其中,从2002年至2005年初,许多旅行社陆续取消白沙壁画这个点,直至2004年底云南鼎业集团接收这一景点后,才开始与旅行社再次建立联系,客源量才逐渐趋于稳定。以白沙古街为中心,包括附近马场的旅游基本上为无控制旅游,虽然其客源与白沙壁画息息相关,但总体上属于民间自发,并无政府或企业主导。事实上,白沙的旅游与大研古城、束河古镇形成鲜明的对比,后二者早已成为旅行社的固定行程,城镇内摩肩接踵,川流不息;而前者的旅游人数只是平均每天几百人而已,不能相提并论。

正是在大研、束河的参照与影响下,当地人对旅游的态度尤为复杂。第一,以乡政府为主导的宣传力量在竭力挖掘白沙的民俗节庆,以扩大白沙知名度,吸引外来游客。第二,当地人中的部分文化精英,深谙白沙历史文化,认为其是价值不菲的旅游资源。这股挖掘历史文化的暗流,首先应该是对丽江旅游发展的应和,其次是与大研、束河作潜意识的资源竞争。第三,旅游在大研、束河创造的奇迹,以及白沙丰富的自然、人文资源给予当地人太多信心与期待,在回收到的150余份问卷中,几乎百分之百的当地人都期待政府能够重视白沙的旅游发展。第四,白沙古街的早期客源主要来自欧美,至今仍有络绎不绝之势。长期的主、客互动中,部分当地人已深知外国旅游者感兴趣的是什么,并相应地做着力所能及的调整。第五,妇女喜好歌舞表演在整个白沙乡蔚然成风,这是传统与旅游的共同积淀。第六,对于外来投资开发力量,村人已经开始客观地审视并评判之。第七,对于历史与传统文化,年轻人知之甚少,中老年人还在坚决维护,而这与他们对旅游的期待与筹划息息相关。最后,就自行来白沙旅游的人而言,他们最倾向于坐在街边酒吧品茶、看街景、与店主闲聊,然后从此出发徒步去探索周围的景区。这里未成规模的旅游设施似乎更接近真实,从而给予他们不一样的旅游体验。

总之,白沙与其他景区有诸多不同,而其最大特色在于,旅游现象已成为当地人的日常生活景观,并与当地人的文化、生活共同作用,构成复杂的样态,真实的社会生活与小规模的文化展演并存在整个白沙乡。至于旅游对历史、文化的发掘与借用,民间普遍的态度是安之若素、积极参与,人们更为关注的是旅游操作与经济效益。

六、理论提升

由于田野调查仍在进行之中,关于白沙的旅游,目前只能提供以上粗略信息。管窥白沙旅游,在提炼历史资源与传统文化方面,都与大研、束河如出一辙,由此不难透视整个丽江旅游发展的态势。一言以蔽之,在旅游现象的刺激下,纳西人的历史记忆与社会记忆得到最大程度的再现与阐释,从仪式、民俗、建筑、宗教寺庙、东巴文化到各种文本对纳西文化的解读,都呈现出不遗余力、全民动员的特性。在丽江、束河日益盛大浓重的"前台"真实中,部分旅游者将目光投向纳西村落,试图领略更真实的纳西文化。白沙因为久负盛名且交通便利,而获得背包客与骑自行车环游者的青睐;不过,散落在白沙的其他景区,如玉水寨、东巴万神园等,却提供给旅游者另一种"后台"真实。这两种不同性质的"真实",是不同类型旅游者之需求与嗜好的产物。旅游产品固然有模仿、移植、剪切、增删等特征,但其最终是主、客互动过程中的产物,在此过程中,东道主展演并阐释着本民族的历史与传统,而游客则在旅游中解读着这种文化,主、客在旅游中完成自识与他识。由上述,民族历史与文化传统籍由旅游而获得重新记忆,当地人在新的旅游情境下再次确认其共同历史、文化,从而形成一种新的认同,即旅游情境下被强化的一种"舞台式"认同。从另一角度看,旅游者来白沙旅游,一方面与玉龙雪山、白沙壁画、白沙名人的带动效应有关,另一方面则来自其对自认为的真实文化的追求。这部分散客的追逐成就了白沙人对旅游的强烈期待,也决定着其文化宣传与提供的方向。虽然白沙乡内其他景区已初步处于井然有序的状态中,但像白沙古街这样一个无控制、无投入的旅游衍生物,却在一程度上反映出上述的互动过程。

以上只是初步认识,对白沙旅游的认识,仍然有待于进一步的调查与提升。如果必须对在白沙乡的旅游人类学调查作一次定性总结,那么我的结论是:此次调查是教训多于成功,感性体验多于理性经历,目的性胜过参与性。

原因亦来自多方面:第一,缺乏调查经验,对旅游社区的情况只有心理准备而无方法准备。第二,没有很好地"离我远去"。这是个无意识过程,从最初所谓的"文化震撼"(Culture Shock)到融入当地人,于我自身并未耗费太长时间,而当地人对我这个"陌生人"的接受时间却相对较长,这两者间的落差导致我的调查困难重重,而我最大的失误就是不自觉地以自己的文化意识对这些困难作出了反应,当然,一部分反应得到理解,而另一部分反应却加剧了这些困难。第三,过于轻视语言的障碍。应该事先重视这个问题,进而采取相应的解决办法,比如学习纳西语或是请专职翻译。第四,因为调查时间有限,再加上完成任务之心迫切,显得有些"路人皆知",参与观察明显少于主题访谈。第五,旅游者问卷调查完成状况不佳,这是个没有解决的难点。不过,另有两条弥补途径,即旅游者留言与网络评论。

调查中尚存在许多不尽人意或未周密深入之处,还有待第二次进入白沙后进行细节弥补与深入追踪的工作,此处不再一一细述。以上只是个人在田野中的浅见与主观心得,希望读者能够有所获益;至于对错,兼听则明。

总之,毋庸置疑的是,旅游,作为一种文化现象进入人类学视野,对人类学传统调查方法不啻为一种挑战与考验。这将是一个不断试错与摸索的过程,对中国旅游事业而言,就尤其如此,因此,亟待更多来者的深入观察与比较研究。

第十章 关于旅游人类学认知的思考

当旅游成为现代人类社会中一种普遍性的群体现象的时候,人文社会科学对于这种现象的关注是理所应当的。从认识层面讲,对这种现象本身的起因、发展、演化规律的探索,是人类认识自身的视角和切入点之一;从实践层面讲,对这种现象的存在问题和解决途径的研究,是推动这种事业良性发展,并进而实现全人类社会进步的必然手段。

然而,学界的"功利性"使人们对于旅游的研究呈现出一种方向性的"摇摆"。有一个耳熟能详的故事很能说明这种状态。一个醉汉在纽约的街角反复徘徊,寻找丢失的钱包,路人问及为何不到其他地方去找,他回答说因为街角的光线好。这种想法也表现在我国的旅游研究历程中,早期经济"光线"好,因而注重旅游的经济探讨,现时文化"光线"亮,故而又看好旅游的文化研究。虽然这种状态或许就是人文社会科学研究的时代性发展规律,但是对旅游学(如果作为一门学科)的发展就必然产生方向的动摇,进而导致研究深度进展中的困惑和迷茫。旅游研究的科学性受到质疑。

20世纪90年代以前,在我国旅游研究领域纵横驰骋的主要是一些地理学者、经济学者和其他一些学科的研究者。这些学者以各自的学科背景为基础,共同建立了旅游研究中的一些概念体系(即包括基础性概念和衍生性概念),如旅游系统、旅游地、旅游资源、旅游市场、旅游产品、旅游商品以及旅游开发、旅游经济、旅游产业、生态旅游、城市旅游、乡村旅游等,为后期的旅游研究奠定了基础。其贡献是不言而喻的,然而由于缺乏对旅游现象的本质性理解和认识,使这些概念体系所表达出的意象模糊不清,知识结构显得肤浅而零乱,理论表达更似是而非。而众多的对区域旅游发展或规划的文章,仅仅具有文字上的"指导意义"。因此,借助地理学、经济学等学科所阐述的旅游知识体系事实上已经走向枯竭。

20世纪90年代后期开始,人类学进入了中国旅游研究视野。由张晓萍、宗晓莲、杨慧、彭兆荣等为代表的一批学者,较为全面地介绍了西方旅游人类学研究成果,打破了由地理学、区域经济学、管理学等为基础的旅游"模式化"的研究僵局,以"本质主义"为指导思想的旅游研究逐渐崛起,形成旅游学界的一种新的研究潮流。由此也让中国旅游界记住了一些光辉灿烂的名字,如史密斯(Valene

Smith)、莱特(James Lett)、纳什(Dennison Nash)、格雷本(Nelson Graburn)、麦坎内尔(Dean MacCannell)等等。而《纳尔逊·格雷本的"旅游人类学"》(张晓萍、黄继元)、《旅游人类学在美国》(张晓萍)、《西方旅游人类学研究综述评》(宗晓莲)、《西方旅游人类学两大研究流派浅析》(宗晓莲)、《东道主与游客——旅游人类学研究》(张晓萍等译)、《西方旅游人类学中的"舞台真实"理论》(张晓萍)、《旅游、人类学与中国社会》(杨慧等编辑)、《麦坎内尔及其现代旅游理论》(杨慧)、《"东道主"与"游客":一种现代性悖论的危险——旅游人类学的一种诠释》(彭兆荣)、《旅游人类学》(彭兆荣)等论文与著作也相应地成为中国旅游研究的经典性文献,被广泛引用和传播。

值得注意的是,人类学一些理论观点进入到旅游研究领域之后,得到了广大旅游研究者的认可与支持。这说明人类学对旅游现象的解释更为贴切,对旅游实践的指导更有价值,由此也证明了人类学介入旅游研究的优势,以及推动旅游研究更为科学化的重大作用。

然而,回顾二十余年的中国旅游研究,有必要对一些理论观点进行反思。特别是对西方旅游人类学思想的"本土化"问题进行再认识。因为中西方旅游发展的动因不同,发展的路径也不尽相同,所以对中国旅游的人类学认识也应与西方旅游人类学观点有所差异,如此才能构建一个适应中国旅游发展实际的旅游人类学理论框架。

从科学角度看,理论的建构需要一个前提预设。而任何一种理论的前提预设都有目的论的意味。因为合理的前提预设的目的论并非纯粹主观兴趣,而是要尽可能最大限度地反映切身经验中的价值诉求。旅游人类学理论建构的前提是人类学内涵与旅游现象的"天然"联系,如果缺乏这种联系,则所谓的"旅游人类学"就成为无稽之谈,如大概不会出现"旅游物理学"、"旅游化学"或"旅游数学"等。

理论的建构还需要有逻辑的出发点。成熟的人类学理论是旅游人类学研究的第一个出发点。以人类学视角研究旅游现象,并以人类学的立场、观点和方法发现并解释旅游行为的特殊性和象征意义,是旅游人类学研究与论述的主要方式。而旅游的"概念体系"是旅游人类学研究的第二个逻辑出发点。这是因为实现两个学科(旅游作为一个学科)的对接,必须实现概念体系的一致,否则其语言叙述就存在障碍,也不能真正完成旅游人类学理论的建构。如旅游、旅游者、旅游目的地(旅游地)、旅游客源地、旅游产品、旅游业等概念,在两个学科中的内涵应该是一致的,否则就会陷入"鸡同鸭讲"的语言困境。

由此可见,对旅游人类学的理论建构,或完成旅游人类学的本土化认识,就有必要对人类学理论和旅游学研究成果进行通透性的理解。

第一节　关于人类学的理解

一、学科内涵的理解

在本书的第一章里,我们已简单地谈到了文化人类学的概念,在这里,我们还有必要对如何理解人类学作进一步的补充和探讨。人类学是从生物和文化的角度对人类进行全面研究的学科群。"人类学"作为具有特殊含义的术语,最早见于古希腊哲学家亚里士多德对具有高尚道德品质及行为的人的描述中。其希腊词源由 Anthropos(人)和 Logic(研究)组成,就是有关人的知识学问。①

如果把人作为动物人和文化人来区分的话,那就不可能全面地去理解人。人类学是把人作为直接研究对象,以综合研究人体和文化(生活状态)、阐明人体和文化的关联为目的的学科。人类学大致可区分为三类:主要研究形态、遗传、生理等人体的体质人类学;以风俗、文化史、语言等文化为研究对象的文化人类学;专门研究史前时期的人体和文化的史前人类学。

由于文化人类学是从文化的角度研究人类种种行为的学科,它研究人类文化的起源、发展变迁的过程、世界上各民族各地区文化的差异,试图探索人类文化的性质及演变规律,可以较为全面地理解人的群体性特征,所以通俗意义上的人类学实质上就是指文化人类学。事实上,绝大部分人类学学者往往以民族或族群作为具体研究对象,把人类发展的一切痕迹和所创造的所有均视为"文化",并对这些现象及问题进行研究。从这个意义上看,人类学就是全面研究人及其文化的科学,也就是文化人类学。

英、美把文化人类学分为广义的文化人类学(包括考古学、语言学和民族学)和狭义的文化人类学(即民族学)。

狭义的文化人类学,即社会人类学或民族学是指研究人类社会文化的起源、发展过程和发展规律的学科。它综合社会文化、民族、民俗等资料,来研究人类社会文化的发展史,以及文化模式、文化变迁等,也研究探讨现代社会的各种文化形态。文化人类学家所做的最具成就的工作是对人类的婚姻家庭、亲属关系、宗教巫术、原始艺术、文化比较与变迁等方面的研究。

"值得注意的是,'文化人类学'这个名称又逐步取代'民族学'和'社会人类

---

① 夏建中.文化人类学理论学派:文化研究的历史.中国人民大学出版社.1997.第1页.

学'而成为通用术语的趋势。"①特别是当"民族"在某些地区具有非文化性的特定含义的状况下,"民族学"相关内容容易产生歧义,如我国习惯于将民族学理解为"少数民族研究",将汉族文化研究纳入社会学范畴等。这就使得"文化人类学"的学科名称更容易为大多数人所接受,并以突出"文化"特征,成为学科的标志。

二、文化内涵的理解

文化人类学如何理解"文化"(Culture)概念,这是理解文化人类学的关键。19世纪中期以来,人类学各个流派的主要学者都给文化下过不同表述的定义,并对文化的内涵和外延进行了不同的界定;其他人文社会科学,如哲学、政治学、历史学、社会学、语言学、心理学、宗教学等学科在涉及文化研究时,也都对文化的概念作了不同的定义。1952年,美国人类学家克娄伯和克拉克洪在《文化:关于概念和定义的探讨》一书中,收集了从1851年至1951年关于文化的定义多达164个,至今也没有哪一个关于文化的定义被完全接受或被公认为标准定义。人类学的"文化"定义,是泰勒在其1871年出版的《原始文化》一书中首次提出的:"文化就其广泛的民族学意义来说,是作为社会成员的人所习得的包括知识、信仰、艺术、道德、法律、习俗以及任何其他能力和习惯的复合体。"②所谓"习得",即是通过学习而掌握的知识或技能等;所谓"复合体",即包括了知识、信仰、艺术、道德、法律、习俗以及任何其他能力和习惯的经过整合的整体,而不单指其中的某一个方面。美国人类学家哈维兰在2002年第十次出版的《文化人类学》一书中对文化的定义是:"文化是一套共享的理想、价值和行为的准则。"③

目前,人类学界一般认为文化具有6个方面的特点:(1)文化是人类群体共享的;(2)文化是后天习得的;(3)文化是由不同元素整合的;(4)文化是以象征符号为基础的(人类学者普遍认为,人类所有的行为都源自符号的使用,如正因为有了语言——文化最重要的符号,人们才有可能把所知道的知识或技能代代相传);(5)文化是适应性的;(6)文化是变迁的。

文化人类学认为,要充分理解人的观念和行为,就必须研究过去的和现在的所有人,研究同一个时段不同的人。这种绝对的跨文化的研究理念,使文化人类学区别于其他人文社会科学。

作为旅游人类学研究的思想基础,马林诺夫斯基的文化功能学说对于我们

---

① 夏建中.文化人类学理论学派:文化研究的历史.中国人民大学出版社.1997.第3页.
② 庄孔韶.人类学通论.山西教育出版社.2004.第141页.
③ 威廉·哈维兰.文化人类学.瞿铁鹏、张钰译.上海社会科学院出版社.2006.第26页.

的研究有一定的启示。其文化功能观认为:"文化实际上是满足人类需要的手段。文化是一种物体、态度和活动体系;它是一个整体,其中各个部分都是相互依存的;文化在满足人类需要的过程中创造了新的需要,新的需要又促使新的文化和手段的出现,这正是人类进步的关键所在。"[①]这事实上说明了旅游人类学研究的切入点及其终极目标,即旅游人类学是研究旅游活动中的文化体系,这一体系要能够满足旅游活动实现的需要,而满足旅游需要的同时又产生出新的问题,促使新的文化手段的产生。

从人类学跨文化的研究习性与特点出发,旅游人类学关注对象并非跨地域性的文化区别,而更倾向于一种行为状态中的人的"类群"性文化特征,如所谓旅游主体、旅游客体及中介者的文化形态及其功能演化。所以,一个旅游过程中的各种"类群"性文化成为旅游人类学研究的切入点,而能够使旅游活动持续乃至发展的文化手段就是旅游人类学研究的终极目标。

三、人类学的基础性理论及其指导意义

人类学的经典理论主要是对人类文化演进模式的探讨,和对文化整体认识的不同视点选择,并由此演化为人类学的各种学派。从总体上看,人类学理论可以大体分为两类,即"本体论"和"方法论"。"本体论"包括"古典进化论学派"、"传播论学派"和"新进化论学派"等。"本体论"主要表达了人类文化本体不同的演进模式,也就是从人类文明进程视角探讨人类社会进步与发展的不同路径。"方法论"包括"历史特殊论学派"、"法国社会学学派"、"英国功能主义学派"、"心理学派"和"结构主义人类学"、"象征人类学"、"解释人类学"等。"方法论"主要揭示了不同研究视角状态下的文化样式,表明了对人类文化研究可以从多维角度切入,并从不同层面解释文化存在的原因、特征及发展变化规律。

由此可见,"本体论"是从人类社会整体文明进步的历程中归纳所形成的理论,是对全人类文明演进规律的认识;而"方法论"则强调对某种文化存在状态的不同解释。从旅游人类学研究所需要的理论出发,"方法论"无疑更具有现实性的指导意义。特别是"方法论"各学派中对人类某种行为研究的成熟经验和观点,为旅游人类学研究提供了基础性理论。如:迪尔凯姆的社会学理论、莫斯的交换理论、英国的功能主义理论、林顿的身份与角色理论、克拉克洪的文化价值理论、列维-施特劳斯的结构主义方法、利奇的象征文化思想、特纳的仪式象征论、格尔茨的文化解释理论,等等。所有这些理论都为旅游人类学的研究切入点的选择与研究思路的确定提供了强大的思想支撑。

---

① 林耀华.民族学通论.中央民族大学出版社.1997.第 127 页.

(一)迪尔凯姆的社会学理论

迪尔凯姆在《社会分工论》中提出,传统社会是以"同质"为基础的机械性的人际(群)关系,具有将个体组合为具有共同信仰和情感的整体的"同化机制";现代社会是以"分工"为基础的有机性人际(群)关系,在维护、培育、强化"个性"中实现社会的整合。① 这种观点指导我们认识旅游活动中短暂群体内部各组成部分的相互关系。

其"社会事实"理论强调:社会事实是客观存在的,可以通过感官和知觉体会到,并能够进行客观的观察与说明。判断社会事实的标准是社会现象的"外在性"、"强制性"和"普遍性"。旅游就是一种社会事实,作为一种社会现象也具有上述三个特性。同时,形成旅游群体后,每个人的意识均有两种形态:一种是个体所独具的形态,另一种是群体的"集体性意识"。这种集体性意识的表现就是"旅游文化",也就是旅游人类学的研究对象。

(二)莫斯的交换理论

莫斯发现社会交换中不仅有具有实用价值的经济性交换(如商品交换),还具有没有实用价值的礼仪性交换。礼仪性交换也是为了建立某种社会关系、参与社会活动、形成社会规则的手段。这一理论有助于我们解释旅游产品中的某种形式,并对旅游产品设计理念提供了指导思想。

(三)英国的功能主义理论

功能主义理论对我国人类学具有十分深刻的影响,很多中国本土化的人类学研究都将"功能主义"思想作为指导理论与研究立场。无论是马林诺夫斯基的"个人"研究视角,还是拉德克利夫-布朗的"社会"研究视角,都强调了"文化是一个整体,任何文化现象都要置于文化整体来考察"的基本观点。同时认为,每一种文化都有其特定功能,要完成特定的任务,是社会整体运转不可或缺的组成部分。

这一思想指导我们:要将现代旅游置于现代社会发展的背景中去考虑。旅游的产生必然有其固有的社会原因。旅游现象所蕴含的文化性是社会文化的组成部分,是推动社会进步发展的动力因素。因此,有关旅游现象的解释、旅游动机的产生、旅游行为的实现等研究,其思想源泉来自功能主义理论。

(四)林顿的身份与角色理论

作为心理学派的代表性人物,林顿的思想主要体现在其代表作《人的研究》中。所谓"身份是依据个体与他人的关系,或个体在特定社会关系中的位置所决

---

① 夏建中.文化人类学理论学派:文化研究的历史.中国人民大学出版社.1997.第97~98页.

定的。角色是履行特定身份被认定的权利与义务的行为"。角色与身份不可分离。[①] 林顿认为:任何社会成员都在社会结构中处于一定的位置,具有一个特定身份、扮演一个角色。社会功能的正常发挥依赖于个体与个体、个体与群体、群体与群体之间的行为模式。关键在于个体与群体身份与角色的准确定位,以及其功能的发挥。

这就是说,在一次旅游活动中,每一个参与者都有其特定的身份与角色,其行为模式对于旅游活动的实现起着决定性的作用。这为我们研究旅游行为特征及其所表现出的文化特点,奠定了理论基础和理论依据。

(五)克拉克洪的文化价值理论

克拉克洪认为:文化是人类历史上所创造的生存方式系统,其显性方式可由局内人向局外人描述;隐性方式只可意会无法言传,但恰恰是一个社会文化的价值体系。而文化的核心一方面是传统思想,另一方面就是价值体系。由此他提出了三点假设:所有社会都面临着人类共有的需要解决的问题;解决问题的途径是有限的;每个社会选择解决的方式各不相同。

这为我们进行旅游文化的研究提供了理论启示。旅游行为的外在表现往往形成固定模式,而其价值体系在于人们在旅游活动中所遵循的各种惯例和潜规则。同时每一次旅游活动都有一些旅游中的共性问题,解决这些问题的方式却因受不同地域文化和民族文化的影响而不同。

(六)列维-施特劳斯的结构主义方法

结构包括事物的外表构造形式和内在的组分特性。列维-施特劳斯认为"社会结构是一种社会比较其他社会研究的方法"[②]。他强调:结构是一个完整的体系,各组成要素相互制约;其中一个要素变化,该结构整体就会变化;结构的意义在于认识所观察到的一切事实。

结构主义方法认为:一切关系都可还原为两项对立的关系,每个关系中的每个元素都在这种对立关系中被赋予自身的社会价值。所以结构主义方法要求尽可能寻找各种现象中的对立关系。结构主义方法的最大特点就是研究系统各要素的组合关系,并从这种关系解释整体所表现的特征。这种方法类似于毛泽东所提出的"对立统一"思想和现代系统理论。

由于旅游本身就是人的短期聚集所形成的"交换(流)"性图式,各种交换在旅游过程中展开,并形成各种"交换(流)"关系,所以旅游系统中各要素间的对立统一的关系性质较为明显。运用这一方法,理解并解释人们的各种行为表现,具

---

① 夏建中.文化人类学理论学派:文化研究的历史.中国人民大学出版社.1997.第194~195页.

② 夏建中.文化人类学理论学派:文化研究的历史.中国人民大学出版社.1997.第262页.

有较强的指导意义。

（七）利奇的象征文化思想

利奇认为"理性主义是研究思想和思维的体系,经验主义注重客观事实,即经济和社会活动。利奇试图将两种方法结合起来。"[1]其象征文化思想对"符号"和"象征"作了界定。他认为符号表达的事物属于同一个文化背景,是以局部代表整体的"转喻"型关系;而象征代表了属于不同文化背景下的事物,表达一种"隐喻"型关系。象征不可能在孤立的条件下得到理解,只有当象征成为一整套文化的组成部分,并与其他象征进行对比时,才能表现出具体的含义。

利奇的思想有助于我们为民族旅游的产品设计提供理论依据,如傣族建筑、水井、寺庙、佛塔等就是傣文化的符号,而大象、泼水就成为一种吉祥、美好的象征。运用这种思想,可以在实践中设计各个民族的旅游符号系统,使游客通过符号理解不同的民族文化。

（八）特纳的仪式象征论

特纳也是象征人类学的代表性人物。特纳认为:符号是一种已知事物的类似代表;象征则相对地是对未知事物的表达。象征具有多义性和统合性。他提出对仪式的象征意义进行三个层次的探索:一是解释层次,包括当地各种人的解释;二是应用层次,即仪式举行、操作和具体应用的意义;三是象征的地位,即在当地一系列象征中的关系及位置。

特纳认为,朝圣是代表人的特殊关系的社会习俗,具有多重属性特征:其一,圣地远离世俗居住地;其二,朝圣者是平等的社会人;其三,其形式超越了民族与政治界限。特纳认为世俗社会生活是封闭的、枯燥的、无人性的,人性只有在某些具体仪式中才能得到发展。[2]

当我们将旅游视为"神圣旅程"的时候,特纳的仪式象征论给出其思想根源。

（九）格尔茨的文化解释理论

解释人类学是美国人类学界最具影响力的理论思潮。[3]格尔茨是该理论的领军人物。

格尔茨对人类学者田野工作的成果——民族志作了分析与要求。他认为文化是当地人背后由人类学者所阅读的文本,它是一种象征体系,用以解释文化诸要素间的内在联系;而人们的行为是文化形态的表现,是文本的符号。人类学需要寻求象征行为的意义,从而发现其背后的文化体系。

---

[1] 夏建中.文化人类学理论学派:文化研究的历史.中国人民大学出版社.1997.第293页.
[2] 夏建中.文化人类学理论学派:文化研究的历史.中国人民大学出版社.1997.第319页.
[3] 夏建中.文化人类学理论学派:文化研究的历史.中国人民大学出版社.1997.第323页.

格尔茨发现了文化系统与社会系统的相互独立性,特别是传统文化所具有的功能与现实社会的需求相背离。也就是说,不同文化背景下的社会群体行为与现实社会发展中所要求的行为表现不一致。

格尔茨借鉴朗格的情感理论,将文化比作一种生命情感的表现方式,具有游戏的、戏剧的、舞台的、文学的象征意义。他认为文化研究不是寻求规律的实验性学科,而是探求意义的解释性科学。

解释人类学为旅游人类学理论的框架建构提供了学术背景,对旅游人类学的研究方法和具体要求有所启示,而且在旅游人类学所应遵循的研究立场和研究的出发点方面提供了思想基础。

四、关于研究方法的再思考

旅游是现代社会中一种大规模的群体性现象。对旅游的文化性阐释,即旅游人类学的研究,一方面要借助人类学传统的工作方法,另一方面也应借鉴社会学的研究手段。

人类学和社会学同时产生于19世纪中叶经历了工业革命后的欧洲,有着其深刻的历史背景。但二者对社会群体研究的侧重点有一定的差异,学科发展历程中的研究兴趣也不尽相同,由此出现了各自较为传统的、有所区别的研究方法。

人类学研究方法有实地调查(即田野工作)、跨文化比较研究法、历史文献法和跨学科综合研究法,由于人类学特殊的研究对象、研究范围等,人类学传统上一直把田野工作(特别是其中的参与观察法)、跨文化比较法作为自己的主要研究方法。

田野调查是人类学获取研究资料的最基本途径,是"民族志"即"记述民族学"的构架的源泉。美国人类学家R. M. 基辛说:"田野工作是对一社区及其生活方式从事长期的研究。从许多方面而言,田野工作是人类学家最重要的经验,是人类学家收集资料和建立通则的主要根据,人类学者撰写的文章和书籍就是在提炼出这些经验积累的精华,而终究是要涉及某一民族的特殊经验。"[①]

人类学是以所有人类社会文化为研究对象,以探讨人类文化的普遍性和多样性为目的的一门学科。把所有的社会文化作为比较的对象是理所当然的,因此跨文化比较研究法也是人类学的一个重要方法。人类学之所以确立为一个不可动摇的独立的学科,与比较法的运用是分不开的。摩尔根的《人类家庭的血亲和姻亲的体系》和弗雷泽的《金枝》是人类学在全球范围内进行比较研究的早期

---

① 石金群.当代社会学与人类学关系新探.广西民族研究.2001(3).

代表作。而默多克的《社会结构》则可以被认为是20世纪在全球规模内进行跨文化比较研究的典范之作。费孝通在《被土地束缚的中国》一书中,选择了地处中国沿海地区的江村和地处云南内地的禄村、易村和王村进行比较,从而提出了他有关中国土地制度的理论。

社会学的研究方法有统计调查、实地调查、实验和文献研究。二战以后,社会学理论和经验研究的方法转变为利用现代数理统计方法和电子计算机等先进技术手段进行定量的、模型化的分析方式。经验研究的定量化、模型化自20世纪60年代开始,经70年代、80年代到今天,已经在美国社会学界成为一种风气。70年代以来,在美国社会学界,从各级学术刊物、出版社发表和出版的所有论文、专著到博士、硕士等学位论文,几乎无一不包括量化、模型化分析的内容。可见,统计调查作为一种研究方法,逐渐在社会学的研究中占据主要地位。

与之相伴随,问卷法也随之成为社会学研究信息的一种主要收集方法,美国社会学家艾尔·巴比称"问卷是社会调查的支柱",而英国社会学家莫泽则说"十项社会调查中就有九项是采用问卷进行的",可见社会学研究者对问卷法的评价之高。现代社会学大多采用发放问卷收集资料,然后进行统计分析的方式进行研究。

由此可见,人类学由于一直注重研究人类文化的一致性和多样性,在方法上多采用田野方法、跨文化比较法,并把参与观察作为田野工作的主要方法,偏向定性分析。而社会学关注社会现象及存在问题研究,所以出现了以统计调查为主、问卷法为主要收集方法的研究方法特色,偏向定量分析。

两个学科的方法都十分适用于旅游人类学的研究。一方面是因为旅游本是一种现代社会现象,需要通过社会学方法认识这种现象,并发现其中的问题;另一方面是人类学自身的研究特性决定了它需要从文化视角理解、阐释这种现象。因此,两种方法的结合是旅游人类学研究的必然选择。

第二节 关于旅游学科研究的认识

旅游已经成为现代人生活的组成部分,其产生有着深刻的社会背景和时代原因。从个体的行为表现考察,旅游必定是一种文化性现象。因为在个体形形色色的旅游动机及行为表现背后,表现出超越日常生活本身的、不以物质占有和商品功能消费为目标的文化性追求。而作为大规模群体性的社会现象,旅游表现出效益明显的类产业性经济形态,而这种经济形态与政治、文化、生态紧密相关,不可单独存在。同时,由于群体性的跨地域、跨阶层、跨时代的文化交流所造成的影响渗透在社会的各个层面,深刻而久远,因此,跨学科性的旅游研究必然出现不同视角导致的不同结论,旅游学科的不严谨,且繁杂和泛化性特征不言而喻。但作为旅游人类学研究的一个逻辑性的出发点,必须对旅游的相关概念作出相对客观并且一致的解释,才能为旅游人类学的理论架构奠定坚实的基础。

一、对旅游学科概念体系的认知

旅游学必须有它自己的概念体系,这个体系植根于对旅游现象的系统认识,也得益于相关学科的成熟理论。这些概念成为构筑旅游学理论的基石。因为旅游学科理论框架的建构依赖于该学科核心知识和核心原理命题体系的形成,而学科的原理命题体系又以学科独有的理论概念和术语为基础。

（一）旅游学概念体系构建

在旅游学科理论体系研究中,确定旅游学概念体系是理论体系建构中的重点难点问题。因为旅游是一种生活现象,生活及服务于生活的行业中的一些词汇、用语转化为科学概念时,必然出现内涵的模糊和外延的泛化。同时旅游又是一种系统动态开放、活动内容涉及面广、形式复杂多样且不断发展变化的社会文化和经济现象。面对这么庞大繁杂的系统,旅游研究站在不同的角度得出不同的认识和定义,也是不足为奇的。问题的关键在于,旅游科学的概念和术语如何在旅游研究工作中摆脱生活用语的不规范和各学科对其内涵和外延的束缚,形成规范的概念术语,建立其概念体系,并指导旅游研究思维方式的形成。

根据科学学理论所指出的"概念就是人们对某一事物的固定的认识范畴"原理,综合考虑旅游术语应用的广泛性和旅游理论研究的积累,判定旅游学概念体系的建立应该遵循如下原则:其一,反映旅游学科的原理命题;其二,指导旅游学科体系的构建,并能够说明旅游各分支学科的研究对象及范畴;其三,表明与其他基础理论学科的内在关系。

1.旅游学的核心概念体系

旅游学的核心概念体系反映了旅游学科的原理命题。旅游现象作为一种社会现象,怎样才能被作为一门科学来研究?一是需要提出反映这种社会现象本质的科学命题;二是对该命题的解释成为该门学科的科学原理。

在对旅游现象分析的基础上,明确了旅游系统的构件组成:旅游主体——客体——支持体系。

依据旅游系统的产生及形态构成,提出两个命题:"旅游是综合性的社会现象"和"旅游是社会中的三个部分共同作用的产物"。这两个命题的演绎应用了"假定—推理"模式方法,由前提和结论两部分组成:前提中的大前提是一个已知的一般规律,小前提是有关起始的或边界条件的阐述,两者具有公理的性质,是理论的基础;命题是建立在公理之间相互逻辑关系基础上的有关概念之间的结论。

根据这个解释,"旅游是综合性的社会现象"(第一命题)和"旅游是社会中的三个部分共同作用的产物"(第二命题),就可以用下面的程式加以演绎:

公理:

(1)现代社会具有复杂的多元化结构;

(2)旅游是一种现代生活。

命题:旅游是综合性的社会现象。

公理:

(1)旅游是一种人类行为;

(2)旅游是综合性的社会现象。

命题:旅游是社会中的三个部分共同作用的产物。

两个命题都具有一般规律的性质,构筑成旅游学的两个基本原理,所有旅游现象的解释,都是在对这两个基本命题认识基础上展开的。从旅游现象的发展历程中,可以看出这两个命题在旅游现象运行的形态、结构、特征和与社会的关系方面,得到一系列实证。

由此可以推断出旅游学的核心概念体系为:

第一层次:旅游(旅游活动、旅游现象)

第二层次:旅游者——旅游目的地(旅游地)——旅游支持体系

第三层次:旅游市场——旅游产品——旅游业

2.旅游学的延伸性概念体系

理论的陈述,通常要体现在表达理论——系统化解释的结构框架之内,这些解释必须符合理论研究的规范化原则:

(1)通过核心概念的范畴确定向外延伸,对事实作出进一步的判断;

(2)运用归纳推理和演绎推理对具有规律性的问题作出系统解释。

理论由几类陈述组成:规律性(或原理)的解释是其中常用的一种,建立模型也是一种陈述方式。因此,理论陈述要求旅游学还需要在核心概念的基础上,通过逻辑推导,建立延伸性概念体系,对旅游现象各种复杂关系作出科学解释。

这些概念包括两个系列:

(1)旅游需求系列:旅游动机、旅游决策、旅游消费等;

(2)旅游供给系列:旅游资源、旅游商品、旅游设施等。

3.旅游学中的边缘性概念体系

旅游学中的边缘性概念体系即指旅游学与其他基础理论学科交叉所产生的

一系列概念。如与心理学交叉中产生的"旅游心理"、"旅游行为"、"旅游体验"、"旅游感受"等,与社会学交叉产生的"旅游角色"、"旅游模仿"、"旅游交往"、"旅游伦理"等,与文化学交叉产生的"旅游文化"、"旅游欣赏"等,与经济学交叉产生的"旅游经济"、"旅游发展"、"旅游效应"、"旅游需求"、"旅游供给"、"旅游产业"、"旅游行业"等,与地理学交叉产生的"旅游景观"、"旅游景区"、"旅游线路"、"旅游流"、"旅游容量"、"旅游环境"、"旅游形象"、"旅游规划"等,与管理学交叉产生的"旅游系统"、"旅游管理"、"旅游信息"、"旅游法规",等等。对这些概念应该赋予其旅游学的专门意义,这是旅游学现实综合的基础和表现。当然,在这些概念下面,自然还会衍生出更为具体的概念,而在这些概念之外,还会有众多的与之相关的概念。由于这些概念常常是另一个相关或分支学科的基本概念,因此将其作为旅游学的边缘概念来看待(见图10-1)。

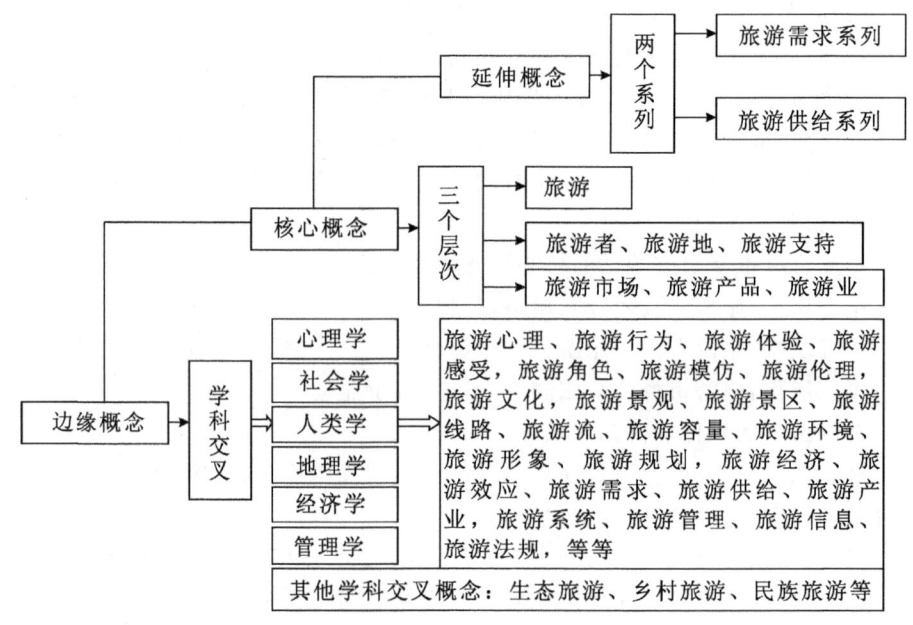

图 10-1　旅游概念体系框

二、关于旅游学中的核心概念的辨识

任何一门科学理论总是建立在数量上尽可能少的基本概念和逻辑上相互独立的基本假设的基础之上的。而基本概念和基本假设对科学理论将起着公理基础和理论框架的作用,当我们要建立旅游学理论的时候,必须从旅游核心概念入手进行研究。

(一)旅游

在核心概念体系中,旅游概念是一级概念,并且是唯一一个一级概念。在很多旅游文献中,由于论述视角的差异或论述的方便,也会将旅游称为旅游活动或旅游现象。

"旅游"一词在我国最早出现在南朝梁诗人沈约的《悲哉行》一诗中,在当时就已含有外出游览之意。而在这之前,汉语中表现旅游活动和旅游现象的词主要是用独立的"旅"和"游"。按照唐孔颖达《周易正义》释"旅"字云:"旅者,客寄之名,羁旅之称;失其本居,而寄他方,谓之为旅。"而"中国古代的'游',就是指由旅游审美而达到的那种自由自在、逍遥无为的精神境界和由此而来的对待世界的审美态度"①。在《韦伯斯特大字典》中,"旅游"(Tour)一词被解释成"是一个人回到其出发地所经历的旅程;是一次出自商务、娱乐或教育的目的所作的旅行,旅行期间通常按计划的线路访问不同的地方"。正如伯卡特与梅特利克所指出的,这个在19世纪才出现于英语中的"旅游"一词,与"远航"、"漫游"的意思很相近,这和个人暂时离家外出寻求娱乐的含义显然有所不同,而寻求娱乐恰是今天旅游者所具有的重要特征。

1. 经济学定义:经济学家把旅游活动视为与社会领域以及产业和贸易相互联系的一种综合现象。比较典型的是一位奥地利经济学家所阐述的观点:"旅游是外国或外地人口进入非定居地并在其中逗留和移动所引起的经济活动的总和。"这一概念把旅游与旅游所引发的相关现象混淆起来。出于进行经济分析的需要或其他功利性目的而把旅游说成是一种经济活动,甚至是一个产业、一个经济部门,显然在逻辑上是混乱的,在学术上也是不严肃的。②

2. 文化学定义:瑞士学者汉泽克尔与克拉普夫在1942年合著的《普通旅游学纲要》一书中提出的旅游定义。该定义指出:"旅游是非定居者的旅行和暂时居留所引起的现象和关系的总和。这些人不会导致永久定居,并且不从事任何赚钱的活动。"③显然,这一定义引入了旅游的社会属性。范能船先生在为章必功的《中国旅游史》一书所写的序言中,对旅游作了如下界定:"(1)旅游是一种广义的审美(人类求取与外部世界的和谐)形式,是人类最基本的活动之一;(2)旅游是一项广义的文化活动,它既是文化的创造过程,又是文化的消费过程;(3)旅游具有跨越空间的特点,往往超越地区、国家和洲的界限,并正在向太空发展;

---

① 沈祖祥.观乎人文以化天下——旅游与中国文化论纲 旅游与中国文化.北京旅游教育出版社.1996.第4页.
② 托马斯·戴维逊.旅游真是产业吗?.旅游学刊.1996(1).
③ 张践等译.西方旅游业.同济大学出版社.第36页.

(4)旅游的历史与人类的历史相始终。"①十分明确地揭示了旅游的文化内涵。冯乃康先生定义旅游"是以去异地寻求审美享受为主要内容的一种短期生活方式"②,把旅游概括为个人的一种生活方式。

3.其他的定义

1979年,英国旅游协会(BTS)给出了一个旅游定义:"旅游是指与人们离开其日常生活和工作地点向目的地作暂时的移动以及在这些目的地作短期逗留有关的任何活动。"从这个定义可以看出,旅游包含出自任何原因而向目的地的移动和在目的地的活动。1981年"旅游专家国际联合会"的专家们认为,旅游是"由人们向既非永久定居地亦非工作地旅行并在该处逗留所引起的相互关系和现象的总和"。它实际上并没有超出《普通旅游学纲要》的定义,只是缺少了对旅游目的的严格限制,而这正是其重要的缺陷。

上述有关旅游的定义大都存在着概念泛化的倾向,尤其是占统治地位的被经济化了的定义。这种泛化表现在三个方面:一是对旅游者的外延界定泛化了,从而使不宜划归到旅游者之列的旅行人员也成了旅游者;二是对旅游活动的外延界定泛化了,这与上一点互为因果;三是对旅游实际持续时间的界定也泛化了。这个问题在实践中是一个难题,但在理论上加以澄清并不难,而且很必要。由于旅游概念的泛化,使我们把一些旅游只占其停留期间极小一个时段(甚至没有旅游)的旅行者的旅游时间大大地夸张了。例如,商务、会议、探亲访友的旅行者也有在逗留期间主动或被动地外出一游的可能(而且往往如此,正是这个原因,人们才把他们列入旅游者之列),但是,这种旅游其最初的出行目的往往未被列入计划或属于次要的目的,而且相对于其在目的地逗留的总时间来看也是微末的。从逻辑上来说,这些旅行者若欲跻身旅游者之列,只能从其真正从事旅游的时间算起。当然,谁都知道这样的界定在实践中有难以处理的一面,但在学术问题上不应犯削足适履的错误。③ 在探讨与人的行为有关的任何现象时,放弃对人的行为的目的、表现与结果这本属三位一体的任何一部分,都不会真正把握行为的本质。

从上述各种定义中可以看出旅游的外在表现有:(1)人在常住地与目的地的空间位移;(2)人在目的地的暂时停留。其结果为:各种现象的总和。其目的是:(1)非工作性;(2)审美目的。这里容易产生疑义的是该行为的目的。商务、会议算不算工作?有无可能从中获利?即便是暂住的民工有没有可能去工作地的旅

---

① 章必功.中国旅游史.云南人民出版社.1992.
② 冯乃康.中国旅游文学论稿.旅游教育出版社.1995.第4页.
③ 谢彦君.旅游概念存在的泛化倾向及其影响.桂林旅游高等专科学校学报.1999(1).

游景点？这算不算旅游？"审美"的对象是什么？是目的地的各种景观还是其行为本身？所有旅游的目的都用"审美"概括会不会偏狭？

基于以上认识，在对旅游概念下定义时，有三条原则应该考虑：首先，旅行和旅游从外部特征上看，都与人的"空间移动"即暂时停留有关，但它们彼此却存在着多方面的差异，因此必须加以区别。其次，关于旅游范畴的定义，可以区别为概念性定义和技术性定义两个层次。概念性定义旨在提供一种观念性的理论框架，用以认识旅游的本质特征；而技术性定义则主要解决实践中的统计问题，满足法律上以及行业管理上的要求。这种层次上的划分必须统一在旅游的本质属性上，不能出现矛盾的情况。最后，对旅游的定义应能在本质、属性和特征三个层次上给出旅游的规定性。[①]

因此，综合考虑旅游的本质属性和特征，其概念性的定义为：人们在闲暇时间，为改变日常生活方式进行的异地性消费行为，及其所引发的各种关系和现象的总和。其技术性定义为：旅游是一种消费特定旅游产品的行为，如旅游景点等专属性旅游产品，而不是旅游中所涉及的公共性产品。

这一概念性定义考虑到旅游的本质及目的是人们对改变日常生活方式的主观愿望；旅游的属性及结果是人们的消费行为及由此引发的各种关系和社会现象；旅游的特征及其表现是人们在闲暇时间的异地性短暂停留，从而有别于工作时间的异地性短暂停留。

技术性定义考虑到旅游实践中统计与管理的需要，强调旅游消费的经济属性，指对特定旅游产品的消费，如景点消费、度假区消费等，排除了旅游中的食、住、行、娱乐、购物等的公共性产品消费，从而有利于对旅游各方面的统计与管理。当然，特定旅游产品的消费并不排除本地人的消费。如果与旅游中公共性产品的消费相比较，本地人消费特定旅游产品的目的与外来者是一致的，其本质也是相同的。

需要特别说明的是：其一，"异地性"并非指"地名"意义上所控制的空间范围，而是与日常生活场景相区别的特殊场所。如一个人的日常生活场景为家庭居所、工作单位、购物场所、公共娱乐区等，包含了一定的地理空间和与之相对应的社会关系"空间"。而在闲暇期间，为改变这样的生活方式，到特定场所（如景区）通过消费而获得新的生活体验，得到身心的满足，则称之为旅游。如北京当地人去故宫、颐和园，昆明人去民族村、世博园等所做出的消费行为。其二，所谓"关系与现象"不仅指主体与客体、支持系统在一次旅游中所发生的关系及其表现，而且指客体与支持系统为实现群体旅游活动所做出的准备行为中建立的各种关系与表现。如

---

① 谢彦君.论旅游的本质与特征.旅游学刊.1998(3).

在一次旅游活动中旅游者与旅游地、旅游接待企业等的关系,即各自的行为表现;而为实现旅游者的旅游行为,政府、投资商、当地社区居民所做出的旅游开发、市场营销、旅游管理等准备行为中所包含的各种关系及其表现,都属于旅游的概念内涵。如此就为除经济学外的其他学科介入旅游研究预留了空间。

(二)旅游者

因为旅游者是旅游活动的主体,也是旅游现象产生的发起者,没有旅游者就根本谈不上旅游地,也就不会存在旅游业,所以旅游者是旅游学重要的核心概念。

目前旅游者定义大多是为了统计各类旅游者所作的技术性定义,如国际旅游者、国内旅游者的划分与界定。

1. 国际旅游者

国际旅游者"是离家外出到其他国家访问的人"。目前,国际组织对国际旅游者的界定都是为了统计的需要而从技术层面做出的,并取得了一定的共识。

1963年,联合国在罗马举行的国际旅行与旅游会议,提出采用"游客"(Visitor)这一总体概念,并将其分为过夜旅游者(Tourist)和当日往返旅游者(Excursionist)。其具体定义为:

游客:除去目的是为了获得有报酬的职业外,基于任何原因到一个非定居国访问的人。

过夜旅游者:到一个国家作短期访问至少逗留14小时的游客,其旅行目的为消遣(包括娱乐、度假、疗养、保健、学习、宗教、体育活动等)或工商业务、家庭事务、公务出差、出席会议。

当日往返旅游者(或称"一日游游客"):到一个国家作短期访问逗留不足24小时的游客(包括海上巡游中的停靠者)。

1976年,联合国统计委员会召开的有世界旅游组织及其他国际组织代表参加的会议,进一步明确了游客、过夜旅游者和当日往返旅游者的技术性定义,这些定义成为大多数国家在进行旅游者统计时的依据。

1978年以后,随着对外开放政策的实施和接待入境旅游的发展,我国的旅游统计工作也开始着手进行,国家统计局和国家旅游局曾对国际旅游者的相关概念作出如下规定:

海外游客是指来我国大陆观光、度假、探亲访友、就医疗养、购物、参加会议或从事经济、文化、体育、宗教活动,连续停留时间不超过12个月,且其主要目的不是通过所从事的活动获取报酬的外国人、华侨和港澳台同胞。[①]

---

① 王洪滨主编. 旅游学概论. 中国旅游出版社. 2004. 第71页.

不能列为海外游客的人员包括:(1)应邀来华访问,由部长以上人员率领的党、政、军、议会代表团成员;(2)外国驻华使、领馆官员及其随行人员;(3)驻期达一年以上的外国专家、留学生、记者、商务机构人员等;(4)乘坐国际航班过境,不需要通过护照检查进入我国口岸的中转旅客与机组人员;(5)因日常工作和生活在边境地区往来的居民;(6)归国定居的华侨、港澳台同胞;(7)到我国定居的外国人和原已出境又返回我国定居的外国侨民;(8)归国的我国出国人员。

我国对国际旅游者的现行界定并未将在亲友家过夜的来华旅游者包括在内,因而关于国际游客人次的统计数字可能低于实际规模。除此之外,其他定义及解释的内容与国际组织的表述都大致相同。

2. 国内旅游者

国内旅游者就是"出于就业和移民以外的任何原因,暂时离开定居地到国内其他地方进行旅行访问的人"。

对国内旅游者统计标准的界定尚未取得一致,世界上不同国家对国内旅游者的定义多是参照世界旅游组织的规定针对本国的具体情况给出的。

1984年,世界旅游组织采用与国际旅游者基本相同的界定标准,将国内游客划分为过夜国内旅游者和不过夜国内旅游者。

在我国的国内旅游统计中,对有关概念的现行界定如下:

凡纳入国内旅游统计范围的人统称为国内游客,它是指任何因休闲、娱乐、观光、度假、探亲访友、就医疗养、购物、参加会议或从事经济、文化、体育、宗教活动而离开常住地到国内其他地方旅行访问,连续停留时间不超过6个月,并且主要目的不是通过所从事的活动获取报酬的人。

国内游客又可分为过夜国内旅游者和不过夜国内旅游者两类:

过夜国内旅游者:指我国大陆居民离开常住地,在国内其他地方的旅游住宿设施内停留至少一夜,最长不超过6个月的国内游客。

不过夜国内旅游者(或称"国内一日游游客"):指我国大陆居民离开常住地10公里以外,出游时间超过6小时又不足24小时,并未在国内其他地方的旅游住宿设施内过夜的国内游客。

不能列为国内游客的人员包括:(1)到各地巡视工作的部级以上领导;(2)驻外地办事机构的临时工作人员;(3)调遣的武装人员;(4)到外地学习的学生;(5)到基层锻炼的干部;(6)到其他地区定居的人员;(7)无固定居住地的无业游民。

3. 存在的问题

这些定义难以用作旅游理论的核心概念。

其一,不符合概念定义的规则。上述旅游者概念的定义所反映的恰恰是旅游者概念的外延部分,而概念的内涵几乎并未涉及。

其二,旅游者概念的定义缺乏基础理论研究价值。分析上述旅游者定义,只能做到在概念涉及的旅游活动的人群中,将那些不属于旅游者的成员从旅游者群体中剔除出去。而定义中阐述的"剔除"标准是否正确还有待商榷。一个人是否是旅游者,不是别人"贴"在他身上的属性标签,而在于事实。

其三,旅游者概念定义的角度有待商榷。上述旅游者定义隐含的出发点是旅游业。从经济利益的角度来定义旅游者时,关心的是旅游者的人数,至于在划定的旅游者群体中,谁究竟是真正的旅游者并不重要。因为区域内来的旅游者,无论其目的如何,他们的衣、食、住、行、游览、娱乐等都会为当地的经济带来可观的经济效益,旅游者的讨论意义就不大了。所以,在定义旅游者时,总要把不以营利为目的作为约束条件写入旅游者定义之中。现在有很多旅游界人士对这种提法已产生质疑,认为如果保留这一条件,则商务旅游者就不存在了。显然,现在使用的旅游者定义存在不符合事实的情况。在我国,商务旅游者占旅游者总数的比例相当大,旅游收入的很大一部分来自这部分人的支出。这样的质疑虽然没有否定旅游者概念,但考虑问题的视角已开始转移,已从旅游业向旅游者角度倾斜了。

4. 旅游者的概念性定义

概念是反映事物本质属性的思维,而本质属性是决定该事物之所以成为该事物并区别于他事物的属性。通常说的概念的含义是指概念的内涵,是概念质的方面;概念的外延是概念量的方面。

与旅游的概念性定义相匹配,旅游者的概念性定义为:为追求日常生活方式的改变,在闲暇时间内,进行"异地性"特殊消费的行为者。这一概念性定义考虑到旅游者的本质及目的是追求日常生活方式的改变;旅游者的属性是人们的消费行为;旅游者的特征及其表现是人们在闲暇时间内所进行的异地性消费,从而有别于工作时间的异地性消费。

事实上,只要进行特定旅游产品消费的人都可被视作旅游者,无需限定其他条件。如将旅游景区作为旅游消费的标志,只要在景区消费的人就是旅游者。其实无论从经济的还是社会的视角出发研究旅游者,都需要界定某种特殊行为的人群。而界定标准最简单的方式就是"特定的消费"。如此,既满足了旅游理论研究的需要,也容易在旅游实践中进行有效的统计,反映旅游行为的特殊贡献和社会意义。

(三)旅游地

旅游地即指旅游目的地,包括该地域范围内的自然与人文景观、基础设施条件、政治经济文化环境、社会整体形象等。旅游地也是很重要的核心概念,人们进行旅游,总是选择具体的地方而不是该地方的具体景点或其他,因此旅游地的综合环境给旅游者的印象深刻,并成为评价该次旅游的主要依据。同时,旅游地的整体形象往往是旅游营销的主要内容,而不是具体的景点或旅游企业。

(四)旅游支持体系

旅游支持体系简称旅游支持,指能够支持保障旅游活动顺利实现的各种条件的综合。包括旅游事业群体(如各级政府的相关行政部门、旅游科研教育机构、各类民间旅游组织等)及与旅游相关行业组合而成的产业集群两大部分。

(五)旅游市场

"市场"一词的释义通常有以下几种:(1)市场是商品买卖的场所;(2)市场是商品交换关系的总和,反映生产和需求矛盾所引发的各种宏观与微观的经济关系;(3)市场是指某一特定产品的经常购买者或潜在购买者。

旅游市场的概念有狭义和广义之分。狭义的旅游市场是指一定时期内,某一地区中存在的对旅游产品具有支付能力的现实和潜在购买者,也即旅游客源市场。广义的旅游市场是指旅游者和旅游经营者之间围绕旅游产品交换所产生的各种现象与关系的总和。

旅游市场不同于一般的产品市场和服务市场,旅游学研究中所理解的旅游市场是一个"推""拉"互动的动态概念,即由旅游产品的吸引与旅游条件、旅游宣传的推动所引发的消费人群。对旅游市场进行细分,可以有效地确定目标市场,从而有针对性地开发旅游产品和开展促销活动。

(六)旅游产品

旅游产品是旅游活动的目标,是区域旅游经济存在和发展的基础。旅游产品的品质、数量和质量直接关系到旅游业的兴衰和旅游经济的可持续发展。旅游学术界历来对旅游产品的定义表述存有争议,主要分为几种学说:

1. 综合说

"旅游产品是指旅游者以货币形式向旅游经营者购买的,一次旅游活动所消费的全部产品和服务的总和。"[①]"旅游产品指提供给旅游者的一切吸引物及其他必需品,前者如娱乐活动、博物馆、风景点和节庆活动等,后者如食物、住宿、交通、导游服务等,它是旅游经营者所生产的,准备销售给旅游者消费的物质产品和服务产品的总和。"[②]"旅游产品是指为满足旅游者审美和愉悦的需要而在一定地域上被生产或开发出来以供销售的物象与劳务的总和。"[③]

2. 服务及商品说

"旅游产品是指旅游经营者凭借着旅游吸引物、交通和旅游设施,向旅游者

[①] 罗明义.旅游经济学.高等教育出版社.1998.第32页.
[②] 马勇、舒伯扬.区域旅游规划——理论·方法·案例.南开大学出版社.1999.第25页.
[③] 谢彦君.基础旅游学.北京中国旅游出版社.1999.第77页.

提供的用以满足其旅游活动需求的全部服务。"①"狭义的旅游产品是指旅游商品,是由物质生产部门所生产、由商业劳动者所销售的物品,它包括旅游者旅游期间购买的生活用品、纪念品等各种实物商品。"②

3. 经历说

"旅游产品就是指旅游者花费了一定的时间、费用和精力所换取的一项旅游经历。"③综合说都是从旅游供给角度说明旅游产品的内涵,即为旅游者消费所提供的物质(或物象)与服务的总和;服务及商品说将旅游产品限定于旅游服务或旅游商品;而经历说将旅游产品作为旅游者的一次旅游经历,也就是一个特定时间段。

上述定义都存在一定不足,无论是强调旅游产品的有形还是无形表征,都有"泛化"倾向。其一,所有外出旅行(包括旅游)都有生活必需品的消费需要和因缺乏生活设施而必需的服务需要,如食、住、行、娱乐、购物等。但这些并非旅游消费的目标,而是为达到目标不得不进行的附属性消费。将这些物质与服务纳入旅游产品是"泛化"的表现。其二,旅游产品并非指旅游时间段内旅游者消费的全部,否则该概念的内涵将"泛化"到全社会所有行业,甚至包括社会全部公共产品。其三,按照旅游活动的"三分法",旅游客体及旅游支持体系在旅游过程中均属于供给方,但旅游支持体系过于庞杂,既有保障旅游活动顺利完成的公共性产品(如政策环境、公共卫生、社会治安等),也有专为旅游者服务的中介产品(如旅行社、订票公司等),即便是中介服务也不是旅游者的消费目标。因此,旅游支持体系不应该,也不适宜被纳入旅游产品范畴。

因此,旅游产品作为旅游者的消费对象应该被界定在特定的范围内,而从产品的生产特性看,旅游产品是由旅游资源加工产生的结果。无论有形或无形,都是经过人为劳动,凝结了人类一般劳动量,具有一定价值的旅游消费对象,是旅游者的消费目标,是旅游活动产生并完成的吸引物。

在取得上述认识的前提下,我们对旅游产品的概念作出如下定义:旅游产品是旅游地的旅游资源经过人为开发生产出来的旅游吸引物,具体表现为有形的空间活动场所及无形的旅游项目组织。

事实上,旅游产品就是指旅游地的景点、景点组合,以及在旅游地范围内组织的各种旅游项目所形成的复合型旅游吸引物。其构成要素主要包括物化的特定空间及设施,以及附着其上的非物化活动。物化的特定空间及设施是指旅

---

① 林南枝、陶汉军.旅游经济学.南开大学出版社.1994.第35页.
② 赵西萍.旅游市场营销学.高等教育出版社.1998.第156页.
③ 林南枝、陶汉军.旅游经济学.南开大学出版社.1994.第36页.

地景点空间(包括景观)、一些公共空间(商场、剧院、博物馆、会堂、广场等)及在这些空间范围内的各种人工设施。它为旅游活动及非物化的旅游项目提供了场景。非物化活动是指旅游组织者安排的各种表演及游客参与性项目。与其他产品相比较,旅游产品具有的独特性质为:形态的复合性、功能的替代性、结构的松散性、地方象征性(旅游产品其实就是一种符号,是一种代表地方的象征。比如金字塔是埃及的象征,长城是中国的象征。产品越具有地方特色,就越具有典型性和代表性,就越是可以被看作符号,因为它象征着比产品本身更多的东西和内容)。

(七)旅游业

旅游业是一个界限模糊而又实际存在的产业,各行各业都自然而然地渗透到旅游业中来。它的这种综合性特点,使人们很难给它下一个确切和严密的定义。很多旅游论著对旅游业进行广义和狭义的概念界定。"广义的旅游业是指以旅游资源为凭借,以旅游设施为条件,通过提供以服务为主的旅游产品来满足旅游者各种需要的综合性产业。狭义的旅游业是指由与旅游活动相关程度最为密切的三个部门,即旅行社业、旅游交通业和旅游饭店业所组成的行业。"① 几乎所有旅游业定义都说明了两点:其一,旅游业是众多相关行业的集合;其二,旅游业的任务是通过提供旅游产品和旅游服务协助旅游者完成旅游活动。作为一个社会习惯用语,这里不再讨论"产业"、"行业"的含义区别。事实上,"旅游业"作为一个产业,已经得到国家权威机构及社会各界的普遍认可,并已转化为一个科学概念。由于旅游业的投入与产出难以清晰地测算和确定,要精确地界定旅游业的概念性和技术性定义几乎是不可能的,为了理论研究和实际工作的需要,这里在综合前人成果的基础上给出的旅游业定义较为宽泛。

旅游业是一个满足旅游者旅游及旅游期间生活需求的,由各产业组合而成的产业集群,是旅游支持体系中的重要组成部分。需要说明的是:在这个产业群中,除旅游支持体系中的产业集群外,还包括了旅游客体中的景区(点)开发经营内容。因此旅游业横跨了旅游客体与旅游支持两个部分。

三、对旅游学研究理论框架的理解

(一)旅游学的理论依据

旅游学作为一门跨学科的新兴边缘科学,其理论的建构无疑要借助众多相对成熟学科的理论精华。从旅游学的研究对象、性质及所要解决的基本问题出发,旅游学的理论依据源于经济学、社会科学、管理学和地理学(如图10-2)。

---

① 马勇、周霄.旅游学概论.旅游教育出版社.2004.第44~45页.

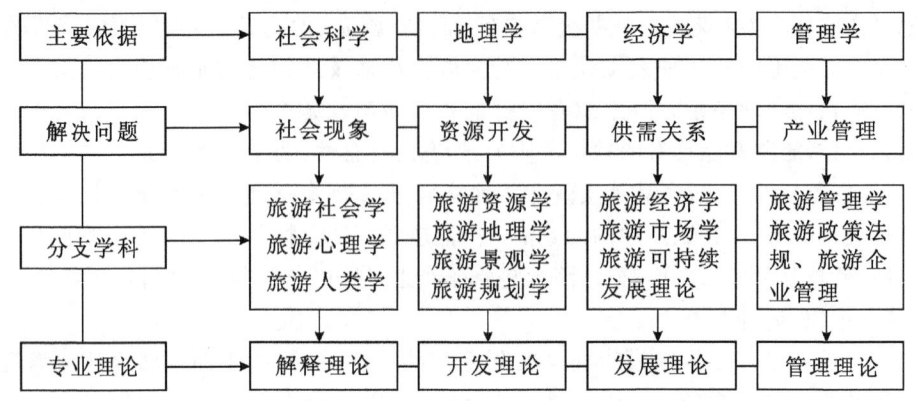

图 10-2 旅游理论依据框架图

1. 社会科学理论依据

社会科学中的社会学、人类文化学及心理学是旅游解释理论直接的源泉和依据。

(1) 社会学理论

社会学是通过人们的社会关系和社会行为,从社会系统的整体角度来研究社会的结构、功能和社会现象发生、发展规律的一门综合性的社会科学。早在20世纪30年代,德国学者就已开始将旅游放在社会学的大背景中进行考察;50年代至60年代,英语国家出现了认为旅游者是受旅游企业操纵的所谓"文化吸毒者"和认为应该从经验主义出发毫无偏见地研究旅游现象的相对立的两派;进入70年代,伴随着社会学和其他学科的交叉结合,旅游社会学作为社会学的一个分支开始出现,并集中于对旅游者自身、旅游者与接待地社会相互关系、旅游系统、旅游影响四个方面的研究;到目前为止,西方旅游社会学研究出现了发展学说,新迪尔凯姆学说,冲突和批判学说,功能主义学说,韦伯主义学说,形式主义、现象学和人种学,符号互动主义学说等七种探索取向和理论成果。[①]

旅游社会学专注于从旅游者的角度来进行旅游研究,其研究对象范围是旅游者的社会行为和社会关系以及由此引起的相关问题的集合,包括旅游者个体和群体两方面。旅游者个体研究包括旅游者行为及引起该行为的动机、心理、价值取向、审美观念等深层因素,属于微观旅游社会学范畴;旅游者群体研究包括社会关系、跨文化交际、社会影响、旅游客流等宏观旅游社会学的层面。旅游社会学的核心思想认为:对旅游作为一股促进社会文化变迁的力量,旅游社会学的研究不应该把旅游社会文化现象孤立地加以研究,而应该把它融入"促进社会文

---

① 张进福、肖洪根. 旅游社会学研究初探. 旅游学刊. 2000(1).

化变迁的众多因素中作情景化的"审视"。① 尽管现阶段的社会学理论的学科体系和方法论在旅游方面的研究尚不成熟,但是它开阔了旅游研究的视野,丰富了旅游研究的手段,为旅游现象的解释作出了必要的贡献。

(2) 人类学

人类学介入旅游研究始于20世纪60年代。研究旅游对目的地社会的具体影响,分析游客的旅游动机、体验以及旅游对游客的影响,是旅游人类学研究的两大主流。此外,还有一些学者在探寻旅游的根本原因——形成游客和旅游的条件。从这种视角出发,人类学者们致力回答的是"人们为什么要旅游"和"旅游对人产生什么影响"等。关注目的地社会的人类学者认为旅游引发了当地社会文化的变迁,因而把旅游看作一种涵化和发展形式;从游客角度出发,学者们认为旅游活动的结构、功能与人生经历仪式相似,因而旅游可以被看作一种世俗仪式;为了弄清楚旅游的成因,学者到客源地社会寻找答案,认为旅游是一种上层建筑,依赖于其他更为根本的社会因素。② 经过五十多年的发展,旅游人类学的研究重心已上升到对旅游过程、参与体验、文本虚实以及话语权力等"后现代"问题进行深入探讨的层面。③

旅游人类学的研究对象是各种"人"在旅游活动过程中所引起的互动关系。这种互动关系着重表现在经济和文化两个方面,造成各种"人群"之间经济利益的冲突与平衡及文化内质的碰撞与整合。旅游人类学侧重于对主客经济摩擦、文化碰撞及其后果的研究,如不同群体之间的利益分配与调节、接待地传统文化与现代化之间的冲突与融合等。

旅游人类学理论对于指导各群体找准自己的利益平衡点,在相互理解、相互支持的背景下实现经济效益、社会效益、环境效益和文化生态保护目标四者的统一,以保障旅游业的可持续发展具有重要意义。

(3) 心理学

旅游心理学的探索从20世纪50年代开始起步,70年代末,特纳从旅游活动的特点出发,提出了生活与旅游的心理学区别。随后美国学者梅奥出版了《旅游心理学》专著。

旅游心理学主要研究旅游活动过程中人的心理规律,内容包括旅游消费心理、旅游企业管理心理和旅游服务心理。由于其对象与任务的特殊性,旅游心理学的理论成果对科学合理地安排旅游设施、开发旅游资源和为旅游企业的经营

---

① 张进福、肖洪根.旅游社会学研究初探.旅游学刊.2000(1).
② 宗晓莲.西方旅游人类学研究述评.民族研究.2001(3).
③ 徐新健.人类学眼光——旅游与中国社会.旅游学刊.2000(2).

管理提供了依据。

2. 地理学中的理论依据

地理学与旅游有着天然的联系:其一,旅游的外在表现是人口的空间位移,而人口的移动规律本身是地理学的研究内容;其二,人们对旅游目的地的选择主要依据对其地理景观的本底印象,而这种印象来源于各种方式的地理教育;其三,自然环境的各种要素及附着其上的人文景观都是旅游资源的组成部分,因此,地理景观理论对旅游资源的选择与判定起着指导作用;其四,旅游资源开发依赖于环境背景,区域旅游发展依托于景观组合格局,因此,旅游规划与开发需要地理学中的区位理论、生态理论、系统理论、布局理论等的指导。

从20世纪30年代开始,旅游引起了地理学者的关注。70年代以后,地理学者开始对旅游地理学所涉及的概念、理论、方法进行全面而系统的研究。到了80年代,旅游地理研究已经形成了较为完善的理论体系和方法体系,并且构成了旅游学最主要的理论基础。马特勒和鲁宾逊分别于1976年出版的《国际旅游地理》和《旅游地理学》、史密斯1983年出版的《游憩地理学》以及博尼费斯1987年出版的《旅游地理学》等都是国际上较有影响的著作。我国的旅游地理学研究经过二十多年的发展,无论理论水平还是研究方法都已经进入诸多前沿领域。

地理学中的生态思想已经渗透于旅游研究中,旅游资源开发学、旅游管理学、旅游经济学及旅游可持续发展的理论核心都是生态环境保护观念。20世纪90年代初提出的"生态旅游"概念使旅游学中的生态环境研究更加深化,不仅会导致旅游资源开发思路的转变,即旅游景观形态、结构布局、旅游设施的建设的生态化设计,还会导致旅游活动项目的改变,以及旅游生态工程技术的进步。

3. 经济学中的理论依据

旅游的经济现象从来都倍受人们重视。微观经济学、宏观经济学理论被广泛运用于旅游研究中,形成了较为成熟的旅游经济思想。旅游经济学是从经济侧面来研究旅游活动的学科,用经济学的基本原理探讨旅游活动中的经济现象、经济关系和经济发展规律。具体内容主要包括:旅游经济活动的性质与特点、旅游需求与供给、旅游市场与营销、旅游消费结构与行为分析、旅游收入与分配、旅游经济效益、旅游投资决策、旅游经济结构以及旅游经济发展战略等。从20世纪70年代开始,旅游经济对其他经济部门的带动作用受到研究者的重视,其直接效益、间接效益和就业效益的三项乘数效应研究的结论,成为评价旅游经济意义的理论手段。80年代以后,宏观经济领域的研究兴起,国际分工理沦、区域经济比较理论、产业布局理论、全球营销理论等被广泛用于旅游发展研究中,极大地丰富了旅游经济学理论。

4.管理学中的理论依据

现代旅游的有组织性特点使管理学思想广泛运用于旅游实践中,而管理学理论则几乎被全面移植于旅游学研究中,由此也导致了旅游管理学、旅行社管理、宾馆饭店管理、景点景区经营管理中相关内容的重复性。可以看出,处于管理学学科下的旅游管理专业的支撑点是现代管理学的基础理论。另一方面,旅游学研究中对旅游现象的认识,也是为了更好地进行旅游管理。同时,管理学的基本原理对旅游研究中发现问题、分析问题、解决问题等方面也起到一定的指导作用。

(二)旅游学的理论研究框架

用系统思想解剖旅游活动体系,借助框架体系来认知旅游现象,并能在此基础上产生推动旅游经济发展的理论,不仅是旅游学研究的责任,也是进行旅游研究的目的。因此旅游学的研究框架可分为认知理论框架和应用理论框架。

1.认知理论框架

认知理论框架的目的是对动态的、综合的旅游现象进行认知,认清旅游活动各要素的相互关系,获得对旅游的真正理解。

(1)旅游系统要素间的基本理论关系

①旅游"人—地"关系

"人—地"关系是旅游系统中的基本关系。"人"指的是旅游者,"地"指的是旅游目的地,包括旅游产品及其旅游环境。这种"人—地"关系具有三个层次的内涵。其一,情感内涵。"人"对目的地的主观愿望是希望经历到、感受到令自己愉悦的事物,而"地"也能给予"人"快乐和美的感受,"人—地"出现了情感的交流。其二,交换内涵。"人"对"地"资源的利用是通过交换完成的。其三,制约内涵。"人"与"地"在交换过程中互相影响、互相作用、互相制约。

②旅游"供—需"关系

"供—需"关系是旅游系统中旅游主体与其他两个要素的经济关系,包括五个方面的内涵:其一,政策内涵,即宏观政治环境是否允许旅游"供—需"关系存在;其二,社会内涵,即社会消费趋势及舆论导向对旅游"供—需"关系影响等;其三,技术内涵,即旅游"供—需"关系产生的技术条件许可;其四,文化内涵,即文化差异性对旅游"供—需"关系某些的限定;其五,管理内涵,即旅游"供—需"关系的质与量。

(2)旅游认知的理论框架(如图10-3)

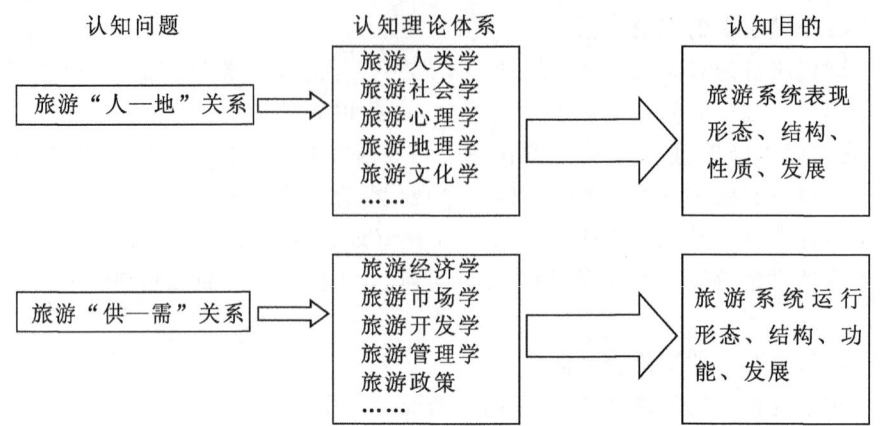

图 10-3 旅游认知的理论框架图

旅游认知的理论框架结构包括：

对旅游系统"人—地"关系的认知需要旅游人类学、旅游社会学、旅游心理学、旅游地理学、旅游文化学等学科的共同努力，才能解释旅游"人—地"关系的内涵，达到了解旅游系统表现形态、结构、性质及发展的目的。

对旅游系统"供—需"关系的认知需要旅游经济学、旅游市场学、旅游开发学、旅游管理学、旅游政策法规等学科共同研究，才能解释旅游"供—需"关系的内涵，达到了解旅游系统运行形态、结构、功能和发展的目的。

2.旅游应用理论框架(如图 10-4)

旅游应用理论分为两个层次：一是区域旅游发展战略理论体系；二是微观层面的景区(点)规划开发及旅游企业管理理论体系。

(1) 区域旅游发展战略理论

旅游理论的应用最重要的是落实在具体的区域，从这个意义上看，旅游产业发展实际上是区域旅游经济的发展。因此，区域旅游发展战略理论体系需要区域经济理论、区域地理理论、区域产业理论、区域文化理论、区域民族理论等为基础构建形成。通过对区域自身优势、劣势、机遇、挑战的综合分析，制定科学发展战略，实现区域旅游经济的良性发展。

(2) 微观层面的应用理论

微观层面的应用理论指旅游具体项目策划、营销及旅游企业管理的应用理论体系，包括旅游策划学、旅游规划学、旅游营销理论、旅游形象策划与传播、旅游景观设计、旅游饭店管理、旅行社管理、景点景区经营与管理，等等。

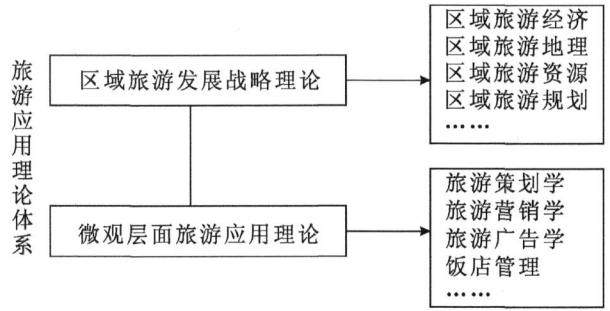

图 10-4　旅游应用理论体系框架图

第三节　关于旅游人类学的思考

从文化视角审视旅游现象,并对旅游行为作出解释是人类学学科属性的规定。因此,旅游人类学的主要任务和责任是对"旅游"的认知,而对旅游开发、市场营销、区域旅游发展(包括发展战略)等的功能附加,显然只是在"旅游认知"基础上的衍生效应。如果把它们作为旅游人类学要解决的问题,或其理论的建构目标,即所谓"应用性",就会使"旅游人类学"不堪重负,造成旅游人类学学科体系的混乱。

根据《西方旅游人类学研究述评》(宗晓莲 2001)介绍,西方学者从三个切入点(视角)对旅游进行研究,即旅游目的地社会、游客和客源地。事实上,这只是两个切入点。因为"客源地"所指对象过于模糊,它实际上要表达的内涵是"现代社会",即在现代社会中为什么存在"不同形式、不同层次的旅游"。而从"旅游地"和"游客"这两个切入点出发,形成西方旅游人类学的两个主要研究领域,即对旅游行为所内含的符号意义的解读和对旅游带来的社会文化影响的分析,由此也被称为"西方旅游人类学的两大流派"。

西方旅游人类学思想对中国旅游学界产生了巨大的影响,很多观点被广泛引用和"传抄",以至于很多引用"不明故里"。这一方面是由于前期介入旅游研究的地理学、经济学和管理学等学科存在局限性,使之对旅游现象认知总是不够深入和贴切;另一方面可能是由于我国的人类学者不屑于对此进行关注。诚如宗晓莲所言,西方学界"30 年前,研究旅游被认为是肤浅的、不严肃的"[①]。由于

---

① 宗晓莲.西方旅游人类学研究述评.民族研究.2001(3).第 92 页.

我国人类学者介入旅游研究较晚,旅游认知仍停留在西方思想占据旅游学界的状态。

彭兆荣先生所著《旅游人类学》对西方研究成果作了较为全面和系统的梳理,从七个方面阐述并评价了西方学者对旅游的认知,是一部"资料大全"式的著作,为全面认识西方旅游人类学思想提供了参考。但在针对中国本土旅游发展的历史及现状特征,以及其背后的文化内涵研究方面,缺乏与西方理论的有机嫁接,故而与"旅游人类学"本土化的目标尚存在一定距离。

鉴于此,有必要对西方旅游人类学思想进行再认识。依托成熟的人类学理论和旅游学研究成果,结合中国旅游发展实际,推进旅游人类学的"本土化",构建适合中国国情的旅游人类学理论,这也是重新编著出版这部《旅游人类学》的初衷。

一、西方旅游人类学思想的再认识

张晓萍教授在《旅游人类学在美国》一文中明确指出:旅游人类学主要研究旅游(业)所带来的各种社会文化现象的发生和发展变化。重点体现在两个方面:一是对旅游者及旅游本质自身的研究;二是旅游业的出现给东道国地区带来的社会、经济及文化的影响的研究。[1] 当然,这也是格雷本的旅游人类学思想。[2] 事实上,前者是对旅游现象的认识性研究,而后者是对旅游地的旅游影响研究。从西方旅游人类学的研究成果看,前者包括"神圣旅程"、"现代仪式"(或极端化为"人生礼仪")、"帝国主义形式"等观点,后者包括"舞台真实"、"涵化理论",以及"新型族群关系"等。虽然这些理论都是大量"田野工作"的成果,其理论的科学价值毋庸置疑,但所有这些理论并不能与中国旅游发展实际能够准确对应。这是因为所有这些观点几乎都秉承了人类学第一个阶段的研究传统,即站在"现代"的立场上看待"传统",站在"发达"的立场上看"落后",站在"强势"的立场上看"弱势"。同时,运用象征人类学和解释人类学的思想解读现代社会中的旅游现象,成为旅游人类学研究的一种思维定势和主要的叙述方式。

(一)关于旅游现象的再认识

"神圣旅程"、"现代仪式"和"帝国主义形式"都是用象征人类学中的比喻方式解释旅游的文化本质。"神圣旅游"强调了旅游动机及其目的与"世俗"生活的差异性;"现代仪式"说明了旅游行为过程与某些"人生仪式"的相似性,借以用"仪式"的文化内涵比拟旅游;而"帝国主义形式"事实上是对现代旅游行为的一

---

[1] 张晓萍.旅游人类学在美国.思想战线.2001(2).第66页.
[2] 张晓萍、黄继元.纳尔逊·格雷本的"旅游人类学".旅游学刊.2000(4).第74页.

种评价。

在现代社会中,从个体行为角度审视人们的旅游动机,"神圣旅程"观点具有一定的合理性。运用"神圣"与"世俗"的对立,表明旅游是对日常生活的一种反动,是对现实生活的一种背叛,是对个人所想象生活的一种追求。然而,汉语言表述中"神圣"还具有"高尚"的语义内涵,用这样的词汇表达旅游与日常生活的区别,容易产生歧义。尽管在《主客关系新探:21世纪旅游问题》(*Hosts and Guests Revisited*:*Tourism Issues of the 21st Century*,Cognizant Communication Corporation,New York,2001)一书中,格雷本用"Secular Ritual"取代了先前的"Sacred Journey",但其基本观点没有本质区别。

而当我们认定旅游是现代社会中的一种另类生活的时候,个体的旅游动因很多。国内学者在旅游人类学研究中,综合了十多种旅游动机,如工作间隙的暂时放松、逃避工作压力、自我价值实现、增强家庭亲情关系、寻找性接触的机会、提升人的威信与威望、希望加强社会关系的了解与互动、愿望的实现、购物的需求、经历的体验和经验的获得、社会知识增长的需要、渴望了解异文化、社会炫耀、趋从时尚,等等。① 但在实际中,无论是从"人的空间位移",还是从"特定消费"出发所界定的旅游,其动机都远远不止这些。

从思辨性的逻辑出发,既然旅游已经成为现代社会普及性的行为,已经成为现代生活的一个组成部分,那么必然存在一种共性意义的原因,成为旅游行为社会化的基本动机。

如果如前文所述,旅游是人们在闲暇期间所进行的异地特殊消费行为,那么,由于"闲暇"和"消费"的限制,旅游行为的历史跨度大大缩短,也就是说,旅游现象源于工业革命以后。如此我们可以通过对比工业社会与农业社会人们的需求差异,发现旅游发生的基本动因。这也同时揭示了现代旅游者大多来源于城市的原因。

工业革命以后,世界各地陆续出现了一种新型的现代人类聚落——城市。作为与农业社会中传统乡村与传统城市的对照物,现代城市表现出如下特征:其一,城市体现出环境的高组织化和物质设施的集聚化。一方面使城市在外部景观上明显与传统聚落——乡村显著不同,另一方面使城市在功能上为人们的生产生活提供了更大的便利。其二,城市人口的集中程度高,家庭、职业、阶层等方面体现出多元性和更高的社会化特点。其三,城市经济发展水平高、规模大、功能完备,具备较发达的商业和服务业。其四,城市生活方式现代化,表现为工作职业化、行为传媒化、交往多样化。其五,城市文化带有明显区别于乡村文化的

---

① 彭兆荣.旅游人类学.民族出版社.2004.第138页.

多元性、开放性、技术性和商业性的特点。① 因此,在环境高度人工化和人际关系淡漠化的背景下,"城市病"普遍开始出现。② 城市人在物质与精神需求基本得到满足的同时,有了十分迫切的"生态需求"。"绿色"成为城市公众性的话语,旅游成为现代城市人的一种生活方式,"回归自然,返璞归真"成为当今旅游发展的主题。

纵观人类的发展历程,物质需求是人类的基本需求。物质需求是以物的效用和人的劳务的效用来满足生物的新陈代谢过程和其他生命过程的要求,而物质性及其无限丰富的趋势,形成了人类巨大的物质生产力。精神需求也是伴随人类的出现而产生的。只是在初民阶段,物质需求与精神需求交织在一起,难以分割。"思想、观念、意识的产生最初是直接与人们的物质活动,与人们的物质交往,与现实生活的语言交织在一起的。观念、思维、人们的精神交往在这里还是人们物质关系的直接产物。"③直到真正的分工出现以后,精神需求的生产才成为一个独立的系统。马克思关于"分工只是从物质劳动和精神劳动分离的时候起才开始成为真正的分工……从这时候起,意识才能摆脱世界而去构造'纯粹'的理论,神学、哲学、道德等"④的论述,清楚地表明了精神需求与精神生产是一个自然的历史过程。随着物质资料的极大丰富,物质产品的边际效用迅速下降,真正决定并构成市场有效需求的不再是人和动物共同的生理需求,而是人类特有的精神需求。⑤ 生态需求实际上也是人类的基本性需求。生态需求强调了人与自然的相互关系,也延伸到人类社会中个体与群体间的关系。诚如陈庆德先生所指出的:人的生态需求表现在与生产方式相关联的物质性生态需求和超越物质的精神性生态需求方面,包括人的感情、行为规范及地方文化象征等精神因素⑥。进入工业社会后,由于人类极大地摆脱了自然环境的局限性,生态需求则更多地转向精神性的需求。

因此,就一般意义上的个体而言,普遍性旅游行为的共性化动机在于精神性的生态需求,在于现代城市生活中的固有弊端所导致的城市人"逃离"高度人工化现状、追求"原始自然"的生态需求心理。从这个意义出发,与其用"神圣"表明与日常生活的区别,表明旅游的"另类性"生活状态,倒不如用"生态需求"解释更为贴切。

---

① 李伟.论我国乡村旅游的发展取向.昆明大学学报.2007(2).第 1 页.
② 王春光、孙晖.中国城市化之路.云南人民出版社.1997.第 52~79 页.
③ 马克思恩格斯全集第 3 卷.人民出版社.1965.第 29 页.
④ 马克思与恩格斯全集第 3 卷.人民出版社.1965.第 35~36 页.
⑤ 段钢.论人类需求与需求人类学的构建.民族研究.2000(6).第 55 页.
⑥ 陈庆德.经济人类学.云南大学出版社.1999.第 62 页.

"仪式"作为名词,其汉语含义为有多人参加的、具有特殊社会意义的程序化活动。将旅游比喻为"现代仪式"抑或"人生礼仪",无论从哪一个层面理解都有很多问题,值得商榷。其一,如果仅考虑旅游往返的行为过程就将其称为一种仪式,那么,日常生活中几乎所有行为都可以成为仪式,如上班、上学、购物、散步等。其二,如果从仪式目的或后果考虑,并非参加所有社会仪式都有美好的目的或后果,很多都是因为社会的压力而被迫参与,其后果也不可一言以蔽之,而旅游的目的或后果往往都是正向的。其三,"人生礼仪"往往都是一个人在社会环境中的生活的重大转折,一生经历次数十分有限;而旅游并不能有此效果,且一生或许经历无限。其四,旅游行为的"程序化论断"尚值得进一步探讨。

由此可见,这种比拟的恰当性很值得质疑。况且中国自近代以来,既没有保持深厚的宗教传统,也没有与个人发展密切相关的固定的社会"仪式"。所以,运用"仪式"这一词汇解释旅游行为,对于中国旅游研究而言,多少会令人费解。

纳什提出旅游是一种"帝国主义形式",认为:在旅游区建立后,游客、东道主以及他们所代表的机构和社会之间会建立起各种各样的社会互动,在这个互动的体系中有一个权力中心来指导着它的发展。[①] 这种结论是从旅游主体、客体所分属的政治、经济、文化背景的强、弱对比中得出的。如果运用这种观点进行旅游的价值判断并无不妥,然而将之用于旅游现象的文化本质解释则似乎有些武断。其一,旅游主、客体所分属的强、弱文化背景并不一定,发达地区可以到欠发达地区旅游,反之亦然,互动体系中的权力所属很难判断。其二,旅游不过是现代社会区际间文化交流的一种形式。教育、影视、出版、贸易、投资等所产生的政治、经济、文化的"侵略性"后果更为明显和突出,如果都理解为"帝国主义形式",那么,现代社会中的所有区际交往也就都是"帝国主义形式",又如何断定这是旅游的文化本质?

事实上,尽管实际中旅游的牵联面很广,表现为复杂的社会现象,但其文化内涵却十分简单。如果从个体的旅游动机考虑,具体的动机形形色色、千差万别,但其共性化的"动机"都是对理想中的美好生活的一种追求。我们甚至不必考虑现实社会的"压力",或旅游的"推力"问题,只要是旅游(界定为一种特殊的消费行为),那么就一定是对超越现实生活的一种追求。当然,旅游仅仅是满足美好生活想象的手段之一。如同我们阅读武侠小说,就是满足了个人幻想闯荡江湖、成为大侠的愿望;欣赏爱情影视作品,就是满足了自身对轰轰烈烈爱情的向往和梦幻。这事实上就是格尔茨的"象征文化和戏剧类比"理论的旅游应用。

[①] 瓦伦·史密斯.东道主与游客——旅游人类学研究.张晓萍、何昌邑等译.云南大学出版社.2002.第41~56页.

与旅游认识相关联的旅游者研究的观点也很值得商榷。特别是关于旅游者身份确认和类型划分的理论，不仅仅是与中国旅游学界现有的研究成果不同，最主要的是其理论对旅游研究的指导意义何在。而对于社会不同阶层对旅游产品和旅游方式的差异性研究，在消费行为学和市场营销学中已经有了详尽的讨论，同时，旅游消费的社会层次性与一般实物性消费并无本质的区别。如对于汽车品牌、腕表品牌、服装品牌等的不同社会层次的消费需求，是该类商品市场细分的依据。

从理论上看，分类的目的在于认知。我们可以按旅游行为方式，旅游动机或目的，旅游者个人的属性如性别、年龄、收入水平、受教育程度，以及国籍、民族等进行分类。就旅游的文化本质认知而言，用旅游行为方式进行分类更能说明不同旅游者的文化性质，如观光、休闲度假、专项旅游等。但西方旅游人类学者，如史密斯根据旅游动机所作出的分类——民族旅游者、文化旅游者、历史旅游者、生态文化旅游者和娱乐性旅游者等，不仅其类别内涵相互重叠，最为重要的是这五个类别并不能涵盖所有旅游者。也就是这种分类只在一部分旅游者中进行，而其他旅游者被隔离在这五种类型之外。另外，就其认识旅游现象的文化本质的目的看，这五类旅游者的划分并不能说明什么。

西方旅游人类学者似乎很少涉及群体性的旅游社会现象的文化原因探索，这可能与人类学的研究传统有关。然而实际中，区域性旅游（业）的发展，并非个体旅游愿望的加总所产生，而是有更为深刻的文化动因。纵观旅游的发展历程，中国与西方发达国家走了完全不同的两条路径。西方国家由于文艺复兴以来的人文传统和浓厚的现代宗教意识，伴随一、二、三产业的成熟，传统贵族的生活模式为平民所接受。旅游（业）自然产生，并成为普通大众生活的一个组成部分，表现为一种文化（明）生活方式的普及。其产业特点为：在高度发达的基础设施条件下，并不注重景区（点）的开发，而强调旅游服务（如预订系统）水平的提升。而中国等一部分发展中国家的旅游发展则走了一条完全不同的道路：其一，旅游并非贵族（假设有）的生活方式，如中国"父母在、不远游"是其传统；其二，现代旅游发展并非在其他产业发展的基础上自发产生，而是有着更为深刻的政治、经济原因；其三，旅游产业发展是在景点开发的前提下完成的，因此特别注重"政府主导"的综合性功能；其四，旅游大众化并不意味着文化（明）生活方式的普及，而更多地表现为在"主流舆论"下的消费趋同。所以，其旅游的个体动机或许很多，但群体旅游现象的产生与政府的作用紧密相关。我们可以通过中国旅游（业）的发展历程，说明这一问题。

改革开放初期，中国旅游业被作为对外开放的窗口，入境旅游开始有较大规模的发展，尤其是在20世纪80年代中期，百废待兴，外汇紧缺，而人民币又被严重高估,1978年时的人民币官方汇率为1美元兑换1.58元人民币,商品出口缺乏竞争力,从而凸显了旅游业在创汇方面的优势。因而,赚取外汇成为发展旅游业的首要目标,旅游业仅仅被看作对外服务或外贸的一部分。但这一时期,中国处于短缺经济的宏观背景下,发展旅游业的基础设施严重不足,进口需求量大,外汇漏损较多,旅游业增长主要是靠简单、粗放的扩大再生产方式实现的。中国经济经过10年的发展和逐渐的开放,运行体系开始向国际化迈进。1994年1月实行"汇率并轨",取消了长期以来执行的汇率"双轨制",使流行一时的人民币外汇券(FEC)退出了历史舞台。当年美元与人民币的汇率达到了1∶8.6。另一方面,20世纪80年代的中后期,由于受高通胀的影响,国民经济被迫进入紧缩调整期,开始了宏观经济的"治理整顿",一度失控的高档饭店投资热在禁止修建楼堂馆所的行政命令干预下得到了一定程度的遏制。此外,管理部门对国内旅游的态度则由过去名义上的"不宣传、不提倡、不反对"、实质上(政策上)的限制和控制,转变为"积极引导",认识到发展国内旅游有利于回笼货币、减轻通胀压力。

1992年邓小平同志"南巡讲话"后,各地经济迅速回暖,项目投资热、房地产热呈直线升温趋势,到1993年经济过热已引发了通货膨胀,使我国经济开始了又一轮的宏观调控,以期达到经济的"软着陆"。1994年我国实行"双休日"刺激了城市居民周末游、城郊游的需求,国内旅游始见端倪。从1996年以来,我国的经济发展已进入结构性调整阶段,社会有效需求不足、供过于求的矛盾突出,市场制约经济发展的趋势日趋明显。在短缺经济时代,产品供不应求,在此以前,加班加点成为一种为社会多作贡献的象征,这一思维惯性也一直影响着人们的行为取向。而在由短缺经济向过剩经济转型的背景下,我们开始注意消费对经济的拉动作用。1998年12月中央经济工作会议上明确提出将旅游业作为国民经济新的增长点。每周"双休日"的制度安排大大促进了国内旅游发展,当年参加国内旅游的人数就超过了5亿人次。

这样,改革开放初期,将旅游业看作一种特殊的创汇行业来发展的内外部条件和因素都已不复存在,旅游作为一项产业开始真正浮出水面,旅游目的地和旅游景区(点)的策划、经营和管理者已经将重点放在项目经济效益的投入产出上,面向的是统一的客源市场,不再过多地追求创汇指标。1999年国务院新修订了《全国年节及纪念日放假办法》,按照新的规定,节假日从原先的7天变成了10天,"大五一"、"大十一"、"大春节"连上前后的双休日,形成3个旅游黄金周,出现了近年来前所未有的大众旅游流的"井喷"行情。2001年国内旅游人数达7.84亿人次,人均出游率为62.2%。带薪假期的出现使我们看到了消费对经济的拉动作用,假日旅游成为公共政策的一部分。旅游业已经成为社会经济生活中不可或缺的重要组成部分。

　　旅游业的发展也为西部地区的社会经济发展提供了一种新的资源观和发展模式,即传统发展模式认为的由农业社会进入后工业社会必须经过工业化和城市化的固定路径,在新一轮的旅游发展大潮中,西部地区将与东部地区站在同一条起跑线上,为西部的地区发展和经济振兴提供了一种新的可能。

　　旅游对于地区经济发展的作用还反映在吸收就业方面所具有的特殊优势上。2002年10月国家计委(国家发改委的前身)与国家旅游局在沈阳召开了"发展旅游促进就业工作会议",这说明发展旅游、扩大就业已成为学者与政府宏观经济决策部门官员的共识。尤其在国企改革和社会转型期,旅游就业已不仅仅是一个经济发展问题,更是一个社会发展的优先目标,其作用不亚于当年的旅游创汇。

　　由于我国的特殊国情,我国旅游业的发展走的是一条不同于西方工业化国家的道路,即"非常规"的道路,先从接待入境旅游开始,然后才是国内旅游,最后是出境旅游。中国公民出境旅游是20世纪90年代初期才开始出现的,早期出境游的特点是以因公为主(约占60%)、以边境游和过境游为主,出游的主要目的地是新加坡、马来西亚、泰国等。而随着我国经济实力的不断增加,外汇储备的日益增多,公民出境旅游市场日趋成熟,发展出境旅游不仅需要而且可能。到2002年中国公民出境人数达到1660万人,其中因私出境已达60%,增长率达44.9%,远高于因公出境。经旅行社组织的出境旅游达372万人次。截止到2003年11月1日,中国政府批准开放的中国公民自费组团可以前去的旅游目的地国家和地区已达到28个。从经济角度看,出境旅游的发展是外汇的净流出。但从更深层次上看,发展出境旅游体现了《马尼拉世界旅游宣言》(1980)所崇尚的精神,也是落实公民利用闲暇时间度假、旅行和旅游的基本人权,更是我国由旅游大国向旅游强国迈进的重要标志;没有一个强大的客源输出市场,就不能成为在国际旅游市场上有影响力的旅游强国。

　　纵观二十多年来我国旅游业的发展实践,宏观经济政策和经济目标的调整无不影响到旅游发展规模、速度和方向。中国旅游业的发展自起步开始就是在自上而下的制度框架中寻求经济利益的最大化。也就是说,中国旅游业在经济上的可持续性发展成为政府主导下的旅游产业化进程中的首要目标。虽然理想的可持续旅游是要在三个层面,即经济、社会文化和生态环境上都达到可持续性,但事实上,社会文化和生态环境上的可持续性因缺乏利益集团的支持和制度上的保证,实施起来较经济可持续性困难得多,尤其是三者产生矛盾时,经济发展就成为压倒一切的"硬道理"。而我们对于旅游业的认识也随着旅游业实践的不断深化而深入。①

由此可见,区域性旅游的发展,并非一定是西方国家的"自发性"经济状态,关于旅游现象的文化解释也不一定是西方文化传统背景下的认知。每个区域旅游发展都有其直接动因的特殊性和文化背景的差异性。这也恰恰是旅游人类学需要"本土化"的原因。

(二)关于旅游对旅游地(东道国)的文化影响问题的再认识

关注文化接触和由此引发的文化变迁是人类学的一个传统。人类学者加入旅游研究似乎也源于这种对文化变迁的兴趣。② 从 1974 年在墨西哥举行的第一届旅游人类学研讨会开始,研究旅游对旅游目的地社会和文化的影响一直是人类学界的主流。③ 由此可见,旅游人类学的主体是旅游发展与文化变迁的关系。而在这一领域最主要的成果是旅游地文化的"涵化"理论。

正如前几章中所述,涵化(Accuturation)是文化变迁理论中的一个重要概念,是指由两个及两个以上不同文化体系持续性的接触、影响而造成的一方或双方所发生的大规模文化变异。其前提有两个:文化接触和文化传播。涵化的后果可能出现三种情况:一是接受(顺涵化、逆涵化);二是适应(民族同化、民族融合);三是抗拒。④ 然而,将涵化理论运用于旅游地的文化变迁研究却是一个棘手的问题。因为任何文化背景下的旅游地的文化变迁都是十分复杂的现象。不仅其现实表现十分庞杂,而且其变迁动因包含了全球化背景下文化的历时性变迁,社区现代化进程中跨越性的文化变迁,以及旅游业发展中共时态文化变迁等。其难点在于如何在引发旅游地文化变迁的各种因子中,将旅游发展(产业化)因子剥离出来,探讨旅游业发展与当地社区文化变迁的对应关系,有效地揭示旅游发展对旅游地(东道主)社会、文化的影响。

根据宗晓莲《西方旅游人类学研究述评》一文的介绍,西方学者的旅游文化影响研究从 20 世纪 60 年代的"价值判断"到 70 年代的"客观分析(涵化认识)"(包括"连锁反应"和"示范影响"),再到 90 年代的"替代性旅游"和后期的"可持续发展"等,形成了一系列理论成果。⑤ 在大量田野工作的基础上,以个案的叙述方式揭示旅游影响的规律性,是西方人类学研究的共性特征。但这种"散点式"研究结论,并不能适用于所有的"弱势"民族旅游地。特别是人类学负重于

---

① 李伟.旅游学通论.科学出版社.2006.第 24~26 页.
② 宗晓莲.西方旅游人类学研究述评.民族研究.2001(3).第 86 页.
③ 光映炯.旅游人类学再认识.思想战线.2002(6).第 45 页.
④ 林耀华.民族学通论.中央民族大学出版社.1997.第 397~398 页.彭兆荣.旅游人类学.民族出版社.2004.第 290~293 页.
⑤ 宗晓莲.西方旅游人类学研究述评.民族研究.2001(3).86~88 页.

"应用性"任务时,旅游人类学更加力不从心。

其一,在经济全球化发展的今天,没有任何一个旅游地是文化的孤立系统。政治影响、经济扩张、教育强化、媒体普及、人员流动等,都极大地推动了哪怕是最偏远地区的文化变迁。旅游的影响不过是"催化剂"或"加速器"。刻意强调旅游与文化变迁的对应关系,无论理论研究还是实践研究都面临难以逾越的障碍,即旅游与其他影响因子相剥离的问题。

其二,"价值判断"源于人类学者的"文化情结"。人类学者对旅游地文化变迁显示出的"痛心疾首"恰恰表明了强势文化立场下的"话语权力",而且在"休闲"状态下的评判对弱势旅游地而言显然有失公允。特别是对于中国的旅游实际发展而言,民族旅游地文化变迁的价值,更不能进行简单性评判。

其三,"涵化"是两个文化系统在长期的接触和传播条件下所发生的文化变迁。因此,旅游引发的"涵化"一定发生在成熟的旅游地。对中国而言,民族旅游地的开发不过几年或十几年的历史。此前的一系列政治、经济、教育、文化等的运动,如政治权力的建立、计划经济的实行、九年制义务教育的推广、广播电视的普及,以及建国后的"土改"、"肃反"、"文革"、"上山下乡"、"扶贫"、"民工进城务工"等社会潮流,已使多数民族地区"汉化"严重。旅游所造成的"涵化"影响,远不及西方学者所研究的"个案"。同时,在中国民族旅游地所发生的"涵化",基本上都是"顺涵化",或是"适应"。这与强大的政府主导作用、权威性的舆论导向、民族文化传统和对于经济发展的向往都密切相关。另外,西方学者提出的旅游经济对文化的"连锁反应"和旅游者行为的"示范效应",在我国民族旅游地也有一些表现,但其涵化机理十分复杂,旅游与文化变迁的对应关系很难确定。因此,史密斯所认为的"人类学对旅游研究的一个重要贡献,在于通过基本的民族志研究说明来自旅游的涵化模式和认识"[①]在中国旅游研究中尚未可见。

其四,关于"可持续发展"的思辨。

20世纪50年代以来,人类所面临的人口猛增、粮食危机、能源危机、资源危机和环境破坏、污染引发的生态危机等全球化问题日趋严重,全球经济增长速度下降,局部地区社会动荡,这就迫使人类重新审视自己在生态系统中的位置,并努力寻求长期生存和发展的道路。

1972年,罗马俱乐部(The Club of Rome)发表了《增长的极限》(The Limits to Growth)这一重要报告,唤起了人类对环境与发展问题的极大关注,并引起了国际社会的广泛讨论。到70年代后期,人们基本上达成了一个比较一致的结论,即经济发展可以不断地持续下去,但必须对发展加以调整,即必须考虑发展

---

① 彭兆荣.旅游人类学.民族出版社.2004.第290页.

对自然资源的最终依赖性。1987年,世界环境与发展委员会(World Commission on Environment and Development)发表了报告《我们共同的未来》(Our Common Future)。该报告第一次明确给出了可持续发展的定义,提出到2000年及以后实现可持续发展的长期环境对策。

由此我们可以看出,可持续发展理论实质上是关于"人—地"关系的理论,是通过对人类行为的调整而达到"人—地"和谐共存的理论,是在环境保护理念指导下的发展理论。

但"人—地"关系与"人—人"关系有着本质的区别:其一,"人—地"关系是指人类与(自然)地理环境的关系,强调了人类生存对自然环境的依赖性;而"人—人"关系是指人群与人群的关系,两者之间并不具有直接的依附性。其二,由于人的主观能动性,决定了在"人—地"关系中人类的主导地位,即人类可以主动地适应环境和改造环境,因此可以调整自身行为而达到趋利避害的目的;但在"人—人"关系中,双方均处于主导地位。如传统社会与现代社会在相互交往中应该平等地进行对话,才能真正地实现交流,也正是因为如此,双方都必须调整各自的行为才能达到二者关系的和谐。

可持续发展理论应用于弱势文化旅游地的开发战略,实际上是将强势文化作为"主体",而将弱势文化作为"客体",将"人—人"关系转化为"人—地"关系的一种发展思路。且不论强势文化能否类比于"人类",弱势文化能否类比于"自然环境",仅从引入这一理论的立场就足以发现其荒谬:其一,可持续发展是指谁的发展?将弱势文化作为保护的对象,那么,可持续发展的主体显然是指强势文化的"可持续发展"。其二,强势文化的可持续发展是基于弱势文化的维持(或言保护),那么就意味着弱势文化的发展权利被剥夺,就意味着弱势将成为永远。

对于"人—地"关系而言可持续发展理论已成为国际社会所认可的现代社会发展战略,尽管其含义有些含糊和抽象,但它强调了"人类欲望的遏制和环境保护"理念,强调了人类发展的"共时性和历时性的公平"原则。尽管其逻辑上可能存在一些问题,如现代工业文明如果真的能"可持续发展",那就意味着人类发展不可能再有质的飞跃。原始人要是能"可持续发展",那世界上仍然到处都是"土著人"。[①] 但它毕竟为解决人类所面临的现实问题提出了一种思路,提出了通过对人类自身发展行为的调整,而达到"人—地"关系的和谐。这是在人类现有的技术条件下所能维护自然生态环境的最佳方案。

但是,将该理论运用于弱势文化社会发展战略,特别是弱势文化旅游地的发

---

① 韩民青.从可持续发展到转移式发展.哲学研究.1999(9).

展战略中,就不能机械地、生硬地照搬,而需要对这一理论进行重新思考与创新。需要同时考虑"人—人"关系双方的共同发展,需要考虑弱势文化的变迁,需要考虑文化的"趋同"发展与"多元"的保持等一系列问题。①

由此也可以说明,弱势旅游地即便要实现可持续发展,也需要政治、经济、文化等力量的共同作用,才能实现"人—人"关系的协调。旅游人类学的学科属性及其特点决定了其是难以独立担此重任的。

(三)关于"舞台真实"理论的再认识

旅游研究中的"舞台真实"理论源于著名社会学家戈夫曼的"戏剧论"。② 麦坎内尔借助这一理论提出了两个观点:其一,旅游地提供的旅游产品是"舞台化"了的;其二,旅游者需要"真实性"的文化。③ 这实质上是从供给角度对旅游地文化变迁所作的评价,也是对弱势旅游地对强势文化"入侵"的反应表现所作的评价。由此我们不必担心在旅游发展中,一种文化会被另一种文化全盘"覆盖"。恰恰相反,旅游使弱势文化群体"发现"自身的文化价值,并在充分挖掘和利用这种价值方面,体现了其智慧。故而在我国民族旅游地出现了所谓"传统文化复兴",或"再造"的文化态势。

对这一理论再认识,需要重新解读旅游产品"舞台化"与旅游者对"真实性"的追求内涵。

1.关于"舞台化"的文化理解

撇开投资商的主观故意,"舞台化"是旅游地文化变迁的客观结果。我们不妨假设一种极端状况:一个封闭的村落,还算山青水秀,长期与世隔绝使之保留了一种传统、古朴的生活形态。忽一日,有一个从世界上最发达城市来的人途经此村,惊诧于世间有如此"桃园",于是回去呼朋唤友每逢假期均到此一游。人渐增多。对于那个发达城市而言,这个村落已成为其"后花园",封闭的村落进入了现代世界。对于这个村子而言,外来的人多了,消费开始增加。或许这个村子以前不用货币,但因食物等资源有限,该给谁呢? 只能选择出币较多的人。于是,货币进入了价值体系,成为财富的代表之一。与此同时,村民发现自己的生活形态可以转化为财富,并且外来者的生活样式更加舒适,于是他们将原有生活样式作为商品继续卖给外来者(舞台化),而自己的实际生活开始模仿更加舒适的方式。由此,文化开始分裂为两部分:传统文化商品化、艺术化、表演化,即"舞台化"了;现代文化作为实际生活的一部分取代了过去的传统。由此我们发现了旅

---

① 李伟.民族旅游地文化变迁与发展研究.民族出版社.2005.第220~221页.
② 杨慧.麦坎内尔及其现代旅游理论.思想战线.2005(1).第99页.
③ 杨慧.麦坎内尔及其现代旅游理论.思想战线.2005(1).第98~100页.

游地文化变迁的主要脉络,如图 10-5:

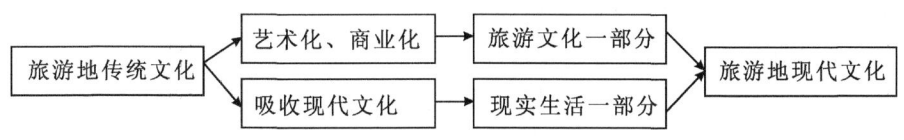

图 10-5　旅游地文化变迁途径示意图

需要强调的是,为了突出地方特色,以保证旅游业更大规模和更高层次的发展,需要不断丰富旅游内容,因此需要不断挖掘传统文化,也需要不断再造传统文化(民族文化)。无论挖掘还是再造,"传统"存在的意义就是为了表演,"舞台化"是为了旅游业的发展。

当然,任何文化都不会是单一线条的演化,各种文化彼此相互交叉、渗透,形成复杂的变迁体系。但对于我国民族旅游地而言,两个层面的文化变迁总体方向是向着现代化演进,但各自的意义却明显不同。旅游文化中的这一部分将作为民族文化的标志存在,在很大程度上焕发了民族自信心、自豪感和自觉意识,并将成为民族文化再生产的新的起点和依据。现实生活中的那部分传统文化或许会逐渐消失,溶解于现代文明中;或许会从旅游文化的那部分借鉴过来,得到刻意的强化,如很多已经接受汉文化的民族刻意强调其少数民族姓氏。由此可见,旅游地产品供给中的"舞台化"是文化变迁的必然结果。

"舞台化"对旅游地的发展影响不可一概而论。妄言其"扭曲"、"虚假"会导致民族旅游地可持续发展受到影响也只是个别人的臆断。事实上,民族旅游地要保持强烈的吸引力,就必须用适当的方式将资源所蕴藏的无形的文化内涵用具体的形式表现出来。从这个意义上看,旅游业发展需要对原生状态的资源进行转化,也就是要对原有的民族文化进行再加工,使其艺术价值增大以满足旅游者的需要。而由旅游引发的生活层面的文化变迁给游客带来了很多方便,如旅游条件的改善、管理制度的加强、文化的多层面交流等都会使游客在自己所熟悉的背景环境中得到旅游的快乐。

从我国民族旅游地的现实发展看,民族文化不仅作为旅游资源存在,也是民族地区旅游业发展的"资本"。在旅游发展过程中民族文化资本的"含金量"随"文化变迁"而不断上升。其一,"变迁"改善了民族地区经济发展的软、硬环境,使投资商的信心增强;其二,"变迁"使社区内外产生了共同的文化心理及看待该民族文化的态度,使内外出现一种"合力",有利于民族文化的保护、传播以及文化产业的发展;其三,"变迁"使本地文化与外来文化形成"对接",有利于文化实质性的交流,如世界观、价值观背景的一致性,消除了语言隔阂产生的误差。所有这一切,都与旅游产品的"舞台化"密切相关。

另外,"舞台化"虽然会使民族文化作为旅游资源的价值下降,但作为旅游发展资本的价值上升,对民族旅游地的发展具有十分复杂的影响。资源价值的下降会在短期内导致当地旅游业衰退,游客量递减;资本价值的上升却会引发替代资源的开发,新的旅游景点及产品的出现。如民族旅游减少,但会议旅游、商务旅游、休闲度假、运动旅游、自然生态旅游等反而增多。同时,一个民族文化的资源价值下降,同一社区内其他民族文化旅游产品就会替代性产生,以补充区域主体民族旅游产品。如云南西双版纳的傣族旅游产品的吸引力下降,相应产生出一系列的布朗族、爱尼人(哈尼族分支)、基诺族的文化旅游产品,以丰富区域旅游产品内容。

综上可见,一个民族旅游地一旦形成,并且具备了市场知名度,创立了市场认可的旅游品牌,并在前期发展中奠定了后续发展的基础条件后,"舞台化"对旅游业的影响不是绝对的衰退,其旅游发展更主要地取决于当地决策层对旅游发展的态度和旅游经营的方式。①

2.关于旅游者对"真实性"追求的理解

作为普通旅游者,既希望民族旅游地的文化变迁能够使自己的旅程方便、舒适、愉快,同时又不愿看到"舞台化"的商业表现、虚假表演。他们对趋同性的城市建设、旅游服务、景区管理、景点装饰以及导游的程序化的语言都感觉失望。从这个意义上讲,他们确实希望得到真实。

但应该看到的是,所谓"民族旅游"一开始就将旅游者与当地人的关系建立在短期的、肤浅的、功利的目的之上。很难想象出钱到剧院观看节目的人与台上挣钱的演员会有真正的文化沟通,同时也很难想象"观众"会因"剧院"环境的不真实而指责节目"不真实"。而在旅游实际中,旅游者为了追求所谓传统的"真实性",往往忽视当地居民已经改变了的生活状况,游客要求"舞台化";而当地居民为了满足游客们"求真"的愿望,仍不得不继续扮演"职业土著"的角色。当地的文化似乎就在这样的情势下被扭曲了。② 表面上这是因旅游者的"求真"行为所造成的"扭曲",实质上是旅游主客体互动的结果。

在众多的旅游者的短期行为中,他们追求的更多的是一种想象的真实而不是客观的真实,他们对美的渴求远甚于对真的探索。对于出游寻找审美愉悦的旅游者来说,出游地的文化总是要与本人熟悉的文化有差异才好。这种普遍的旅游情景实际上是一种以幻想式的提高异文化为基本特点的,是对异文化的"误

---

① 李伟.民族旅游地文化变迁与发展研究.民族出版社.2005.第215~217页.
② 彭文斌.中国民俗旅游的发展及中国学术界的参与趋势.载王筑生主编.人类学与西南民族.云南大学出版社.1998.第283页.

读"。现代人希冀异文化给他们带来新的活力,这种"误读"使他们有可能在与"异"的接触中寻回、理解自我。①

由此可见,旅游者是"为我"而追求一种想象性的"真实"。他们并不在意不同民族的服饰差异或习俗的不同,而是要在其旅游经历中体验一种与"自我"的差异感受,从而获得旅游的满足。他们对于旅游地"真实性"的不满,并非对实际"真实"与否的客观评判,而是在与自身所熟悉的文化环境的对比中,所产生的情绪。如想象中的偏远民族是落后的、淳朴的、非商品化的,而现实中的游客与民族姑娘照相收费、参与民族活动收费、家访收费等,使他们觉得与日常城市生活场景相似,故而有了抱怨,产生了所谓追求"真实性"的"借口"。

二、旅游人类学"本土化"思考

旅游人类学自诞生之日起,就试图以指导弱势文化旅游地的旅游发展为己任。因此,运用"文化"工具,追索旅游现象的本质(包括旅游影响的文化本质)成为研究者的目标。西方学者为此所做的大量工作及其理论成果,为中国学者提供了思想指引,奠定了理论基础。但要实现指导旅游地发展的目的,仅仅依靠"解释"或"认知"是远远不够的。这就要求旅游人类学的学科属性要从"人类学性质"转向"交叉学科性质"。在这种思想指导下,我们需要重新考虑其理论框架。

(一)全球化语境下旅游人类学的理论框架

"全球化"自 20 世纪 90 年代到现在仍然是流行的词汇之一。从那个时候开始,世界经济出现了"生产的全球性区域分工;国际贸易自由化;金融日渐国际化;投资趋于外向化"等特征。而经济的全球化使文化也必然地走向了全球化。因为商品并不是纯物质的对象,它是含有观念性的东西。商品的生产和使用与某种精神状态或社会情景相关联,它展现着一定的社会意义,表现出一定的社会制约。商品具有既提供生存必需又勾画出社会关系界限的双重作用。当人们买进商品的时候,他们不仅仅是"使用",同时他们也接受了一种文化观念。同理,当人们生产出一种产品并实现了这种产品的价值时,他们也相应地是在生产并推销了一种文化观念。

从文化学的角度来讲,人类的一切文明都是不同层面上的文化,政治的、经济的乃至社会人的行为都是如此。所以在文化学的视野里,全球化的概念较经济全球化要广泛得多。它是指由于商品、货币、人、技术、知识、思想等在全球范围内以前所未有的广度和速度流动,所构成的一个由多维文化组合表现出的特

---

① 马翀炜.民族文化的资本化运用.民族研究.2001(1).第 25 页.

殊文化景观[①]，即当今世界共时态的"全球化"图景。它并不是全球文化的同一化，而是为迎合"各种发展"所出现的"各种国际接轨"，进而出现世界各个区域、各个领域的一系列"全球化"理念。

从历时态的文化发展角度审视"全球化"，可以看出西方发达国家已成为事实上的榜样。世界各民族、各区域都将现代工业文明作为发展模版与追求目标，完成自身的社会转型，从而在全球范围内形成了趋同化的历史潮流。

在全球化的社会背景下，旅游作为现代文明社会的一种生活方式，由欧美向全世界各个角落流行开来，形成一种世界性的社会现象。

20世纪的后十年，人类社会发展到了一个新的文明阶段。与此相对应的，人们的生活方式、消费观念较之以往都发生了极大的变化，消费趋势也从对物的实用性的消费转向精神享受性的消费。客观表现是人们的闲暇时间增多，各国的公众假日数量都在增加，"休闲问题"开始成为世界性的社会问题。人们在闲暇时间以满足主观愿望为目的的自由活动是现代生活中重要内容之一。故而，"休闲时代"、"休闲经济"、"娱乐经济"、"体验经济时代"等词汇进入学者、政府和大众的视野，成为媒体"热炒"的话题。由"休闲"状态导致的社会后果是出现了新的生活观点和生活态度。人们购买经验而不是物品，说明了现代文化对社会行为的影响，即人们对物的实用价值追求转向消费行为本身给人们带来的精神价值追求。"旅游"迎合了这种世界性的社会文化潮流。

因此，在全球化文明背景下，旅游作为当今世界一种普遍性的社会现象，具有一致性的发展动因、发展规律、存在问题等，从而为旅游人类学理论框架的建立提供了一个共性化的语境前提。

1. 研究范畴

旅游行为是人的行为，而个体行为的加总会合成一种社会性的常态，成为社会现象。而人类学以文化理论为利器，破解繁杂的社会表象，揭示其文化内涵，进而发现人类社会的演替规律，成为人类学研究的宗旨。所以旅游人类学研究也应以"人"为主线，探索旅游现象的文化内涵，发现旅游的文化影响并揭示这种影响产生的社会推动作用，这是其研究的主要范畴。

（1）旅游现象中的"人"

根据社会角色理论，在一次完整的旅游活动中，各种人群按照参与行为的不同功能进行角色分类，即分为旅游者、旅游服务者和旅游管理者。

旅游者是一次旅游活动中的行为主体，是旅游行为的具体实践者。在他的行为过程中，牵引出了其他角色行为。

[①] 翁乃群. 全球化背景下的文化研究及其思考. 社会学研究. 1999(6).

旅游服务者是旅游活动能够实现的具体保障者。旅游服务者可分为两个部分：一是直接参与旅游保障行为的各种从业人员，为完成行为主体的活动而提供各种功能性服务；二是并不直接参与旅游服务的当地社区。旅游服务者具有两个方面的保障作用：一方面提供了旅游景观背景；另一方面提供了环境保障。

旅游管理者并不为一次旅游活动提供具体的服务，但却从整体上监控旅游现象的产生、规模与节奏，协调旅游行为者之间的关系，维护旅游交易行为秩序等。在社会发育较为成熟的区域，旅游管理者以"行业协会"的面目出现，而在社会发育程度不高的区域，旅游"管理者"的功能通常由政府或政府的职能部门承担。

根据经济学中的供需理论，在一次完整的旅游活动中，各种人群可依照交易行为中的状态进行分类，即分为消费者、供给者和保障者。

消费者即旅游需求者，也就是旅游者。在旅游研究中，往往依据旅游消费行为的特殊性揭示旅游者的文化内涵。

供给者即旅游相关行业经营者，也就是在旅游活动中提供各种服务的职业性人员。在旅游交易中的各种职业行为特征，是旅游从业人员共性文化的外在表现。

保障者主要是指旅游地社区，它所提供的社会保障是旅游活动完成的基础，而旅游行为的后果在保障者行为中得到不同体现，或增强了保障功能，或削弱了保障功能。这事实上就是指旅游的"双刃剑"效应，或区域旅游发展中自我制约的文化内涵。

(2) 旅游人类学研究的"着眼点"

如果认定旅游是一种"异地性"的特殊消费行为，那么"异地性"特征就成为研究的基点。这往往造成了旅游研究中的困惑。如《西方旅游人类学研究述评》介绍(宗晓莲，2001)，西方学者从三个切入点对旅游进行研究，即旅游目的地社会、游客和客源地。这显然是根据早期"旅游系统"的形象性分解，按"异地性"的理念，划分出"客源地"和"目的地"，从而进行两地的文化对比。理论上客源地可以是任何人类的聚居地，那么，旅游人类学中的"客源地"的指向是什么？泛指城市或现代社会？果真如此，那么"旅游人类学"就转化为"城市人类学"或其他人类学了。需要说明的是，世界上任何地方也都可以成为旅游目的地，但按照目前旅游发展的实际及旅游研究中约定俗成的观点，旅游目的地是指那些社会认可度较高、现实旅游流较大的地域。因此，"异地"理念所造成的研究困惑表明旅游人类学需要新的研究"着眼点"。

如果一个人从 A 地到 B 地旅游，那么其旅游的特殊消费行为及其完成这种行为的各种"保障"事实上只发生在 B 地。因为旅途中(即从 A 地到 B 地)的各种消费行为是消费者与社会公共服务的交易行为,其性质与非旅游者并无差异。由此可见,旅游中的各种经济现象及文化现象均表现在B地。因此,旅游地或称旅游目的地是旅游人类学研究的具体"着眼点"。对旅游地区域内所表现的各类人群行为的文化解释与探究,也就成为旅游人类学的具体研究范畴。

2. 研究立场

旅游是现时代普遍存在的社会现象。社会层面的分析与研究必然被纳入到旅游学者的视野中。但泛化意义上的社会研究囊括了所有人文社会学科,由此导致了旅游研究中百花齐放的缤纷"场面"。故而旅游研究中的学科"交叉性"成为大多学者的共识。

从历史的角度看,旅游现象是文明进步、社会发展的时代性成果,其产生及演化具有跨地域、跨民族的共通性动因。因此,社会学、人类学似乎对旅游现象的本质、旅游的发展规律,以及旅游的社会影响等方面的研究更具有契合性。

尽管社会学、人类学研究视角具有差异,但在百余年的发展历程中,二者逐渐融合共通,均从注重宏观层次的社会、文化演变,转向个体的、心理的、主观层次的、微观层次的研究。虽然社会学强调对社会行为、社会关系及社会结构的研究,人类学强调对文化符号解码、文化体系及其文化特征的探讨,但在具体的研究过程中,社会行为、关系及其结构的产生离不开文化背景的分析;而文化体系及其特征也因不同的社会关系和结构而显现出其差异性。社会是文化的载体,文化是社会的表征。研究对象本身的交叉性,导致社会学、人类学在研究范围、研究对象、研究角度、研究方法和研究层次上存在着天然联系。而且随着研究的不断深入,二者的交叉融合趋势会越来越明显。

我国人类学一开始就与社会学紧密结合在一起。老一辈人类学家如林耀华、吴文藻、费孝通等都具有深厚的社会学背景。恰恰是人类学与社会学知识的交叉融合才使他们对中国人类学和社会学作出了巨大的贡献,出现了《江村经济》、《金翼》、《凉山彝家》等经典之作。特别是费孝通先生毕生致力于研究中国社会的现实问题,他的小城镇研究、社区比较、协调发展等成果为中国的建设提供了有利的理论依据。正是因为费老将人类学和社会学交叉结合,其研究才能够卓有成效。这种研究理念与范式为我国旅游人类学研究提供了宝贵的经验,并成为旅游人类学实际研究中所依托的立场。

由以上分析可见,人类学介入旅游研究,事实上是介入到当今社会的一种特定"社会事实"的研究中。旅游人类学的建立,是因人类学与社会学的天然联系而产生,是人类学自身学科性质使然,也是时代、社会、旅游发展的客观要求。而所谓"旅游者与人类学者的田野调查具有行为过程和表现的相似性"①,并不能成为人类学介入旅游研究的理由。

因此,旅游人类学应以文化理论为工具,以旅游现象中的各类人群为主线,以社会学理论、方法为借鉴,立足于当今时代的社会现象(旅游)研究,探讨旅游现象中各类人群的行为、关系和区域旅游运行机制的文化内涵,揭示旅游对社会的互动影响规律,为旅游发展及区域社会进步提供理论依据。同时,也没有必要区分旅游人类学和旅游社会学,人为设置本来就较为薄弱的学科藩篱。二者应结合起来,共同对现实社会中的旅游现象进行研究。

3. 理论框架

如前文所述,旅游"认知理论"需要解释旅游现象中的两种关系。其一为"人—地"关系;其二为"供—需"关系。所谓"人—地"关系是旅游系统中的基本关系。"人"指的是旅游者,"地"指的是旅游目的地,包括旅游产品及其旅游环境。这是从宏观层面上、粗线条地将旅游现象中的主要矛盾双方规定为"主体与客体"(与旅游系统中的三分法相对应)。而旅游人类学是"旅游认知理论"的一个分支,客观上要求其研究对象进一步深化,即以解释旅游现象中的"人—人"关系作为研究基点。这就需要将"地"中有关"人"的要素提取出来,从而能够探讨旅游者、旅游服务者和旅游"管理者"在行为、关系、制度三个不同层面上的人的社会活动的固定化形式,及其文化动因和文化后果。具体地说,旅游人类学就是研究在一次旅游现象中,各类人的一定的行为如何表现一定的关系,一定的关系又如何造成一定的制度,进而研究行为、关系、制度三者背后隐藏的文化内涵,以及旅游与社会的互动作用。

鉴于以上认识,我们得出旅游人类学的理论框架(如图10-6)。

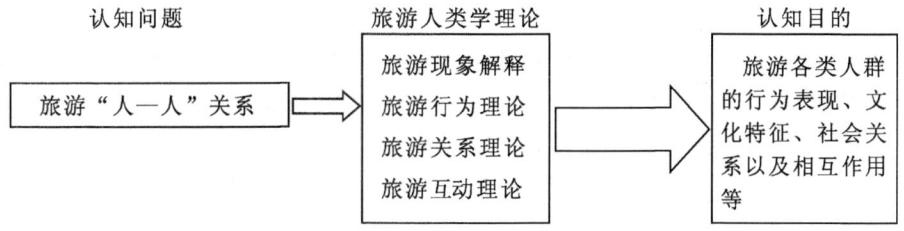

图10-6 旅游人类学理论框架图

(1)认知问题:旅游现象中"人—人"关系的文化内涵。
(2)理论架构:旅游现象的解释理论;

---

① 周霄.刍论"旅游人类学"的几个基本问题.广西右江民族师专学报.2001(2).第18页.

旅游行为理论(旅游现象中各类角色行为的文化解释);

旅游关系理论(旅游现象中各类角色的相互关系与社会结构);

旅游互动理论(旅游主客体间的文化影响与发展制约)。

(3)认知目标:旅游中各类人群的行为表现、文化特征、社会关系以及相互作用等。

(二)中国旅游人类学的研究取向

总结近二十年的中国旅游研究,发现其困境在于多学科交叉后的逻辑线索紊乱与其理论建设参照坐标的匮乏。所以,最好不要急于按照我们的臆想去赋予它一种理论的"科学性"和实践中的"指导性"。实际上,在关于旅游理论范式与观念结构的合理性和逻辑性还没有厘清之前,过于强烈的"科学理论情结"是不妥的。很多貌似科学的旅游研究成果要么是以偏概全的结论,要么是"话语霸权"的结果。南开大学的余书炜对旅游研究的质疑很令人深思。[①] 另外,很多以"科学决策依据"面目出现的研究成果,其在实践中的指导意义究竟有没有,有多大,也值得回味。事实上,在真正认识、理解、把握某种自然或人文现象,建立一门科学的理论之前,"理性思维逻辑"都要比那种看似"科学"的"研究结论"更真实有用。因此,旅游研究的科学性辨识,要以某种理论作为参照,通过"批评式"的讨论,才能具备对旅游现象的客观理解与把握能力。而20世纪90年代后期所引进的"旅游人类学"思想,可以对前期所作的旅游研究作出审视,从更为宏观的文化层面上承担"批评"任务;而人类学研究中的弱势群体立场及非功利性传统,也使旅游人类学具有"公正性批评"的职能。因此,以"旅游人类学"作为旅游理论建设的"参照系",可以推动各学科的旅游研究更加深入与合理。

1.旅游研究批评的必然性

旅游作为现代社会的一种生活方式,其研究中多学科的介入理所当然。但也恰恰因为如此,不同学科立场的研究成果一旦被纳入"旅游学"整体框架,就显现出其概念的分歧与理论逻辑的混乱。如对于旅游概念的认识,地理学立场重视人的空间位移,经济学立场强调人的消费及其后果,管理学立场关注人的数量统计,文化学立场则看重人的行为意愿。因学科立场不同而出现对同一现象的不同认识犹如盲人摸象,导致了后续研究中一系列概念的随意性及"旅游学的结构散乱、功能低下"[②]。由此也使旅游研究出现了"侈尚空谈、不务实际的学术风气,影响着旅游学科的建设和发展"[③]。

---

① 余书炜.论旅游理论研究内容的框架.旅游学刊.1997(4).第31~35页.
② 陈才.对旅游学基本问题的思考.桂林旅游高等专科学校学报.2001(2).第48页.
③ 谢彦君.旅游概念存在的泛化倾向及其影响.桂林旅游高等专科学校学报.1999(1).第20页.

"概念"作为科学的研究范畴规定了我们的想象和思想资源,也规定了我们的思维模式。当一门学科的概念严谨并发挥强有力的学术统一功能时,概念在学科研究整体中的存在是结构性的实体存在。而目前旅游研究中几乎所有概念都因不严谨而不具备学术的统一功能。旅游研究中概念的基点在于"旅游",对"旅游"的不同专业背景的理解,必然导致旅游研究领域出现"大杂烩式"的混乱局面。或许因为旅游本身就是一种生活状态,其概念定义和理论研究也理所应当地被为是一目了然、无须证实、无须论证、无须解释的常识性的知识形态。

如"旅游资源"作为我国学者旅游研究中的常用概念,在新近出版的《旅游资源开发与规划》中就列举出了郭来喜、陈传康、周进步、保继刚、Holloway J. C 及国家旅游局等多种定义。① 而在不同版本的《旅游学概论》、《旅游资源学》、《旅游经济学》、《旅游管理学》、《旅游规划》等教材及一些论著中,其定义不下几十种,表明了作者不同的学科立场。然而,这一概念的始作俑者具有地理学专业背景,其定义强调"对旅游者具有吸引力的自然存在和历史文化遗产、以及直接用于旅游目的的人工创造物"②。后续不同学科的研究者根据自身理解对"自然存在"、"历史文化遗产"、"人工创造物"等用词进行了替换。这一概念对旅游研究影响很大,并延伸出一系列的学科及理论,如"旅游资源学"、"旅游经济学"、"旅游开发与规划"等,以及所谓"旅游资源调查"、"旅游资源评价"理论等。但仔细反思应该看到,该类定义中的关键词在于"吸引力",这是一个极端模糊的、大众性语言的限定词汇,无法用学术标准予以衡量。事实上,任何存在(无论实体还是精神)都无法运用科学手段判定其是否具有"旅游吸引力"。由此而产生的一系列学科及理论研究的科学性,或称客观性难道不令人质疑? 与此相类似的概念在旅游研究中比比皆是。如旅游市场、旅游产品、旅游开发等"核心概念",以及其延伸性的概念领域,如生态旅游、体验旅游、休闲旅游,等等。似是而非的概念群,加之研究者不同专业立场的理解,造就了旅游研究的无边界性、无逻辑性、无统一性特征(当然,也可称作跨学科、多维度、多层面特征)。由此导致旅游学研究不能真正深入到旅游现象的本质层面上进行剖析,并提出有指导意义的理论来。③

巴特勒的"旅游地生命周期"理论算是旅游学中"较为成熟的理论",在我国旅游研究中得到广泛运用和尊崇。但我们显然忽略了中西旅游产生的背景与旅游发展道路的不同,使这一"理论"的中国式分析令人啼笑皆非。西方国家旅游

---

① 陈兴中等.旅游资源开发与规划.科学出版社.2005.第1~2页.
② 保继刚等.旅游地理学.高等教育出版社.1993.第52页.
③ 谢彦君.旅游概念存在的泛化倾向及其影响.桂林旅游高等专科学校学报.1999(1).第20页.

具有"自发性",多数旅游地是在"需求者"的推动下产生并发展,而旅游者的兴趣会因旅游地的日益"成熟"而衰减,因此呈现出一定的"生命周期"规律;中国旅游的"政府主导性"使多数旅游地是在"供给者"的建设中产生的。特别是旅游营销中政府对主流媒体的控制与影响、对市场的"干预"决不是想象中的市场"兴趣"可比,加之我国旅游行为层次的时代性特征,使旅游地的"生命周期"受多种因素影响和制约,并不存在"巴特勒规律"。生硬套用所谓理论模式并不适应中国的旅游发展实际。

从旅游经济角度看,旅游因其经济作用而最早被经济学界关注,从而形成了整个旅游学界的研究偏向,使得主要的研究思路和方法都更接近产业经济学。然而,旅游业是否是一个产业?已故美国学者托马斯·戴维森(Thomas Davidson)认为,旅游业不是一个产业,而是一个产业组合。因为旅游需求方实际创造的价值与所谓的旅游产业(旅游供给方)可观察计算到的产值两者间存在着明显的不对称现象。旅游的经济现象是旅游者所有的支出产生的效应,而不仅仅是某一部门的收入效应,即旅游的经济现象是"支出推动型",而非"收入推动型"。因此,将旅游定义为产业是不正确的,是有悖于旅游的真实情况的。旅游是一种社会经济现象,它既是推动经济进步的发动机,同时又是一种社会力量。这就对传统的旅游学理论提出了挑战。

这里没有否定一切旅游研究成果的意图,只是通过以上分析,表明不同学科背景下所作的理论与实践研究需要在更高层面上予以审视和批评,才能整合各种专业背景下的研究成果,使之能够形成旅游学整体框架下的有效成分,有机组合形成一个更加符合旅游实际的学科门类。我们需要对20年来的中国旅游研究进行深刻反思,并需要一门学科以对抗"传统的旅游理论",从而为新的建构奠定基础。

学术批评与反思如果在本学科内则很难超出其范畴而不能在根本上实现突破,相反会演化成为一种"意识形态"的复制。因而"旅游研究批评"的外延要大于经济学、地理学及管理学对旅游研究的想象,要有一门学科能通过回溯"研究历史"来赋予其合法化的批评地位。因为"历史"是在某种文化背景下所讲述的历史,也就是旅游研究自身演变的文化历史,因而旅游人类学理所当然地充当了这一角色。或许旅游人类学本身并没有强大的理论力量,但其批评性立场与职能,却可以监督和制约其他基础性学科对旅游研究的逻辑上的混乱和理论的无效。即便是对某种观点的回护,由于找出了本质上是文化的东西,其研究技术也大大提升了。

2. 作为对抗模式的旅游人类学

在特殊时代性背景下,中国旅游经济发展的迫切要求,使旅游的基础理论研究和实践研究也显现出急躁性特征,发展的迫切性与旅游研究的急切性相对应,现代理性产生了旅游研究的"实用性"目标。全国各类学校旅游专业的兴建,要求旅游教学体系化,导致各类旅游教材纷纷"出笼",呈现出"乌托邦"式的旅游理论体系。在这种趋势召引下,本为揭示旅游现象本质及其发展规律的旅游各类研究也不可避免地追随"教学需求"进行着"实用性"的功能转换。在"利益"趋使下,"旅游研究"的这一目标本身就与真正的研究目标相反。[①]

因此,数以千计的各类论著中,相互"借鉴"和重复的内容屡见不鲜,各种观点的主观性与随意性更不胜数。中国的旅游学研究表象上已经"枝繁叶茂",但是支撑这些枝叶的树干却没有得到应有的培育。[②] 所谓"重实践、轻理论"已为学界所诟病。急切中拼构而成的"旅游××学"或"××旅游学"等"理论",不仅远离了旅游现象本质,而且误导了青年学者。因此我国旅游学界发出了"旅游理论研究在研究什么?旅游理论学习是要学到什么"的呐喊。[③]

20世纪90年代后期,张晓萍等一批学者引进了西方旅游人类学理论,旋即在中国旅游学界流行开来。检索21世纪以来的旅游研究论著,大多理论研究引用了西方人类学者的观点,如"神圣旅程"、"人生礼仪"、"舞台真实"、"旅游地文化涵化"等。这种不同于以往研究的立场、视角和独特的叙事风格,使旅游人类学一开始就作为一种旅游研究的"对抗模式"存在。解构了原有旅游理论中的概念体系,使宏观层面上的旅游研究具备了文化理论坐标,从而自觉或不自觉地进入了"批评"角色,承担了"批评"任务,显示了"批评性"的职能。

旅游人类学借助人类学和社会学的一些理论对旅游现象进行分析,并建构了自身理论。从思维模式的角度看,它对旅游研究有两个方面的贡献。

其一,对旅游现象的"本质性"剖析。

旅游人类学避开了对旅游现象的表面性描述,如人的空间位移、交易行为及其影响等,借助"社会表象理论",利用人类学的经验和知识作为参照物去解释旅游现象。将旅游现象具体化和形象化,出现了所谓"神圣旅程"、"人生礼仪"观点。这本身也是人类学看待世界的方式。这一理论对以往旅游现象研究的启示在于:

(1)对旅游现象的认识是有关生活的复杂的知识体系,其解释包括研究者的价值观、信仰、态度等要素;

(2)旅游现象的内容和过程十分重要;

---

① 旅游教育增刊——关于旅游科学体系建设的相关讨论.旅游学刊.1997.
② 戴斌.关于构建旅游学理论体系的几点看法.旅游学刊.1997(6).第43页.
③ 戴斌.关于构建旅游学理论体系的几点看法.旅游学刊.1997(6).第43页.

(3)旅游现象的文化内涵能帮助定义旅游事实；

(4)旅游行为包括群体与个体间文化的沟通和互动；

(5)通过运用暗喻、类比以及与原型的比较,将新的和抽象的概念或事件整合到原有的知识框架体系之中；

(6)旅游现象的文化说明,能对其行为和影响研究加以指导；

(7)社会现象解释将社会事实与其发生的文化环境联系起来。

这种思维的逻辑是:研究者(或文化背景)—社会事实—内容分解—要素关联—文化内涵—影响后果。

这种思维模式有利于人们理解旅游现象产生的社会根源、旅游行为特征的文化内涵；有利于人们探讨旅游行为方式的稳定性与动态性；有利于人们对旅游发展的社会后果作出科学预设和响应；有利于从研究者的立场判断其研究结论的可靠性。

如一般认为旅游发展会对旅游地社区产生一定的消极影响。这种假设是研究者的主观判断,在实际调研中社区中的人们也会受这种判断影响,而将社区存在的一些问题归咎于旅游发展。但事实上,需要考虑各关联要素的文化内涵,使旅游发展与旅游影响实现"对接",将"干扰因素"与"旅游发展"相剥离,才能得出客观而科学的研究结论。

其二,运用人类学中的"符号理论"对旅游系统进行阐释与理论建构。

美国人类学家格尔茨曾强调,文化是指从历史上沿袭下来的体现于象征符号中的意义模式,是由象征符号体系表达的概念体系,人们以此进行沟通,延存和发展他们对生活的知识和态度。[①]

将旅游理解为个体与自然和异文化社会相互沟通的互动过程时,旅游体验就带有鲜明的文化特征和符号意义。而其旅游行为并不是简单的"异文化"间的符号传递,而且还是一种具有符号意义的建构行动。旅游主、客体行为在各种具体的旅游过程中构成了独特的文化符号。对这种符号的文化解读,诠释了旅游系统的文化内涵,也是旅游人类学理论的建构。

西方学界早在20世纪70年代就把符号学思想引入旅游研究。麦坎内尔(《旅游者:休闲阶层新论》,1976)、库勒(《旅游符号学》,1981)及格雷本(《旅游人类学》,1983)等都是旅游符号研究的代表性人物。国内学者杨振之(2006)、谢彦君(2005)、彭兆荣(2004、2005)等也曾对旅游符号理论作出研究。旅游符号理论的内容涵盖了旅游吸引物的符号解码,旅游者行为的符号建构,旅游动机、旅游

---

① 格尔茨.文化的解释.纳日碧力戈等译.上海人民出版社.1999.第103页.

决策、旅游影响等的符号认知,等等。①

运用符号理论解读旅游者、旅游供给者行为背后的文化内涵,无路是想象的满足,还是异文化的驯化,都表明了对旅游现象及其影响的深度认识,更贴近旅游的文化本质。

其思维逻辑是:发现符号—解读符号—揭示其文化内涵—寻求对策。

当旅游人类学以旅游地为基点进行主、客体行为研究,并揭示旅游系统的文化关系时,其立场总是在"现状批评"的模式中。"自我反省"的思维状态,在人类学语境中一次次挥起对旅游实践和"传统"旅游理论挑战的长矛,表现出一种形而上学的对抗模式。马翀炜先生在其《文化符号的建构与解读——关于哈尼族民俗旅游开发的人类学考察》②一文中就明确,表现出这一点。

旅游研究批评并不意味着旅游研究的终结,批评的目的是为了打破旅游研究的"隔音密室"状态,消除具有垄断性的"话语霸权"或者是已成定论的某种观点,将研究思维本身纳入思维与反思的过程之中。旅游人类学在我国旅游研究早期的缺席使之具有了后期批评的机会,在某种程度上是现代旅游研究进展的必然性需要,起到了一定的"清场作用"。

旅游人类学与我国前期旅游研究形成了差异与裂隙,虽然具备了一定的批评能力,但其自身发展仍需要一种综合,需要具备自我完善和自省意识,需要与其他学科的研究成果实现有效结合,消除自身的局限和任何"终极性"的思想。作为一种批评模式,和对以往研究的"反题",旅游人类学是旅游研究中的一面"镜子",使所有旅游研究能够检审自己,从而推动现代旅游研究更加深入并逐渐科学化。

3. 文化研究:向着存在论与人类学的辩证地综合

在当今旅游理论研究及旅游实践的场域中,旅游人类学研究的开展与实现,不仅大大地拓展了研究视界,打开了旅游研究与旅游现象的多元的呈现方式与阐释向度,而且也在理论与实践之间建立起广泛的意义关联,同时也找到了人类学话语方式介入旅游研究的切入点。这一切极大地改变了其他学科旅游研究与文化场域的生态构成。因此,旅游人类学一出现就引起了旅游学界的广泛兴趣。

目前旅游研究所面临的现状是所谓基础性的学科划分(地理学、经济学、管理学、社会学等)造成了对于真正深层次问题的遮蔽。文化本是旅游的内在动

---

① 谢彦君、彭丹.旅游、旅游体验和符号——对相关研究的一个评述.旅游科学.2005(4).第2~6页.
② 马翀炜.文化符号的建构与解读——关于哈尼族民俗旅游开发的人类学考察.民族研究.2006(5).第61~69页.

因,也是旅游的存在方式。但当下时髦的不着边际的泛化,使"文化"过分抽象化和概念化了。旅游研究中的文化是一个近似于本体论的虚指,由于旅游人类学"缺席的原因",以往旅游研究中,"文化"不是作为原因和定义起作用,而是作为效果和影响起作用。

我们事实上不可能接近那个叫做"旅游文化"的存在。在新近出版的《旅游文化学》最后一章中,专门讨论了旅游文化研究的难题。[①] 我们不可能先把什么是"旅游文化"界定清楚了再去搞"研究"。因此,一方面,旅游的文化研究需要超越"旅游文化"本体论的预设来展开。在今天,商业性大众文化正在发挥着一种类似于意识形态的功能,它们与传统意识形态的不同之处在于:它们对人的控制似乎更加直接。在这种背景下,我们的生活中符号与文化、价值与反价值、现实与虚构被大量复制。旅游事实上就是生活的复制形式之一。在旅游中人们达到一种抹平差别的神秘化效果。因此,从需求角度看,旅游的"生活复制"与"消除差别"成为"消费者"的文化主题。

然而,传统的旅游文化研究模式受制于美学的思路与规制,总是从旅游客体对象的角度把单个的"景观"来进行审视,倾向于作不置可否的说明与描述,或者将其作为旅游审美的例证,形成对旅游文化的单向度解释。这种形而上学的思维模式是长期困扰旅游文化研究思维的枷锁。我们总是抽象地、先验地设定一个"旅游文化"研究客体,而真正的"旅游文化"作为一个经验性的研究对象始终被排除在思考之外。研究者的思维也因此处于一种"悬空"状态,无力澄清研究客体。鉴于此,文化研究就需要从"美学"的思维模式中退出来,寻找旅游中的文化经验事实,建立一个全然不同的理论视野。从海德格尔的"存在论"哲学出发,旅游的文化研究就是以可感知的经验事实为基础,探讨其文化意义与文化关系。如此,旅游的文化研究将从根本上超出美学视野限制,逼近"旅游事实"的真相。

另一方面,旅游文化研究也可依托人类学理论而展开。人类学经百余年的发展已经形成成熟的基础理论。这种理论使旅游文化研究避免重走形而上学的老路而具备深沉的经验主义品质与活力,并从根本上借鉴人类学的"总体性"视野。比如,旅游文化研究的范畴除了大众文化之外,还涉及民族、阶层、性别、地域等领域。按照传统的研究思路,这些领域分属于不同学科,但从人类的视野看,所有这些都属人类学的文化表达范畴。而人类学的话语构成与表现方式也为旅游文化研究提供了样板,人类学在文化研究中的"经验逻辑"也会使旅游的文化认知更加全面。

---

① 李伟.旅游文化学.科学出版社.2006.第 293~299 页.

存在论与人类学的"总体性"的视野使我们能够不断审视所进行的文化研究,使我们充分意识到"旅游文化"研究的有限性,促使旅游的文化研究具备一种理论的自我意识并向辩证模式转化。自我意识在这里既是比喻也不是比喻,因为它既指学科的自我意识也指学者的自我意识。这同时也体现为一种形而上学的认识论与本体论的互融而向存在论和人类学层面的整合。问题的关键,也即辩证模式的特点在于,不是去空洞地反对理论,而是要对理论和我们的思考本身进行思考,对思维进行思维。也就是说,通过把思维不断地结合在一个更大的领域中来打破自我中心主义和个体意识形态来洞悉真理,通过对思维场景本身的领会来获得自我意识。

总之,旅游的文化研究不只是对旅游学与人类学的学科界限的突破,同时也需要一种人类学的研究高度,认为单纯的学科相加就是"文化研究"不可取。仅仅是跨学科的研究领域的突破,还只是扩大了我们的研究客体的范围,而并未真正走出传统的思维模式。旅游的文化研究,在跨学科背后反映的是我们对旅游研究存在的焦虑与关注。旅游人类学体现为一种对于"批评"的自觉意识。面对旅游研究的现代化和科学化问题,旅游的文化研究要以存在论的高度与人类学的视野,承担自己的责任,发挥自己的作用。

参考文献

1. 瓦伦·史密斯:《东道主与游客——旅游人类学研究》,张晓萍、何昌邑等译,云南大学出版社,2002。
2. 彭兆荣:《旅游人类学》,民族出版社,2004。
3. 庄孔韶:《人类学通论》,山西教育出版社,2005。
4. 黄淑娉、龚佩华:《文化人类学理论方法研究》,广东高等教育出版社,2004。
5. 张晓萍、杨慧:《民族旅游的人类学透视》,云南大学出版社,2005。
6. 丹尼森·纳什:《旅游人类学》,宗晓莲译,云南大学出版社,2004。
7. 伦纳德·J.利克里什、卡森·L.詹金斯:《旅游学通论》,程尽能等译,中国旅游出版社,2002。
8. 罗贝尔·朗卡尔:《旅游和旅游社会学》,陈立群译,商务印书馆,1997。
9. 李天元:《旅游学概论》,南开大学出版社,2003。
10. 吴铎:《社会学》,高等教育出版社,1992。
11. 孔智光:《理想美学》,山东大学出版社,2002。
12. 杨慧、陈志明、张展鸿:《旅游、人类学与中国社会》,云南大学出版社,2001。
13. 富永健一:《日本的现代化与社会变迁》,商务印书馆,2004。
14. 土居健郎:《日本人的心理结构》,商务印书馆,2006。
15. 吉野耕作:《文化民族主义的社会学——现代日本自我认同意识的走向》,商务印书馆,2004。
16. 德村志成:《中国国际旅游发展战略研究——日本客源市场篇》,中国旅游出版社,2002。
17. 鲁思·本尼迪克特:《菊与刀》,商务印书馆,1990。
18. 埃德温·奥赖肖尔:《当代日本人——传统与变革》,陈文寿译,商务印书馆,1992。
19. 贝拉:《德川宗教:现代日本的传统文化渊源》,王晓山、戴茸译,牛津大学出版社、三联书店,1998。

20. 威廉·A. 哈维兰:《文化人类学》第十版,上海社会科学院出版社,2006。

21. 奈杰尔·拉波特、乔安娜·奥弗林:《社会文化人类学的关键概念》,华夏出版社,2005。

22. 罗兰德·罗伯特逊:《全球化》,伦敦塞奇出版公司,1992。

23. 费孝通:《论人类学与文化自觉》,华夏出版社,2004。

24. 张晓萍:《文化旅游资源开发的人类学透视》,载《思想战线》2002(1)。

25. 张晓萍:《旅游人类学在美国》,载《思想战线》2001(2)。

26. 杨达源、刘庆友、舒肖明等:《乡村旅游开发理论与实践》,江苏科学技术出版社,2005。

27. 王铭铭:《人类学是什么》,北京大学出版社,2002。

28. 罗康隆:《文化人类学论纲》,云南大学出版社,2005。

29. 李伟:《旅游文化学》,科学出版社,2006。

30. 马波:《现代旅游文化学》,青岛出版社,2001。

31. 冯天瑜:《中国文化史纲》,北京语言出版社,1994。

32. 何丽芳:《乡村旅游与传统文化》,地震出版社,2006。

33. 熊凯:《乡村意象与乡村旅游开发刍议》,载《地域研究与开发》1999(3)。

34. 蒙睿、周鸿:《乡村生态旅游理论与实践》,中国环境科学出版社,2007。

35. 谢贵安、华国梁:《旅游文化学》,高等教育出版社,1999。

36. 张文:《旅游与文化》,旅游教育出版社,2001。

37. 吴晓萍:《民族旅游的社会学研究》,贵州民族出版社,2003。

38. 张文勋等:《民族文化学》,中国社会科学出版社,1998。

39. 徐菊凤:《旅游文化与文化旅游:理论与实践的若干问题》,载《旅游学刊》2005(4)。

40. 晏鲤波、庄兴成:《旅游文化研究述评》,载《桂林旅游高等专科学校学报》2007(1)。

41. 崔郁、曾军:《旅游文化研究进展》,载《资源开发与市场》2007年第4期。

42. 喻学才:《旅游文化研究二十年》,载《东南大学学报》(哲学社会科学版)2004(1)。

43. 肖洪根:《国内外旅游文化研究述评》,载《华侨大学学报》(哲学社会科学版)1994(1)。

44. 赵荣光、夏太生:《中国旅游文化》,东北财经大学出版社,2002。

45. 于岚:《文化旅游概念不宜泛化》,载《北京第二外国语学院学报》2000(3)。

46. 朱桃杏、陆林:《近10年文化旅游研究进展》,载《旅游学刊》2005(6)。
47. 任兆胜、李云峰:《稻作与祭仪》,云南人民出版社,2003。
48. 冯天瑜、何晓明、周积明:《中华文化史》,上海人民出版社,2006。
49. 黄秉生:《壮族文化根系与壮族文化生态美》,载《广西民族学院学报》2003(2)。
50. 叶渭渠:《日本文化史》第二版,广西师范大学出版社,2005。
51. 叶渭渠、唐月梅:《物哀与幽玄——日本人的美意识》,广西师范大学出版社,2002。
52. 吴廷:《日本史》,南开大学出版社,1994。
53. 吴廷:《日本近代化研究》,商务印书馆,1997。
54. 南开大学日本研究院:《日本研究论集2004》,天津人民出版社,2004。
55. 焦必方:《日本的农业、农民和农村——战后日本农业的发展与问题》,上海财经大学出版社,1997。
56. 董炳月:《荞麦面条的味道》,载《读书》,生活·读书·新知三联书店,1999。
57. 曹志伟、陈晏:《日本旅游文化》,宁夏人民出版社,2005。
58. 王金林:《日本人的原始信仰》,宁夏人民出版社,2005。
59. 王宁:《旅游,现代性与"好恶交织"——旅游社会学的理论探索》,《社会学研究》,1999(6)。
60. 邹其昌:《论王守仁美学的体验性质》,《武陵学刊》,1997(1)。
61. 申葆嘉:《国外旅游研究进展》(连载之一),《旅游学刊》,1996(1)。
62. 闵宗陶、权利霞:《体验:一种经济学的解读》,《经济学家》,2003(6)。
63. 谢地坤:《走向精神科学之路——狄尔泰哲学思想研究》,江苏人民出版社,2003。
64. 刘惊铎:《道德体验论》,人民教育出版社,2003。
65. 姜奇平:《体验经济——来自变革前沿的报告》,社会科学文献出版社,2002。
66. 谢彦君:《旅游体验研究——一种现象学的视角》,南开大学出版社,2005。
67. 夏建中:《文化人类学理论学派——文化研究的历史》,中国人民大学出版社,1997。
68. (美)B. 约瑟夫·派恩、詹姆斯·H. 吉尔摩:《体验经济》,夏业良、鲁伟等译,机械工业出版社,2002。
69. (德)汉斯-格奥尔格·伽达默尔:《真理与方法——哲学诠释学的基本

特征》(上卷),洪汉鼎译,上海译文出版社,1992。

70.(德)马丁·海德格尔:《尼采十讲》,中国言实出版社,2004。

71.(美)维克多·特纳:《仪式过程——结构与反结构》,黄剑波、柳博赟译,中国人民大学出版社,2006。

72.(前苏联)Φ.E.瓦西留克:《体验心理学》,黄明等译,中国人民大学出版社,1989。

73.郭于华主编:《仪式与社会变迁》,社会科学文献出版社,2000。

74.彭兆荣:《人类学仪式研究评述》,《民族研究》,2002(2)。

75.涂尔干:《宗教生活的初级形式》,林宗锦、彭守义译,中央民族大学出版社,1999。

76.史宗主编:《二十世纪西方宗教人类学文选》,金泽等译,上海三联书店,1995。

77.余光弘:《A. Van Gennep生命仪礼理论的重新评价》,《中央研究院民族学研究所集刊》,1986(60)。

78.菲奥纳·鲍伊:《宗教人类学导论》,金泽等译,中国人民大学出版社,2004。

79.夏建中:《文化人类学理论学派》,中国人民大学出版社,1997。

80.埃德蒙·利奇:《文化与交流》,郭凡译,上海人民出版社,2000。

81.黄应贵主编:《见证与诠释》,正中书局,1992。

82.薛艺兵:《对仪式现象的人类学解释(上)》,《广西民族研究》,2003(2)。

83.列维·斯特劳斯:《忧郁的热带》,王志明译,生活·读书·新知三联书店,2000。

84.宗晓莲:《西方旅游人类学研究述评》,《民族研究》,2001(3)。

85.张晓萍、黄继元:《纳尔逊·格雷本的"旅游人类学"》,《旅游学刊》,2000(4)。

86.薛艺兵:《对仪式现象的人类学解释(下)》,《广西民族研究》,2003(3)。

87.李祥福:《文化人类学视野中的旅游》,《中央民族大学学报》,2003(2)。

88.恩斯特·卡西勒:《人论——人类文化哲学导引》,甘阳译,桂冠图书股份有限公司,2005。

89.张晓萍:《"旅游是一种现代朝圣"刍议》,《云南民族大学学报》,2003(4)。

90.Julio Aramberri:《旅游学研究:尚不可靠的理论基础》,谢彦君译,《旅游学刊》,2003(2)。

91.宗晓莲:《西方旅游人类学两大研究流派浅析》,《思想战线》,2001(6)。

92.Julio Aramberri、谢彦君:《中国旅游研究的多维视野——对国内与国外相关文献的评述》,《旅游学刊》,2003(6)。

93. 吴桂生:《论宗教文化旅游资源的利用与开发》,《湖南商学院学报》,2004(4)。

94. 杨慧:《朝圣与旅游:特纳"类中介性"研究与旅游人类学》,怀化学院学报,2007(4)。

95. 罗惠翾:《宗教的社会功能——几个穆斯林社区的对比调查与研究》,中央民族大学出版社,2005。

96. 周学忠、杨文笔:《朝觐:穆斯林的一个"过渡礼仪"》,《青海民族研究》,2007(3)。

97. 钟玉英:《论藏族社会中的藏传佛教仪式及其社会功能》,《四川大学学报》(哲学社会科学版),2006(6)。

98. 尕藏加:《雪域的宗教》(下),宗教文化出版社,2003。

99. 牛宏:《视宗教为一种文化体系》,《世界民族》,2006(1)。

100. 王晓朝:《宗教学基础十五讲》,北京大学出版社,2003。

101. 杜达山:《为"宗教文化旅游"正名》,《中南民族大学学报》(人文社会科学版),2004(6)。

102. 布赖恩·莫里斯:《宗教人类学》,周国黎译,今日中国出版社,1992。

103. Victor Turner, Edith Turner:《朝圣:一个"类中介性"的仪式现象》,刘肖洵译,《大陆杂志》,1983(2)。

104. 陈国典:《关系意识:一项关于藏传佛教朝圣者的个案研究》,《社会科学研究》,2006(1)。

105. 丁敏:《当代台湾旅游文学中的僧侣记游:以圣严法师〈寰游自传系列〉为探讨》,《"国立"台湾大学文学院佛学研究中心学报》,2002(7)。

106. 陈国典:《试析藏传佛教朝圣者的圣地情结》,《宗教学研究》,2006(1)。

107. 鲁道夫·奥托:《论"神圣"》,四川人民出版社,1995。

108. 卢红等:《宗教:精神还乡的信仰系统》,南开大学出版社,1990。

109. 郑晴云、郑树荣:《论旅游的精神文化本质》,《思想战线》,2003(2)。

110. 马林诺夫斯基:《文化论》,费孝通译,商务印书馆,1944。

111. 克莱德·M.伍兹:《文化变迁》,何瑞福译,河北人民出版社,1989。

112. 威廉·A.哈维兰:《文化人类学》,王铭铭译,上海人民出版社,1987。

113. 石奕龙:《应用人类学》,厦门大学出版社,1996。

114. 张晓萍:《西方旅游人类学中的"舞台真实"理论》,载《思想战线》2003(4)。

115. 杨慧:《民族旅游与族群认同、传统文化复兴及再建构——云南民族旅游开发中的"族群"及其应用泛化的检讨》,载《思想战线》2003(1)。

116. 徐新建:《开发中国:"民族旅游"与"旅游民族"的形成与影响——以"穿青人"、"银水寨"和"藏羌村"为案例的评述》,载《西南民族学院学报》(哲学社会科学版)2000(7)。

117. 兰林友:《论族群与族群认同理论》,《广西民族学院学报》(哲学社会科学版)2003(5)。

118. 刘晖:《民族旅游学》,民族出版社,2006。

119. 霍布斯鲍姆:《传统的发明》,顾杭、庞冠群译,译林出版社,2004。

120. 蔡文辉:《社会变迁》,(中国台湾)三民书局印行,1982。

121. 宗晓莲:《旅游开发与文化变迁——以云南丽江县纳西族文化为例》,中国旅游出版社,2006。

122. 杨慧:《麦坎内尔及其现代旅游理论》,载《思想战线》2005(1)。

123. 马翀炜、张帆:《想象的真实与真实的商品》,载《思想战线》2004(4)。

124. 纳尔逊·格雷本:《旅游、现代性与怀旧》,张晓萍等译,载《民族艺术研究》2003(5)。

125. 张晓萍、曾萍:《旅游经济开发与无形文化保护刍议》,载《经济问题探索》2007(6)。

126. 王宏钧:《中国博物馆学概论》(修订本),上海古籍出版社,1996。

127. 桂文雅:《爱上博物馆》,广西师范大学出版社,2003。

128. 左晓斯:《现代性、后现代性与乡村旅游》,载《广东社会科学》2005(1)。

129. 杰弗瑞·戈比:《你生命中的休闲》,康筝译,云南人民出版社,2003。

130. 迈克·费瑟斯通:《消费文化与后现代主义》,刘精明译,译林出版社,2000。

131. 吴小隽:《文化遗产旅游的真实性困境》,载《思想战线》2004(2)。

132. 王铭铭:《社会人类学与中国研究》,广西师范大学出版社,2005。

133. 龚鹏程:《游的精神文化史论》,河北教育出版社,2001。

134. 王铭铭:《想象的异邦:社会与文化人类学散论》,上海人民出版社,1998。

135. 汪宁生:《文化人类学调查——正确认识社会的方法》,文化出版社,2002。

136. 杨桂华:《旅游资源学》,云南大学出版社,1999。

137. 王铭铭:《西方人类学思潮十讲》,广西民族出版社,2005。

138. 博厄斯:《人类学与现代生活》,商务印书馆,1985。

139. 克利福德·格尔茨:《文化的解释》,韩莉译,译林出版社,2002。

140. 齐美尔:《社会是如何可能的》,林荣远译,广西师范大学出版社,2002。

141. 欧文·戈夫曼:《日常生活中的自我呈现》,黄爱华、冯钢译,浙江人民出版社,1989。

142. 塞缪尔·亨廷顿等:《现代化:理论与历史经验的再探讨》,罗荣渠译,上海译文出版社,1993。

143. 李伟:《旅游学通论》,科学出版社,2006。

144. 李伟:《民族旅游地文化变迁与发展研究》,民族出版社,2005。

145. 格尔茨:《文化的解释》,纳日碧力戈等译,上海人民出版社,1999。

146. 林耀华:《民族学通论》,中央民族大学出版社,1997。

147. 谢彦君:《基础旅游学》,中国旅游出版社,1999。

148. 罗明义:《旅游经济学》,高等教育出版社,1998。

149. 陈庆德:《经济人类学》,云南大学出版社,1999。

150. 马尔库斯、费彻尔:《作为文化批评的人类学》,王铭铭、蓝达居译,生活·读书·新知三联书店,1998。

151. 威廉·瑟厄波德:《全球旅游新论》,张广瑞等译,中国旅游出版社,2001。

152. 罗伯特·麦金托什:《旅游学——要素·实践·基本原理》,蒲红等译,上海文化出版社,1985。

153. 查尔斯·戈尔德耐:《旅游业教程——旅游业原理、方法和实践》,贾秀海译,大连理工大学出版社,2003。

154. 张进福、肖洪根:《旅游社会学研究初探》,载《旅游学刊》2000(1)。

155. 沈祖祥:《观乎人文以化天下——旅游与中国文化论纲》,载《旅游与中国文化》,旅游教育出版社,1996。

156. 马翀炜:《文化符号的建构与解读——关于哈尼族民俗旅游开发的人类学考察》,载《民族研究》2006(5)。

157. 戴斌:《关于构建旅游学理论体系的几点看法》,载《旅游学刊》1997(6)。

158. 谢彦君、彭丹:《旅游、旅游体验和符号——对相关研究的一个评述》,载《旅游科学》2005(4)。

159. 谢彦君:《旅游概念存在的泛化倾向及其影响》,载《桂林旅游高等专科学校学报》1999(1)。

160. 谢彦君:《论旅游的本质与特征》,载《旅游学刊》1998(3)。

161. 曹晋、曹茂:《从民族宗教文化信仰到全球旅游文化符号——以香格里拉为例》,载《思想战线》2005(1)。

162. 周霄:《刍论"旅游人类学"的几个基本问题》,载《广西右江民族师专报》2001(2)。

163. 申葆嘉:《旅游学原理》,学林出版社,1999。

164. 吴必虎:《旅游系统:对旅游活动与旅游科学的一种解释》,载《旅游学刊》1998(1)。

165. 马勇:《旅游学概论》,高等教育出版社,1997。

166. 陈才:《论旅游现象的基本矛盾》,载《旅游学刊》2000(6)。

167. 徐新建:《人类学眼光:旅游与中国社会》,载《旅游学刊》2000(2)。

168. 钟年:《试论宗教的文化沟通本质》,载《黑龙江民族丛刊》1999(2)。

169. 卡·恩伯、梅·恩伯:《文化的变异》,杜杉杉译,辽宁人民出版社,1988。

170. 彭兆荣:《"参与观察"旅游与地方知识系统》,"人类学:旅游与中国社会"国际学术讨论会会议论文,1999。

171. 童恩正:《文化人类学》,上海人民出版社,1989。

172. 钟年:《假设与验证的循环推进》,载《湖北大学学报》1999(4)。

173. 朱冬亮:《人类学的"科学"方法论》,载《民俗研究》2000(1)。

174. 汤姆·塞兰涅米:《在游客中旅游——民族志与游客研究》,"人类学:旅游与中国社会"国际学术讨论会会议论文,1999。

175. 叶文虎、毛峰:《三阶段论:人类社会演化规律初探》,载《中国人口·资源与环境》1999(2)。

176. 喻学才、毛桃青:《论旅游学学科体系亟待建立》,载《江汉论坛》1995(1)。

177. 申葆嘉:《论旅游学科建设与高等旅游教育》,载《旅游学刊·旅游教育增刊》1997(8)。

178. 李光、任定成:《交叉科学导论》,湖北人民出版社,1989。

179. 余书炜:《论旅游理论研究内容的框架》,载《旅游学刊》1997(4)。

180. 黄河:《经济科学学》,中国财政经济出版社,1994。

181. 罗贝尔·朗卡尔:《国际旅游》,商务印书馆,1995。

182. 罗伯特·朗卡尔:《旅游及旅行社会学》,旅游教育出版社,1989。

183. G. S. 贝克尔:《人类行为的经济分析》,上海三联书店,1994。

184. 刘纬华、肖洪根:《对西方旅游社会学研究中新迪尔凯姆学说的分析与思考》,载《桂林旅游高等专科学校学报》1999(10)。

185. 郑向敏:《旅游对风俗民情资源的消极影响及对策研究》,载《旅游学刊》1996(11)。

186. 王德刚:《略论旅游学的理论体系》,载《旅游学刊》1999(14)。

187. 肖洪根:《谈对旅游学科理论体系研究的几点认识》,载《旅游学刊》1998

(13)。

188. 覃德清、戚剑玲:《西方旅游人类学与中国旅游文化研究》,载《广西民族研究》2001(3)。

189. 光映炯:《旅游人类学再认识——兼论旅游人类学理论研究现状》,载《思想战线》2001(6)。

190. 宗晓莲:《试论布迪厄的文化再生产理论对文化变迁研究的意义——以旅游开发背景下的民族文化变迁研究为例》,载《广西民族学院学报》2002(2)。

191. 宗晓莲、甘万莲:《文化人类学研究与旅游规划》,载《思想战线》2004(1)。

192. 彭兆荣:《"东道主"与"游客":一种现代性悖论的危险——旅游人类学的一种诠释》,载《思想战线》2002(6)。

193. 彭文斌:《中国民俗旅游的发展及中国学术界的参与趋势——兼论西方人类学界对民俗旅游发展"后效应"的思考》,载王筑生:《人类学与西南民族》,云南大学出版社,1998。

194. Nelson Graburn, "The Anthropology of Tourism," *Annals of Tourism Research*, Vol. 10, No. 1, 1983.

195. Shinji Yamashita, Kadir H. Din, J. S. Eades. *Tourism and Cultural Development in Asia and Oceania*, Penerbit University Kebangsaan Malaysia, 1997.

196. Nelson H. H. Graburn, *Work and Play in the Japanese Countyside*, 2006.

197. Nelson H. H. Graburn, *The Culture of Japan as Seen Through Its Leisure*, Sepp Linhart and Sabine Freusteuck(eds.), New York: SUNY Press, 1998.

198. Emiko Ohnuki-Tierney, *Rice as Self: Japanese Identities through Time*, Princeton University Press, 1993.

199. Dennison. Nash, Valene L. Smith, "Anthropology and Tourism," *Annals of Tourism Research*, Vol. 18, Num. 1, 1991.

200. J. R. Brent Ritchie, Charles R. Goeldner, *Travel, Tourism, and Hospitality Research*, New York: John Wiley & Sons, Inc, 1994.

201. Erick Cohen, "A Phenomenology of Tourist Experiences," *Sociology*, Vol. 13, No. 2, 1979.

202. Wang Ning, "Rethinking Authenticity in Tourism Experience," *Annals of Tourism Research*, 2002.

203. Nelson Graburn, *Secular Ritual: A General Theory of Tourism*, London: Cognizant Communications, 2001.

204. Victor Turner, *Process, Performance and Pilgrimage—A Study in Comparative Symbology*, New Delhi: Concept Publishing Company, 1979.

205. Dean MacCannell, "Staged Authenticity: Arrangements of Social Space in Tourism Settings," *American Journal of Sociology*, 1973.

206. Gennepa. V., *The Rites Passage*. The University of Chicago Press, 1960.

207. Mathieu Deflem, *Ritual, Anti—Structure, and Religion: A Discussion of Victor Turner's Processual Symbolic Analysis Journal for the Scientific Study of Religion*, Vol. 30, No. 1, 1991.

208. Gwen Kennedy Neville, "Learning Culture through Ritual: The Family Reunion," *Anthropology & Education Quarterly*, Vol. 15, No. 2, 1984.

209. Nelson H. H. Graburn, "Tourism as Ritual: A General Theory of Tourism," in Valene Smith and Maryann Brent (eds.), *Hosts and Guests Revisited: Tourism Issues of the 21st Century*, London: Cognizant Communications, 2001.

210. Amanda Stronza, "Anthropology of Tourism: Forging New Ground for Ecotourism and Other Alternatives," *Annual Review of Anthropology*, Vol. 30, 2001.

211. Clifford Geertz, *The Interpretation of Cultures Selected Essays*, New York, Basic Books, 1973.

212. Nancy Louise Frey, *Pilgrim Stories—on and off the Road to Santiago*, University of California Press, 1998.

213. Bryan Pfaffenberger, "Serious pilgrims and frivolous tourists," *Annals of Tourism Research*, 1983(10).

214. Dean MacCannell, *The Tourist—A New Theory of the Leisure Class*, Schocken Books Inc. New York, 1989.

215. Jafar Jafari, "Encyclopedia of Tourism," Routledge, Taylor & Francis Group London and New York, 2000.

216. Erve Chamber, *Native Tours—the Anthropology of Travel and Tourism*, Waveland Press, Inc, 2000.

217. Dann, Graham, *The Tourist as a Metaphor of the Social World*, Wallingford: CAB, 2002.

218. Nelson Graburn, "Relocating the Tourist," *Special Issue of International Sociology*.

219. Adrian Franklin, Mike Crang, *Tourist Studies*, London: Sage Publications, Vol. 1(1), 2001.

220. Nelson Graburn, *The Challenge of Ethnography in the 21st Century*.

221. James Clifford, *Routes: Travel and Translation in the Late Twentieth Century*, Cambridge, MA: Harvard University Press, 1997.

222. George Marcus, Michael Fischer, *Anthropology as Cultural Critique*, 1986.

223. Dennison Nash, "Tourism as an Anthropological Subject," *Current Anthropology*, Vol. 22, No. 5, 1981.

224. Nelson Graburn, "Tourism and Prostitution," *Annals of Tourism Research*, Vol. 10, 1983.

225. Peter Burns, Andrew Holden, *Tourism: A New Perspective*, Prentice Hall, 1995.